愛上經典名曲101

Falling in Love with Classical Music

國家圖書館出版品預行編目資料

愛上經典名曲101 / 許汝紘暨音樂企畫小組著
—初版—台北市：信實文化行銷，2009〔民98〕
面；16.5X21.5公分

ISBN : 978-986-6620-30-0 (平裝)
1.音樂欣賞 2.古典樂派 3.音樂家 4.傳記

910.38　　98001880

愛上經典名曲101

作　　者：許汝紘暨音樂企畫小組著
總 編 輯：許汝紘
資深編輯：黃心宜
特約編輯：莊富雅、陳明莉
美術編輯：簡華儀

發　　行：楊伯江、許麗雪
出　　版：信實文化行銷有限公司
地　　址：10696台北市大安區忠孝東路四段341號11樓之3
電　　話：(02) 2740-3939
傳　　真：(02) 2777-1413
網　　站：http://www.cultuspeak.com.tw
E-Mail：cultuspeak@cultuspeak.com.tw
郵撥帳號：50040687 信實文化行銷有限公司

印刷：凱立國際資訊股份有限公司
地址：台北市內湖區舊宗路2段121巷36號2樓　電話：(02) 8791-0575
總經銷：時報文化出版企業股份有限公司
地址：中和市連城路134巷16號　電話：(02) 2306-6842

2009年3月初版一刷
定價：新台幣380元

《愛上經典名曲101》出版序

古典音樂的魅力，無遠弗屆。

從二年多前在NEWS98電台開始和陳鳳馨一起介紹古典音樂之後，受到許多讀者與聽眾熱烈的迴響。優質、精緻，兼具入門、賞析，可以輕鬆閱讀，又能導聆的音樂書籍，也一直貼近著喜愛古典音樂者的內心渴望。也因為想更貼近讀者的心，於是有了這本《愛上經典名曲101》的出版規劃。

我們特別為讀者挑選出101首，大家經常在街頭巷尾中聽得見的的古典音樂，這些旋律優雅、甜美且膾炙人口的古典音樂，有些經常在廣告片段中出現，有些則成了電影裡的主題音樂或精彩配樂。它們的經典旋律主題，幾乎每個人都能哼上幾個小節。

這樣的渲染力，從二十世紀開始，電影工業的驚人誕生之後，加上兩次的世界大戰，讓歐洲的音樂創作者，紛紛移民、定居美洲新大陸，音樂的淘金夢，同樣響遍整個歐陸大地。作曲家們的創作視野於焉無限延伸、擴大。他們的音樂創作已經不再如同以往，必須仰賴演奏家靈巧的雙手來傳遞。電影工業就像魔術師一般，總能變化出各式各樣，令人眼花撩亂的全新撞擊。

《愛上經典名曲101》按照音樂家字母的排序編輯，方便讀者去搜尋自己喜歡的音樂家作品，以及與經典曲目相關的音樂故事。除此之外，我們更特別開闢了「弦外之音」的專欄，可以讓讀者對音樂家的軼事多些瞭解，畢竟他們並非超凡入聖，也有凡人們都會有的煩惱與憤怒。

神奇的是，這101首音樂的主題旋律片段，竟然被RCA唱片公司的音樂工作團隊，連綴成一片精彩的CD作品。喜歡聽古典音樂又希望能夠熟記這些

經典旋律的讀者們，不妨到唱片行去找來聽聽看，聽了不過癮，再去找全曲來仔細欣賞。

閱讀是一件愉悅的事情，尤其是音樂書系的出版，一直以來都是我們重要的出版方針。創業至今，我們一直堅持要邀請讀者，用眼睛欣賞高品質的美的閱讀元素；用耳朵聆聽美麗的樂章；並且用心思索這些人類的經典作品背後，深刻而感人的創作故事。

這 **101** 首在音樂史上赫赫有名、大家耳熟能詳、扣人心弦的名曲，從它的創作者、創作背景、成功的演出、有趣的創作故事、音樂家軼事，到相關的音樂知識；年代跨越了巴洛克樂派、古典樂派、浪漫樂派、國民樂派到現代樂派，概括了音樂史上重要音樂大師的精心傑作。

生活當中不能缺少的許多美好事物，當然包括了音樂、藝術、文學、生活美學與環境關懷，它們之間息息相關，交錯發展，藉著閱讀、傾聽、經驗交換、用心思索，形成大家堅持、信守的文化風格。由衷的感謝您不吝伸出的溝通與友誼的雙手，那是我們長期以來最大的支持與鼓勵，更是我們向前邁進的最大動力。

華滋出版 總編輯

許汝紘

目錄 contents

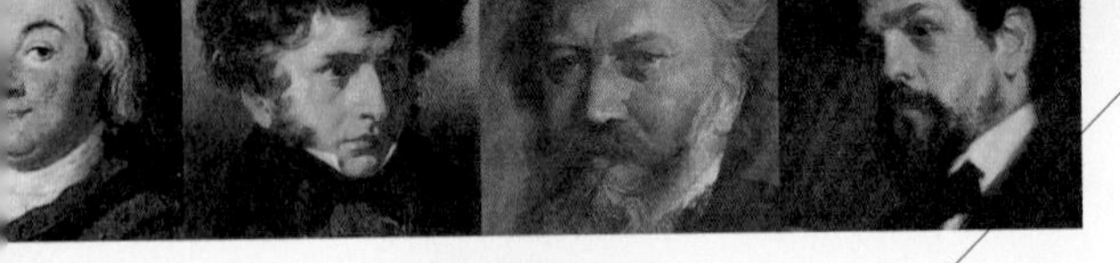

目錄 contents

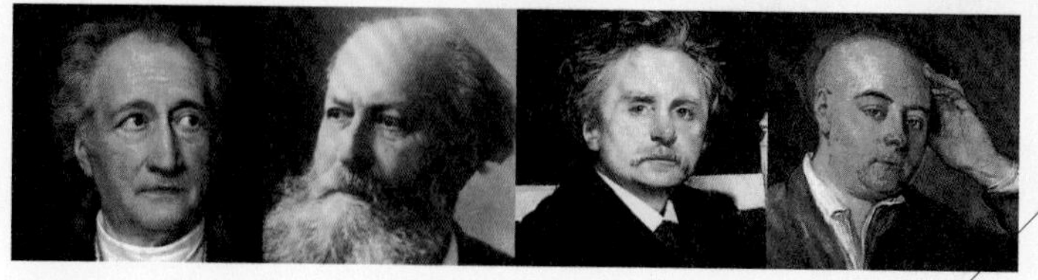

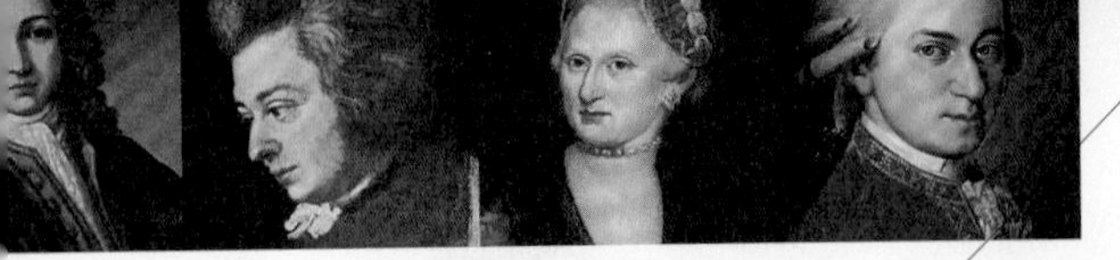

目錄 contents

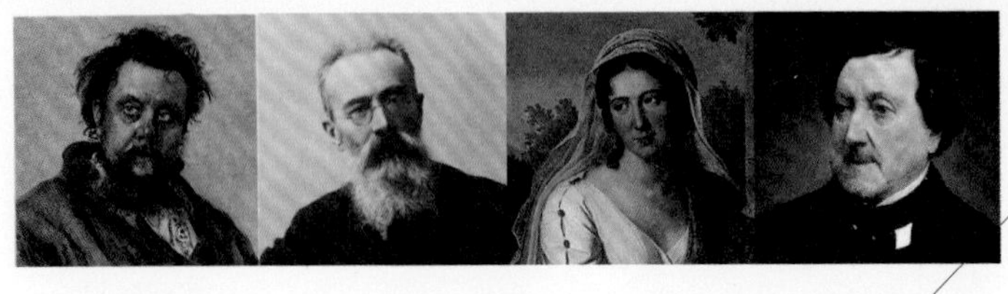

A B C D E F G H I J K L M N O P Q R S T U V W X Y Z

《慢板》
Adagio

阿爾比諾尼（Tomaso Albinoni , 1671 - 1750）

長度：約7分50秒

樂器編制：管弦樂團

曲式：管弦樂曲

出現於：電影《門》、《加底波里》

阿爾比諾尼遠近馳名的作品《慢板》，是阿爾比諾尼最不完整的遺作。由義大利米蘭的音樂學者賈佐托（Remo Giazotto），在二次世界大戰後於德國的德勒斯登薩克遜國家圖書館（Saxon State Library, Dresden）倖存物中尋獲，當時圖書館被聯軍轟炸成斷垣殘壁，為了搶救館藏文物才讓這份巴洛克時代的樂譜重新面世。

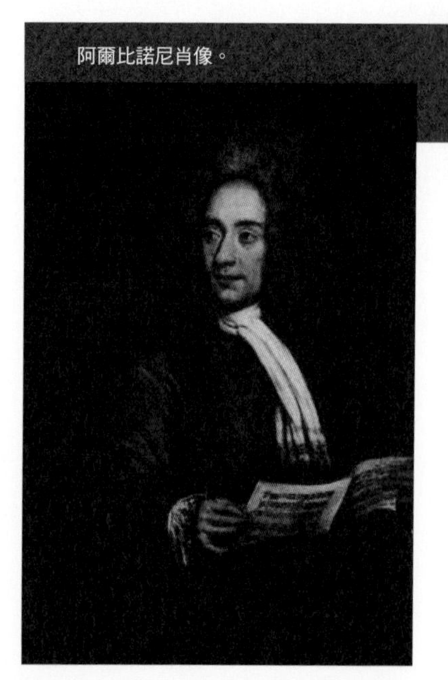
阿爾比諾尼肖像。

事實上，賈佐托找到的樂譜只是這首樂曲的斷簡殘篇，簡單紀錄了數字低音聲部和六小節的主旋律，正在為義大利政府撰寫阿爾比諾尼傳記和作品總集的賈佐托，推測這份樂譜應是一首三重奏鳴曲的慢樂章，可是他不願意讓樂曲只以三重奏鳴曲的形式存在，所以在1945年依照僅存片斷寫成他所臆測的原始形式。他想像原曲是一首在教堂中演奏的莊嚴樂曲，因此為曲子譜上管風琴。這首瀰漫賈佐托風格的作品在1958年問世發行，成為現代聽眾對阿爾比諾尼最熟悉的聲音。

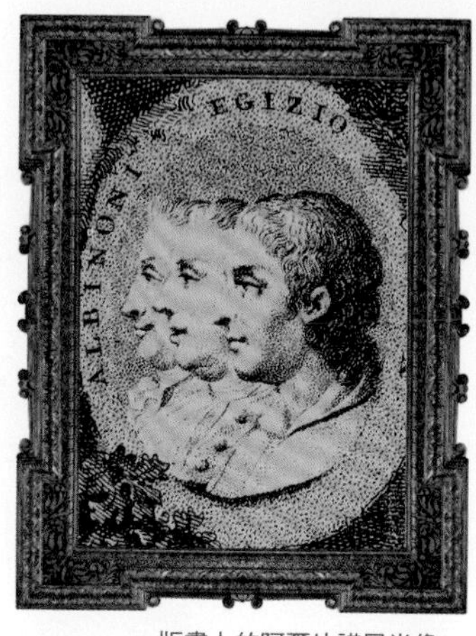

版畫上的阿爾比諾尼肖像。

至於賈佐托所宣稱的阿爾比諾尼三重奏鳴曲原始手稿，卻始終沒有問世，究竟阿爾比諾尼是否真的遺留這一份作品，抑是賈佐托為免受人批評而偽稱是阿爾比諾尼所做，至今依然大有爭論，但在1998年賈佐托去世後，大部分音樂學者兼信後者的可能性較大。

Remo Giazotto

弦外之音

阿爾比諾尼的知音 — 賈佐托

義大利音樂學家賈佐托（Remo　Giazotto，1910-1998）剛過世十一年，他在六〇年代擔任佛羅倫斯大學的音樂史教授，並負責義大利國家廣播電台的室內音樂節目。他更是夙負素盛名的阿爾比諾尼研究學者，生前編纂了阿爾比諾尼和韋瓦第的作品全集，還分別撰寫了兩人的傳記。

A B C D E F G H I J K L M N O P Q R S T U V W X Y Z

Tomaso Albinoni

作曲家小傳

阿爾比諾尼（Albinoni）
1671年6月8日出生於威尼斯，
1751年1月17日逝世於威尼斯。

阿爾比諾尼出生於富裕紙商之家，從小就是詩班歌手，小提琴演奏也相當受人稱道，1709年父親去世他以長子身分繼承大部分家業，讓他不必為了賺錢而創作。他始終自稱是非營利性質的業餘作曲家，這不是指他的作曲技術是業餘的，而是指作曲是他業餘的興趣。事實上，阿爾比諾尼不僅是全職的作曲家、出色的小提琴家，更是一家歌唱學院的院長。

當時大部分義大利作曲家熱衷於宗教音樂的創作，阿爾比諾尼年輕時一度嘗試朝這個方向發展，但並不成功。1694年他發表第一部歌劇《珍諾碧兒——帕米蘭女皇》（Zenobia, Regina de Palmiren），贏得威尼斯人的喜愛而聲名大噪，於是他趁勢發表第一套器樂作品《三重奏鳴曲作品一》，成功開創了作曲事業，之後阿爾比諾尼開始在歌劇、清唱劇等聲樂曲，和協奏曲、奏鳴曲等器樂之間平衡創作。

阿爾比諾尼的所有聲樂作品都只有原始手稿，沒有交付出版商發行，而他的一百零八首器樂作品，則分別以作品一到三、五到十、作品十七的編號發行樂譜。在阿爾比諾尼的器樂作品中，作品七的雙簧管協奏曲在音樂史上意義非凡，因為阿爾比諾尼第一次發表的這首管樂獨奏音樂，是音樂史上首度有作曲家為雙簧管譜寫如此精湛的獨奏音樂，這些音樂更為韋瓦第的獨奏協奏曲鋪了成熟的前路，包括樂團合奏和器樂獨奏之間交互穿插的比例和前後規範。阿爾比諾尼雙簧管協奏曲獨特之處，在於他將雙簧管視為聲樂，給予演奏家相當充裕而適度的換氣和旋律美，不似韋瓦第將雙簧管當成小提琴，完全不留任何喘息空間給演奏家。

《第二號布蘭登堡協奏曲》：第三樂章

Brandenburg Concerto NO.2 – Mvmt.III

巴哈（Johann Sebastian Bach , 1685 - 1750）

作品編號：BWV1047

創作年代：1721年

樂器編制：管弦樂團

曲式：管弦樂曲

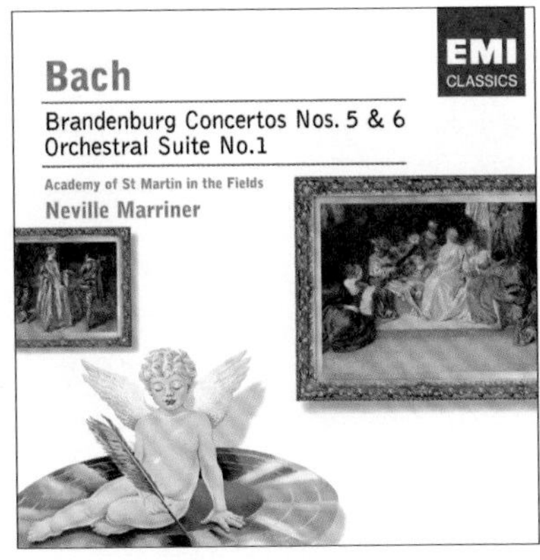

推薦專輯：Bach : Brandenburg Concertos Nos.5 & 6 / Orchestral Suite No.1

指揮：Neville Marriner

唱片編號：724358579529 EMI

這部被譽為協奏曲最高傑作的《布蘭登堡協奏曲》，是巴哈最知名、也最受世人喜愛的合奏作品，不僅突破他自己巴洛克協奏曲的格局，更預告著新時代協奏曲的來臨。

它的誕生始於一次奇妙的因緣際會。話說巴哈在柯登宮廷擔任利奧波德（Leopold）親王的樂長時，其縱橫洋溢的才氣備受青睞。1718至1719年間，利奧波德親王曾兩度出遊卡爾斯巴特的溫泉地，熱愛音樂的利奧波德親王在旅途中，隨行總會帶著五名樂師，巴哈當然更是全程陪侍在親王身邊。

卡爾斯巴特是當時歐洲王宮貴族重要社交活動的中心之一，而利奧波德親王帶著巴哈一起前往的目的，除了紓解旅途勞累外，主要還是為了炫耀他那出色的樂團。

正是這兩次的出遊，造就了《布蘭登堡協奏曲》的誕生。巴哈在布蘭登堡會見了另一位音樂愛好者，他就是利奧波德親王的表兄——邊塞總督克里斯坦．路德維希侯爵，也開啟了《布蘭登堡協奏曲》創作的契機。

可以想見，利奧波德親王必定曾在路德維希侯爵面前，把自己這位樂長出眾的音樂才華捧上了天，因此即便雙方尚未謀面，路德維希侯爵也早已對巴哈留下了深刻的好印象。

熱愛音樂的這兩人，一碰面可說是一見如故，兩人不僅相談甚歡，侯爵更是非常欣賞巴哈的才華，更特別請託他創作數首協奏曲。此後，巴哈在兩年的時光中，寫作了這六首著名的協奏曲，呈獻給布蘭登堡的侯爵，後世就將這些作品稱之為《布蘭登堡協奏曲》。此等音樂完成於1721年3月，當時巴哈三十六歲。

巴哈一生的創作大致可分成三個時期：威瑪時期、柯登時期以及萊比錫時期，1717至1723年間屬於柯登時期，可說是巴哈音樂創作的高峰，《布蘭登堡協奏曲》就是此時期的代表作。

儘管《布蘭登堡協奏曲》何時獻給這位愛好音樂的侯爵，毫無文獻紀錄可查，而巴哈也從沒說過這六首「用較多樂器」的協奏曲是特別為布蘭登堡而做，但是從時間點來推敲，廣為後世推崇的《布蘭登堡協奏曲》，相信就是呈獻給路德維希侯爵的，因為這些曲子充分發揮取悅貴族的功用，同時也讓我們享受到歡愉的享樂氛圍。

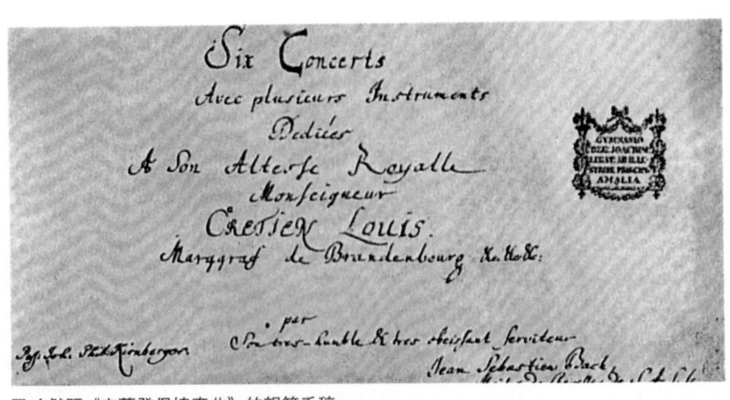

巴哈獻題《布蘭登堡協奏曲》的親筆手稿。

聆賞《布蘭登堡協奏曲》時，從樂曲

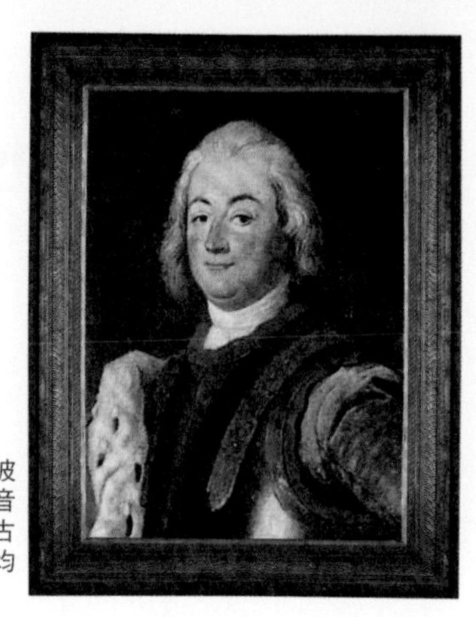

柯登的領主利奧波德親王，以愛好音樂著稱，本身對古大提琴和大鍵琴均有不錯的造詣。

喬多維基的版畫《布蘭登堡之門》。

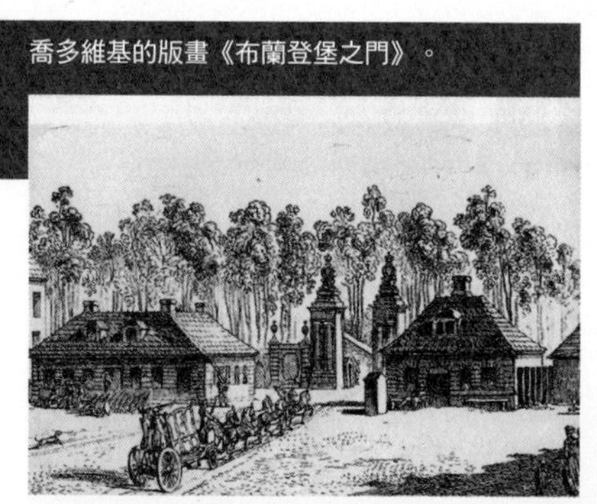

中流瀉出一股清新活潑的朝氣，令人感到全然的喜悅湧上心頭。偉大的奧地利指揮家卡拉揚（Herbert von Karajan）就曾說，每天清晨醒來的第一件事，就是聆聽《布蘭登堡協奏曲》。因為這套複音繁重的樂曲，對每日沉浸在各式音樂中的他來說，就像是清泉潺潺流過，可以洗滌他的耳朵，以培養正統的複音能力。

《布蘭登堡協奏曲》是源自於義大利的協奏曲，與日爾曼固有的傳統複音音樂藝術融合的結晶，不是一流的樂團恐怕無法擔綱演出，布蘭登堡的樂團在當時可說是一時之選！因為每首各有不同的樂器編制和樂章安排，而獨奏的部分又需要許多不同種類的樂器，加上結構繁複，以及高難度的和弦技巧，演奏起來可不是一件簡單的事情。

《布蘭登堡協奏曲》以第二號（F大調）和第四號（G大調）最為著名，與《管弦樂組曲》並稱為巴哈管弦樂的兩大代表作。不過，當時巴哈雖然是一位傑出的管風琴師，但他的音樂創作並沒有受到太大重視，據說，巴哈將這《布蘭登堡協奏曲》獻給路德維希侯爵時，反而被束之高閣，直到他死後才漸漸被世人發掘，成為古典音樂界的巨人。

《G弦之歌》

Air on the G String

巴哈（Johann Sebastian Bach，1685 - 1750）

選自D大調第三號管弦樂組曲，BWV1068

長度：約3分

樂器編制：小提琴（鋼琴伴奏）

曲式：器樂曲（小提琴）

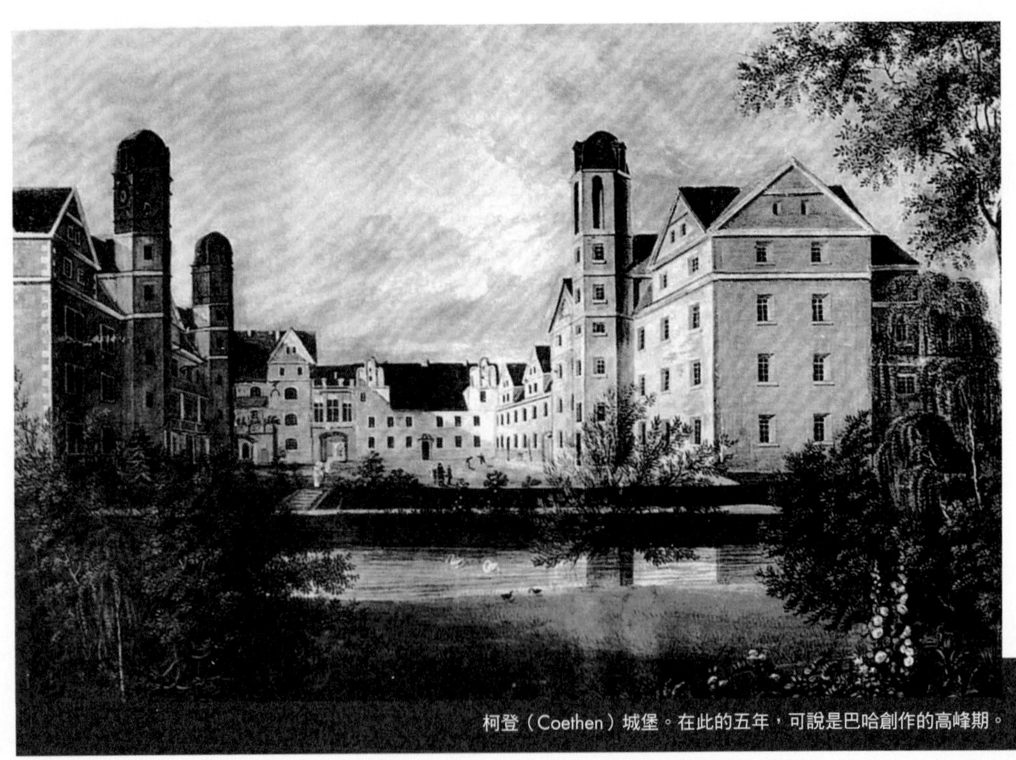

柯登（Coethen）城堡。在此的五年，可說是巴哈創作的高峰期。

這首樂曲出自巴哈以管弦樂譜寫的四首組曲，是第三首的第二樂章，在巴哈原曲中名為《曲調》（Air）。後來德國小提琴家威廉密（August Wilhelmj）將之改編成小提琴與鋼琴合奏的樂曲，而加倍馳名。他將原曲移調到C大調，變成在小提琴的G弦上即可演奏全曲（G弦是小提琴四弦中音域最低的一弦）。二十世紀初俄國小提琴家艾爾曼（Mischa Elman）四處巡迴演奏此曲，讓此曲被冠上《G弦之歌》的別名。巴哈在柯登（Coethen）宮廷擔任利奧波德（Leopold）親王宮廷樂長的期間寫作了這四首管弦樂組曲，時間大約在1717到1723年間，其中這個樂章前後只有三十六小節的長度，卻格外受到喜愛，原曲的配器用到了小號、雙簧管、定音鼓、弦樂團和大鍵琴數字低音。

巴哈的管弦樂組曲這種音樂型式源自德國，早在十六世紀初就盛行德國，後來在三十年戰爭結束後又重新獲得青睞。但再度崛起的德國式管弦樂組曲則加進一個全新的第一樂章，模仿義大利當時流行的歌劇序曲來創作，所以這套序曲的原文才會標成「序曲」（Overture）而非「組曲」（Suite）。到了巴哈的時代，這種德國式的管弦樂組曲已經受到法國序曲的影響了，巴哈不僅繼承了這種影響，更增添屬於他個人品味的手法，其中最主要的就是對位法，他將賦格的結構融入組曲的義大利式協奏曲寫作手法中。因此在第一號組曲中，出現了以兩把雙簧管和一把巴松管三重奏對抗樂團的大協奏曲型式；在著名的第三號組曲中，則完全變成一首五樂章的長笛協奏曲；至於第四號組曲，則是以銅管、木管部為獨奏群組。所以，這首原名《曲調》的G弦之歌，在原曲中是以長笛主奏的。

《郭德堡變奏曲》
Goldberg Variations

巴哈（Johann Sebastian Bach，1685 - 1750）

作品編號：BWV988

樂器：鋼琴（大鍵琴）

長度：約75分鐘

創作年代：不詳，約1741~1742年於萊比錫出版

出現於：電影《沉默的羔羊》、《英倫情人》

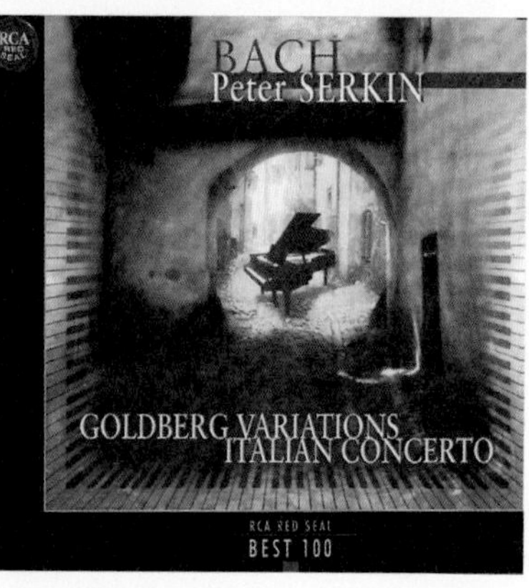

推薦專輯：Bach：Goldberg Variations / Italian Concerto

演奏家：Peter Serkin

唱片編號：BVCC37207 Sony Music 新力音樂

巴哈的音樂魔力除了在宗教領域帶給人們內心平靜之外，在醫學領域上更能代替安眠藥，治療為失眠所苦的患者呢！這首《郭德堡變奏曲》便是一首著名的安眠名曲，這是為當時駐德的俄國大使凱薩林克伯爵所作。當年凱薩林克伯爵因繁重公務纏身，常常在夜裡睡不著覺，每當失眠的時候，他便請年僅十四歲的小樂師郭德堡來為他彈奏幾首助眠的曲子。郭德堡是巴哈的學生，當巴哈耳聞這件事後，決定助這個學生一臂之力，於是寫了《郭德堡變奏曲》給他演奏，據說凱薩林克伯爵對這首曲子的療效感到十分滿意，還送給巴哈一個裝有三百錢幣的金杯以為報酬呢！

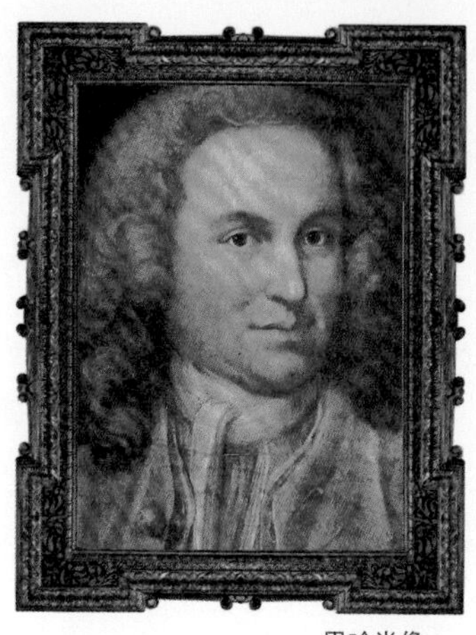

巴哈肖像。

《郭德堡變奏曲》是巴哈最卓越的鍵盤作品之一，也是古今以來變奏形式譜曲的典範。此曲原名為《為雙層鍵盤大鍵琴所作的抒情變奏曲》，它是由三十二小節的主題詠嘆調（Aria）和三十段變奏曲所組合而成，巴哈為這首曲子所用的變奏並非只是在主題上加了一些裝飾奏，而是以合聲改變、調性轉化等方式，為主題進行自由變化的「改裝」，在長度與體裁上亦不受拘束，任巴哈豐沛的創作能力發揮得淋漓盡致，這種與「嚴格變奏」相對的變奏方式稱為「自由變奏」。在三十段馳騁天際的變奏後，樂曲的最後一首又回到第一首的詠嘆調，頗有頭尾呼應的效果，可見巴哈任由想像奔走後還是喜愛圓滿、完整、充滿秩序的結束感。

《郭德堡變奏曲》的主題取自巴哈《為安娜．瑪達蕾娜．巴哈而作的古鋼琴小曲集》中的第二十六首，雖然是以薩拉邦德舞曲形式所寫成，卻十分的莊重抒情。左手演奏鞏固樂曲的基礎低音，賦予曲子沉穩的和聲感；右手則讓如歌的旋律於其上緩緩吟唱，這段優美的旋律讓人百聽不厭，應該也是全曲最具舒壓效果的一段，巴哈音樂的動人之處便是這種純淨、簡單、宛如天籟的風格。主題之後，三十段變奏各具特色地展開豐富的變化，有些爽朗明亮、有些輕快如精靈、還有些溫暖靜謐，如夜曲般撫慰人心。這些起起伏伏的樂段既是對主題深刻的探索與發揮；亦是巴哈自由變奏的精華，其中最後一曲變奏還放入了兩首德國通俗歌曲 ──《好久不見》和《高麗菜與蕪菁菜》，蔬菜還能跟失眠扯上關係，真讓人佩服巴哈充滿創意的音樂靈感呢！

電影《英倫情人》（The English Patient）中，擔任照顧傷兵的護士茱麗葉畢諾許，在廢墟裡發現了一架殘破的鋼琴時，雖然鋼琴已被炸得傾斜一角，琴椅也不知何處去，她仍喜出望外的拂去滿布的灰塵，掀起琴蓋彈出《郭德堡變奏曲》的主題詠嘆調。清澈琴聲在危機四伏的廢墟中顯得如此遺世獨立，在戰爭與死亡的脅迫下，巴哈的音樂就是能這麼直接的觸動人心，安慰一個寂寞的心靈。另一個例子便是布拉姆斯在母親彌留之際，坐在琴前彈奏的也是這首《郭德堡變奏曲》，當時他留著淚說：「這是多麼神奇的音樂，充滿能夠分擔痛苦的力量！」你為失眠所苦、為壓力憔悴、為茫然不知所終的人生擔憂嗎？試試巴哈的「郭德堡特效藥」吧！

Johann Sebastian Bach

弦外之音

名家眼中的《郭德堡變奏曲》

史懷哲博士在巴哈的音樂中找到了音樂的哲學，他認為巴哈的作品表達了一切的哀傷、快樂、眼淚與笑聲，對於《郭德堡變奏曲》他曾說：「這是巴哈所有的作品中最接近近代鋼琴藝術的，如果光看樂譜我們會誤以為這是貝多芬的作品。」

詮釋巴哈鍵盤作品的名家顧爾德在1955年錄製了《郭德堡變奏曲》後一炮而紅，當年他才二十三歲，彈起《郭德堡變奏曲》自由又隨性，瀟灑的風格讓人處處驚艷。晚年他重新錄製「正經古典版」的《郭德堡變奏曲》，這次錄音是他生前最後一個作品。

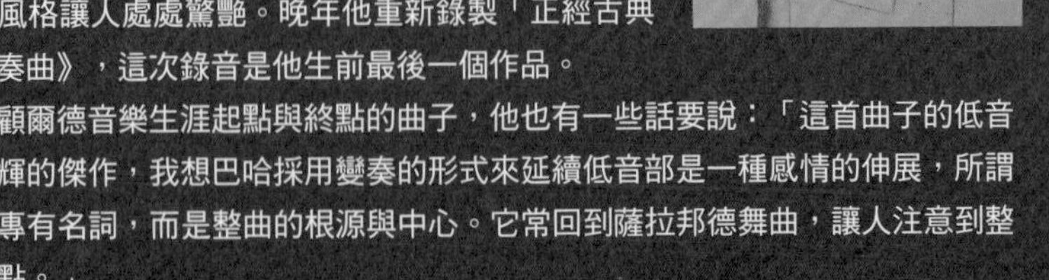

對於這首跨越顧爾德音樂生涯起點與終點的曲子，他也有一些話要說：「這首曲子的低音部是音樂史上最光輝的傑作，我想巴哈採用變奏的形式來延續低音部是一種感情的伸展，所謂的主題並非僅僅是專有名詞，而是整曲的根源與中心。它常回到薩拉邦德舞曲，讓人注意到整首曲子最重要的焦點。」

《耶穌，世人期待的喜悅》
Jesu, Joy Of Man's Desiring

巴哈（Johann Sebastian Bach , 1685 - 1750）

取自第一四七號清唱劇《以心、口、行為和生命》，BWV147

長度：約4分

樂器編制：管弦樂團

曲式：清唱劇

出現於：電影《門當父不對》、《阿波羅》

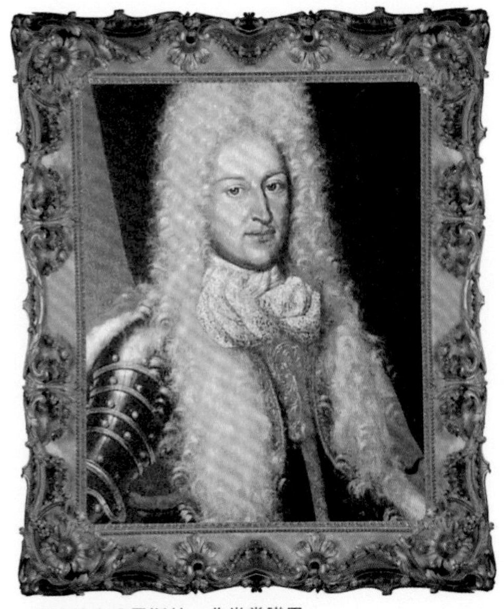

威瑪的大公恩斯特，非常賞識巴哈。在威瑪受大公重用的這段期間，可說是巴哈創作臻於成熟的階段。

在巴哈的清唱劇中，都會以馬丁路德或德國傳統的聖詠曲（Chorale）為主題，加上他寫的裝飾旋律，共同寫成一段合唱聖詠曲；有時他也會把這些聖詠曲再改編成管風琴獨奏，這種樂曲的曲式就叫作「聖詠前奏曲」（Chorale-Prelude），然後再改編這些聖詠曲，在他的清唱劇中使用。這些清唱劇和當時的路德派新教教會的年度儀式有關，而巴哈的工作就是每個禮拜都為教會提供一首新清唱劇。這首聖詠曲是改編自第一四七號清唱劇的聖詠段，由管風琴伴奏、小號獨奏，在台灣廣告中經常出現。清唱劇的劇名則是 《以心、口、行為和生命》（Herz und Mund und Tat und Leben）。巴哈生前一共創作了五百多首清唱劇，是他擔任教堂樂長時，為了信眾和詩班在禮拜和重要基督教儀式上演唱而創作的，但後世保存下來的只剩下一百多首。在巴哈任職的萊比錫教堂中，按照儀式演出下來，一年必須用掉五十八首全新的清唱劇，以巴哈的創作速度不可能跟得上，因此他經常會回收舊作，將之改編在清唱劇中使用。不管是他的小提琴無伴奏組曲、奏鳴曲或是大鍵琴協奏曲，都曾經被重複使用在清唱劇的某個樂章中。第一四七號清唱劇，是在聖母降臨日上演唱的，這首清唱劇是巴哈在威瑪（Weimar）時期的作品。後來巴哈到萊比錫擔任教堂樂長時，再度使用此曲並添上三段新的音樂。在現存巴哈的清唱劇作品中，此曲的創作時間排在第三十二首，算是很早期的創作。

這首樂曲經常以鋼琴改編版呈現，這份改編版是出自英國第二次世界大戰前成名的女性鋼琴家彌拉海絲女爵（Dame Myra Hess）的手筆，音樂史上改編此曲的鋼琴版本很多，許多俄國鋼琴家像席洛第（Siloti）等人也都有出版過自己的改編版本，但是還是以彌拉海絲的版本最受到鋼琴家推崇，也因此最常被演奏。這份鋼琴版在1926年首度發行問世，當時彌拉海絲還發行了一份雙鋼琴版，在1934年出版樂譜。

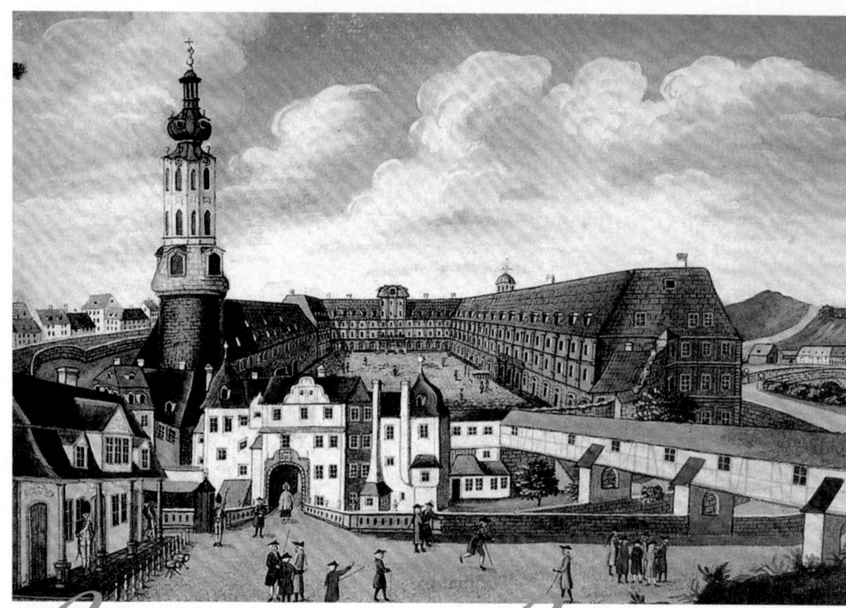
威瑪的城堡。1708-1717的九年中，巴哈婚姻美滿，經濟不虞匱乏，便專心於音樂創作，奠定了日後發展的基石。

Johann Sebastian Bach

弦外之音

《耶穌，世人期待的喜悅》的歌詞

耶穌，世人期待的喜悅，
神聖的智慧，最光明的愛。
我們的靈魂被祢所引領，受到激勵，
飛向未生的光亮。
神的話語，是我們肉身所以仰賴，
讓生命之火得以點燃，
才能挺身迎向未知的真理，
盤旋在祢的座前並死去。

穿過希望帶領的道路，
聽啊，多麼祥和的音樂響起。
眾人將心交託給祢，
自那永生的泉水啜飲喜悅。
那是世間最美的喜悅，
是智慧最神聖的寶藏。
在祢的帶領下
沐浴在未知的喜悅愛中。

《d小調觸技曲與賦格》

Toccata & fugue in D Minor

巴哈（Johann Sebastian Bach , 1685 - 1750）

作品編號：BWV565

長度：約9分

樂器編制：管風琴

曲式：器樂曲（管風琴）

出現於：動畫電影《幻想曲》、《歌劇魅影》、《神鬼奇航》第二集

這首觸技曲與相隨的賦格曲，可說是人們第一次接觸管風琴音樂或巴哈音樂的入門樂曲，近年卻有學者們提出質疑，認為這作品恐怕不是專為管風琴所譜寫，近世更有許多小提琴家隨聲附議，逕行以小提琴無伴奏的手法詮釋這首作品，卻也能夠絲毫不差地忠實呈現巴哈原曲，像俄國小提琴名家凡格羅夫（Maxim Vengerov）曾多次在演奏會和專輯中表達他的見解。

率先發難的是美國音樂學者彼得威廉斯（Peter Williams），他認為這首曲子和聲單薄、對位疏落，擁有高超管風琴演奏技巧的巴哈，作曲功力絕非僅止於此，況且巴哈的大型管風琴作品從未以觸技曲為名。實際上，巴哈還有有一首名為《觸技、慢板與賦格》的曲子，雖然出處也備受質疑，然而正因為這種自由即興的作曲手法，小提琴調只要升五度就可以演奏此曲。其實巴哈曾經將小提琴獨奏作品改成管風琴曲，像《第三號無伴奏小提琴組曲》（BWV 1006）的第一樂章，改寫成第二十九號清唱劇《我們感謝祢，神》（Wir danken dir, Gott）起始的管風琴獨奏段；而《第一號小提琴無伴奏奏鳴曲》（BWV 1001）的賦格曲樂章，則改成《d小調管風琴前奏曲與賦格》（BWV 539）的後半段前奏曲。

根據推測，這首曲子創作的時間應該落在1703到1707年間，這段期間巴哈的作品風

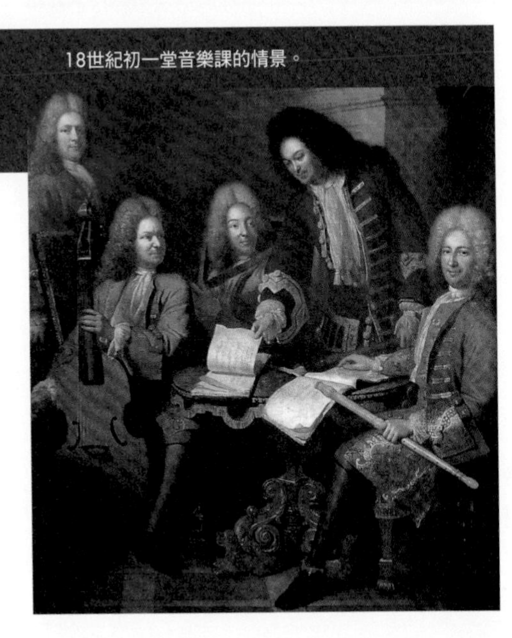
18世紀初一堂音樂課的情景。

格，深受當時以管風琴即興創作聞名的布克斯泰胡德（Dieterich Buxtehude）影響，這首觸技與賦格中的觸技段，許多任由管風琴家採取彈性速度的樂段，就是布氏即興風格的作法。布克斯泰胡德可說是巴哈畢生最崇拜的作曲家，巴哈為了聆聽他的即興演奏，曾經不遠千里徒步至呂北克（Lubeck）。

經由後代音樂學家考據發現，賦格段主題來自帕海貝爾（Johann Pachelbe，名曲《D大調卡農》的作曲家）的一首《d小調幻想曲》，一般相信這應是巴哈為了向前輩致意之作，因為巴哈另一首管風琴曲《帕薩卡格利亞舞曲》（Passacaglia BWV 582）的頑固低音主題，同樣借自另一位前輩作曲家雷桑（Andre Raison）的管風琴《帕薩卡格利亞舞曲》，在巴哈作品中類似的例子還有許多。有些音樂學者相信，曲中出現多次管風琴踏瓣延音和分解和弦，是巴哈刻意寫來測試教堂管風琴性能，因為巴哈是教堂樂長，常得負責管風琴的維護。

十九世紀巴哈作品開始受到注意後，這首樂曲就不斷出現各種樂器的改編曲，包括布梭尼（Ferruccio Busoni）、李斯特（Franz Liszt）、陶西格（Carl Tausig）、葛令傑（Percy Grainger）、佛里曼（Ignaz Freidman）等人，都寫出高難度的鋼琴改編曲。許多好萊塢電影也一再使用此曲，最近的一次就是《神鬼奇航第二集》（Pirates of the Caribbean: Dead Man's Chest），電影中章魚臉的深海閻王以臉上的章魚腳彈奏這首曲目。

A B C D E F G H I J K L M N O P Q R S T U V W X Y Z

《弦樂慢板》
Adagio for Strings

巴伯（Samuel Barber , 1910 - 1981）

長度：約8分

樂器編制：弦樂四重奏（小提琴2、中提琴2）

曲式：協奏曲（小提琴）

出現於：電影《前進高棉》、《羅倫佐的油》、《象人》

巴伯的這首《弦樂慢板》，原來是他的《第一號弦樂四重奏》中的慢板樂章。當時，晚年的托斯卡尼尼（Arturo Toscanini）來到美國發展，想要提拔美國本土的作曲家，他找到了巴伯這首頗有義大利巴洛克音樂風格的作品，便請這位當時仍是學生的作曲家將之改編為純弦樂作品，在自己的音樂會上演奏，這就是日後知名的《弦樂慢板》。後來巴伯又在1967年改寫此曲為八聲部合唱團演唱的作品，並填上傳統天主教彌撒曲中「神的羔羊」（Agnus Dei）的拉丁經文。其實巴伯的作品帶有義大利風格不是沒有原因的，因為他的老師正是來自義大利的梅諾第（Menotti）。

巴伯的《第一號弦樂四重奏》原本是在1936年首演，後來1938年托斯卡尼尼徵求美國作曲家新作時，巴伯將之寄給托氏。一開始托斯卡尼尼並不中意此作，完全沒有給任何意見就將原稿退還給巴伯，巴伯為此忿忿不平，很長一段時間不肯見大師。大師知情後乃託友人轉告巴伯，他之所以寄還原譜，是因為他已將之牢記腦海，不需再看譜，據報導，托斯卡尼尼真的在首演前再也沒有看過樂譜一遍。此曲最後就在1938年11月5日由托氏指揮樂團，以廣播方式完成首演。

Samuel Barber

弦外之音

《弦樂慢板》在電影和日常生活中

這段著名的音樂出現在奧利佛史東1986年經典電影《前進高棉》中兩次，一次是在片頭、一次則在片尾，令日後許多電影古典音樂合輯爭相收錄。

事實上，電影中由溫哥華交響樂團所演奏的版本，並不是巴伯親自為指揮家托斯卡尼尼所改編的原始版本，而是奧利佛史東另外請電影配樂家喬治戴勒呂（Georges Delerue）所作的改編，而且由於電影演出當時距離巴伯此曲問世還在版權保護的五十年間（1936年），所以演出不但付費，也要取得原譜所有、著名的樂譜出版商G Schirmer公司同意。由此可以知道，史東原可請戴勒呂另寫一首曲趣相當的作品（事實上，戴勒呂真的為這段影片寫了同樣情境的慢板，卻被奧利佛史東給退稿了），卻寧可付高額版權，使用此曲，必定別有深意。

在這部電影使用這段音樂前，巴伯以同樣的曲材改寫成的《神的羔羊》合唱曲還少為人知，否則或許史東會比較想在片頭殘酷的畫面中用上這段向上天祈求憐憫的音樂。在這部控訴越戰無知的電影中，這段巴伯的《弦樂慢板》一再地於電影中出現，從片頭就有，之後影片中更不時浮現。史東引用此曲有一半是因為此曲由美國作曲家創作，在精神上代表了美國、也是全美人民最熟悉的古典音樂。同時，此曲寧靜肅穆的效果，非常能夠幫助他為全片控訴的調性畫出基調，符合他所要指控的：越戰不過是一場勞民傷財、毫無意義、讓自己人民去國外送死的大屠殺。這首音樂的悲傷特質，在這部電影就有如一首安魂曲，是伴隨著片中那些美國、越南的軍人、百姓生命走向死亡時的送葬音樂。此曲的悲傷是公認的，在BBC廣播公司的「今日」節目上，此曲就被票選為史上最悲傷的古典音樂。美國羅斯福總統（Franklin D. Roosevelt）總統的葬禮中，演奏了此曲。同樣的，2001年九一一攻擊事件在世貿中心的死者的公祭上，也演奏了此曲。

c小調第五號交響曲：《命運》

Symphony No.5-Mvmt.1

貝多芬（Ludwig van Beethoven , 1770 - 1827）

創作年代：1803~1808年

作品編號：Op.67

樂器編制：交響樂團

曲式：交響樂曲

時間長度：約52分鐘

出現於：電影《此情可問天》

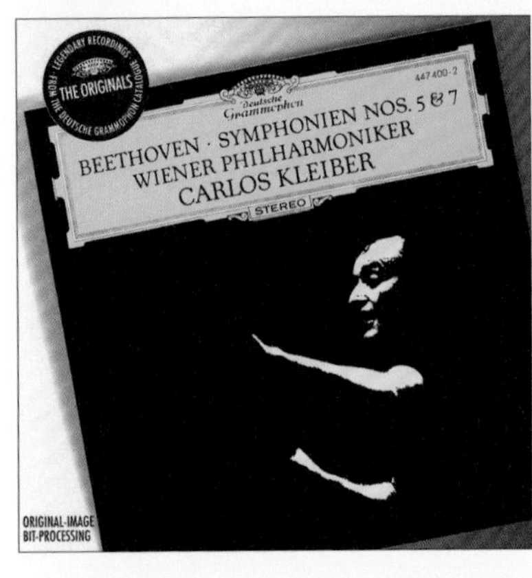

推薦專輯：Beethoven : Symphony No.5 & No.7

演奏 / 指揮：Carlos Keiber

專輯編號：47400 DG 環球

走在生命的路途上，你是否曾跌落失意的深淵？那麼，聽聽貝多芬的《命運交響曲》吧！他會用強烈又哀婉明亮的音符告訴你：「你的傷心難過我都了解，你並不孤單」、「請不要氣餒，要堅強、要努力⋯⋯」

1808年，那個陰霾的冬日，他站在維也納劇院的舞台上，用這血淚交織出來的曲子，傾訴著自己如何在殘酷的宿命中載浮載沉，多少次咬緊牙關，跌倒又挺身面對這一場生命的搏擊。

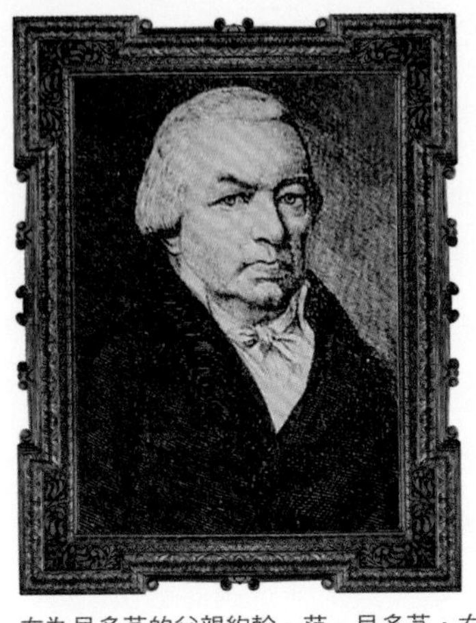
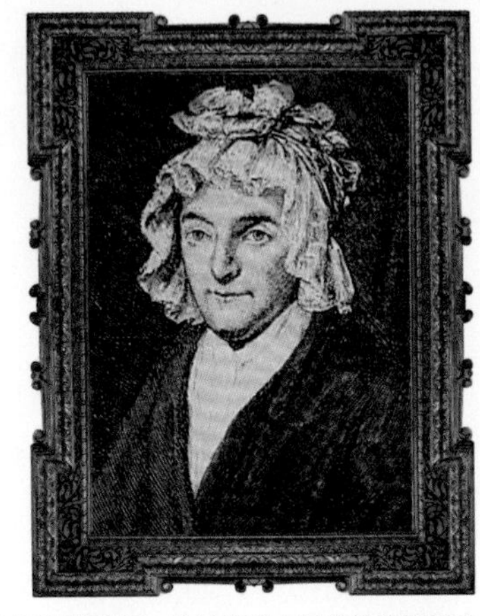

左為貝多芬的父親約翰・范・貝多芬，右為母親瑪麗亞。她給予了小貝多芬父親無法給的愛。

起承轉合兼備的四個樂章，是貝多芬經過四年苦心刻鏤、嘔心瀝血的成果，其中有著他艱苦奮鬥的歷程、他的信念、他所讚頌的人類榮耀：「聽！命運之神冷肅的站在門外，挑釁地敲著我的門（第一樂章）；我毫無防備，一連串的橫逆打擊著我：渴望親情卻從小被父親毆打排拒，失聰、耳聾、不止息的病痛、遭人批評與排擠……，天底下最無情的苦痛我都嘗盡了，嗜血的命運之神卻仍然藏匿在烏雲間，不肯離去（第二樂章）；但我是不會被打倒的，我要起身用力掐住祂的脖子，以頑強的意志與祂一決生死（第三樂章）；聽到勝利的凱歌了嗎？這是我的勝利！（第四樂章）」

第一樂章裡眾樂器狂飆似的怒吼出「命運來敲門」的主題，當然這個命運可不是專程奉上幸福的；這是個極度殘酷嚴峻的試煉，是準備來搞垮貝多芬的厄運。整個樂章籠罩著「命運動機」無情的威脅，所有曾經出現的平靜都是短暫騙人的，一種無以名狀的壓迫感一波又一波的襲來，渺小的人在命運的召喚下，激起了求生的意志，最後一陣狂風掃過留下不安的伏筆。

優美柔和的第二樂章讓緊繃的氣氛得以稍加喘息，在這個流暢的行板中，我們可以聽到響亮的進行曲、以及滿懷沉思與渴慕的情感，彷彿生活中終究會出現一些如甘露般美好的安慰，讓人得以蓄積更多的勇氣。第三樂章是有史以來最鬼影幢幢的「詼諧曲」，這個詼諧曲瀰漫了不祥的預感，命運的陰影忽遠忽近，一股懸宕的威脅不斷醞釀翻升，接著「命運動機」以更加強烈的姿態再度現身，整個樂團像一鍋即將煮沸的開水，在沸騰之際馬不停蹄地往第四樂章狂奔而去。

終樂章以燦爛的C大調登場，在費力的奮鬥掙扎過去後，莊嚴的凱歌以排山倒海之姿宣告勝利，命運苦苦的糾纏終於平息，所有代表熱情、喜悅、歡呼與雲彩的樂句全部出籠，尾奏是純粹光明的C大調，在一陣繁弦急管中終於見到久違的陽光。

貝多芬一向以性情狂躁、易怒聞名，他活著的時候，最親密的人、朋友，以及他收養愛護、視如己出的姪子，都因為無法忍受他的偏激與善變，紛紛離去。然而，他滿布的稜角雖然總是折磨人，他內心深處卻保有莫大的純真與善良，在這首《命運交響曲》裡，他就毫無保留地給予人們最溫柔、悲憫的勸慰。

全曲從憂傷的c小調開始，帶著詭譎不祥的陰森逐步展開，卻在明亮的C大調中結束，彷彿撥雲見日、雨過天晴，傳達著「只要勇敢堅強，人類終能戰勝命運」的意念，這個思想幾乎貫穿在貝多芬所有的音樂裡。沒有多餘贅飾音符的《命運交響曲》是一次最直接、完整而驚心動魄的表達。

從c小調轉到C大調，在樂理上只是稍稍變了音階，在感情上卻是一個跌宕起伏、石破天驚的巨大轉變。而在音樂史上，更被視為是一次意想不到的化學變化：抒發個人意志的浪漫主義被帶進了音樂裡，貝多芬引領著古典時期的音樂飛越到浪漫時期去。

這首交響曲打從一開始就緊扣人心，彷彿節節進逼，令人不能喘息。那耳熟能詳的動機主題由四個簡單的音「So－ So－ So－ Mi」構成，至今仍是許多戲劇用來預示高潮或轉折的愛用配樂。由於氣勢太過驚人，貝多芬的學生第一次聽到時，就不停地追著他的老師問：「這主題代表什麼意思呢？」喜歡以音樂跟人溝通，勝於用語言解釋的貝多芬不耐煩地揮揮手，說道：「命運就是這樣敲門的。」這首

《第五號交響曲：命運》因而得名。貝多芬還曾補充道，這是他偶然在森林中漫步，聽到金翼啄木鳥所發出的聲音，獲得的靈感。

不過古往今來，樂迷都比較喜歡貝多芬那句富有傳奇色彩的「命運說」，刻意忽略啄木鳥的功勞。

《命運交響曲》在巴黎首演時，聽眾席上有一位先生聽到第四樂章中的凱歌，激動得起立叫道：「啊，是皇帝！皇帝萬歲！」原來他是拿破崙的禁衛軍老兵，從此這首曲子在法國有了新的別名《皇帝交響曲》。

英雄也罷，皇帝也罷，貝多芬真正肯定的，終究是在苦難中雖脆弱不堪，但只要能抓住一線生機，便能發揮堅強氣魄的凡人。

AVERTISSEMENT.

Heut dato den 26ten Martii 1778. wird auf dem muſikaliſchen Akademieſaal in der Sternengaß der Churköllniſche Hoftenoriſt BEETHOVEN die Ehre haben zwey ſeiner Scholaren zu produciren; nämlich: Madlle. Averdonc Hofaltiſtin, und ſein Söhngen von 6. Jahren. Erſtere wird mit verſchiedenen ſchönen Arien, letzterer mit verſchiedenen Clavier-Concerten und Trios die Ehre haben aufzuwarten, wo er allen hohen Herrſchaften ein völliges Vergnügen zu leiſten ſich ſchmeichlet, um je mehr da beyde zum größten Vergnügen des ganzen Hofes ſich hören zu laſſen die Gnade gehabt haben.

Der Anfang iſt Abends um 5. Uhr.

Die nicht abbonnirte Herren und Damen zahlen einen Gulden.

Die Billets ſind auf erſagtem muſikaliſchen Akademieſaal, auch bey Hrn. Claren auf der Bach im Mühlenſtein zu haben.

1778年，貝多芬的父親為八歲的小貝多芬舉辦首次演奏會的傳單。但他在傳單上謊稱兒子只有六歲，希望以「神童」之姿吸引大眾的注意。

Ludwig van Beethoven

弦外之音

火爆浪子的勵志小標籤

貝多芬的一生多災多難，他自小就是家庭暴力的受害者——酗酒的父親深信棒棍出天才。於是，每當小貝多芬表現不盡人意時，無情的拳頭便會落在他身上，還好貝多芬咬著牙挺過來了，而且也真的成為一個偉大的音樂家（雖然後遺症是他出名的火爆脾氣）。

一個以作曲維生的音樂家卻在盛年之時逐漸喪失聽力，這無疑是命運最過分的一個玩笑了。每當夜深人靜，一股悲傷的絕望再度啃蝕著內心，貝多芬便拿起筆寫下不願認輸的每一個音符，彷彿提醒自己「不管能不能戰勝命運，人總要盡全力去奮鬥，在這個過程中，便已經盡了做人的本分、肯定了人生的尊嚴。」「凡是真正完美的，必堅定如磐石，絕對沒有人能傷害它。我們要力求真實與完美，將神賜予的才能發揮到極限，直到呼吸的最後一刻。」

熱愛勵志的貝多芬，獻給每一位認真看待生命的勇士。

d小調第九號交響曲第四樂章：《合唱》

Symphony No.9-Mvmt.IV

貝多芬（Ludwig van Beethoven，1770 - 1827）

創作年代：1822~1824年

作品編號：Op.125

長度：約52分鐘

樂器編制：交響樂團

曲式：交響樂曲

出現於：電影《終極警探》、《發條桔子》、《伴我情深》

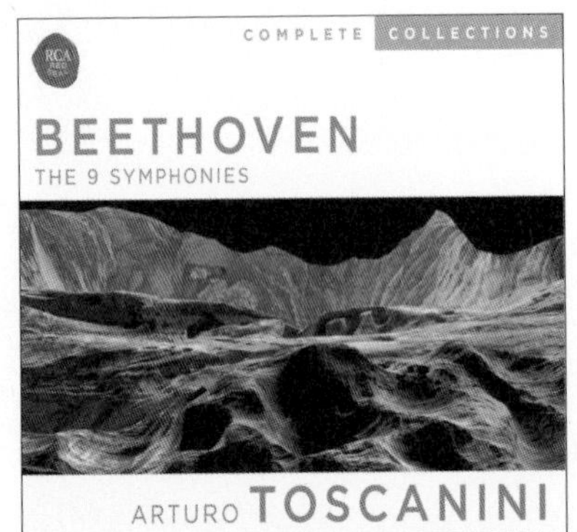

推薦專輯：Beethoven：The 9 Symphonies

指揮：托斯卡尼尼 / NBC Symphony Orchestra

十九世紀初，歌劇在維也納大大流行起來，人們熱衷於追著歌者跑，劇院的生意熱絡，每有新劇推出，門票旋即銷售罄空。比較起來，一般的演奏會觀眾席上稀稀落落，景況大不如前。

意外的是，暮春時節在宮廷劇院首演的這場音樂會卻座無虛席。

台上有一位奇怪的先生，背對著觀眾站在指揮身旁，專心看著樂譜打著拍子，時而輕輕敲動手指，時而全身激烈震顫。

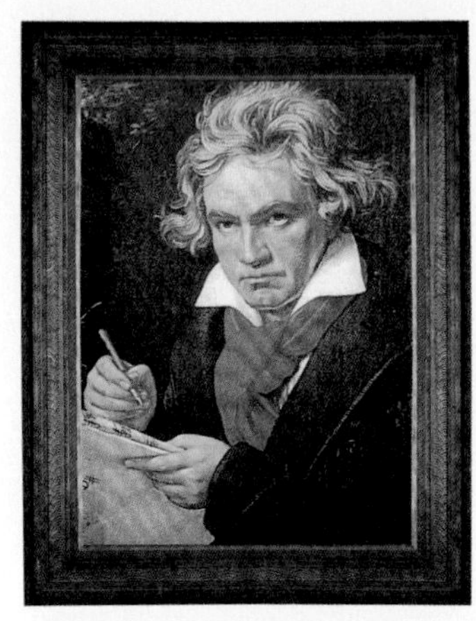

晚年的貝多芬，深受疾病之苦。除了46歲左右開始的耳聾，還有眼疾、慢性腸炎等，不斷折磨著他。但貝多芬不畏病魔，仍持續創作出許多偉大的樂章。

演出到了最後一刻，歌手在器樂伴奏下，齊唱出：「擁抱歡愛吧！萬千的眾人！」那歌聲有如渾成的天籟，透著聖潔的光輝，照拂人心黑暗的角落。餘音未息，台下已掌聲雷動，激烈的觀眾擠到台前，熱情回應。

演出者紛紛站出來謝幕，只有那位先生仍然旁若無人的盯著總譜，陶醉在自己的世界裡，等到一位女歌手走近，輕輕拉了一下他的衣袖，將他轉過身來。回頭望向觀眾，赫然驚覺全場已被掌聲淹沒，他不禁熱淚盈眶，趕緊鞠躬答禮。

原來這位音樂家的兩耳已經全聾了，被外界的聲音狠心排拒，唯一能傾聽的只有內在如洪流般的音樂。

此次首演的曲目出自他的手筆，是一首排在節目最終的交響曲，突破性地把人聲當作樂器，加入歌詞改編自席勒的詩作《快樂頌》的一首合唱曲，使交響曲的歷史邁向新的里程碑。似乎只有這個孤獨活在靜寂世界裡的音樂家，才能締造出如此純美的音樂——他，就是貝多芬。

這是他最後一首交響曲，《第九號交響曲：合唱》，也是貝多芬最後一次公開露面演出。彩排時，他堅持親自指揮，但雖有樂譜，還是不能彌補耳聾的缺陷，搞得演奏秩序大亂，不得已他傷心地放下指揮棒離去。不過到了正式演出時，雖改由烏姆勞夫上陣，他仍然堅持要站在他身旁監督演出。

《第九號交響曲》是貝多芬的人生感悟，曲終前史無前例的大合唱，讓《第九號交響曲》博得《合唱交響曲》的稱號；而由於首演時他絲毫沒有察覺滿場歡聲雷動的聲音，因而又得到《無聲交響曲》的別稱。

這首交響曲的四個樂章，已不復見他從前狂熱、搏鬥的色彩，貝多芬像過來人似的，和大家分享著生命的祕密：唯有歷經滄桑後，才能摘取真正的快樂果實。

第一樂章裡，他回顧一生，以記錄著他奮鬥痕跡的第二、五、六、七、八交響曲的主題片段，如同電影中的鏡頭逕行剪接。接下來的二、三樂章，分別藉由甚快板的狂野氣氛和如歌慢板的幻夢迷離，訴說人們最想追逐的歡樂——自由與愛情。

然而，當你看見自己在其中歡舞醉飲的身影，貝多芬又安排了微弱而不確定的音符在幽暗之中躍動，彷彿輕聲追問著：「這就是真正的快樂嗎？」「不！」（在樂譜上最強音旁，真的附記著這個字）第四樂章裡，他先是怒吼般的斥責，接著又是溫柔的摒拒，藉由男中音的獨唱告訴你：「哦，朋友們，不是這樣的聲音……」當正式進入感人的《快樂頌》大合唱與四重唱時，貝多芬訴說著心中的信仰：「當人們彼此扶持、關愛，快樂隨之而來」。

《快樂頌》原是席勒在小酒館裡受到酒肉朋友的啟發，寫出來的長詩。當時他常聽到日耳曼學生在唱一首俚俗的飲酒歌，歌曲狂放而充滿「有福同享，有難同當」的江湖氣概，於是將它拿來作詩，賦予「四海之內皆兄弟」的人道精神。詩中世界大同的理想，感動了千萬人，2003 年的歐盟新憲法草案，就提議將《快樂頌》正式定為「歐盟之歌」。

初次讀到這首詩的貝多芬年方二十三歲，由於認同這種自由、包容的思想，心裡一直盼望能為它譜曲，但真正能在《合唱交響曲》裡付諸實現時，卻已經是將近三十年後的事了。這首交響曲，從動筆到完成，一共歷時七、八年，中間貝多芬的人生不知遭遇到多少痛苦曲折，年少時剛烈的情緒，也漸漸轉為溫醇的情感。如此嘔心瀝血，果然創造出豐盈深刻的曲思意境，不愧為樂聖以才華、時間和苦難，萃取醞釀的最後音樂精華！

1872年3月一個雷雨交加的夜晚，貝多芬在病榻上向死神揮舞著憤怒的拳頭，最後終於與世長辭。這就是他最後住過的房間。

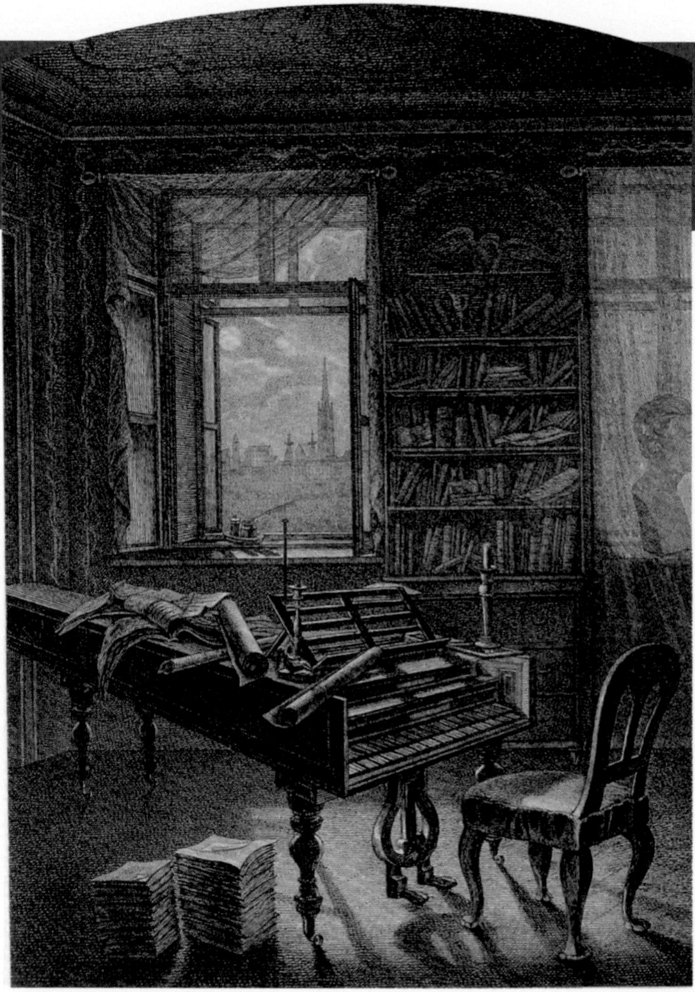

《給愛麗絲》
Für Elise

貝多芬（Ludwig van Beethoven，1770 - 1827）

作品編號：Wo.O59

樂器：鋼琴

長度：約3分鐘

出現於：電影《小丑回魂》、《查理布朗的聖誕節》

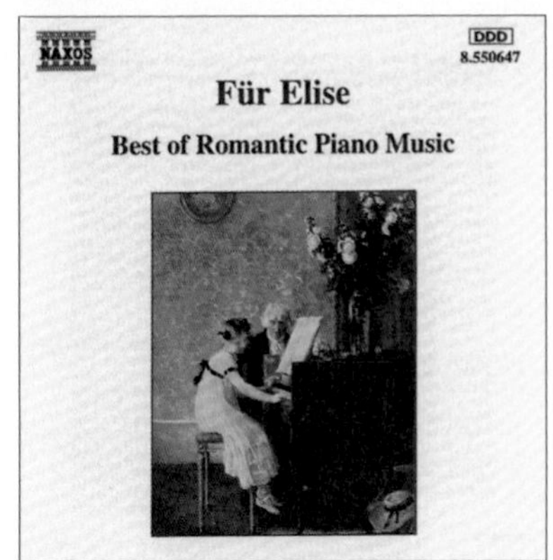

推薦專輯：Für Elise : Best of Romantic Piano Music

演奏 / 指揮：Balazs Szokolay

專輯編號：8.550647 Naxos 金革

《給愛麗絲》是貝多芬最精緻著名的鋼琴小品，他在樂譜扉頁上親筆題獻「給愛麗絲作為紀念，4月7日，路・馮・貝多芬」。究竟愛麗絲是誰呢？

一開始，這首曲子叫人費盡了猜疑，因為在貝多芬的身旁，似乎並沒有叫做愛麗絲的女性。後人於是推測，這應當是1810年，貝多芬向慧黠可愛的泰麗絲求婚前，表達思念的作品。而可能是貝多芬自己的筆誤，也可能是出版商L・諾爾在拿到親筆樂譜時，一時錯讀，將泰麗絲看成「愛麗絲」，而以訛誤之名「給愛麗絲」公諸於世。然而，這個說法的真實性，現今也已無從考究，因為貝多芬的原稿早已消失無蹤了。

至今後人已無從考查，但與其說這首曲子是獻給某位冰雪聰明的女孩，倒不如說它是

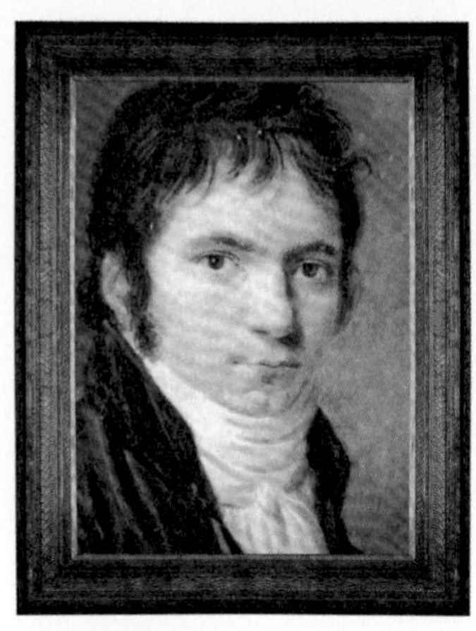

青年時期的貝多芬。

坐在鋼琴前面的，就是曾被貝多芬求婚過的泰麗莎，也就是傳聞中《給愛麗絲》這首曲子最初題獻的對象。

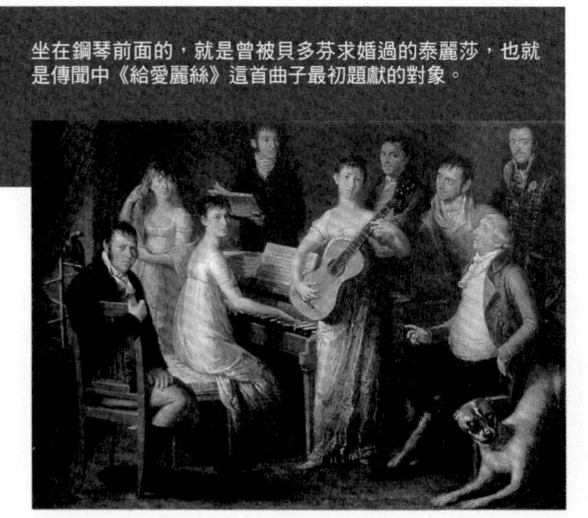

貝多芬送給全天下學琴孩子的禮物，許多人在琴鍵上初次接觸貝多芬，就是從《給愛麗絲》開始的（你一定在某個夏日午後聽過鄰居小孩彈的《給愛麗絲》吧？）。

《給愛麗絲》為 3/8 拍子的小快板，曲式是A-B-A-C-A的小迴旋曲。A段主題便是大家耳熟能詳的主旋律，這段主旋律優美抒情，而且此後不斷在曲中反覆出現，似乎代表愛麗絲在貝多芬心中深刻鮮明的印象。B段主題以明朗的F大調呈現，如歌似的旋律就像少女哼著輕鬆的曲調漫步在林間小徑，歡愉的心情躍然曲中。B段過後主旋律再現，但緊跟其後的C段旋律則湧現了一股緊張不安的氣氛，彷彿天空無預警的下起大雨，無以名狀的憂慮與B段形成強烈的對比。還好雨勢來得急去得快，太陽一下子又露臉了，曲子終了之際又回到甜美的A段主旋律，餘音繚繞十分惹人憐愛。

A B C D E F G H I J K L M N O P Q R S T U V W X Y Z

國內名鋼琴家陳冠宇先生曾在他的書中提到小時候練習這首鋼琴曲的回憶，他說每回坐在鋼琴前全神貫注的投入《給愛麗絲》美麗的旋律中，腦中便會出現一整段流動的畫面，畫面中有一個可愛的捲髮少女，天真無邪挽著碎花小洋傘漫步於林間小路，隨著樂曲的開展，少女在林中欣賞著嫣紅奼紫的小花，但途中驟變的天氣讓小女孩的心情歷經一小段波折，還好雨後的天光讓女孩的臉上很快又露出了笑容，繼續踩著輕快的腳步消失於林中。

這一段有畫面的音樂賦予樂曲靈活的生命力，不論是彈奏者或是聆聽者，每當《給愛麗絲》清新的旋律響起，是否你的心中也隨著上映了一段鮮明的、專屬個人的愛麗絲畫面呢？

Ludwig van Beethoven

弦外之音

一個壞脾氣的矮子

你相信嗎？寫出了無數甜美旋律的貝多芬，隨著年紀愈大，脾氣也越臭越硬，他還為自己封了一個外號「一個壞脾氣的矮子」呢！

貝多芬超群的琴藝曾經征服無數的維也納市民，大家都愛死了貝多芬的鋼琴演奏，但是一談起他出名的暴躁脾氣，也都不免敬畏三分。

有一次貝多芬坐在琴前彈著一段行雲流水的即興花奏，正當這位大師進入忘我之境，靈感如泉湧一發不可收拾時，一旁突然有個冒失鬼說起話來，咕噥聲打斷了大師的演奏。大家都知道事情不妙了，果然貝多芬目露兇光一把抄起椅子就往聽眾身上砸過去。

這個砸椅子事件也許只是一個突發狀況啦，往後貝多芬收斂了不少，若再有不識相的傢伙惹惱了他，大師頂多只是重重的闔上琴蓋，拂袖而去。

《土耳其進行曲》
Turkish March

貝多芬（Ludwig van Beethoven , 1770 - 1827）

作品編號：Op.76

創作年代：1809年

長度：約2分

樂器編制：管弦樂團

曲式：管弦樂曲

1811年貝多芬接受委託，為劇作家柯則布（August von Kotzebue）創作《史提芬王》（Koenig Stephan）和《雅典的廢墟》（Die Ruinen von Athen）兩齣劇樂，當作位於匈牙利的佩斯城（Pest）皇家劇院（Royal Theatre）開幕演出。當時柯則布赫赫有名，因此要求擔任譜曲的作曲家得具同樣分量，貝多芬才會雀屏中選。劇院將兩劇安排在開幕同一晚演出，《史提芬王》是上半場、《雅典的廢墟》為下半場，中間穿插一場說話劇講述佩斯城的歷史。

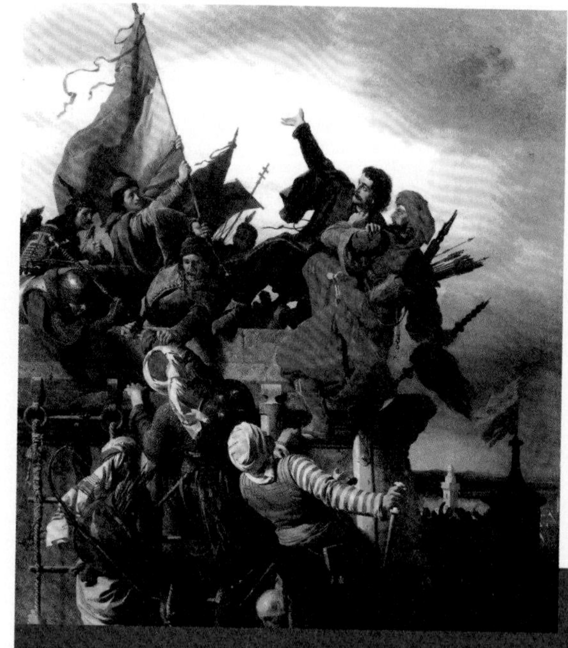

進行曲隨著鄂圖曼土耳其帝國的入侵，進行曲的曲式也流傳到歐洲。圖為匈牙利軍隊對抗鄂圖曼土耳其帝國軍的情形。

下半場《雅典的廢墟》這齣劇，講述雅典城的守護女神雅典娜（劇

A
B
C
D
E
F
G
H
I
J
K
L
M
N
O
P
Q
R
S
T
U
V
W
X
Y
Z

中稱為米涅娃Minerva）未能阻止雅典人處死蘇格拉底，受到天神以沉睡兩千年為懲罰，兩千年後當她被詩歌合唱喚醒回到雅典城，該城卻已經不復記憶中的輝煌樣貌，滿眼盡是一片廢墟，而希臘人更早已淪為奴隸，受異國的土耳其人和回教徒所統治，希臘人引為傲的藝術和科學全都蕩然無存，幸虧在匈牙利被留存下來。劇院給貝多芬的創作時間並不充裕，他是趁著那年夏末前往德國溫泉聖地泰普利茲（Teplitz）渡假時，以短短三個禮拜的時間完成。

在貝多芬的劇院音樂中，《雅典的廢墟》不似《柯里奧蘭》（Coriolan Overture）或《艾格蒙》（Egmont）受歡迎，但全劇中的第四曲《土耳其進行曲》讓人印象深刻，這首曲子的主題借自貝多芬《作品七十六》的六段變奏曲，後來那套變奏曲還以此曲為名，稱為《土耳其進行曲變奏曲》。這個主題並非真正的土耳其風，而是貝多芬特意在曲中加入短笛（piccolo）和鐃鈸（cymbal）等打擊樂器，借用莫札特在歌劇《後宮誘逃》（Die Entfurung aus dem Serail）中運用土耳其音樂的手法，得到他所期望的土耳其風格。

在十八世紀末、十九世紀初的維也納，這種土耳其風格風行一時。在貝多芬為了調和《第九號交響曲》的沉悶與嚴肅，在最後一個樂章《快樂頌》開始時，引用《土耳其進行曲》的主題，搭配歌詞「快啊，兄弟們，像英雄一樣踏著進行曲的步伐迎向勝利吧！」（Lauftet, Bruder, eure Bahn, Freudig wie ein Held zum Siegman），營造出滑稽、積極的氛圍，一掃前段音樂中的悲傷，足見貝多芬也認同這主題可以成功描寫輕快情緒。

弦外之音

進行曲

進行曲（march）這種古老的音樂，是軍隊中維持眾人腳步一致的伴奏音樂，軍隊準備一起前進就奏起進行曲，以小鼓掌握節拍的規律性，維持大軍秩序井然，大致在十四到十六世紀之間，隨著鄂圖曼（Ottoman）帝國的擴張流傳至歐洲。

進行曲通常是由管樂隊演奏，其中高亢的短笛（fife）聲音最為突出；進行曲可以用任何的節奏寫成，但最易辨認的進行曲節奏是四四拍子、二二拍子或八六拍子，至於標準速度則是每分鐘一百二十下，不過用在葬禮上時則慢上一倍，波蘭作曲家蕭邦（Frederic Chopin）的《葬禮進行曲》（funeral march）是最顯著的例子。此外，作曲家孟德爾頌（Felix Mendelssohn-Bartholdy）在《仲夏夜之夢》（A Midsummer Night's Dream）中所譜寫的《婚禮進行曲》，更是婚禮的經典名曲。

短笛

短笛（piccolo）名稱沿襲義大利文稱小笛子（flauto piccolo）的第二個字，意思是小長笛，與上文的fife不同。短笛以高於中央C八度的C音為最低音，它在樂譜上比實際音高低八度，意即譜上載的中央C音，吹出來是高八度，因為短笛的按鍵位置和一般長笛相似，為圖方便才採取這種記譜法。不過短笛和小號、長笛等管樂器一樣，有不同音調的短笛，像降D調或降A調短笛，樂譜還得因應這類短笛來改寫。

短笛的聲音容易顯得刺耳，一般樂曲並不常使用，通常出現在進行曲或軍樂中，尤其是有義大利人的軍樂隊中。吹奏短笛的人往往是原本吹奏長笛的人，但是兩種樂器的吹奏嘴型和勁道不同，吹長笛的人無法拿到短笛立刻上手，還得經過訓練才能吹奏流暢。一般三管制的交響樂團（Triple-woodwind）會配置兩把長笛和一把短笛，因為短笛很容易走音，尤其是兩把短笛齊奏時，往往出現一把明顯偏高或偏低的問題，非常不容易掌握。

音樂史上最早使用短笛的名曲，是貝多芬的《命運交響曲》，而最令人印象深刻的，則是美國作曲家蘇沙的《永恆的星條旗》（The Stars and Stripes Forever），當短笛出現在進行曲中，往往成功營造興高采烈的感覺。

Ludwig van Beethoven

升c小調第十四號鋼琴奏鳴曲：《月光》

Piano Sonata No.14 in C sharp minor No.1 "Mondschein"

貝多芬（Ludwig van Beethoven , 1770 - 1827）

作品編號：Op.27

創作時代：1802年

樂器編制：鋼琴

曲式：鋼琴奏鳴曲

出現於：音樂劇、電影、電視《查理布朗是好人》

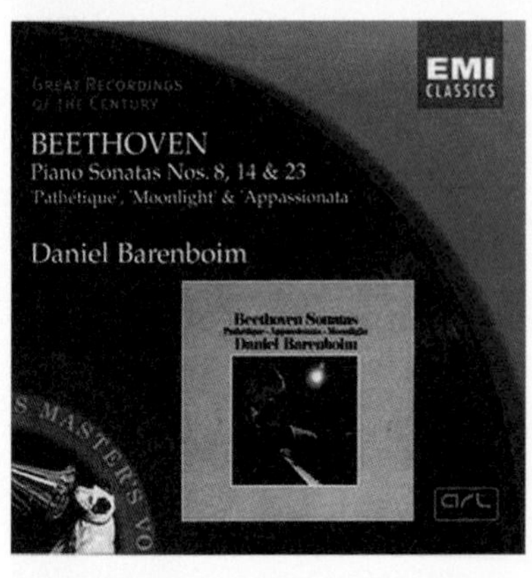

推薦專輯：BEETHOVEN : Piano Sonatas / Klaviersonaten / Sonates pour piano Nos.8 "Pathetique" , 14 "Mondschein" & 23 "Appassionata"

演奏／指揮：Daniel Barenboim

這首著名的奏鳴曲之所以有《月光》的標題，並不是貝多芬親下的，而是德國詩人雷斯塔（Ludwig Rellstab）在詩作中將此曲的第一樂章形容為琉森湖上的月光，因而得名。

因為貝多芬與茱莉葉妲的熱戀，也讓此曲蘊含著的深切情感，可惜就在1802年初，她就嫁給了嘉倫伯（Robert von Gallenberg）。此曲也和前一曲一樣題獻給她，但據茱莉葉妲本人所述，此曲原本不是要題獻給她的，而是因為原本要題獻給她的那首作品，獻給了別人，貝多芬乃以此曲獻給她。此曲貝多芬也同樣以《近似幻想曲的奏鳴曲》（Sonata quasi

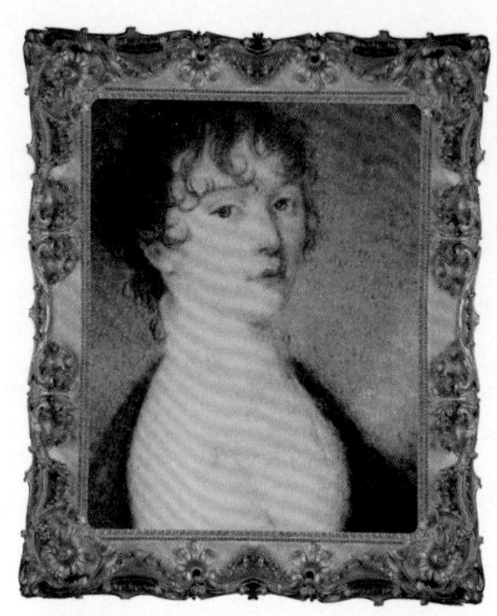

貝多芬的學生，也是情人的茱莉葉妲．奎賈爾迪。貝多芬曾稱她為「我所熱愛也愛我的可愛小姑娘」，《月光》鋼琴奏鳴曲就是題名獻給她的。

una fatasia）名之，顯示其不帶有傳統奏鳴曲的形制。此曲出現於歷史上許多偉大的小說中，像托爾斯泰（Leo Tolstoy）在他的《家庭幸福》（*Family Happiness*）一書中，就在第一和第九章裡，描述男女主角親熱時彈奏此曲的情景。

此曲的三樂章分別為：持續的慢板、小快板、激動的急板。其中第一樂章以慢板展開，完全不是奏鳴曲式的快樂章，而且只是一道又一道的分解和弦組曲，卻因此成為史上最有名的音樂作品之一。

這個樂章的形式自由，是貝多芬別出心裁的創意，再一次，沒有主題，證明了貝多芬能夠不依賴旋律、主題就可以完成一部傑作。樂譜上指示第一樂章和第二樂章中間不能有間斷，而且兩個樂章還以同樣調性寫成，這也完全違背奏鳴曲的傳統，而且樂章彼此的性格又非常相近，不照傳統奏鳴曲那樣強調對比。李斯特曾經形容這個第二樂章是「置於幽谷間的一朵小花」。至於終樂章則意外地以奏鳴曲式寫成。

歌劇《浮士德的天譴》之《拉考基進行曲》

Damnation of Faust – Rákóczy March

白遼士（Hector Berlioz , 1803 - 1869）

長度：約131分

樂器編制：管弦樂團

曲式：聲樂曲

這首經常被世人與《浮士德的天譴》聯想在一起的《拉考基進行曲》，其實並不是白遼士的原創。此曲在今日匈牙利的地位，有如非官方的國歌一樣，人人皆知。原始的樂曲早在1730年代就已經問世，作曲家已經不可考，但因為匈牙利民族英雄拉考基（Rákóczy）生前特別喜愛此曲，因而獲得《拉考基進行曲》之名。

最早的《拉考基進行曲》是一首有歌詞的悲歌，以慢速演奏，名為《拉考基之歌》，歌詞描述馬札爾人（匈牙利的住民）在哈布斯堡王朝（Habsburg）的壓迫下過著艱苦生活，並且懇求拉考基王子前來拯救他的人民。十八和十九世紀時，這首悲歌非常受到歡迎，後來這首悲歌還被改成各種快慢不同的版本，填上各種歌詞，在匈牙利獨立革命中傳唱，許多匈牙利詩人更以此曲填寫詩作。

十九世紀二〇年代，一位出身匈牙利的吉普賽小提琴家畢哈里（Janos Bihari）在歐洲四處巡迴演出時，都會演奏他自己改編的此曲版本，李斯特和白遼士都聽過他的演奏。李斯特也將此曲改編放進自己《第十五號匈牙利狂想曲》（Hungarian Rhapsody）中，後來這個版本又被二十世紀鋼琴家霍洛維茲改編成另一首華麗艱難的《拉考基進行曲》。至於白遼士，則在1846年將此之改成管弦樂曲，放進《浮士德的天譴》中。但在曲中出現時他只稱此段為《匈牙利進行曲》（Marche Hongroise）。

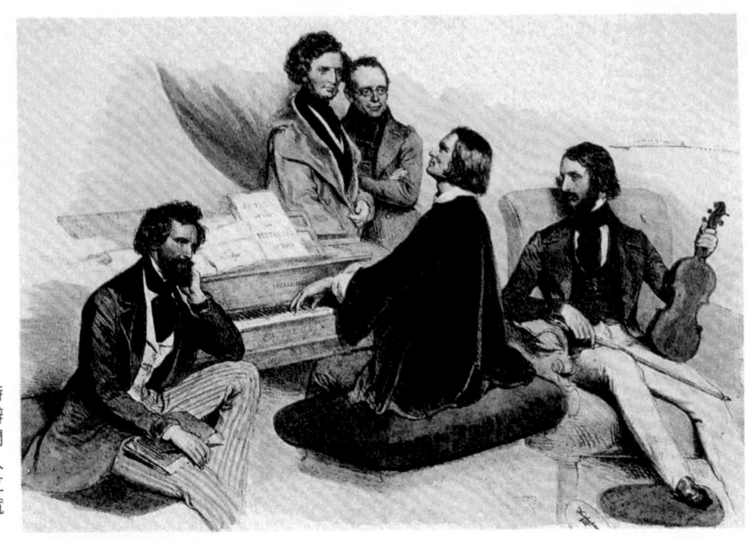

音樂家李斯特常在家中舉辦音樂會，中間彈琴者是主人李斯特，站立者左邊那位就是白遼士。

白遼士作品的海報，中為其肖像，上面是《浮士德的天譴》的插畫。

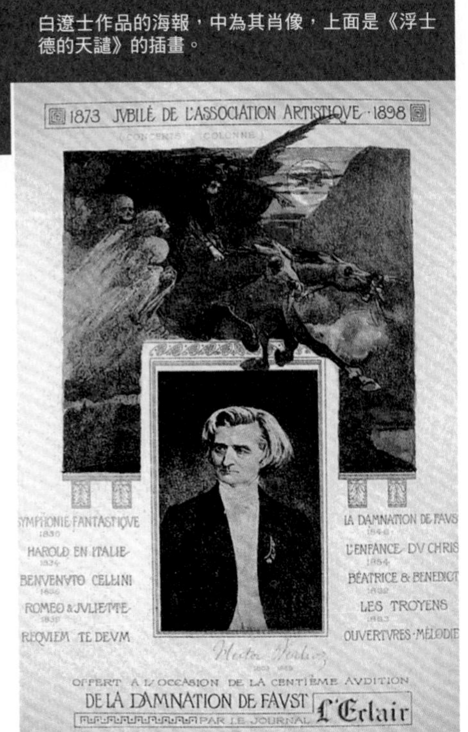
1873 JVBILÉ DE L'ASSOCIATION ARTISTIQVE 1898
SYMPHONIE FANTASTIQVE
HAROLD EN ITALIE
BENVENVTO CELLINI
ROMEO & JVLIETTE
REQVIEM TE DEVM
LA DAMNATION DE FAVST
L'ENFANCE DV CHRIST
BÉATRICE & BENEDICT
LES TROYENS
OVVERTVRES MÉLODIES
OFFERT A L'OCCASION DE LA CENTIÈME AVDITION
DE LA DAMNATION DE FAVST
PAR LE JOURNAL L'Eclair

為什麼浮士德的故事中會出現《匈牙利進行曲》呢？這段故事未見於歌德原著，是白遼士自己想出來的，置於浮士德的正文之前當作前言。《浮士德的天譴》全劇，一開始就是浮士德置身於匈牙利山區，聽到農民歌唱舞蹈，卻覺得自己完全無法與他們同樂。這時，遠方傳來進行曲的聲音，匈牙利士兵在著名的《匈牙利進行曲》聲中，從浮士德身邊經過。這段音樂結束，劇情才轉入歌德的原著情節，銜接到浮士德想要自殺的書房場景。

弦外之音

浮士德的天譴

白遼士一向對文學有高度的興趣，這也是浪漫派作曲家的共通現象。他們喜歡在文學和音樂中尋找聯結，並從文學裡找靈感，希望音樂的指陳能夠比擬文學的描寫程度。白遼士的創作中，不乏從拜倫、雨果、司各特（Walter Scott）、莎士比亞和維吉爾（Virgil）等作家的作品取材的例子。白遼士在1828年春天，讀了德國文豪歌德的《浮士德》法文譯本，留下深刻印象，於是動手開始創作以浮士德為主題的音樂劇，這也成了他第一部發表的作品，即作品編號第一號《浮士德八景》。但在樂譜發表後不到半年，他就後悔而回收作品。一直到1845年，他的《羅密歐與茱麗葉》推出獲得好評後，才決定再以同樣的樂劇方式推出以浮士德為主題創作的作品，就是這部《浮士德的天譴》。白遼士稱此劇是「傳奇劇」（Legende dramatique），事實上他採用神劇的手法來創作這部作品，也就是可以在音樂廳中上演、不需服裝、道具、布景和演技，純粹只有合唱團、獨唱家和管弦樂團的演出。但後世也偶有將此劇搬上歌劇院演出的情形。此劇中第一部份第四曲的《匈牙利進行曲》，後來成為白遼士最常被後世演出的管弦樂代表作。

拉考基其人其事

拉考基是在1703年到1711年間，率領匈牙利人反抗哈布斯堡王朝統治的民族英雄。他是川斯凡尼亞的王子，是匈牙利帝國中最富有的地主之子。他幼時父親就過世，由母親撫養長大。拉考基成長時期，正逢神聖羅馬帝國的哈布斯堡王朝瀕臨瓦解之時，法國有意拉攏匈牙利對抗奧地利的獨霸，乃慫恿拉考基王子率軍爭取匈牙利獨立，並暗中給予協助，計畫從東西兩方夾擊奧國。可惜消息走漏，拉考基在1700年被捕入獄，幸好懷孕的妻子出面助他逃獄，他乃順利潛往波蘭。三年後，西班牙王位爭奪戰爆發，哈布斯堡王朝將其匈牙利的軍力西調（當時西班牙也在神聖羅馬帝國治下），匈牙利國內軍力遂呈真空狀態。拉考基在國人的呼聲下返國率領抗軍，但其他匈牙利貴族卻不認同，視他們為暴民，斥其為一盤散沙。拉考基登高一呼，終於獲部分貴族相助，乃得以控制匈牙利帝國的東半部和多瑙河以北的地區。偏偏這時德國巴伐利亞省境內的布倫亨（Blenheim）發生英奧聯軍對抗法國和巴伐利亞省結盟的對戰，英奧勝利，進一步導致援西的奧國部隊獲得馳援，法國受到逼迫之下撤出對拉考基的援助。拉考基於是腹背受敵，但還是勉力支撐，並被選為匈牙利帝國聯盟的領導人。但法王路易十六這時卻背信，不肯為匈牙利獨立簽下共同聲

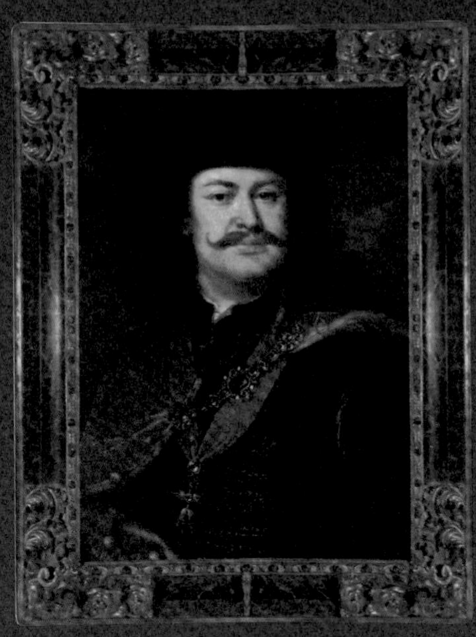

拉考基王子的肖像。

明，拉考基和神聖羅馬帝國原本開始的和平談判又轉為戰爭，1708年8月3日，拉考基的座騎在戰役中跌倒，將拉考基摔到地上昏迷。週遭士兵誤以為他身亡，棄他離去，其他將領誤信拉考基身亡的消息，轉與神聖羅馬帝國合作。拉考基的獨立之戰功敗垂成，神聖羅馬帝國再度取得匈牙利治權。拉考基則在其後被放逐到土耳其，中間一度還曾起意返匈領導獨立戰役，但都未能如願，最後卒於土耳其異鄉。遺體到1906年才被運返匈牙利母親的墓旁合葬。

Hector Berlioz

《幻想交響曲》之《斷頭臺進行曲》

Symphonie fantastique - March to the Scaffold

白遼士（Hector Berlioz , 1803 - 1869）

創作年代：1830年

首演時地：1830年12月5日，巴黎音樂大廳

時間長度：約50分鐘

樂器編制：交響樂團

曲式：交響樂曲

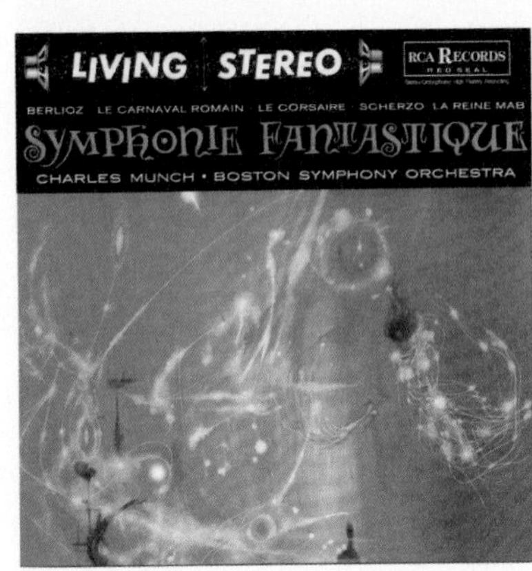

推薦專輯：Symphony Fantastique

指揮：CHARLES MUNCH

《幻想交響曲》是白遼士的音樂自傳，是他內心煎熬與苦戀的忠實紀錄，也是他第一次廣受歡迎的大型交響曲。這首曲子是他在失戀時寫下的，這種痛苦的感覺不但重創了他的心靈，也使他產生自我了斷的念頭，幸好他有音樂作為發洩的管道，在痛苦的催化與昇華中，終於產生了創新與突破。

他在這裡創造了「固定樂思」形式，簡單地說，就是用一段固定的音樂來象徵樂曲主角的意中人。只要出現這段節奏，就代表這位女子的出現。白遼士也首創了音樂家直接在樂

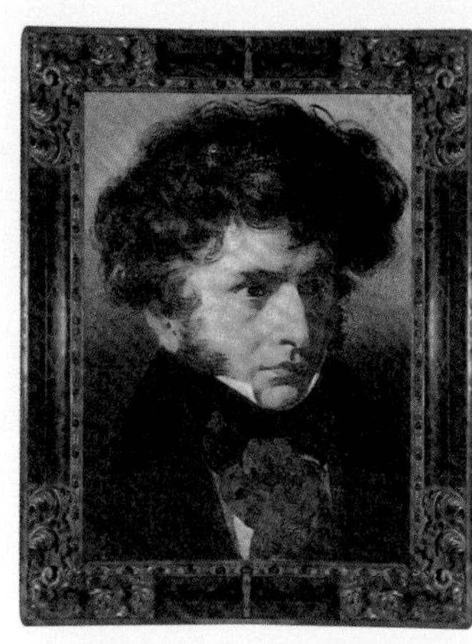

青年時期的白遼士，寬大的前額、一頭亂髮，狂狷孤傲、自恃甚高，但也敢愛敢恨、直言率真，是個徹頭徹尾的浪漫主義者。

《幻想交響曲》就是獻給這位美麗女演員亨麗葉塔．史密遜。史密遜是當紅演員，對窮小子白遼士的一片癡心不屑一顧。白遼士邀請她出席《幻想交響曲》的演奏會，然而史密遜沒有現身，帶給白遼士很大的打擊。

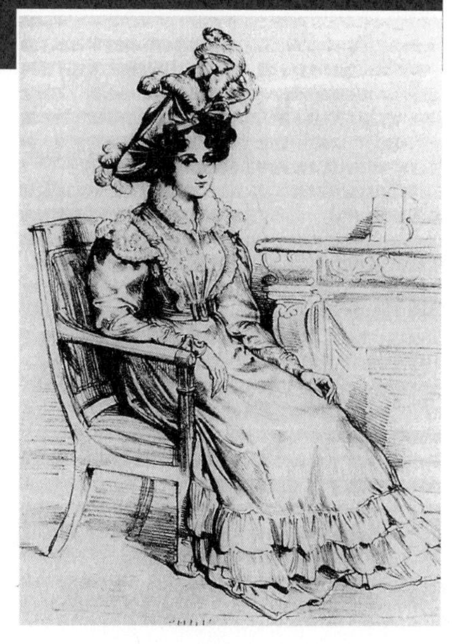

譜上書寫注解、標題和樂曲主題解釋的先例。

對於這首曲子，白遼士下了一個注解：

「失意的青年藝術家，具有病態的、官能的、熱情的想像力，因為絕望的感情刺激，吞服鴉片意圖自盡。然而，藥力過弱並不足以致死，於是陷入昏睡狀態，夢見種種奇異的景象，他的官能感情與回憶，在病態的腦中變成了音樂，因而誕生了這首交響曲。」

第一樂章的標題是：「夢與熱情」，是一段擁有極長序奏的奏鳴曲式。序奏緩和而優美，但卻常常會突然的拉高音量，加快速度。在這樣的音樂起伏聲中，表現出青年藝術家在遇到愛人之前，內心的不安與憧憬。

第二樂章的標題是：「舞會」，以圓舞曲的

方式寫成。根據白遼士自己的解釋，這段樂章表現出青年藝術家在舞會中遇到心上人的過程。這個第二樂章也是首次有人在交響曲中加入圓舞曲的創舉。

第三樂章的標題是：「田園景色」，是個慢板。白遼士用長笛與雙簧管作為主旋律，代表牧童的對談，讓這位青年音樂家主角，產生巨大的熱情與希望。但「固定樂思」的出現，又使音樂家陷入渴望卻無法得到的痛苦中，當「固定樂思」消失後，象徵牧童的樂器也只出現一種，孤單的痛苦成為這個樂章的結尾。

第四樂章的標題是：「處刑進行曲」，是一段從容的快板。這個樂章在描述藝術家服毒後陷入幻夢之中，以為他已經殺掉了意中人，因此被押赴刑場。在這個樂章裡，「固定樂思」的出現象徵著藝術家對意中人的眷戀。但最後出現的長號、低音號、定音鼓，則創造出壓抑與詭譎的氣氛，也鋪排出第五樂章的調性。

第五樂章的標題為：「魔鬼的晚會之夢，魔女的迴旋曲」，快板。死去的音樂家發現自己的葬禮上充滿了魔鬼與妖女，而意中人也全然變成了魔女的模樣。這個樂章是狂亂的，弦樂器、鼓聲與鐘聲不停迴旋，充滿了詭異與不安。在各式樂器的合奏中，樂曲在高昂、激動、奔放中達到了最高潮。

這是一首充分表現白遼士個人特色的交響曲，也是浪漫主義在音樂界的第一炮。如果說藝術作品必須在煎熬與不幸中磨煉發光，那麼這首幻想交響曲，的確發出了熠熠的光芒。

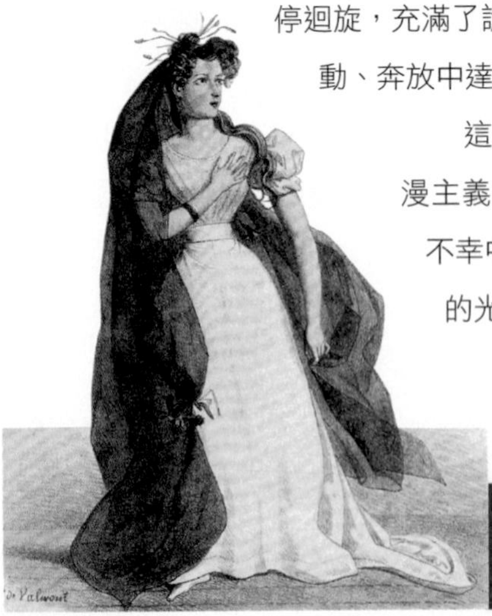

史密遜在《哈姆雷特》中飾演奧菲莉雅的造型。

歌劇《卡門》之《鬥牛士之歌》

Carmen - Toreador song

比才（Georges Bizet , 1838 - 1875）

創作年代：1873年

出現於：電影《少棒闖天下》

樂器編制：管弦樂團

曲式：管弦樂曲

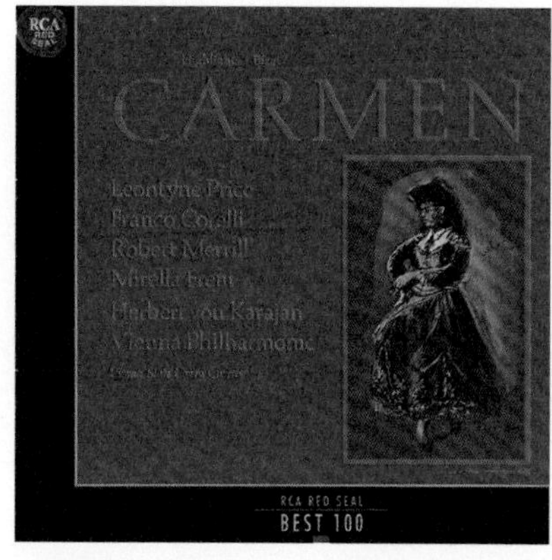

推薦專輯：Bizet : Carmen

演奏／指揮：Various artists

專輯編號：BVCC37258 Sony Music 新力音樂

說到比才，人們就想到熱情的西班牙與蕩婦卡門（其實比才是道地的法國作曲家），的確，歌劇《卡門》不但是比才的代表作，更是歌劇史上歷久不衰的熱門劇碼，劇中女主角所演唱的曲目，也是所有次女高音躍躍欲試的經典。

《卡門》一劇係改編自法國作家梅里美的原著小說，故事內容充滿了濃濃的西班牙情調，比才被這種異國風味所深深吸引，於是運用他豐富的想像力與創作能力，寫出了劇中一曲曲色彩瑰麗、節奏強烈的熱情吉普賽之歌。只可惜這齣歌劇1875年在巴黎的首演，卻遭到觀眾大喝倒采，看慣了端莊壯麗場面的觀眾，根本無法接受《卡門》中一些粗暴、不道德、下層階級的情節與「不夠優雅」的音樂。這個失敗的首演成了永遠的遺憾，作曲者比才在三個月後即因病逝世，永遠無法看到《卡門》日後在舞台上的亮眼成績。

《卡門》首演於1875年3月3日，地點是巴黎的喜歌劇院（Opera Comique）。慘敗的主因，是選擇在巴黎喜歌劇院這樣屬於中產階級、保守勢力的劇院演出如此前衛的劇情，而且女主角最後還死在舞台上，在在不符喜歌劇院的傳統品味。這間歌劇院以上演法國式的喜歌劇為主，所謂的喜歌劇並不是指以喜劇收場的歌劇，是專指除了歌唱段外，還使用了說話式對白，而非德國式歌劇那種以宣敘調演唱的特有歌劇演出形式。所以即使像《卡門》這樣真實而以悲劇收場的歌劇，也被列為喜歌劇。《卡門》當初雖遭慘敗，如今卻成為最能代表西班牙色彩的歌劇作品，且聲勢凌駕所有浪漫派歌劇之上。

《卡門》之所以大受歡迎，與其金黃的西班牙風情、賣座的愛情主題以及戲劇張力濃厚的音樂風格息息相關。由於這齣歌劇的成功，現今樂團時常將劇中幾首著名的曲目挑出來作為組曲演奏。這些曲子都是絢爛迷人的不朽之作，也時常出現於各種場合的配樂之中。茲介紹幾曲著名的片段：

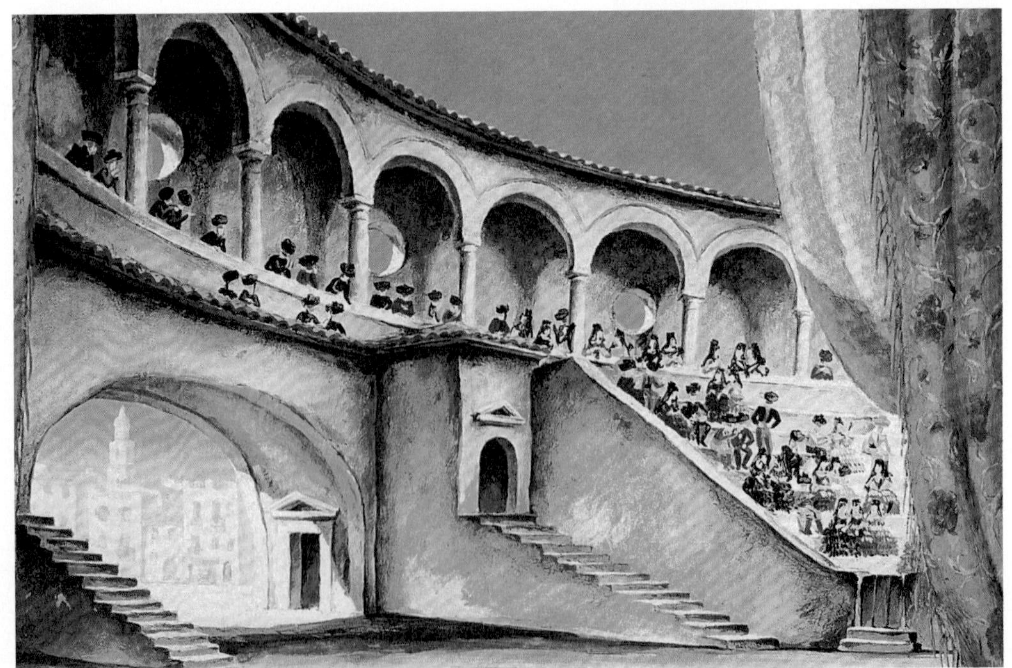

《卡門》劇中鬥牛場的一景。

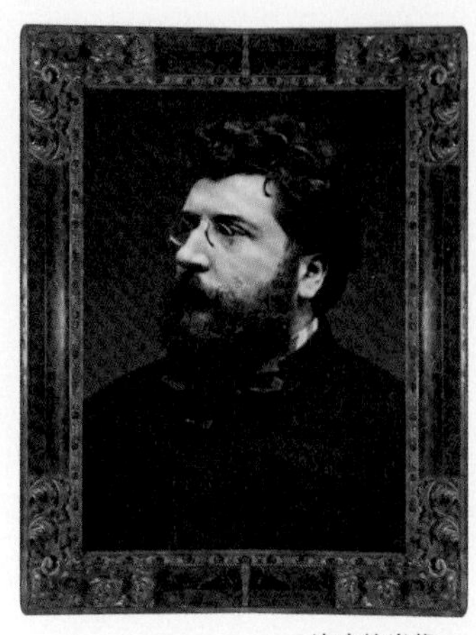
比才的肖像。

1.前奏曲《鬥牛士》：首先由木管、小提琴和打擊樂器奏出鬥牛士進場的進行曲，熱鬧又華麗的合奏令人印象深刻。接著引出豪氣干雲的《鬥牛士之歌》，昂揚的男子氣概是這段音樂的主要色彩，雄糾糾的鬥牛士神氣地出場後，緊接著又返回開頭的進行曲旋律。進入第二段行板後，「命運動機」在弦樂的顫音中哀哀奏出，與第一段的朝氣蓬勃形成強烈對比。這個充滿不協和音的「命運動機」是悲劇的預言，管弦樂合力營造出一股緊張的低氣壓，就在崩裂的臨界點上，音樂卻嘎然而止。

2.《哈巴奈拉舞曲》：手腕高明的卡門唱出這首著名的詠嘆調來勾引荷西，這首歌曲源自於西班牙民謠，熱情又放浪的曲調將卡門愛恨分明的性格表現無遺，簡直極盡媚惑之能事。這段琅琅上口的旋律將愛情描繪得淋漓盡致，後來也填上了中文歌詞，成為台灣樂壇的流行歌曲呢！

3.《鬥牛士之歌》：鬥牛士在第二幕出場，大家高聲合唱《鬥牛士之歌》，兩個主題以A-A-B-B的曲式輪流出現，A段主題風格粗獷澎湃，眾人歌誦鬥牛士的英勇，群眾們情不自禁地高聲歡呼；B段主題帶有平穩的進行曲風格：「鬥牛士快準備上場吧，在英勇的戰鬥中，可別忘了有一雙黑色眼眸正等著你，充滿了愛情，正等著你！」這段旋律讓人情緒高漲，旋即充滿了戰鬥力，活潑的曲調也十分易記易哼，是一首絕妙的提神之歌。

Georges Bizet

弦外之音

《卡門》劇情簡介

女主角卡門是菸草工廠的女工，她的愛情觀前衛大膽，以豔麗的外貌與靈巧的手段將男人玩弄於股掌間。她看上了衛兵荷西，三兩下就將他勾引到手，荷西為了卡門鋌而走險，加入了走私集團，還背棄了故鄉的母親與戀人。但卡門不久後又愛上了鬥牛士埃斯卡米洛，鬥牛士的豪情擄獲了所有觀眾，也讓卡門投向他的懷抱。為愛落得孑然一身的荷西哀求卡門回心轉意，但卡門狠心拒絕了他，於是妒火中燒的荷西拔出尖刀刺死了卡門，撼人的愛情主題，終究以悲劇收場。

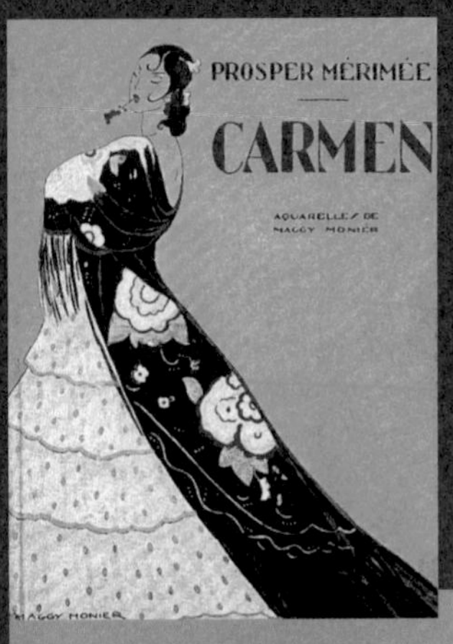

梅里美的小說《卡門》封面。

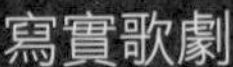

寫實歌劇

寫實歌劇（Verismo opera）的Verismo是義大利文，源自拉丁文veritas即真實。在十九世紀最後二十年間義大利掀起「寫實主義」運動，這個運動受到法國自然主義（naturalism）風潮的影響，講究故事內容的合情合理，不喜浮靡荒誕、或是以聳動為目的的情節，這種運動一開始是出現在文學中，最後卻在歌劇中獲得最明顯而成功的實現。

寫實歌劇強調反映小老百姓的真實生活，往往會出現暴力或粗俗的情節，這都是從前絕對上不了舞台的場面，至於人物角色的內心世界，更是寫實歌劇的重要情節所在。這類歌劇較不注重獨立的詠嘆調，而是強調整齣劇情的完整流暢，以及角色性格轉變的交待和呈現。第一齣獲得肯定的寫實歌劇，是馬士康尼在1890年推出的《鄉間騎士》一劇，其他寫實歌劇的作曲家和作品，分別是普契尼（Giacomo Puccini）的《托絲卡》、《波西米亞人》，比才的《卡門》、《喬達諾》（Umberto Giordano）和《奇利亞》（Francesco Cilea），以及夏邦提爾（Gustave Charpentier）的《露易絲》（Louise）等。

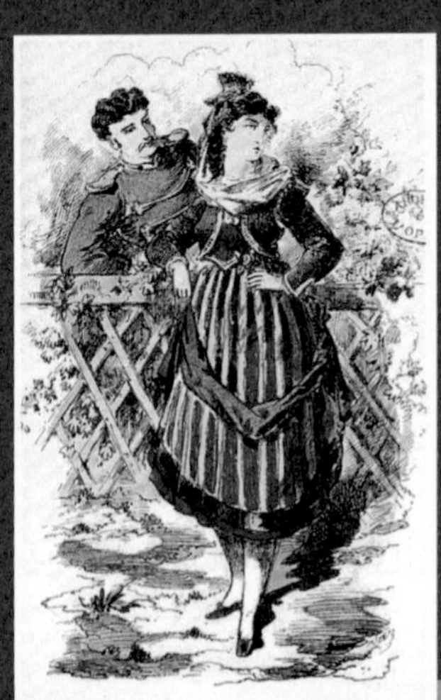
首演《卡門》的女主角的造型。

歌劇《卡門》之《哈巴奈拉舞曲》

Carmen - Habanera

比才（Georges Bizet，1838 - 1875）

長度：約2分

樂器編制：管弦樂團

曲式：管弦樂曲

這是比才的名作歌劇《卡門》中，女主角卡門第一次現身時所唱的歌曲。她一上台來，便煙視媚行，在帶有濃厚西班牙風味的《哈巴奈拉舞曲》節奏下，唱出這首詠嘆調，表示出她對愛情的輕浮心態。她一邊唱，一邊也察覺到週遭男人對她的覬覦眼光，所以她就丟給了在一旁的男主角荷西一朵花，兩人的一段情就這樣結下。

《卡門》一劇描述1830年代，在西班牙的塞維亞城內，菸廠女工卡門以悲劇收場的愛情故事。美麗的吉普賽女郎卡門天性奔放直率，敢愛敢恨毫不忸怩作態。她勾引了個性單純的男主角荷西，讓未經世事的荷西墜入情網，為她瘋狂。結果，這段感情害得荷西不僅和原來的女友分手，還從軍中叛逃成為罪犯，而最後他更因為吃卡門的醋，殺死了卡門。

《卡門》中有許多首動聽的歌曲，像是一開始的《序曲》、《鬥牛士之歌》和這首《哈巴奈拉舞曲》，時至今日，此劇依然是最受大眾歡迎的歌劇劇碼。但比才在生前並沒有嚐到成功的滋味。從一開始，彩排就不順利，劇院方面更一再因為劇本題材太過下流淫穢，屢次干涉，而長達五個月的排練更讓原本的經費耗盡。首演之後也沒有獲得太大迴響，大部分劇評還是認為此劇題材太過黑暗和色情，不適合在喜歌劇院——這種通常是父母帶著女兒前來物色女婿的中產階級場所上演。比才在此劇首演後三個月就過世，享年三十三。不過很快的，隨著《卡門》在其他國家上演，肯定也跟著到來，在一年內，包括華格納、布拉姆斯和柴可夫斯基都同聲讚美此劇是當代傑作。值得一提的是，劇中的卡門其實是寫給音域較低的次女高音來演唱的，這在大型歌劇中並不常見。但因為這個角色和其音樂太過出色，許多偉大的女高音都爭相演出此角。

比才為《卡門》寫的音樂雖然刻意要呈現出西班牙風格，而且顯然也參考了西班牙音樂如佛朗明哥舞曲，並在劇中直接引用了幾首西班牙民謠，但基本上卻是法國式的西班牙音樂。至於這首著名的《哈巴奈拉舞曲》，原本不在此劇中，是因為首演的女主角不喜歡原本放在該段的音樂，比才臨時被要求另寫一首替換，才有了《哈巴奈拉舞曲》的誕生。光是這首《哈巴奈拉舞曲》，比才就一共修改了十遍才定案，其中幾次的不同版本，也都保存至今。這首詠嘆調是比才改編自一首西班牙流行歌曲《El Arreglito》而來的，其原作曲者是易拉狄爾（Sebastian Yradier）。

這首《哈巴奈拉舞曲》可說道盡了卡門的性格。她在歌中唱道：「愛情就是隻叛逆的小鳥，誰也別想要馴服它，你喚它它不來、它高興它就來。做什麼都沒用，威脅或禱告。有人舌燦蓮花、有人惜字如金，但我偏偏是後者。因為他雖沉默我卻愛他的樣子。愛啊，愛啊！愛是波西米亞的小孩，從來不管什麼法律條文，最好別愛我，要是我愛你，你最好當心

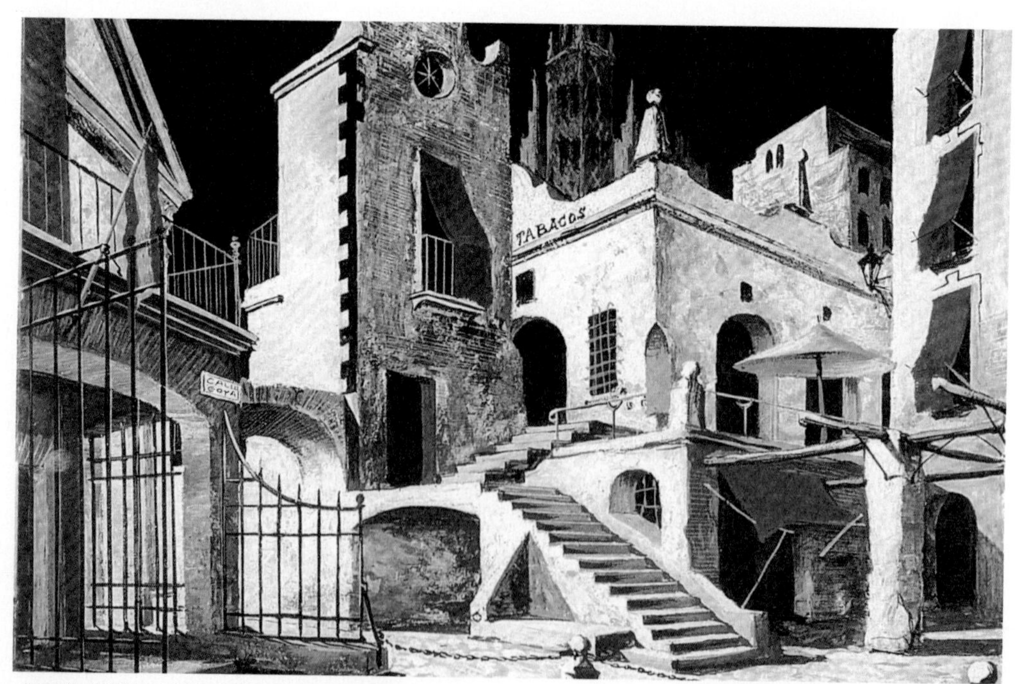

《卡門》在米蘭史卡拉劇院演出時的第一幕場景。

點。你以為捉在手中的小鳥，拍拍翅膀還是飛走了。愛遠遠不來，你等了又等，就在最出奇不意處，它卻來到了。環繞著你，倏忽來又倏忽去。你以為捉得很緊，它卻溜掉了，你以為自己自由自在，它卻捉緊你。愛啊，愛啊！」在唱完這首歌後，卡門就把口中的玫瑰一扔，扔在荷西跟前，說要在現場男士中挑一人的話，她就選荷西，荷西當下就傻住了。

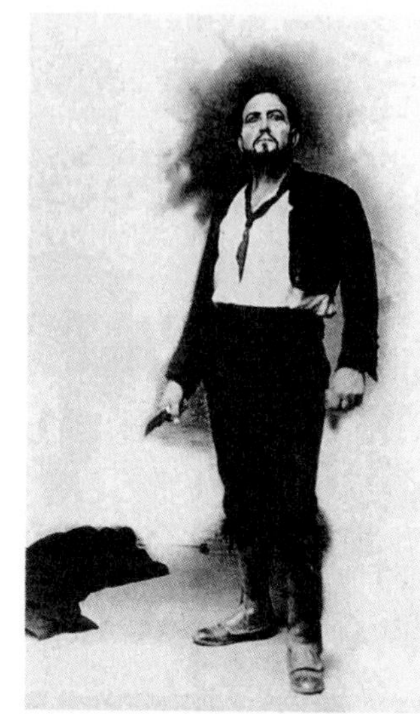

男主角荷西最後一幕的造型。

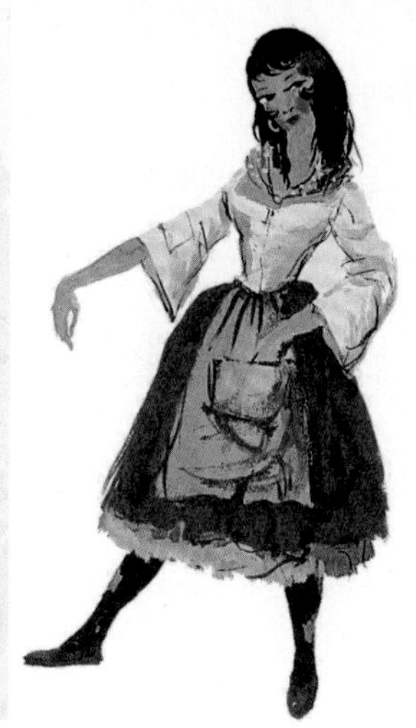

卡門的服裝設計。

Georges Bizet

弦外之音

哈巴奈拉舞曲

哈巴奈拉舞曲泛指採用特定「哈巴奈拉節奏」演出的一種音樂形式。《卡門》中的這首《哈巴奈拉舞曲》，用的這種反覆二拍，第一拍第二個音中加了附點的節奏，就是典型的哈巴奈拉節奏。《哈巴奈拉舞曲》是從古巴傳出的，也是古巴當地最早的一種舞曲形式。其實這種舞的淵源始於法國的一種對舞（contradanca），傳到海地之後，在1791年再由逃避海地革命的海地難民，帶到古巴去。經過這樣的流傳過程，這種舞在原本的歐洲規律節奏上，加進了西班牙的不對稱節奏和非洲的後半拍重音節奏而成。之後，因為海地與西班牙的關係很密切，再由西班牙水手將之帶回舊大陸，並開始大受歡迎，因此，許多歐洲其他國家都視《哈巴奈拉舞曲》為西班牙音樂的代表，這也是為什麼比才會在《卡門》中用《哈巴奈拉舞曲》來代表卡門這樣一位西班牙的吉普賽女子。法國作曲家也特別鍾情於哈巴奈拉舞曲的寫作，除了比才以外，馬斯奈也在他的歌劇《領袖》（Le　Cid）《哈巴奈拉舞曲》，拉威爾也寫了一首給歌手演唱沒有歌詞的《哈巴奈拉型式的無言歌》（Vocalise en forme de Habanera）。

此外，聖桑也同樣寫了一首哈巴奈拉舞曲給寫小提琴與管弦樂團，相當有名，不過他用的曲名是《Havanaise》。有人相信，哈巴奈拉舞曲的節奏日後又結合了佛朗明哥舞曲，傳進阿根廷，成了著名的探戈舞曲。

《小步舞曲》
Minuet

包凱利尼（Luigi Boccherini , 1743 - 1805）

長度：約3分40秒

樂器編制：弦樂五重奏

曲式：室內樂曲

出現於：電影《快閃殺手》

這首小步舞曲是包凱利尼E大調弦樂五重奏（作品十三第五號）的一個樂章。其實，原本應該是作品十一第五號，是因為首版印刷誤植為作品十三，從此後世就延用了下來。

在這《小步舞曲》樂章中，大提琴聲部被指示以撥弦的方式演奏，以模仿吉他演奏的聲音，這是包凱利尼在西班牙受到當地音樂的感染而寫出的。包凱利尼的弦樂五重奏，和莫札特、布拉姆斯的弦樂五重奏的編制不同，後者是由兩把小提琴、兩把中提琴和一把大提琴構成，但包凱利尼的弦樂五重奏則是為兩把小提琴、一把中提琴和兩把大提琴所寫，而且兩把大提琴中的一把還脫離了低音聲部的伴奏功能，獨立成為獨奏聲部，形成了類似大提琴協奏曲般的效果。這也是為什麼有音樂學者特別將包凱利尼的弦樂五重奏稱為「大提琴五重奏」，以別於一般的五重奏。

之所以會選擇這樣的形制作曲，其實是因地制宜的結果。1768年包凱利尼受雇於唐路易斯並在馬德里定居，他發現宮廷中已經有一組由封特（Font）父子四人組成的弦樂四重奏，應工作之需，他必須寫出供自己與這組四重奏合作的樂曲，於是就寫出了這樣有兩把大提琴、卻只有一把中提琴的弦樂五重奏，這是便宜行事。但包凱利尼也清楚這樣的樂器組合在其他地區並不見得行得通，所以他特別寫信給巴黎的出版商百雅（Pleyel），允許他將之改編為較通行的兩把中提琴的編制。包凱利尼在這封信中抱怨自己是被要求為這種編制作曲的，並非心甘情願，但其實他卻一口氣寫了一百多首這樣的弦樂五重奏。

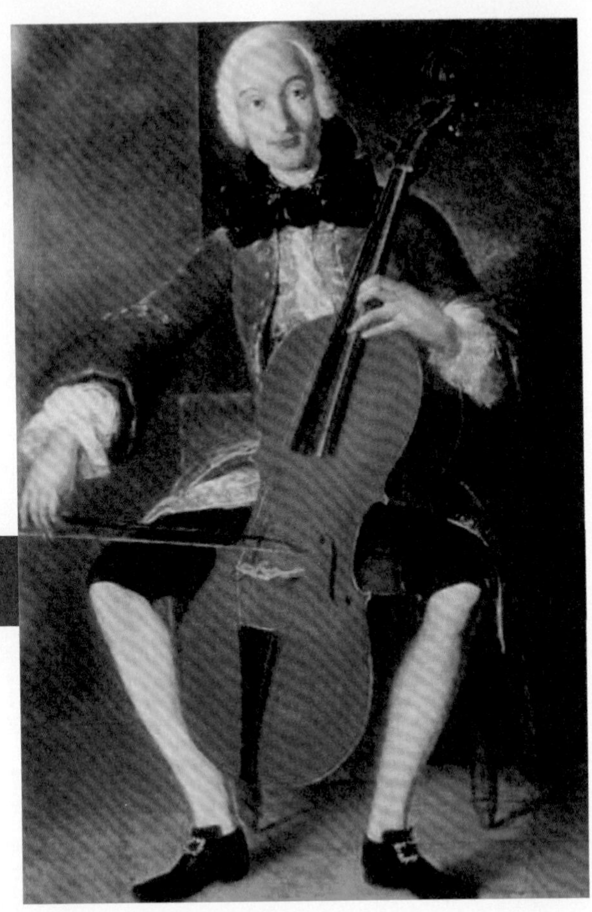

包凱利尼演奏大提琴的肖像，約作於1764-1767年。

這首E大調五重奏是包凱利尼在1711年完成的，其中這段舉世知名的《小步舞曲》則出自曲中的第三樂章。在此曲中，大提琴並沒有獲得獨立和獨唱的機會，而是被安排和中提琴一起加上弱音器，以撥弦的方式提供伴奏，再由第一小提琴主奏那段可愛的旋律，至於第二小提琴則是在背後提供一段平順的和聲。在可愛的《小步舞曲》段之後，則是一段中奏，雖然性格與《小步舞曲》段相反，但還是維持著它的切分音式主題動機。

A B C D E F G H I J K L M N O P Q R S T U V W X Y Z

Luigi Boccherini

作曲家小傳

包凱利尼（Luigi Boccherini）
1743年2月19日生於義大利路卡（Lucca, Italy），
1805年3月28日逝世。

包凱利尼，這位出生於義大利卻在西班牙渡過大半生的作曲家，到現代最為人知的作品除了這首弦樂五重奏外，還有著名的降B大調大提琴協奏曲，以及多首吉他五重奏。

義大利一直是歐洲各國輸入作曲家的出產國，這是因為義大利挾著教廷的力量，一直主宰著歐洲其他附庸國的文化。在包凱利尼以前的巴洛克時代，就有史卡拉第（Domenico Scarlatti）因深受西班牙皇后垂青而長期住在西班牙皇家。包凱利尼的時代雖然較晚，但依然有著同樣的文化形勢。他在1761年來到西班牙馬德里，之前他先後在羅馬和維也納學習過，並曾擔任樂師的工作。在馬德里，他主要是擔任西班牙國王查爾斯三世（也就是唐卡洛國王）最小的弟弟唐路易斯的宮廷樂師。然而，一次他寫了一首三重奏，路易斯不喜歡，要他改掉一個樂句，他卻堅持不改，還故意把那個樂句重覆，結果被炒了魷魚。之後，他又擔任法國駐西班牙總督和普魯士國王腓特烈二世的樂師。

包凱利尼自己是大提琴家，在作品中總會給予大提琴較優待的地位。所以雖然他的室內樂都承襲海頓的形式，卻總是將其中的大提琴聲部提昇到較明顯的位置。包凱利尼的大提琴技巧應該是歷史上最精湛的，因為他能夠完全不移調地在大提琴上演奏任何當代小提琴作品。只要樂團中有小提琴家不克上場，他就能立刻以大提琴替代上陣。這可不是易事。而他寫的弦樂五重奏中，大提琴一部等於是獨奏部，讓其餘的弦樂四重奏擔任伴奏，這是他弦樂五重奏的一大特點。到了近代，包凱利尼作品都會加上G的編號，就像巴哈的作品有BWV的編號、莫札特和史卡拉第有K的編號一樣。這是因為編纂包凱利尼作品總目的是法國音樂學家傑哈德（Yves Gerard），取其姓名的第一個字母而得，他這套包凱利尼作品總目在1969年出版。包凱利尼的作品可以稱得上洛可可時代的代表，輕巧、簡約，最特別的是他常在作品中反映他所身處的西班牙的音樂風格，在樂曲中融合西班牙民俗的佛朗明哥等音樂節奏，這在他的時代並不常見。像他的弦樂五重奏，就有一首以「馬德里的街頭夜曲」為名，其中還有一個樂章命名為「乞者的小步舞曲」（作品三十，C大調）。這首五重奏近來更因為電影《怒海爭鋒：極地征伐》（Master Ad Commander: the Far Side of the World）中男主角羅素克洛（Russel Crowe）演出了其中一段，而大受喜愛。

《伊果王子》之《韃靼人舞曲》

Prince Igor – Polovtsian Dance No 17

鮑羅定（Alexander Borodin , 1833 - 1887）

長度：約12分13秒

樂器編制：管弦樂團

曲式：管弦樂曲（歌劇）

出現於：曾改編成歌曲《天堂的陌生人》，由莎拉布萊曼等歌手演唱

鮑羅定從斯拉夫族的史詩《伊果主人的情婦》改編成歌劇《伊果王子》（Prince Igor），講述1185年俄羅斯王子伊果（Igor Svyatoslavich）率兵對抗韃靼人入侵的歷史故事。鮑羅定在1887過世前來不及完成這部歌劇，全劇是由林姆斯基．高沙可夫和葛拉佐諾夫續成，1980年全劇完成並舉行首演。

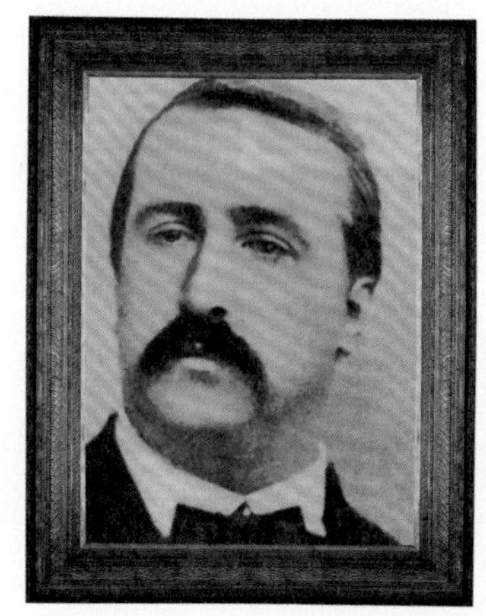

鮑羅定的肖像。

1869年9月鮑羅定開始創作此劇，並率先完成這首《韃歌劇靼人舞曲》，然而曲子完成後，鮑羅定卻開始質疑自己的能力，以致全劇譜曲工作驟然停頓。不料，這計畫一延宕就是四年，直到穆索斯基以歷史故事寫成的《波里斯郭．德諾夫》一劇上演成功，讓鮑羅定重拾信心，並在1874年重新開始譜寫此劇。

這齣劇描述1185年伊果王子準備率軍驅逐入侵的韃靼人時，天空忽然出現日蝕，伊果妻子雅洛斯拉娜堅信這是壞預兆，伊果卻依然堅持一定要出征。伊果出征後，他所收留的雅洛斯拉娜哥哥——葛利茲基王子，竟在宮廷中作威作福，大肆享受著美酒和美女，最後還霸占了伊果的領土。消息很快就傳到伊果妻子雅洛斯拉娜的耳中，她前去質問哥哥的惡行，但

葛利茲基王子不為所動依然故我。不久前線傳來不幸的消息，伊果王子已經戰敗，和兒子、兄弟一同被敵軍俘虜了，而且韃靼人即將征伐伊果的領地。於是，葛利茲基王子提議眾人推選他為城中的新王子，率軍抵禦敵人，但遭眾人所拒。

當伊果等人被俘虜在韃靼人營中時，兒子弗拉德密爾愛上了可汗的女兒康查可娜，但伊果不同意兩人結婚，也不願向可汗求饒，因此可汗視他為可敬的敵人，並以禮款待，甚至願意放他一條生路，只要他允諾從此不對韃靼人宣戰，但為伊果所拒。可汗大怒之下宣示，一定要征服全俄羅斯，並命令奴隸進來跳舞娛樂眾人。因此，在第二幕的最後一段音樂，才會出現這首《韃靼人之舞》。

在第三幕中，伊果在信奉基督教徒的好心韃靼人幫助下逃走，原本要帶著兒子弗拉德密爾同行，但康查可娜不願依從，甚至以敲響警鐘要脅，伊果只好一人獨行。最後康查可娜還是吵醒了全營，最後在百般求情之下，伊果的兒子與可汗女兒終於成親。在第四幕中，雅洛斯拉娜終於盼到夫婿伊果歸來，眾人也熱烈歡迎著伊果。

在歌劇版本中，這段《韃靼人之舞》所演唱的歌詞是：「乘著風的翅膀遠走高飛，到我們的家鄉去吧！我們祖國的歌曲，在那裡我們能夠自由自在地演唱，而我和你也同樣的自由自在。」

《韃靼人之舞》一曲經常獨立在《伊果王子》一劇之外演出，在原劇中這段音樂是搭配合唱團一起演出的，但在音樂會上卻總是出現沒有合唱的版本。這首舞曲內的主題非常豐富，整套舞曲中包含了五道舞曲：少女的滑步舞、男人的狂野之舞、一般舞步、小男生的舞、男人的舞，其中最有名的旋律就是以英國管吹奏的少女的滑步舞。整首《韃靼人之舞》在1953年音樂劇《天命》（Kismet）中完整被引用，還為這段少女的滑步舞填上英國歌詞，改名為《天堂的陌生人》（Stranger in Paradise），在英語國家中以這個曲名最廣為人知，著名音樂劇女伶莎拉布萊曼就曾經演唱此曲。

韃靼人是進入中亞和東歐平原的蒙古人，多次侵擾俄羅斯，是俄國嚴重的外患。圖為與韃靼人作戰的莫斯科人。

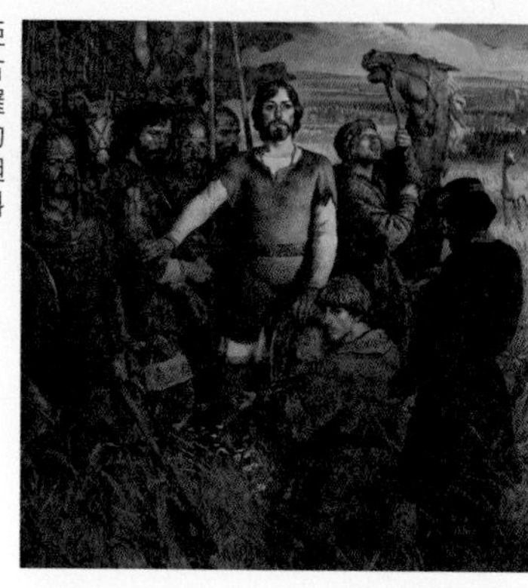

Alexander Borodin

作曲家小傳

鮑羅定（Borodin ）
1833年11月12日生於聖彼得堡，1887年2月27日逝世。

鮑羅定出生於聖彼得堡，是王子與農奴的私生子，即使身上流著貴族的血統，卻只能以農奴的姓為姓。他從小接受一般教育，並沒有接受額外的音樂栽培，只專注投入在最吸引他的化學學科上。他十七歲時進入俄羅斯物理學院，畢業後從事製藥工作，才慢慢開始流露對音樂的興趣。在遇到穆索斯基後，這興趣終於點燃，他又陸續接觸了舒曼、葛令卡、孟德爾頌的音樂，從此一頭栽進音樂世界無可自拔。鮑羅定初接觸音樂期間，曾經長期旅行海外，在1862年巧遇巴拉基雷夫，開始投入俄羅斯國民樂派作曲運動。巴拉基雷夫建議鮑羅定專心從事作曲工作，還極力促成他發表《第一號交響曲》，終於在1869年安排此曲舉行首演，當時此曲已完稿三年。

在這之後鮑羅定的創作腳步一度增快，但他一方面在物理學院中擔任化學教授，一方面從事化學研究的科學家工作，不得不減少作曲時數，導致他的《第二號交響曲》在《第一號交響曲》完成五年後僅完成鋼琴譜。隨後他又朝歌劇領域拓展，將所有以往在歌劇創作上的嘗試都放入《伊果王子》劇作中，這部歌劇花了他近十年的時間創作，到他1887年過世時始終未能完成，是仰賴林姆斯基．高沙可夫和葛拉佐諾夫兩人協力才在他身後完成，成為俄國歌劇史上最受歡迎的一部作品。

鮑羅定生命的最後十年完成幾部重要的作品，首先是優美的兩部弦樂四重奏，然後是交響素描《中亞草原》（In the Steppes of Central Asia）。即使創作量不多，但是他在後世的聲名，以及依靠《伊果王子》建立起來的不朽地位，都讓他成為音樂史上不容忽略的人物。

A B C D E F G H I J K L M N O P Q R S T U V W X Y Z

《匈牙利舞曲》第五號

Hungarian Dance No.5 in G minor

布拉姆斯（Johannes Brahms，1833 - 1897）

樂器編制：鋼琴、管弦樂團

曲式：鋼琴、管弦樂曲

出現於：動畫電影《賓尼兔》

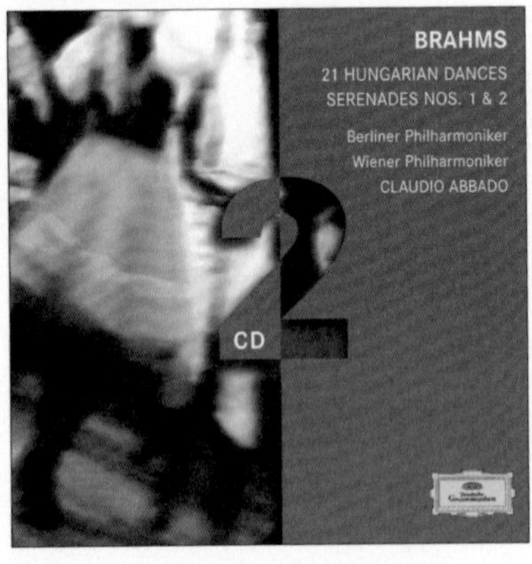

推薦專輯：Brahms：21 Hungarian Dances

演奏／指揮：Claudio Abbado

專輯編號：477542-4 DG 環球

有一天晚上，布拉姆斯在酒館裡獨自喝著悶酒，吧台旁的一個角落突然傳來陣陣樂聲，那是由匈牙利小提琴手所演奏的吉普賽音樂。這一陣陣抑揚頓挫的樂音勾起了布拉姆斯的回憶，他想起小時候為了賺些微薄的外快，也曾在餐廳當廉價的鋼琴手，為客人彈奏一些通俗娛樂的曲子。那時在龍蛇雜處的酒館中，他認識了許多從匈牙利過來的流浪者，這些人多半很會唱歌跳舞，而他們的音樂有著一股濃濃的吉普賽風格，粗獷的旋律奔流在煙霧繚繞的酒館裡，震撼他幼小的心靈。這段回憶像種子般深植在布拉姆斯的腦海裡，終於在二十多年後，他的才華已足以將回憶中的樂曲譜成一段段更加粲然的樂章。在三十六歲那年，布拉姆斯完成了《匈牙利舞曲》第一、二集；並在十一年後，再度推出三、四集。

《匈牙利舞曲》中的第五號升f小調是最著名的一首，這首曲子熱情可愛，與布拉姆斯

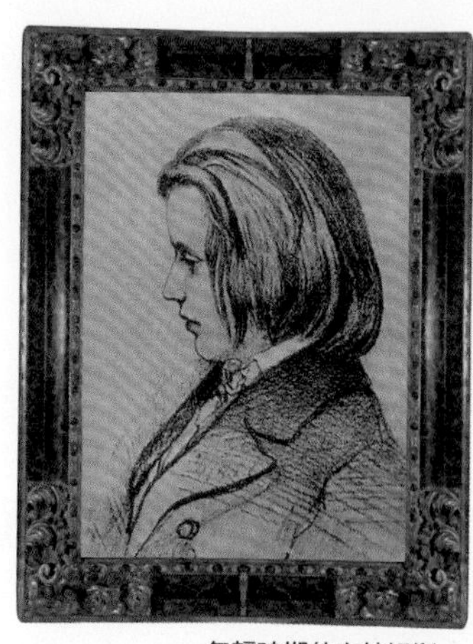
年輕時期的布拉姆斯。

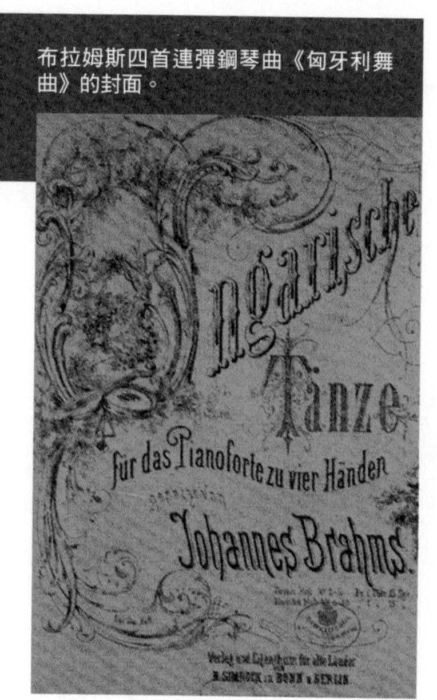

布拉姆斯四首連彈鋼琴曲《匈牙利舞曲》的封面。

其他較一絲不苟的巨作比起來，有著令人印象深刻的強烈魅力。此曲以簡單的三段式構成，在時快時慢的速度變化中，奔放的旋律四處飛舞，緩急交錯的節奏像是一個表情豐富的舞者，在台上緊緊抓住眾人的目光，飛揚的裙擺下踩踏著熱情的舞步，高低音對答不斷製造高潮，樂曲最後第一段主題再現，以熟悉的強勁節拍俐落作結。

《匈牙利舞曲》的出版受到廣大群眾的喜愛，大家深深被這種強烈的民族風所吸引，布拉姆斯所向無敵席捲了當時的音樂舞台，但這樣耀眼的成績也惹惱了一群匈牙利作曲家。眼紅的他們決定一起控告布拉姆斯侵占著作權，還好法庭審判布拉姆斯勝訴，因為布拉姆斯所出版的樂譜乃掛名「改編」，而非「著作」。這一場官司，也算是《匈牙利舞曲》極度熱門的證明之一吧！爾後為了提供各場合演奏之需，布拉姆斯還將最初的鋼琴聯彈版本改編成管弦樂曲呢！而今我們聽到的小提琴獨奏、鋼琴獨奏等五花八門的演奏版本，巧妙各有不同，但樂曲的吉普賽風格，狂熱又哀愁的濃烈情緒，一直是匈牙利音樂的正字標記。

Johannes Brahms

弦外之音

布拉姆斯的三個堅持

留著落腮鬍的布拉姆斯是一個沉默而固執的人，他堅持下巴的大鬍子，也堅持對古典風格的使命感。在浪漫樂派情緒奔湧的浪濤中，他獨自揮舞著古典主義的旗幟，感到自己任重而道遠。這個愛穿過時長大衣的老先生還真悶啊，但更悶的是他的第三樣堅持——他對克拉拉·舒曼的柏拉圖式愛情，終其一生，非卿不娶。

布拉姆斯在二十歲那年認識了舒曼夫婦，從此他成為舒曼夫婦極力提拔的年輕朋友，但他卻對克拉拉獨獨藏著一份愛慕。長他十五歲的克拉拉是布拉姆斯心中完美女性的化身——聰慧、高貴、美麗而堅強。布拉姆斯與克拉拉一直保持著頻繁的信件往來，在舒曼過世之後，布拉姆斯給予克拉拉的支持更是從未間斷過。這段純潔的友誼維持了四十年，卻始終未曾突破道德約束，所有的愛情宣言都以音樂的面貌，理性且有禮地抒發呈現。

到底，大鬍子的心底隱藏著什麼樣的熱情，而他又是如何讓這份熱情安分的藏在心中呢？或許從一封給克拉拉的信件中可以找到答案：「所謂激情，對人類而言是不自然的。它是一種例外，亦一無是處。真正理想的人，應該是不管遇到快樂、苦惱或悲傷，都能保持內心的平靜。激情最好是盡快過去，否則便應盡快把它趕走。」

這封情書簡直比牧師的布道稿還要沉重，布拉姆斯的壓抑換得了今日我們耳中悠然的旋律，願他所承受過的漫長等待得以安息放下，願天下苦戀的情人都能修得正果！

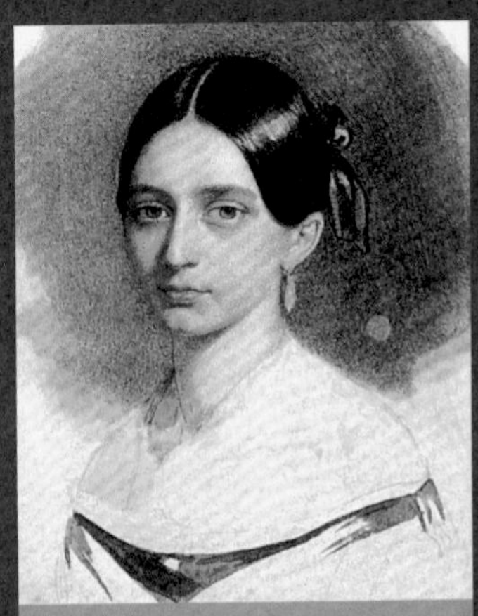

克拉拉·舒曼的肖像。她本身是鋼琴家，與苦戀多年的舒曼結褵時，是當時樂壇轟動的大新聞。

《搖籃曲》

Lullaby

布拉姆斯（Johannes Brahms，1833 - 1897）

長度：約2分20秒

樂器編制：女高音、鋼琴伴奏

曲式：搖籃曲

夜幕低垂，小鳥們已歸巢，星星高掛天空一閃一閃望著窗內的小寶寶，小寶寶安安穩穩躺在搖籃內，小腳踢呀踢，睜著眼睛還不肯入睡，於是身旁的母親唱起這首布拉姆斯的《搖籃曲》：「玫瑰輕聲道晚安，在銀色的夜空下，睡在那露珠裡，它們躲著不讓我們看見，當黎明悄悄來臨，上帝就會將它們與你一同喚醒。我的寶貝，甜甜的睡著吧，天使在身邊陪伴你，保護你一夜安眠，帶領你到那夢的園地。」一曲輕唱完畢，小寶寶也乘著歌聲的翅膀進入夢鄉了。這一幕真是美好啊！可愛的小寶寶、慈祥的母親、還有每個母親都要感謝《搖籃曲》，若是沒有這些功德無量的安眠曲，還真不知道要如何哄這些精力旺盛的寶寶入睡呢！

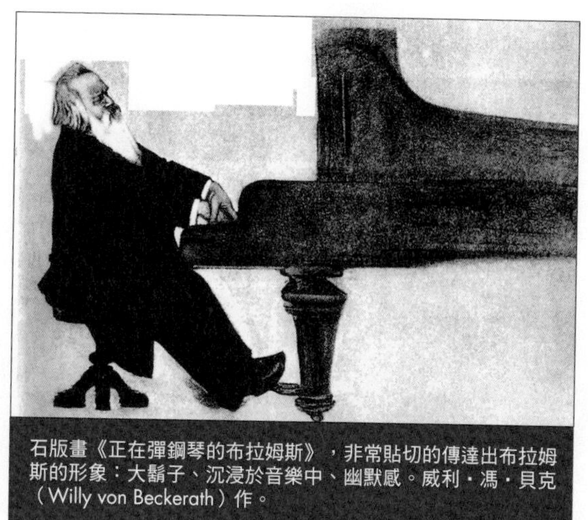

石版畫《正在彈鋼琴的布拉姆斯》，非常貼切的傳達出布拉姆斯的形象：大鬍子、沉浸於音樂中、幽默感。威利・馮・貝克（Willy von Beckerath）作。

這首不知伴過多少嬰孩入眠的《搖籃曲》是布拉姆斯著名的小品，恬靜的曲調、安祥的旋律、溫婉的歌聲與晶瑩的鋼琴伴奏，賦予這首《搖籃曲》充滿了安定人心的力量，真是「寶寶聽好，您聽也好！」尤其夜深人靜的時候能夠讓這首動人的《搖籃曲》陪在身邊，就像天使陪伴左右，沉寂的夜也顯得更深更靜了。

1858年，布拉姆斯在漢堡指揮一個女子合唱團，他與其中一位女團員法柏維繫了一段親密的友誼。法柏歌聲甜美、才華過人，特別喜歡演唱維也納風格的圓舞曲。後來法柏嫁作人婦，1868年產下次子，布拉姆斯得知這個消息後，決定為她寫一首《搖籃曲》以為賀禮。布拉姆斯想起法柏從前常常哼唱的曲調，於是採用圓舞曲的旋律，加上許多切分音的節奏編成這首恬靜的《搖籃曲》。

此曲結構為反覆的兩段式，切分音的曲調像是母親用手輕拍孩子

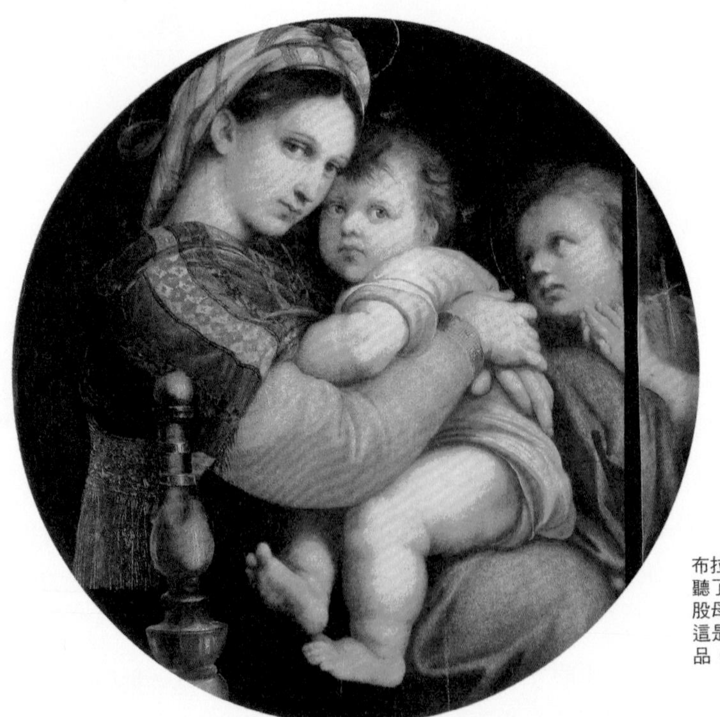

布拉姆斯的搖籃曲，不只讓人聽了舒緩、安心，更感受到一股母親愛護孩子的無限慈祥。這是文藝復興巨匠拉斐爾的作品《寶座上的聖母》。

的規律節奏，再配上安詳的詞境與溫柔的歌聲，表達出一個母親對孩子的無限憐愛。不過話說回來，布拉姆斯雖然寫出這麼動人的《搖籃曲》，但他本人卻是個不折不扣的大光棍呢！而另一個「大光棍寫搖籃曲」的例子是舒伯特，舒伯特的《搖籃曲》甜蜜徐緩之意境與催眠功效，正好與布拉姆斯的這首不相上下，而舒伯特寫作這首哄寶寶入睡的《搖籃曲》時，還只是個十九歲的少年呢！真讓人佩服這兩位終生未婚作曲家「鐵漢柔情」的想像力。

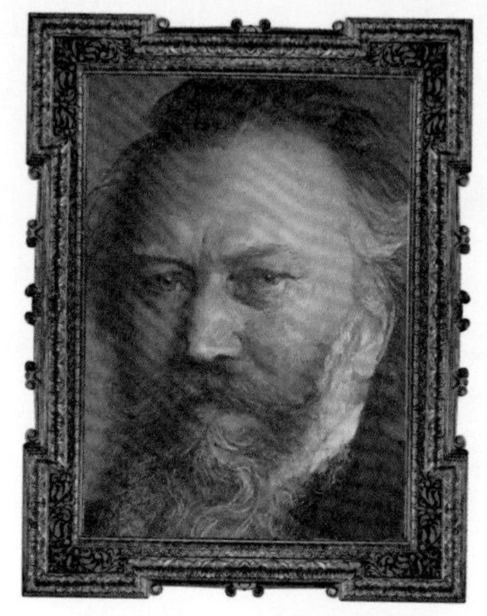

布拉姆斯肖像畫。

Johannes Brahms

弦外之音

唱一首搖籃曲

唱唱這首音樂家李抱忱填詞的甜美搖籃曲吧！就算不哄小孩，唱給自己聽也是十分過癮的！

快快睡，我寶貝，
窗外已天黑，
小鳥回巢去，
太陽也休息。
到天亮，出太陽，
又是鳥語花香，
到天亮，出太陽，
又是鳥語花香。
快睡覺，我寶寶，
兩眼要閉好，
媽媽看護你，
安睡不怕懼。
好寶寶，安睡了，
我的寶寶睡了，
好寶寶，安睡了，
我的寶寶睡了。

A
B
C
D
E
F
G
H
I
J
K
L
M
N
O
P
Q
R
S
T
U
V
W
X
Y
Z

降D大調圓舞曲，作品六十四第一號：《小狗圓舞曲》

"Minuet" Waltz

蕭邦（Frédérick Chopin , 1810 - 1849）

長度：約1分半

樂器編制：鋼琴

曲式：器樂曲（鋼琴）

蕭邦終其一生譜寫了二十一首圓舞曲，其中僅八首作品有編號，其餘都是去世後才被出版商公開發表，即使這些遺作應是蕭邦不滿意的作品，但無庸置疑的仍是出色傑作。《作品六十四號》是蕭邦生前最後第二套正式發表的圓舞曲，應是完成於1846年到隔年之間，全作總有三首圓舞曲，這首第一號圓舞曲在部某些國家被冠上「小狗」之名，在西方國家則稱為《分鐘》，這是蕭邦最廣為人知的作品之一。

創作這首圓舞曲時，蕭邦與情人喬治桑已然分手，身體狀況逐漸走下坡。這首圓舞曲主旋律的前兩段樂句令人印象深刻，不禁讓人聯想小狗追逐自己尾巴打轉的逗趣情景，所以才有《小狗圓舞曲》的別名，甚至有人穿鑿附會，認為蕭邦的作曲靈感就是來自正在追逐尾巴的小狗，但此說的可信度並不高。「小狗」這個別名是蕭邦傳的作者布尼凱爾（Camille Bourniquel）杜撰的，他在傳記中寫的是法文「Petit chien」。

至於另一個別名《分鐘》，意即在一分鐘內演奏完畢，但其實整個演奏時間超過一分鐘，這個別名是個誤解，當初蕭邦樂譜首版的萊比錫發行商原意是「小的」，但被誤解成同字異意的「分鐘」，英語國家就長期錯誤延用「分鐘」的別名。英國BBC廣播電台有個《給我一分鐘》的節目，就以這首圓舞曲為片頭音樂，女歌手芭芭拉史翠珊在1966年專輯《為芭芭拉上色》（Color me Barbra）中，唱了一首長度剛好一分鐘的《分鐘圓舞曲》。

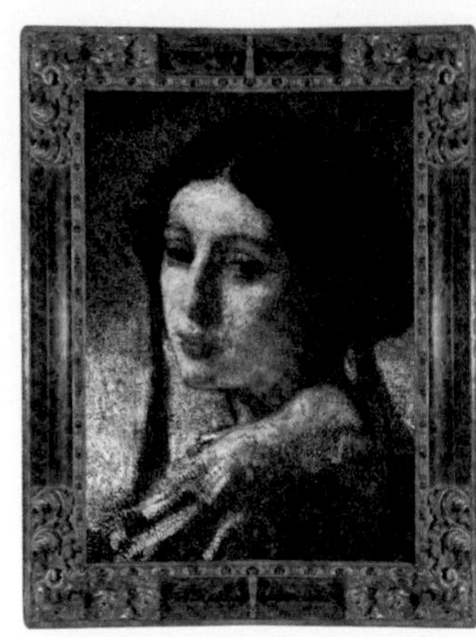

年輕時期的喬治桑。喬治桑被稱為是巴黎最熱情奔放的小說家。蕭邦初見她時並無好感，但很快地兩人便墜入情網。

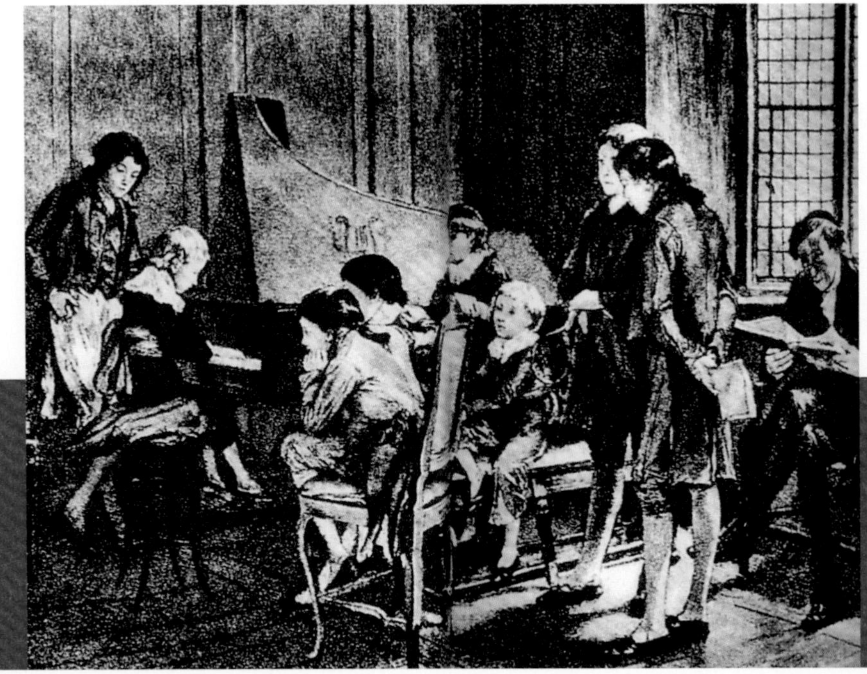

一群小朋友，在聽小蕭邦彈鋼琴。蕭邦從小就展露音樂天分，音樂啟蒙老師是母親和大姊露薏絲。他七歲便完成第一首樂曲，八歲公開演奏，博得了神童的名聲。

《華麗大圓舞曲》

Grande valse brillante

蕭邦（Frédérick Chopin , 1810 - 1849）

樂器：鋼琴

曲目數量：19首

創作年代：1827~1847年

在為舞蹈而寫的伴奏音樂中，以十九世紀史特勞斯的圓舞曲最為風靡，而嘗試把這些圓舞曲提升為更優雅、更有欣賞價值的藝術作品，則是蕭邦。他在《馬厝卡舞曲》與《波蘭舞曲》中也進行同樣的嘗試。但蕭邦的《圓舞曲》不同於《馬厝卡舞曲》及《波蘭舞曲》中強調波蘭民族要素，而是把宮廷與社交界舞會中上流人士所用的音樂，以他自己的風格加以鋼琴化。

蕭邦從1827年起到1847年，幾乎花了一生的時間不停寫作圓舞曲。其中在生前出版的只有八曲，死後被當作遺作公開出版的（包括有作品編號與無作品編號的）則有十一曲之多。就結構來說，生前出版的作品內容較為紮實，但遺作之中也有跟生前發表過的作品相較之下，毫不遜色的傑作存在。

蕭邦的《圓舞曲》，是借用圓舞曲形式寫成的一種抒情詩。簡而言之，這些《圓舞曲》都比約翰・史特勞斯（Johann Strauss II）等人的音樂更優美高雅，所以並不適合用在真正的舞會上。

蕭邦創作《圓舞曲》是採用傳統圓舞曲中所沒有的獨特要素寫成，譬如在具有抒情作風的圓舞曲中，就經常可以發現比純粹的圓舞曲節奏，更接近於《馬厝卡舞曲》的節奏與強音。這是蕭邦受到民族性的影響所致，而這樣的地方通常洋溢出濃厚的斯拉夫民族特有的憂鬱情緒。另一方面，蕭邦在鋼琴中所追求的美聲奏法——從聲樂唱法獲得啟示的一種華麗裝飾的旋律法，在圓舞曲中也經常成為重要的元素。蕭邦就是以各種型態將這些元素融合在一

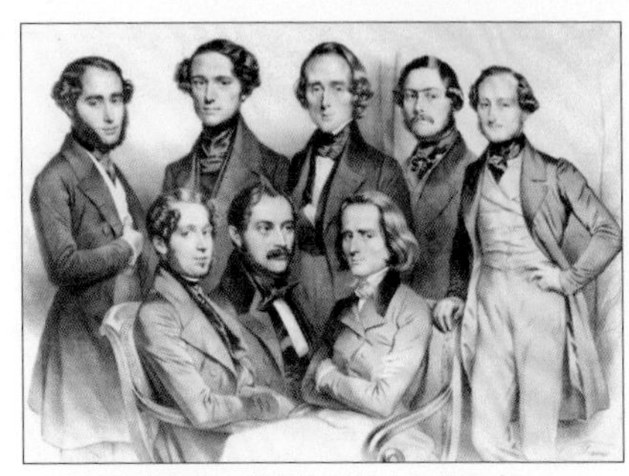
同時代的演奏家，蕭邦為後排左起第三人。

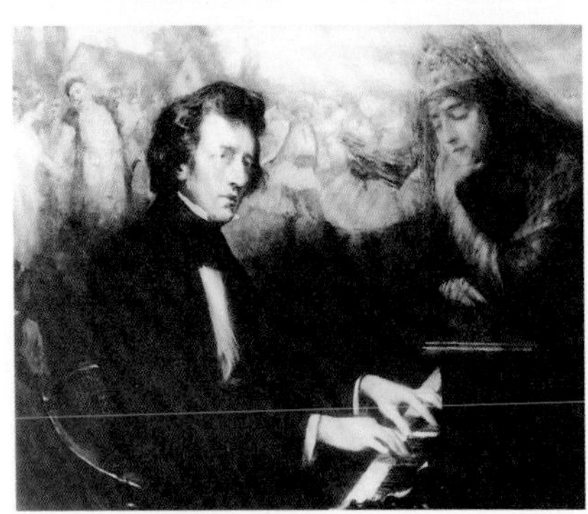
彈奏鋼琴中的蕭邦。

描繪1833年2月，巴黎土勒伊宮的一場宮廷舞會。

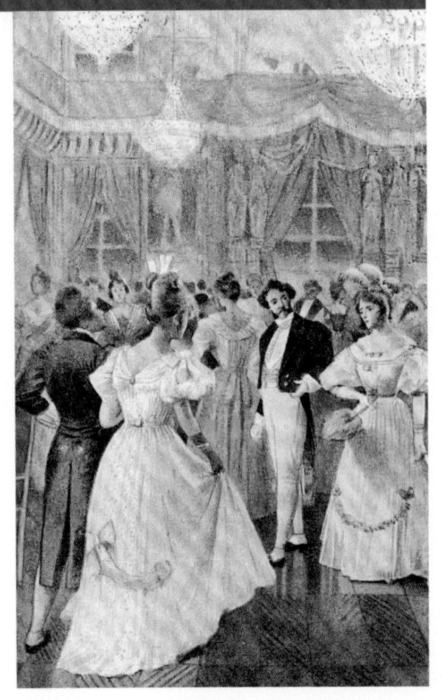

起，創作出屬於自己獨特風格的圓舞曲。

十九首《圓舞曲》，大致上可以分為兩種類型。一是浮現強烈理想化舞蹈音樂的樂曲，二是藉圓舞曲形式，偶爾也使用《馬厝卡舞曲》節奏，來展現其抒情性的樂曲。每一首樂曲中，大多具有活躍的節奏、熱烈的情緒和華麗的技巧，而未特別強調大膽的調性或和聲的變化。或許是演奏技巧不太困難的關係，蕭邦的《圓舞曲》不但在巴黎的沙龍大受愛樂貴族與鋼琴家們的喜愛，更首度為他帶來成功的果實，順理成章地成為蕭邦作品中最受歡迎的樂曲。

鋼琴奏鳴曲第二號：《送葬》

Piano Sonata No.2 in B flat Minor, Op.35

蕭邦（Frédérick Chopin , 1810 - 1849）

樂器：鋼琴

長度：約24分鐘

創作年代：1839年夏天

出現於：動畫電影《賓尼兔》

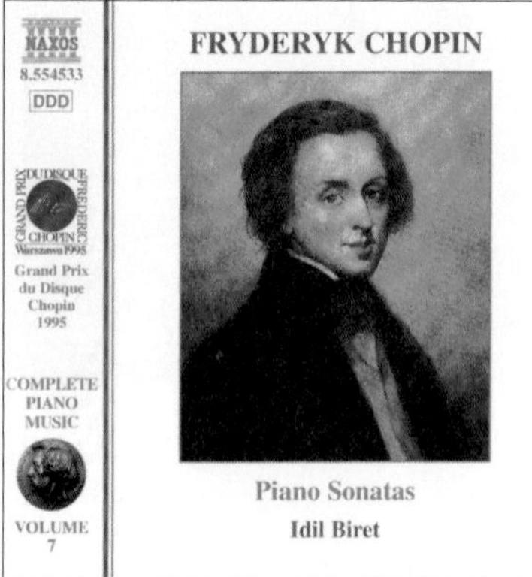

推薦專輯：Chopin : Piano Sonatas

演奏／指揮：Idil Biret

專輯編號：8.554533 Naxos 金革

「進行曲」多半都是指節奏輕快、氣氛歡愉的行進音樂，諸如：《軍隊進行曲》、《土耳其進行曲》……等等，但有一種進行曲曲調特別哀傷、氣氛極為凝重，那就是《送葬進行曲》。這種描述送葬隊伍行進時的音樂，當然是步履沉重的；蕭邦的第二號鋼琴奏鳴曲中，第三樂章便是著名的《送葬進行曲》。傳說蕭邦是為了祖國波蘭而譜寫此曲，當時波蘭遭受俄國占領，自由被剝奪的波蘭人民雖生猶死，蕭邦觸景生情有感而發，遂為祖國作了這首《送葬進行曲》。

《第二號鋼琴奏鳴曲》寫於1839年夏天，當時蕭邦與愛人喬治桑同居於法國中部的諾漢，諾漢是喬治桑的故鄉，是一個寧經清幽的避暑之地。患有肺病的蕭邦在此得到充分的休

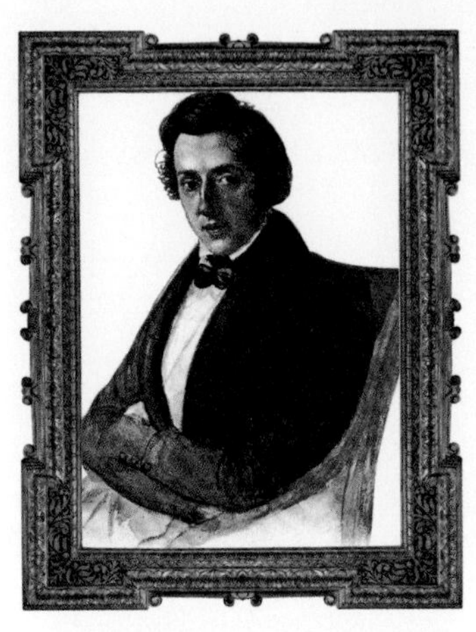
青年蕭邦的肖像畫。蕭邦個性優雅細膩，感情澎湃，但也孤僻憂鬱，因此熱情奔放的喬治桑成為他生命的重大支柱。

息，在精神與體力都復原良好的狀況下，完成了第二號鋼琴奏鳴曲。這首奏鳴曲共有四個樂章，由於第三樂章《送葬進行曲》淒美婉約，真摯的情感自然流露十分動人，於是《第二號鋼琴奏鳴曲》便又加上了《送葬》的標題。

確認本曲是在1839年夏天的諾漢所完成的關鍵，就在蕭邦寄給某位好友的書信內容中。蕭邦在信中寫道：「我在這裡正寫作一首降b小調的協奏曲，可能會在這首樂曲當中插入你已經知道的《送葬進行曲》。本曲最初是快版的樂章，其次是降e小調的詼諧曲，接著是這首進行曲，最後是只有三頁左右的簡短終曲。進行曲之後，左手要隨著右手以同音齊奏的方式喋喋不休地演奏。」

這首《送葬》鋼琴奏鳴曲發表後，由於其中的四個樂章都有獨立的風格，樂章之間並沒有連貫，甚至不是在同時間完成，因此舒曼曾說：「蕭邦把四個個性不同的孩子勉強湊在一起……。」雖然這四個孩子有自己的話要說，但畢竟是同一個母親所哺育的，這或許是蕭邦所刻意安排的章節，要讓這自由不羈的四個樂章擦撞出獨特的火花。

其中的第三樂章就是1837年譜曲的《送葬進行曲》，這首《降b小調第2號鋼琴奏鳴曲》也因而被冠以「送葬」之名。這是最為人熟知的一個段落，四分之四拍子、緩板（Lento）、以鋼琴模擬出教堂莊重的鐘響，聽者彷彿看到送葬隊伍的前進行列，氣氛極度哀傷凝重。開頭的低音部分像是隊伍出發前，敲打吊鐘的聲音，強弱的層次落差程度非常大，那種感覺，像是一列長長的送行隊伍，踩在泥濘的道路上，男女老幼混雜其中，步伐沉重地前行，每個人臉上的表情，有的呆滯、有的哀傷、有的還哽咽不止。送葬的隊伍緩緩前進，此刻恬靜的旋律又像是一位死者摯愛的親友正在回憶他生前的點滴，哀傷與溫馨攪拌成一種奇異的滋味，融在鹹鹹的淚水裡，說不出的悽楚惶恐。教堂的鐘聲再次響起，送行隊伍的腳步也更加沉重蹣跚，低沉的音域如此空洞，直到消失在路的盡頭。

如果《送葬》一曲真是蕭邦為懷念祖國波蘭所寫，那麼，鋼琴詩人這樣的情操真是令人肅然起敬；如果，他只是單純為不凡的人生儀式做一段紀錄，則又會令人對生命的尊嚴興起無限的感動。他將祝福化在旋律裡，靜靜地陪死者走完人生最後一程。如此誠摯的音樂多少化解了死亡陰沉的威脅，彷彿音樂懂得替人訴說難以言盡的哀傷，又彷彿音樂比送行者更為哀傷；他不僅僅懂你，還能伸出手來安慰你。蕭邦的鋼琴音樂，善解體貼刻畫入微，是惹人愛憐的解語花。

Frédérick Chopin

弦外之音

蕭邦與他的小說家情人

歷經兩段沒有結果的戀情後，很受傷的蕭邦認為愛情是苦澀的，他甚至任性地決定再也不要輕易踏進愛情的陷阱裡。但是二十八歲那一年，他邂逅了三十四歲的喬治桑——作風前衛大膽的法國小說家，從此他與這位亦是情人、亦是母親的伴侶平靜地度過了九年的同居歲月，在法國諾漢、西班牙馬約卡島，都有他們為愛、為生活攜手走過的足跡。

蕭邦與喬治桑都是藝術界的天才，一個在音樂上，一個在文學上都出類拔萃；一個纖細脆弱，一個獨立陽剛，互補的性格也讓他們在生活上能夠互相扶持；在藝術創作上，也能夠相互激盪。

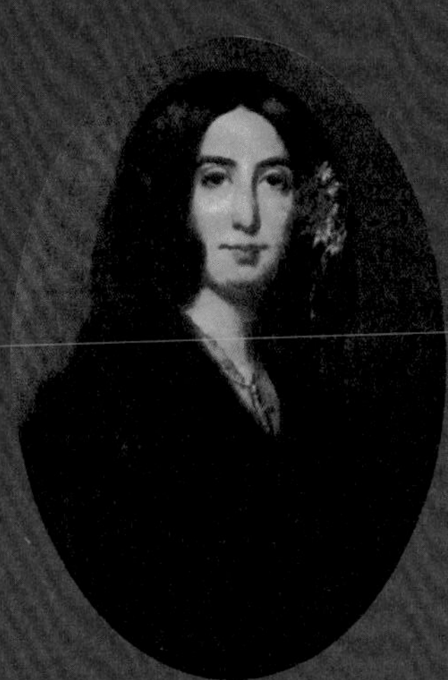

喬治桑的肖像。有人說她與蕭邦交往，只是為了尋找寫小說的靈感。他們分手之後，喬治桑便發表了一篇以蕭邦為題材的小說。

蕭邦的健康狀況一直都不是很好，患了肺結核後更加虛弱憔悴，還好這時他遇見很會照顧人的喬治桑，她像一個溫柔的小母親看顧著蕭邦，甚至為了尋覓清靜的療養住所，和蕭邦流離至馬約卡島賃屋而居。表面上這是一段平靜幸福的歲月，但事實上喬治桑仍得面對現實生活的繁瑣困頓，例如：居民對蕭邦的排擠、異地生活的辛苦……，所幸她的獨立堅毅，隻手抵擋了現實的磨難，為蕭邦撐起一個小小的，溫暖的家。

幸福並沒有特別眷顧蕭邦，儘管他與喬治桑兩人心靈相通，如親人般生活在一起，但這段戀情還是畫下一個無言的句點。這對情人因故分手後，蕭邦的病情也急遽惡化，在很短的時間內便拖著孱弱的病體離開人世。

A
B
C
D
E
F
G
H
I
J
K
L
M
N
O
P
Q
R
S
T
U
V
W
X
Y
Z

《凡人的信號曲》

Fanfare for the Common Man

柯普蘭（Aaron Copland , 1900 - 1990）

長度：約3分10秒

樂器編制：銅樂/打擊合奏

曲式：進行曲

出現於：前衛搖滾團體Emerson, Lake & Palmer 演唱版本

作曲家柯普蘭可說是美國作曲家中最能代表美國的一位，他的作品採用了許多美國風格的民謠旋律、牛仔主題和爵士樂風，然而柯普蘭是美國作曲家中最不地道的一位，他的父母親是立陶宛人，他受的音樂教育則是綜合奧地利和法國，或許身為一個外來的異鄉客，讓他更積極融入美國，試著拉近美國民眾的距離，反而成為最具美國色彩的代表性作曲家。

柯普蘭採用多首美國牛仔歌曲的芭蕾舞劇《比利小子》（Biily The Kid），在1938年大為轟動，因此催生了由俄國芭蕾舞團委託創作的《牛仔》一作，劇作完成同年，柯普蘭又受英國指揮家辜森斯（Eugene Goosens）委託為辛辛納提交響樂團（Cincinnati Symphony Orchestra）譜曲，寫下全曲只使用打擊樂器和銅管樂部的《凡人信號曲》。

1942年遷至美國擔任指揮的辜森斯，之所以委託柯普蘭創作信號曲，是為了鼓舞正陷入二次大戰中的美國，因為他在第一次世界大戰時，曾經委託英國作曲家創作信號曲，當作音樂會開場演出的曲目，成功鼓舞在戰時生活艱困的英國聽眾，於是想循著相同模式激勵美國聽眾。

當時共有十八位作曲家為辜森斯創作信號曲，唯一流傳下來的只剩柯普蘭的《凡人信號曲》。至於為什麼以「凡人」為標題，追根究柢也與辜森斯有關，他建議作曲家採用《士兵信號曲》、《水手信號曲》或《飛官（airmen）信號曲》之類的標題，所以柯普蘭就逕自發想出像《莊嚴彌撒（Solemn Ceremony）信號曲》、《四大自由（Four Freedoms）信號

柯普蘭。

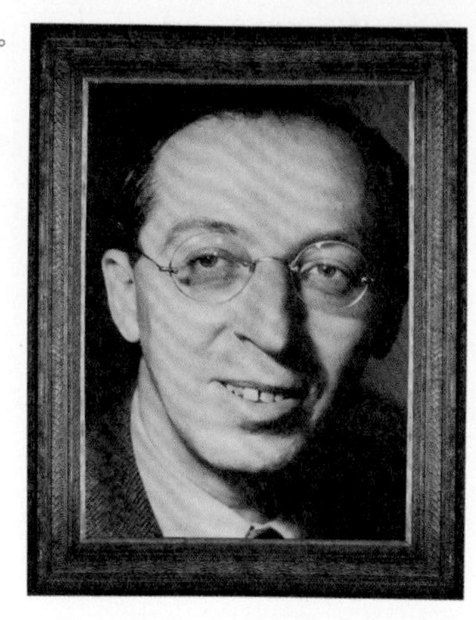

曲》等標題，後來柯普蘭決定採用《凡人的信號曲》為曲名。辜森斯大感意外之餘更是讚嘆不絕，他還為了這個創意十足的標題，決定挑選一個特別的日子首演，最後選定1943年3月12日，這一天是美國的「結稅日」，只要是美國國民都要負起繳稅的義務。現在，這首曲子成為美國民主黨每年全國大會時，開幕式上必定演奏的樂曲。

柯普蘭還將這首曲子放入庫賽維茲基基金會委託創作的《第三號交響曲》中，當作第四樂章的主題，1946年《第三號交響曲》問世，讓柯普蘭成功奠定美國當代作曲家翹楚的地位。這是柯普蘭生平最後的交響作品，以傳統的四樂章寫成，曲中懷抱強烈的牛仔歌曲、爵士音樂，以及美國移民祈禱歌謠風格，反映出美國大西部的廣袤風情。

弦外之音

信號曲

信號曲是以小號或銅管樂器演奏的激昂小品，通常在特定儀式開場時演奏，目的是提醒與會者儀式即將開始，請趕緊就定位、莫再喧囂。信號曲最早出現在中世紀，在沒有擴音設備的時代，使用號角召喚群眾是最明智的方式，這就是信號曲的濫觴。到了十八世紀，法國人將信號曲擴充成音樂中的一個樂章，具有強調節奏感和重覆性的音樂特色。

Aaron Copland

舞劇《阿帕拉契之春》之《小禮物》

Appalachian Spring

柯普蘭（Aaron Copland , 1900 - 1990）

長度：全20分

樂器編制：管弦樂團

曲式：管弦樂曲（芭蕾舞劇）

柯普蘭一生最經典的作品就是受瑪莎・葛蘭姆（Martha Graham）委託創作的《阿帕拉契之春》，作品最後一道旋律引用美國震盪教派（Shakers）的傳統頌歌《小禮物》為變奏曲，是全曲中最受喜愛的作品。柯普蘭一直都稱此曲為《瑪莎的芭蕾舞》，直到瑪莎・葛蘭姆舞團演出之前，有人提出應該為此曲下個更具獨特性的標題，才發想出《阿帕拉契之春》這個標題，其實這是詩人哈特克連詩作中的一句話。

《阿帕拉契之春》劇照，圖為男主角霍金斯與女主角瑪莎・葛蘭姆。

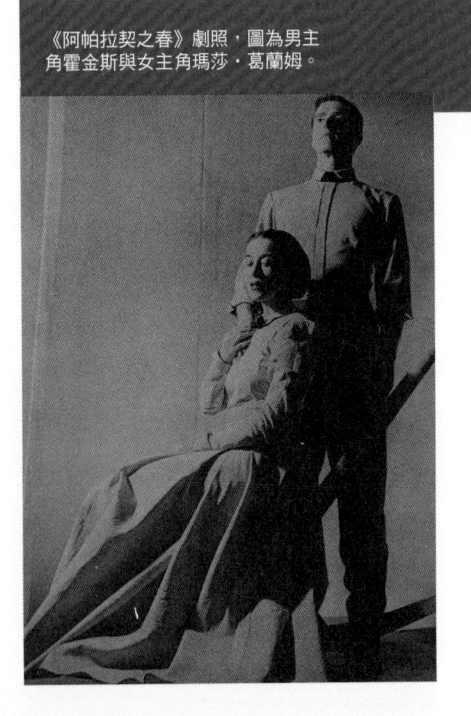

一般都誤以為《小禮物》是一首民謠，其實它是1848年由震盪教派長老布雷克（Elder Joseph Brackett）所編寫，人們還誤解它是震盪教徒祈禱頌歌或是工作歌，但實際上它是一首舞蹈時演唱的歌曲。

歌詞的內容唱道：「這個禮物雖然小，這個禮物雖然免費，但這個禮物是上天賜給我們的。當我們尋到自己的正道，它就會在愛與歡愉的谷中等待。我們要頂禮膜拜不要感到羞

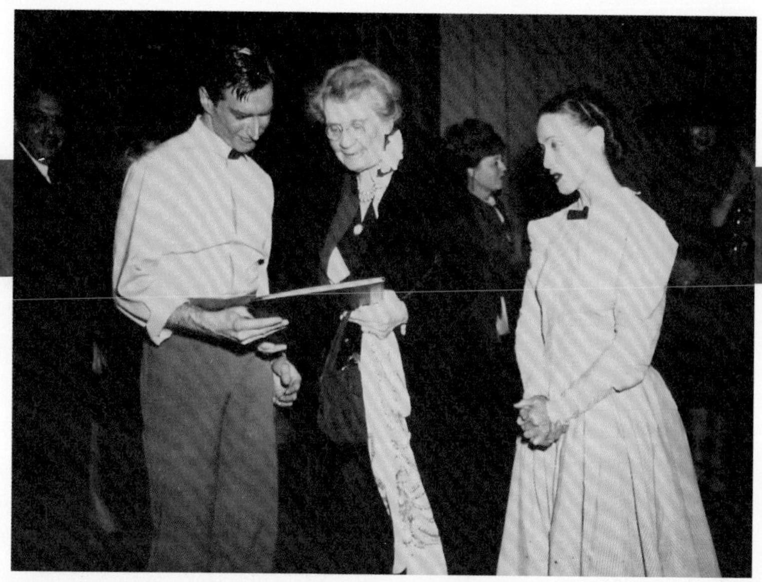

首演之夜，右為瑪莎・葛蘭姆。

愧，轉身！轉身就會找到愉快，那時我們就可以尋到正道。」歌詞中的轉身，正是配合歌曲節奏而出現的舞蹈動作。

這首《小禮物》在柯普蘭寫入《阿帕拉契之春》之前，只有美國震盪教派的人知曉，1950年柯普蘭譜寫《古老美國歌謠》（Old American Songs）歌曲集時，再次改編供歌唱家和鋼琴演出，隨後又改編為管弦樂歌曲，這首曲才廣為人知。在美國西維吉尼亞大學求學過的人對這道旋律勢必相當熟悉，因為學校鐘塔每天下午12點20分時都會固定響起這首旋律。不過，這首歌曲長久以來都是依靠口耳相傳，以致於每個地方演唱的版本都有些許差異。

A
B
C
D
E
F
G
H
I
J
K
L
M
N
O
P
Q
R
S
T
U
V
W
X
Y
Z

作曲家小傳

柯普蘭（Aaron Copland）
1900年11月14出生，1990年12月2日逝世於紐約。

柯普蘭十五歲就決定成為一位作曲家，但他沒有進入音樂院修習作曲，而是依靠函授課程學習，二十歲時他單獨前往巴黎楓丹白露宮新成立的美國學校上課，開班授課的老師是作育眾多二十世紀音樂名家的娜笛亞布蘭潔女士。

柯普蘭作品反映美國人的國族自尊和音樂品味的需求，並且不斷跟隨時代品味和他自己探求美國音樂廳音樂的答案而演變，他引用爵士節奏和新古典主義手法，呼應二〇年代爵士音樂潮流和歐陸新古典主義，創作出早期代表作《鋼琴協奏曲》和《鋼琴變奏曲》。受到三〇年代的民粹主義影響，他轉而採用美國民俗樂風發展具草根性格的題材，才讓《比利小子》、《墨西哥沙龍》、《單簧管協奏曲》和《阿帕拉契之春》這些名作得以誕生。

柯普蘭是美國建國兩百多年來，第一位為美國嚴肅作曲家打造出「音樂廳中屬於美國作曲家的音樂」的，堪稱創造出「美國之聲」的關鍵人物。柯普蘭曾在1949年聖誕節那天表達藝術信念，他認為藝術應該採用當代的人一聽就懂的語法表達，這種論點是從前創作者所未提出。事實上，1949年可以視為柯普蘭創作生涯的轉捩點，在這之前他也採用後浪漫的舊式語法創作，1930年的《舞蹈交響曲》就是一首屬於舊時代的作品，到了1936年的作品風格已經轉變，在管弦樂幻想曲《墨西哥沙龍》中他採用四道民謠主題塑造墨西哥夜總會的本土況味。從此以後，柯普蘭頻繁運用美國民謠素材，1938年芭蕾舞劇《比利小子》就引用了多首美國牛仔歌曲。

柯普蘭最陽剛、生動的一部作品就是《比利小子》，音樂中成功捕捉了美國西部感，尤其片中槍戰一景更是生動無比。由於《比利小子》一作大為轟動，聞名全球的俄國芭蕾舞團遠道前來委託他創作《牛仔》，這次主角則換成平凡的美國牛仔，靠著劇中四首精采舞曲竟比《比利小子》更受歡迎，首演後觀眾連續要求謝幕達二十二次。劇作完成同年，柯普蘭為了鼓舞二次大戰在前線的美國軍士官兵，寫下他最膾炙人口的《凡人信號曲》。

柯普蘭享年九十歲，六十五歲時就宣布退休不再作曲，一方面是他轉入音列主義的創作不受歡迎，另一方面則是他作品浩繁卻未能從中獲利，於是宣布退休後，他轉而專注於指揮自己的作品，這一轉變果然讓他荷包滿滿。

Aaron Copland

《貝加馬斯克組曲》之《月光曲》

Clair de Lune of Suite Bergamasque

德布西（Claude Debussy , 1862 - 1918）

創作年代：1890年

樂器：鋼琴

出現於：電影《性、愛情、漢堡包》

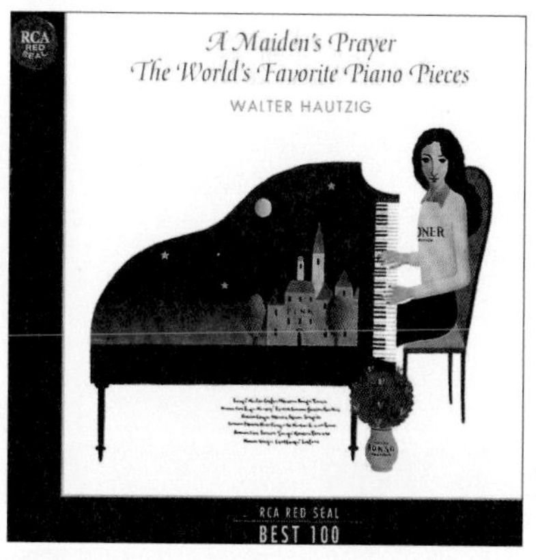

推薦專輯：A Maiden's Prayer / the World's Favorite Piano Pieces

演奏／指揮：Walter Hautzig

專輯編號：BVCC37288 Sony Music 新力音樂

在音樂史上有幾個重要的轉折時期，德布西正是二十世紀近代樂派的先鋒，對於音樂，他摒棄了所有古典或浪漫樂派的舊有骨幹、任何簡潔或均衡的原則，大膽採用一種全新的音樂語言——不諧和的和弦、一連串奇怪的音響，來捕捉一種透過光影、聲音、各種感官而得到的「印象」。這種風格與同時代的印象派繪畫有相近的風貌，當時的畫家如莫內、雷諾瓦等人擅長描繪光影閃動下若有似無的朦朧美，而德布西則以音符為顏料，千變萬化試圖描摹心中稍縱即逝的光與影、感覺與氣氛。

德布西的鋼琴曲《月光》正是這種捕光捉影的音樂代表。此曲創作於1890年，是《貝加馬斯克組曲》中的第三首。當時德布西正於義大利北方旅行，對於當地獨特的風光格外有感覺，於是便完成了包括《前奏曲》、《小步舞曲》、《月光》、《巴斯埃比舞曲》四首小曲所組成的《貝加馬斯克組曲》。其中的《月光》是情境音樂的典範，亦是德布西的作品中最受大家熟知與喜愛的佳作。

鋼琴曲《月光》乃是很有表情的行板，樂曲由靜謐且深沉的音響開始，淡淡描繪飄忽朦朧的月色。進入了稍快的中段之後，一連串琶音暗示月光下流轉的水波，閃爍的光影營造了極度感性浪漫的氣氛，清冷透明的月光始終與現實保持著一段距離，所有的景色都覆蓋了一層夜的薄紗。柔和的曲調最後緩緩地淡出視線，一曲結束之時讓人頗有一種「不知身在現實或夢境」的安祥感受。

想聽聽月光灑落在水面的聲音嗎？《月光》悠遠與感性的情調將為你布置一個史上最夢幻的情境，所有的旋律都靜靜地隱退了，任何你聽到的聲音都將成為腦海裡懷想的一部分，這就是德布西音樂的魔力。

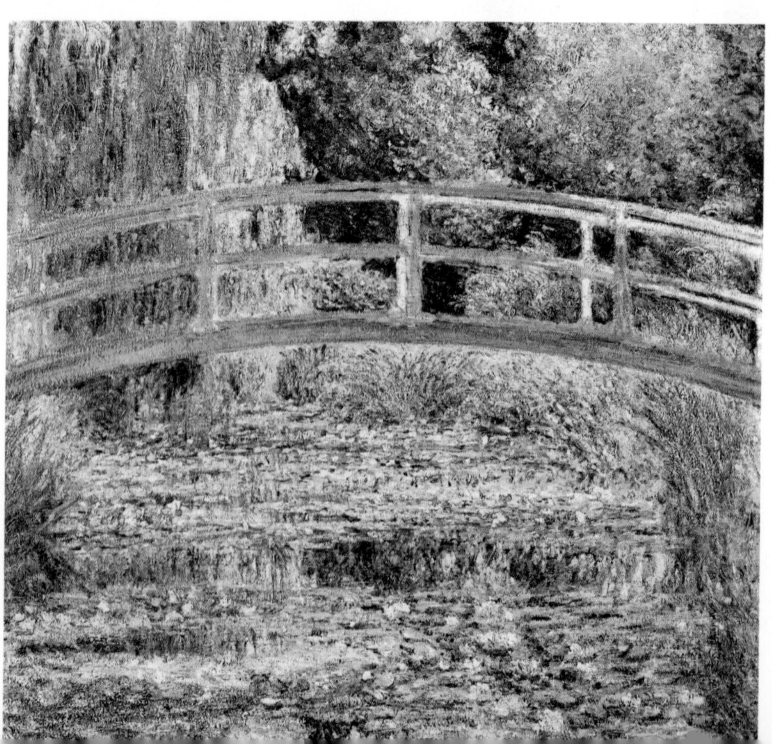

印象派畫作莫內的《睡蓮》。德布西的音樂，也如同印象派的畫作一般，用音符捕捉意象。

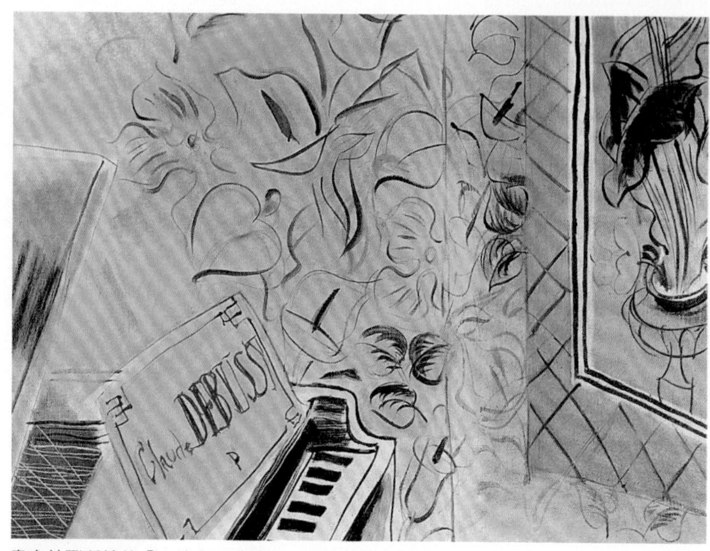

畫家杜飛所繪的「向德布西致敬」，表達出後人對德布西的敬意。

Claude Debussy

弦外之音

霧裡看花、水中教堂的印象樂派

「近代音樂」包括了「後期浪漫主義」、「印象主義」、「表現主義」以及「新古典主義」等幾個樂派，其中最優雅細緻，致力於研發新的和聲與作曲技法的便是以德布西為首之「印象樂派」。

印象樂派以豐富的音色、夢幻般的聲響取勝，全音音階與五聲音階是他們作曲的小祕訣，以下介紹幾首代表作品：

德布西《牧神的午後前奏曲》、《海》。

拉威爾《死公主的孔雀舞曲》、《水之嬉戲》。

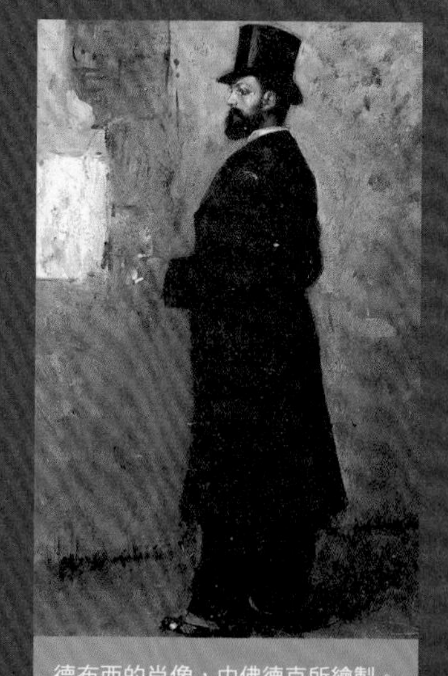

德布西的肖像，由佛德克所繪製。

《牧神的午後前奏曲》
Prelude to the Afternoon of a Faun

德布西（Claude Debussy , 1862 - 1918）

長度：約10分

樂器編制：管弦樂團

曲式：管弦樂曲

德布西的《牧神的午後前奏曲》完成於1894年，12月22日首演，俄國知名舞者尼金斯基（Vaslav Nijinsky）在1912年以充滿感官煽情的編舞演出，在當時的巴黎成為眾人談論焦點，但德布西對尼金斯基的編舞仍不甚滿意。然而，這場演出因為尼金斯基出色、前衛的舞步，拉開了現代芭蕾的序幕，又因為德布西創新的樂風，被譽為現代音樂的第一彈。

芭蕾舞劇《牧神的午後》海報，1912年5月由尼金斯基演出。

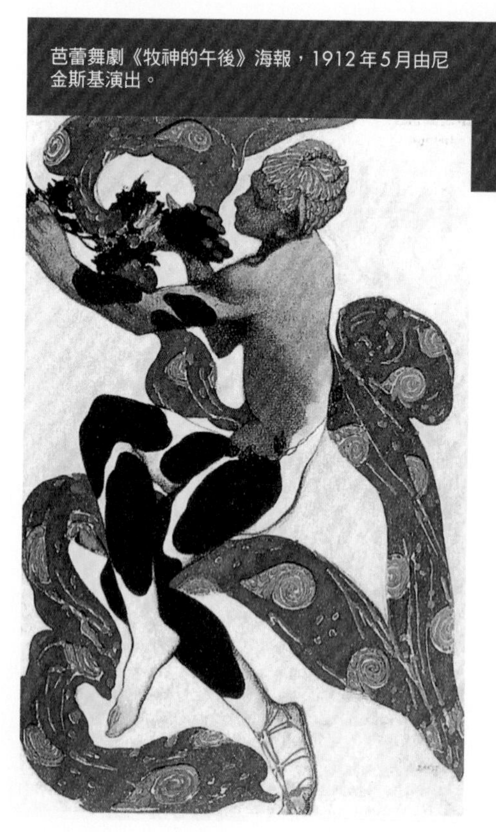

這作品靈感得自詩人馬拉美（Stephane Mallarme）的詩作，描寫半人半羊的牧神在慵懶午後的神態，還被許為打破調性的跨世紀之作。德布西之所以將曲子命名為「前奏曲」，是因為他原本打算再寫一首間奏曲和最後的擬技曲（paraphrase），但終究沒能寫成。

曲子一開始以長笛獨奏描摹牧神在森林

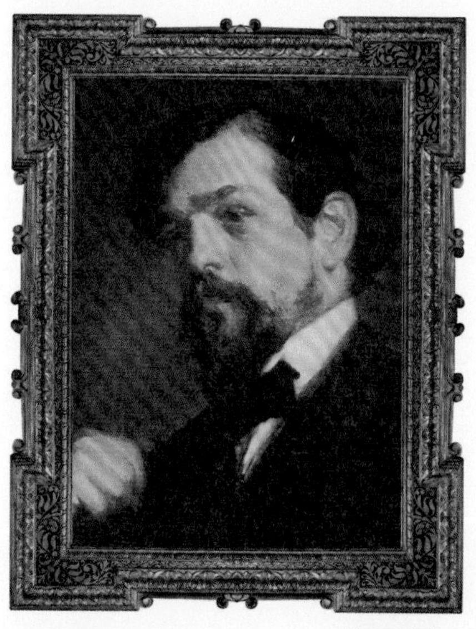
德布西肖像。

中吹奏排簫的聲音，而笛聲的慵懶音調則是為了呈現夏天午後什麼都提不起勁的氛圍。牧神潘恩在希臘神話中以好色著稱，曲中祂在夏日午後百般無聊地吹著簫，看著過往的水仙和女神飛來飄去，他忙亂地追逐卻未果，最後終於禁不住夏日的燠熱昏沉沉睡去，在夢中一圓貪悅美色的想望。

許多後世學者視《牧神的午後前奏曲》為瓦解十九世紀浪漫派和聲手法的關鍵作品，因為此曲的出現才有調性崩潰、音列和十二音主義的到來，德布西不僅成為印象樂派的宗師，更是二十世紀音樂的肇端。

A
B
C
D
E
F
G
H
I
J
K
L
M
N
O
P
Q
R
S
T
U
V
W
X
Y
Z

作曲家小傳

德布西（Claude Debussy）
1862年8月22日出生於聖日爾曼恩雷（Saint-Germain-en-laye），
1918年3月5日逝世於巴黎。

德布西告別了十九世紀浪漫派樂風，帶領近代音樂走入現代無調作風，是法國十九世紀末印象樂派的核心人物。德布西雙親並不特別注重孩子的教育，幸好姑姑克萊蔓汀（Clementine）格外關照，他才擁有獨特出眾的氣質，1871年姑姑遷居坎城（Cannes）後德布西前往探望，不意之中上了第一堂鋼琴課，從此開啟了他的音樂生涯。學琴後第二年，德布西轉投師承蕭邦的莫特女士（Madame Maute）學琴，學習不到一年的時間，對德布西深具信心的莫特女士就鼓勵他報考巴黎音樂院，十二歲時德布西學琴仍不滿三年，卻已經以演奏蕭邦《第二號敘事曲》聞名巴黎音樂院，學校師生無不對他未來成為超技演奏家深具信心與厚望。可是，外表害羞的德布西卻有一顆內在叛逆的心，可以隨心所欲操縱鍵盤後，他開始變得不可預期，演奏充滿了厚重的指法，似乎想將滿腔怒氣全都發洩在鋼琴上。他的老師不得不為這位天資超凡的孩子找藉口，只好說：「他雖然不在乎鋼琴彈奏，但顯然還是喜愛音樂的。」

十四歲時德布西正式學音樂不到五年已經開始作曲，並且在校外演奏鋼琴維生，1880年應徵梅克夫人（Nadezhda von Meck，梅克夫人即柴可夫斯基的贊助者）避居瑞士時的家庭鋼琴教師，然後隨著她輾轉於義大利、瑞士和莫斯科等地。同時，他受朋友引薦認識了華格納音樂，並於1888年聆賞了華格納的歌劇《帕西法爾》（Parsifal）和《紐倫堡的名歌手》（Die Meistersinger von Nurembyrg），更透過梅克夫人認識了當時頗具影響力的俄國作曲家鮑羅定、林姆斯基．高沙可夫和柴可夫斯基等的音樂。

1884年德布西贏得羅馬大獎，對接受短短十二年學院教育的他而言是非常驚人的成績，在該獎贊助下他旅居羅馬，期間他會晤了李斯特，進而從他的鋼琴演奏中見識了微妙的踏瓣運用，另外他也見識了聞名的文藝復興複音合唱曲，這在日後他的創作中都留下了不可抹滅的印象。同年，他寫下了《弦樂四重奏》和交響詩《牧神的午後前奏曲》，這部德布西最聞名的代表作，更成為現代樂派的濫殤。

1887年德布西返回巴黎開始勤奮自修作曲，廣泛閱讀前人的樂譜並探索影響歐陸作曲風格日深的華格納一派音樂，但是對專注修習鋼琴的德布西而言，真正踏入作曲界的路途還很漫長。然而，由於深入的瞭解，他對華格納音樂的誇大產生莫大反感，促使他體悟出新的作曲風格。

1902年德布西參考劇作家梅特林克（Maeterlinck）原著寫下歌劇《佩麗亞與梅麗桑德》（Pelleas et Melisande），這部作品問世後贏得正在尋找新歌劇聲音的法國樂界廣大迴響，陸

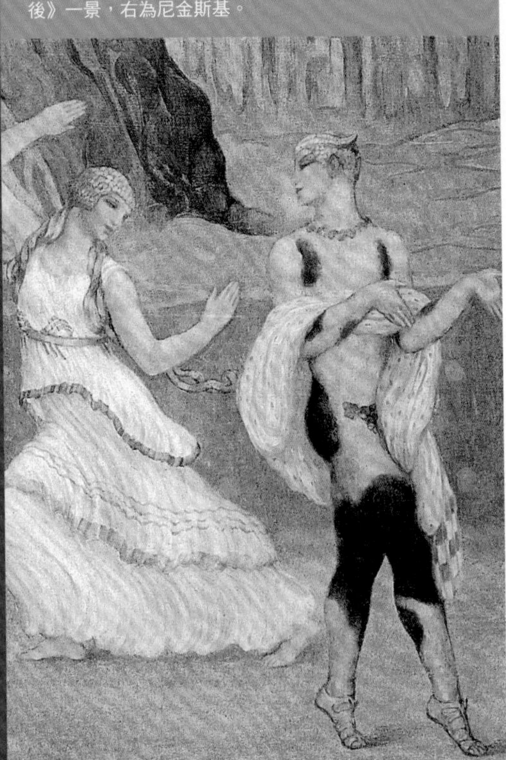
畫家葛洛斯（Valentine Gross）所繪的《牧神的午後》一景，右為尼金斯基。

續有人公開支持並響應德布西的音樂風格，他因此獲得法國政府的最高榮耀並在世界各國享有盛名。

1909年德布西健康亮起紅燈，開始嚴重下痢，1914年罹患直腸癌動了手術，儘管手術成功卻讓他往後都得仰賴人工直腸，造成行動的不方便。同一期時他開始創作一系列的室內音樂，包括小提琴、大提琴奏鳴曲和鋼琴練習曲，然而他已經漸漸對創作失去了信心，1917年10月他深感音樂離他遠去，隔年就不願離開房子，當年3月25日平靜的死於睡眠中。

弦外之音

神話中的牧神

在羅馬神話中，牧神是棲息在森林裡的地精靈，一般相信祂是從希臘神話薩梯（Satyr）演變出來的神祇，性格好色、嗜酒、狂野，是酒神（Bacchus）的門徒。祂上半身是人、下半身長了兩隻羊腳、頭上有兩根羊角，半人半獸的牧神和薩梯最大差異，在於牧神的腳是羊蹄而薩梯的則是人腳。

Claude Debussy

歌劇《拉克美》之《花之二重唱》

Lakmé – Flower Duet

德利伯（Léo Delibes，1836 - 1891）

長度：約3分50秒

樂器編制：管弦樂團

曲式：管弦樂曲（歌劇）

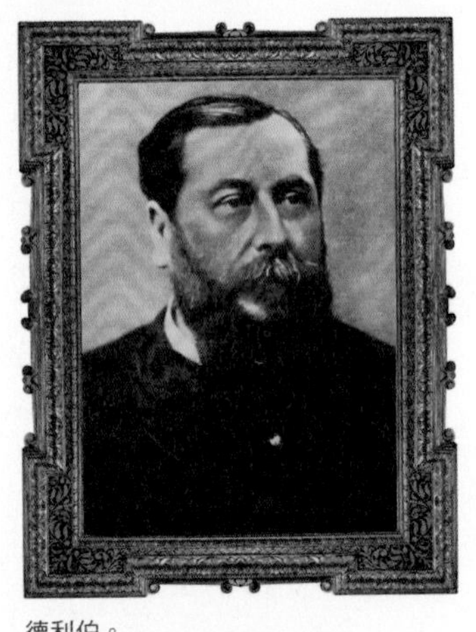
德利伯。

德利伯的歌劇《拉克美》以印度婆羅門教女祭司的悲劇戀情為主題，劇中女主角拉克美是十九世紀印度婆羅門教祭司的女兒，當時印度在英國的統治之下，婆羅門教被英國官方貶為異教嚴加禁止，印度人只能暗地進行宗教儀式。劇中男主角英國軍官傑哈德和同僚菲德列克誤闖婆羅門聖墓，無意間遇見了拉克美，傑哈德對她一見鍾情，但拉克美之父卻立誓取下闖入禁地之徒的性命。

在劇中第二幕，拉克美之父命人跟蹤傑哈德並來到人群擁擠的市場，在父親命令下拉克美唱出了《鐘之歌》（Bell Song），意圖將傑哈德引出人群，這一首古老婆羅門教歌曲得以異國風情唱出，歷來就是花腔女高音擅長的拿手曲目。

至於這首優美的《花之二重唱》是第一幕中女祭司拉克美來到河邊摘採蓮花時，與隨身女侍一起合唱的，歌詞內容唱道：「在白色茉莉搭成的花棚下，有玫瑰纏繞其間。在河岸上的花兒微笑著。」因為歌詞都在詠嘆花朵，且由女高音與次女高音二重唱和，這首歌就被稱為《花之二重唱》，是全劇最受青睞的樂段。

作曲家小傳

Léo Delibes

德利伯（Léo Delibes）
1836年2月21日出生於聖日爾曼杜瓦（Saint-Germain-du-Val），
1891年1月16日逝世於巴黎。

德利伯十二歲進入歌唱訓練學校，同時在巴黎幾個主要教堂中擔任詩班，十七歲時成為教堂的風琴師，日後他流轉於多個教堂中一再擔任類似職務，一直到1871年。他在音樂學院的學生時代，接觸到芭蕾舞劇《吉賽兒》（Giselle）的創作者亞當（Adolphe Adam）而深受影響，亞當推薦他前往巴黎抒情劇院（Theatre Lyrique）擔任伴奏家，期間他仍未放棄擔任教堂風琴師的工作。

德利伯在1935年任職於抒情劇院，正好是劇院成為巴黎最激進的歌劇演出場所時期，許多當代最大膽的歌劇製作都選擇在此首演。德利伯擔任伴奏家的工作游刃有餘，業餘時仍致力音樂創作，在抒情劇院工作的十年間，他陸續完成了七部輕歌劇，多部男聲合唱歌曲和一部彌撒曲，時值今日這些作品都只在法國地區演出，非常值得給予再度演出的機會。

1863年德利伯離開抒情劇院，轉往巴黎歌劇院謀求發展，一開始他依然擔任伴奏家的工作，兩年後他升任第二合唱指揮，這時德利伯已經是巴黎境內大名鼎鼎的作曲家，並受邀為一部多位作曲家共同執筆的芭蕾舞劇《泉》（La Source），創作第二幕和第三幕第一景。他的表現優異亮眼，立刻又受邀獨立創作芭蕾舞劇《柯佩莉亞》（Coppelia），在1870年交出全稿並成為他最傑出的代表作。十年後，德利伯又完成第二部芭蕾傑作《席爾薇亞》（Sylvia），不僅轟動一時至今依然上演不輟。

這兩部劇的成功，不僅確立德利伯在芭蕾舞史上的地位，更進一步影響未來柴可夫斯基的創作風格與交響作品。柴可夫斯基曾經不只一次的表明，他喜歡德利伯的音樂遠勝於布拉姆斯的音樂，這種說法後來還被史特拉汶斯基附議重申，史特拉汶斯基更認定德利伯是史上最傑出的旋律家之一，至於他榜中最低劣的旋律家則是貝多芬。

在德利伯這些音樂中瀰漫著濃厚的法國風，洋溢著一種完全撇開條頓族音樂嚴肅感的自在，這正是德利伯獨有的特色。

德利伯將創作主力著重在歌劇上，但他的歌劇作品遠不及他的芭蕾舞劇成功，直到1883年他完成了《拉克美》（Lakmé）一劇，才獲得與芭蕾音樂同等的肯定，劇中的《鐘之歌》、和《花之二重唱》更是歌劇史上難以超越的曠世巨作。柴可夫斯基對於《拉克美》更是讚不絕口，在柴可夫斯基心中，德利伯比布拉姆斯優秀好幾百倍（柴可夫斯基和布拉姆斯互相照面時，彼此的態度都顯現不屑與輕蔑，事後柴可夫斯基還認為布拉姆斯是「毫無天賦的粗人」）。

《第九號交響曲新世界》第二樂章《念故鄉》

Symphony No.9 "New World" – Mvmt.II "Going Home Theme"

德弗札克（Antonína Dvořák , 1841 - 1904）

創作年代：1893年

首演時地：1893年，紐約卡內基音樂廳

時間長度：約40分55秒

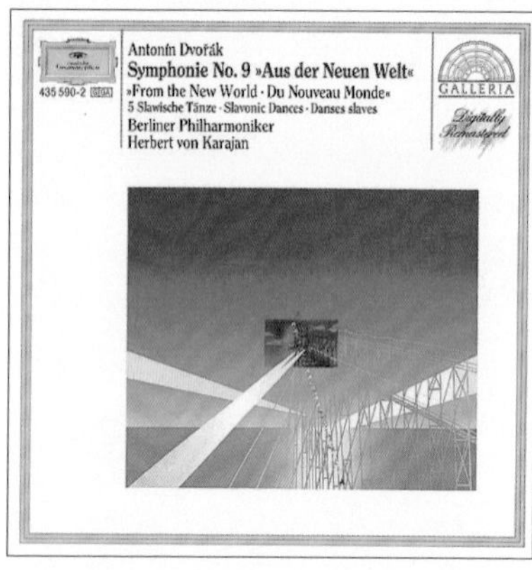

推薦專輯：Dvorak : Symphony No.9 "Aus der Neuen Welt"

演奏／指揮：Herbert von Karajan

專輯編號：4355902 DG 環球

當時，不惑之年的德弗札克在布拉格農村買了一棟別墅，非常享受這個地方悠遊自得的優美自然景觀，和純樸的鄉土風情。那時他已經完成了八首交響曲、為數可觀的管絃樂曲、室內樂、鋼琴曲以及歌劇，聲名不但傳遍了整個歐洲，也順利當上布拉格音樂院的教授。名利雙收之後，想要找到一個不受干擾的地方，清靜地放鬆下來，這種心情是可以理解的。不過，德弗札克雖然已經達到了事業的顛峰期，卻還沒有發揮出創作生命中最大的極致。而一封意外的信件，扭轉了他近半百的命運。

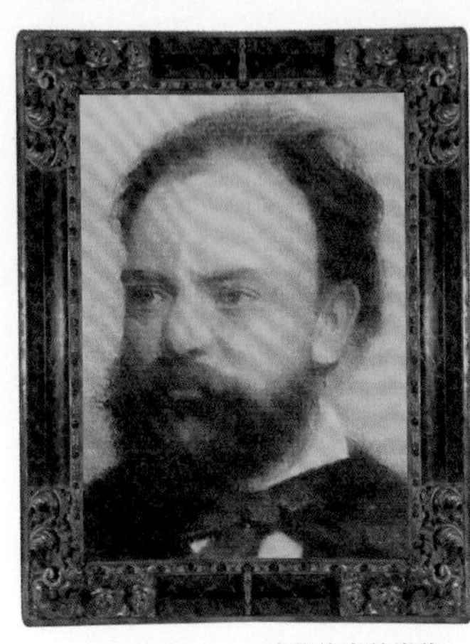

德弗札克的肖像。

1894 - 1895年美國遊唱詩人歌謠的印刷物。

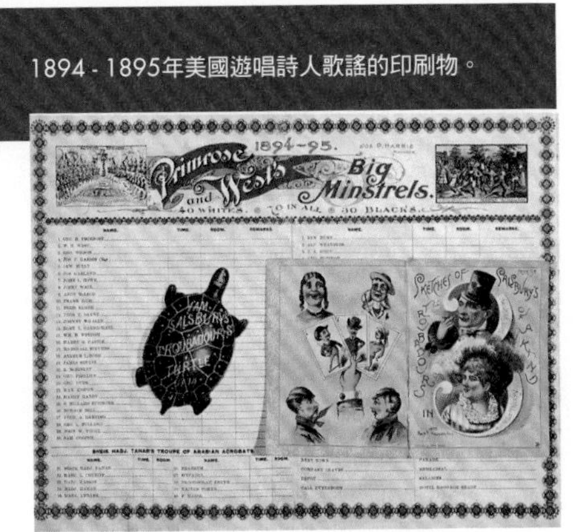

1891年春天，德弗札克收到圖伯夫人的邀請函，請他擔任美國國家音樂院的院長。圖伯是美國一位百萬富翁的夫人，她成立音樂院，希望藉此提升美國的作曲水準，更希望能邀請一位歐洲的作曲先進，給美國的作曲界產生一些積極的影響。德弗札克就是她理想中的最佳人選。不過，圖伯夫人的建議卻讓德弗札克頗為為難，他為長達兩年的約聘遲疑，難以下決定。他除了擔心水土不服之外，更擔心六個孩子的教育問題，可是他也為一萬五千美元的高年薪報酬而心動不已，那是他當時收入的十五倍；此外，他和出版商意見不合的情況越演越烈，幾乎要用法律途徑來解決了。經過幾番考慮，德弗札克先做了一趟旅行，還開了幾場告別音樂會，忍痛將四個孩子留在家鄉，由岳母照顧，帶著妻子、長女和長子前往美國。

1892年9月26日，德弗札克抵達歐洲人眼中的新大陸——美國，並開始在大都會紐約，過起緊張忙碌的生活。當時的紐約，雖然還沒有摩天大樓，但是充滿了蓬勃的生命力，道路上的行人和汽車互相爭道，看在過慣悠閒生活的德弗札克眼裡，留下強烈的印象。而樸素的美國民謠和黑人靈歌，也深深地扣動了他的心弦。德弗札克慢慢體會到，圖伯夫人誠意邀請他來美國的主要原因，就是要他推動美國民族音樂的發展。而美國文化其實是歐洲文化的移植，所以只有黑人和印第安人的文化才具有獨特性，因此，德弗札克也對這兩種文化的聲音特別感興趣。

圖伯夫人不同於當時的教育界人士，她允許黑人和白人同時入學；而德弗札克也以寬闊的胸懷，跟黑人學生們打成一片，進而發現黑人靈歌珍貴的寶庫。在美國民謠與黑人靈歌的刺激和衝擊之下，德弗札克完成了一部全新的交響曲《第九號新世界交響曲》。

在第一樂章中有一個主題就是來自黑人靈歌「輕搖，可愛的馬車」，我們聽到這段旋律的時候，可以明白德弗札克如何從這些奴隸之間流傳的歌曲，汲取靈感並運用到他的作品當中。而追溯《新世界交響曲》和印第安傳說之間的關係，就不得不提到所謂的《海華沙之歌》。它原來是美國詩人龍菲洛（Longfellow）所寫的敘事詩，由圖伯夫人交給德弗札克，希望他能寫成一部歌劇。德弗札克雖然沒有將它創作成歌劇，但是海華沙的故事卻成了《新世界交響曲》的第二和第三樂章的主要素材。《海華沙之歌》描寫印第安民族英雄海華沙的故事。第二樂章描述海華沙的妻子明內哈哈在森林裡的葬禮，德弗札克使用英國管吹出了充滿懷念的旋律，這段旋律就是我們熟悉的《念故鄉》，其實那是在描繪海華沙孤獨落寞的身影。這如泣如訴，扣人心弦的旋律，宛如黑人懷念遙遠故土的歌聲，又像是他們在低訴悲苦的命運。所有離鄉背井的人，都能在這曲調當中，發現自己心底的鄉愁。經過轉調後進入中段，這時木管奏出了淒切的旋律，然後是各種旋律的片斷，由各式各樣的樂器來演奏。最後英國管的主題再度登場，在感人的曲調中結束這首優美的樂章。

Antonina Dvořák

弦外之音

純真又健康的德弗札克

德弗札克是一個熱愛國家、性格單純又溫和有禮的作曲家。光是這些特點，就可以看出他與那些走躁鬱路線的音樂家們有多麼不同了。

德弗札克長得就像一個結實的莊稼漢，他的心地一片善良、對這個世界充滿了好奇。德弗札克的嗜好是下班後把自己喝個爛醉、花很多時間與鴿子閒聊、以及看緩緩移動的蒸氣火車頭。他對機械的著迷甚過自己所擁有的一切，甚至還認為能結交一位火車工程師是這輩子最快樂的事呢！最最神奇的是，德弗札克還有一樣令人刮目相看的第二專長 —— 年輕時為了分擔家計，他還是個領有執照的專業屠夫呢！

德弗札克的屠夫爸爸對於兒子沒能接管家族事業顯得有點悶悶不樂，但若不是德弗札克對音樂的堅持，又怎能為世人留下這麼多動人的音樂呢？

從他著名的《斯拉夫舞曲》、《幽默曲》、《美國弦樂四重奏》當中，我們相信，屠夫也好，作曲家也好，德弗札克都是一個出色的、健康開朗的工作人。

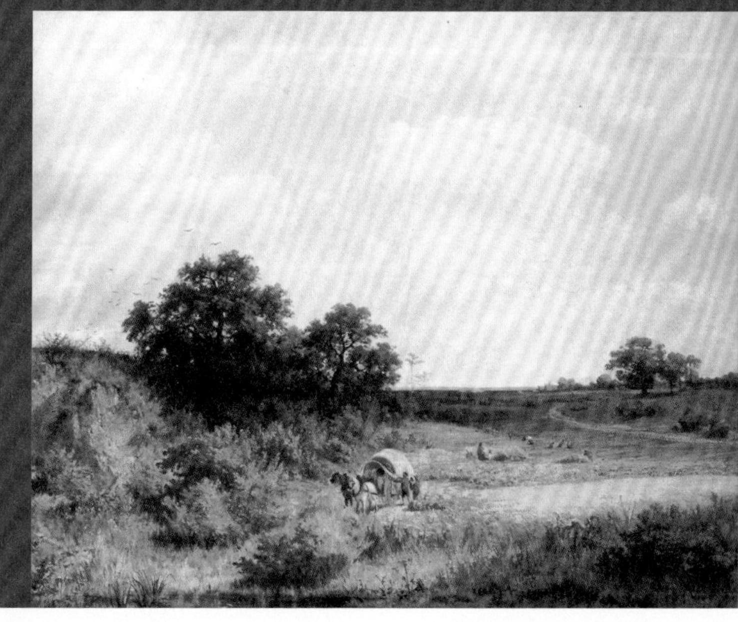

家鄉位於波西米亞的德弗札克，其創作充滿了家鄉的風格。圖為波西米亞的鄉村景色。

交響詩《小巫師》

The Sorcerers Apprentice

杜卡（Paul Dukas , 1865 - 1935）

長度：約10分16秒

樂器編制：管弦樂團

曲式：交響詩

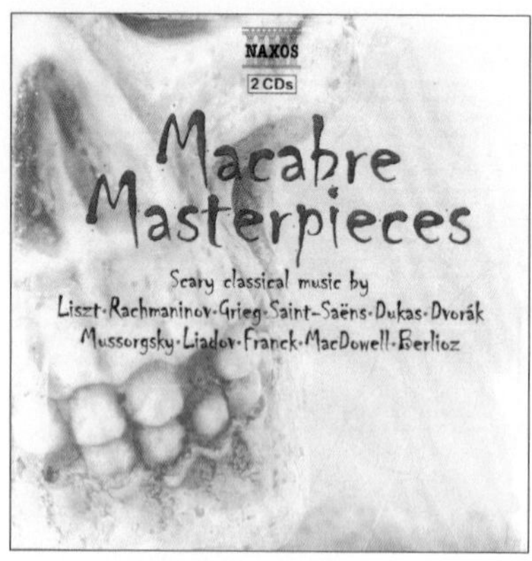

推薦專輯：Macabre Masterpieces

演奏／指揮：Various artists

專輯編號：8.557930-31 Naxos 金革

法國作曲家杜卡1865年出生於巴黎，他與德布西是同門師兄弟，在巴黎音樂學院求學時均師事紀羅老師，兩人曲風頗為相近。杜卡的音樂既有德國浪漫樂派的自由與色彩，又兼具了法國式感性的內涵，他對於作品的要求十分嚴格，總覺得自己寫得不夠好，所以他每一首曲子都是嘔心瀝血字字斟酌而出的，只要稍不滿意，便將寫了一半或已完成的樂譜通通燒成灰燼，搞到後來杜卡只留下十三首作品，但件件均是精心雕琢的傑作。完成於1897年的交響詩《小巫師》是他的成名曲，傳世的樂曲還有華麗的歌劇《阿良納與藍鬍子》（Ariane et Barbe-Bleue），以及學生從火堆中搶救而出的《拉貝利》（La Pén）。

交響詩《小巫師》乃根據歌德的敘事詩所編成，故事內容敘述魔術師有一把神奇的掃帚，這把掃帚在魔術師的命令下能幫忙各種家事，有一次魔術師外出不在，他的小徒弟對

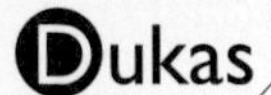

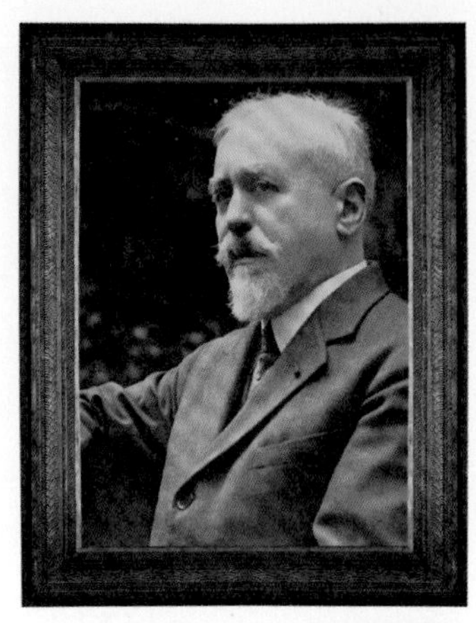
杜卡的肖像。

歌德肖像。交響詩《小巫師》就是根據歌德的敘事詩改編的。

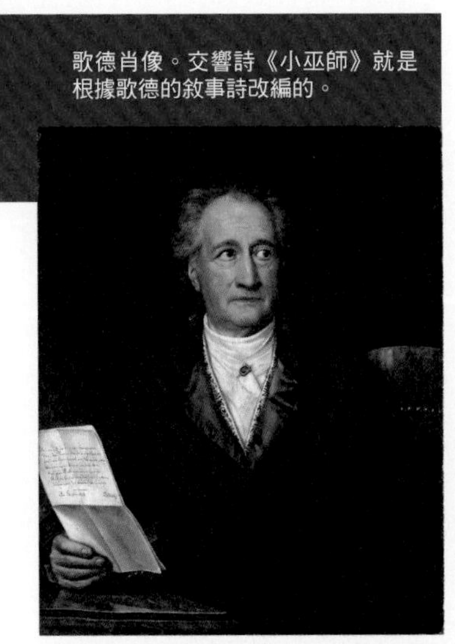

著掃帚唸出偷偷學到的咒語，沒想到掃帚果然「活了起來」，得意的小徒弟於是命令掃帚到井邊去取水。掃帚很聽話的一桶一桶把水提過來，小徒弟看掃帚如此勤奮耐用，便在一旁打起瞌睡來。沒想到當他一覺醒來，卻發現掃帚仍不停的提水倒水，結果整間屋子都泡在水裡了！慌張的小徒弟想把掃帚變回原狀，卻發現自己根本不會解除這個咒語，情急之下小巫師拿起斧頭猛砍掃帚，碎成木屑的掃帚看似被制服了，但一轉眼所有的木屑都變成一枝枝小掃帚繼續打起水來！眼看著屋內的積水愈來愈高，小徒弟知道自己闖了大禍，卻一點辦法也沒有。幸好這時魔術師及時趕回，唸了一段咒語解除危機，一場鬧劇也終於平靜收場。

杜卡以高妙的管弦樂法來「演出」這一個精采的橋段，以詼諧的效果為嚴謹的古典交響詩帶來不同的樂趣，絢麗的配器法與收放自如的張力，讓這首交響詩具有神奇的戲劇張力，簡直就像施了魔法一般，成為杜卡的傳世名曲。

《小巫師》以一段神祕的弦樂序奏代表不可思議的魔法世界，接著以豎笛奏出「掃帚

A B C D E F G H I J K L M N O P Q R S T U V W X Y Z

主題」，小巫師唸了兩次咒語後掃帚開始緩緩動了起來，突然定音鼓砰然一響，接著便是巴松管演奏掃帚提水的主題，活潑有規律的節奏代表掃帚勤奮的提水動作。隨著各種樂器漸次加入，音量愈來愈大，速度也愈來愈快，代表房子裡的積水漸漸多了起來，這時小巫師察覺情況不對，慌慌張張拿起斧頭劈向掃帚，音樂頓時安靜了下來，不過這只是暴風雨前的寧靜，不久後小掃帚一一復活，「掃帚提水」的主題再次響起，這回小提琴、巴松管、低音管與倍低音管、法國號與豎笛通通加入了提水的行列，音樂一片懸疑緊張，達到張力十足的高潮。一陣兵荒馬亂後，沉穩的銅管代表老巫師回來解除咒語了，這段尾奏又回到與序奏相同的慢拍子，掃帚也乖乖變回原形。

美國迪士尼公司在1940年推出的音樂動畫《幻想曲》中，最著名的一段便是由米老鼠主演的「小巫師」。卡通的詼諧與《小巫師》多采多姿的音樂色彩搭配得天衣無縫，活潑的動畫配上此曲精采的魔法效果，再加上米老鼠逗趣幽默的演出，真是動畫與古典樂結合的經典範例。

Paul Dukas

弦外之音

巴松管（Bassoon）

巴松管還有另一個綽號叫「低音管」（可別和銅管家族的低音號搞混了），從這個綽號便可知它是木管家族中聲音最為「穩重、瘖啞」的一員，但這並不是巴松管的全部，事實上，巴松管的音色雖然較為低沉，卻仍能做出各種多采的變化，有時淳厚、有時強壯、有時哀慟……可說是一種變化多端的樂器。

認識巴松管，你可以從普羅高菲夫的《彼得與狼》得到滿意的初體驗。在《彼得與狼》中，巴松管的角色是小彼得的爺爺，低沉的聲音詮釋慈祥的老爺爺真是恰如其分。

還有哪裡可以聽見巴松管的嗚咽？

莫札特《降B大調巴松管協奏曲》
布拉姆斯《第四號交響曲》
柴可夫斯基《第六號交響曲》第四樂章
杜卡《小巫師》

《威風凜凜進行曲》
Pomp and Circumstance Marches

艾爾加（Edward William Elgar , 1857 - 1934）

創作年代：1901-1930年完成

樂器編制：交響樂團

曲式：進行曲

出現於：畢業典禮必播歌曲

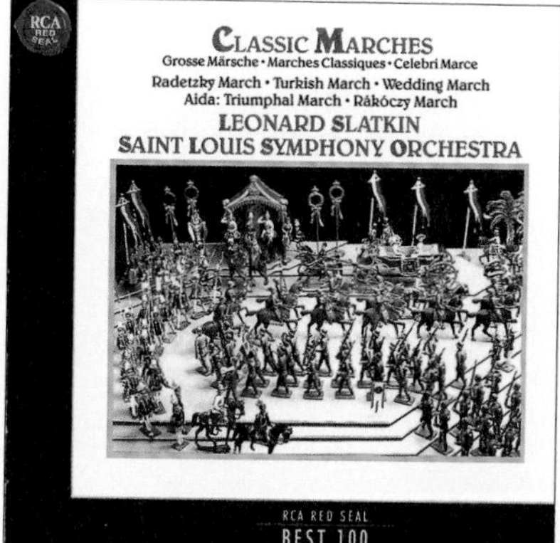

推薦專輯：Classic Marches

演奏／指揮：Leonard Slatkin

專輯編號：BVCC37294 Sony Music 新力音樂

艾爾加的成名曲是交響作品《謎語變奏曲》，後來的清唱劇《杰隆蒂斯之夢》、《威風凜凜進行曲》、《小提琴協奏曲》與《大提琴協奏曲》等也都是艾爾加巔峰時期的上乘之作，其中的《威風凜凜進行曲》更是隆重地歌頌大英帝國鼎盛時期的輝煌氣勢，光是看這個神氣十足的標題，就可以想見音樂是多麼盛大有朝氣，而且與傳統英國風味息息相關了。

《威風凜凜進行曲》包含了第一到第五號共五首曲子，而「威風凜凜」的標題乃出自莎士比亞劇本：《奧塞羅》，其原意指的就是「盛大的遊行」。這五首進行曲最著名的就是D大調的第一號，樂曲一開始便有雄糾糾的氣勢，也頗有熱鬧的遊行風味，樂曲行進至中段從陽剛的進行曲一轉為高貴莊重的三重奏，艾爾加自己預料這段旋律「肯定會讓他們醉倒」，果然這是一段充滿懷舊的曲調，似乎是對舊日時光的無限緬懷。懷舊過後第一主題重現，又回到熟悉的熱鬧氣氛中，但更加莊嚴的三重奏曲調隨後又再度現身，不過這一次它將樂曲帶往一個華麗又無比振奮的結尾，雄壯俐落的結束全曲。

艾爾加後來在回憶錄裡寫道：「我永遠忘不了《D大調第一號進行曲》演奏結束時的盛況——所有的聽眾都站了起來大喊『安可』（當時節目只進行到一半），於是我只好再指揮了一次，但結果還是一樣，聽眾們根本就是不打算讓我按照節目單繼續演出……。為了維持秩序，我只好第三次指揮這首進行曲。」我們相信艾爾加所說的絕對一點也不誇張，因為一直到今天，這首曲子仍是介紹英國皇室慶典影片的最佳配樂，也常常出現在英國高中的畢業典禮上，艾爾加讓所有的英國人都想起了昔日的光榮，更用音樂為不斷消逝的歲月留住了光輝。

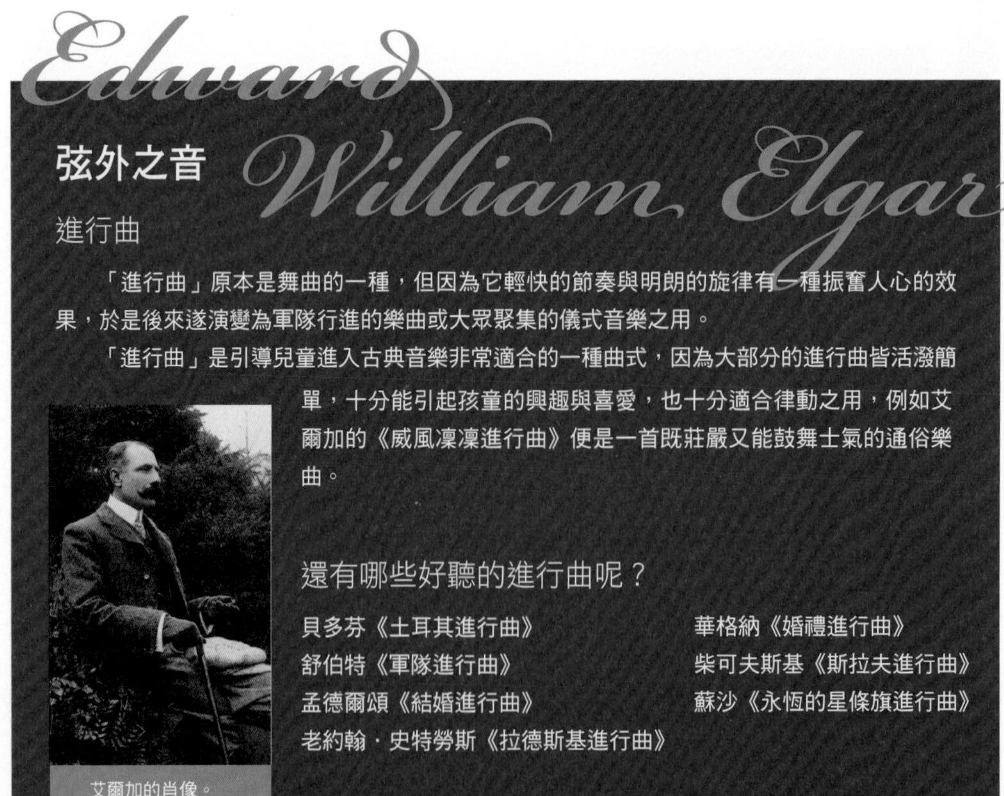

弦外之音

進行曲

「進行曲」原本是舞曲的一種，但因為它輕快的節奏與明朗的旋律有一種振奮人心的效果，於是後來遂演變為軍隊行進的樂曲或大眾聚集的儀式音樂之用。

「進行曲」是引導兒童進入古典音樂非常適合的一種曲式，因為大部分的進行曲皆活潑簡單，十分能引起孩童的興趣與喜愛，也十分適合律動之用，例如艾爾加的《威風凜凜進行曲》便是一首既莊嚴又能鼓舞士氣的通俗樂曲。

艾爾加的肖像。

還有哪些好聽的進行曲呢？

貝多芬《土耳其進行曲》
舒伯特《軍隊進行曲》
孟德爾頌《結婚進行曲》
老約翰・史特勞斯《拉德斯基進行曲》
華格納《婚禮進行曲》
柴可夫斯基《斯拉夫進行曲》
蘇沙《永恆的星條旗進行曲》

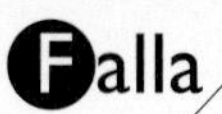

歌劇《愛的魔法師》之《火祭之舞》

El amor brujo – Ritual Fire Dance

法雅（Manuel de Falla , 1876 - 1946）

長度：約4分

樂器編制：管弦樂團

曲式：管弦樂曲（芭蕾舞劇）

出現於：電影《愛的魔法師》

法雅早期幾部傑作都是在法國巴黎塞納河畔居住時創作的。回到馬德里後，他益發想念故鄉安達魯西亞省，在友人的建議下，將自己對故鄉吉普賽人的種種癡迷化為小型歌劇《愛的魔法師》。這齣歌劇是他畢生最出色的創作，後來還改成芭蕾舞劇。《愛的魔法師》最初是1914年，法雅接受吉普賽佛朗明哥舞者茵佩莉歐（Pastora Imperio）委託所作的吉普賽舞劇（gitaneria）。他原本將這齣戲寫成室內樂團與歌手、演員共同演出的特殊歌唱舞蹈劇，卻沒得到市場青睞，在1925年索性將這齣歌舞劇改寫為三個樂章的管弦樂曲，只安排了三段由第二女高音演唱的歌曲，成了現在這部芭蕾舞劇《愛的魔法師》。

這齣戲裡美麗的吉普賽女郎坎黛拉（Candelas）愛上了男主角卡麥羅，不料生前經常暴力相向的前夫，死後化為鬼魂繼續糾纏阻撓。坎黛拉和卡麥羅只好求助巫術。在午夜時邀請所有吉普賽人前來，圍繞著火堆；接著坎黛拉跳起火祭之舞，召喚前夫鬼魂，引誘前夫與她共舞。其實坎黛拉跳的火祭之舞具有魔力，就在舞蹈繞著火堆越轉越快時，鬼魂被吸入火堆之中，永遠無法重現。劇中演唱歌詞都以安達魯西亞的吉普賽方言寫成，音樂也充滿了安達魯西亞風。《火祭之舞》正是劇中最關鍵的驅鬼之舞，一開始忽高忽低、忽快忽慢的顫抖音符象徵熊熊火燄和魔法，隨後主題出現在雙簧管之上，再交由小提琴第一部演奏。鋼琴家魯賓斯坦（Arthur Rubinstein）在二次大戰前，請法雅讓他將這段音樂改編為鋼琴獨奏曲，並經常用於音樂會的安可曲演奏，結果大受歡迎，於是法雅自己也將之改編為鋼琴獨奏曲。

A B C D E F G H I J K L M N O P Q R S T U V W X Y Z

Manuel de Falla

作曲家小傳

法雅（Manuel de Falla）
1876年11月23日出生於卡迪茲（Cadiz），
1946年11月14日逝世於奧塔葛拉西亞（Alta Gracia）。

法雅是二十世紀初國民樂派最具代表性的西班牙作曲家，他比阿爾班尼士等國民樂派作曲家晚了一輩，但是音樂風格卻超前了他所處的時代，跨進巴爾托克等人的現代樂派。法雅的畢生摯友史特拉汶斯基，曾形容法雅是一位「謙卑而又低調的人」，也是他見過最虔誠的信徒。然而，法雅的音樂卻是音樂史上最熱情、狂野的創作。在他的代表作《愛的魔法師》、《三角帽》（El Sombrero de tres picos）、《西班牙花園之夜》（Nights in the Gardens of Spain）、《人生苦短》（La vida breve）中，充滿著宛如達利畫作般奇幻、迷人而散發南歐拉丁民族熱情的節奏與旋律。

法雅出生於直布羅陀海峽旁的古城卡迪茲，那兒是古安達魯西亞人航向地中海的交通要道。這個交通便利、商業發達的海港城市，讓法雅擁有廣大世界觀，靈感不致受限於西班牙民俗風格。二十歲時，法雅隨家人移居馬德里，只學過鋼琴的他竟然輕而易舉的通過了馬德里音樂院的第七年級考試。這時期他開始創作西班牙傳統歌劇《札祖埃拉歌劇》（Zarzuela），一共寫了七部，但不算成功。之後他進一步拜師鑽研作曲，寫出第一部正式歌劇《人生苦短》，為他贏得1905年馬德里作曲比賽的首獎。

1907年，法雅來到巴黎，進一步結識了德布西、杜卡斯、拉威爾和史特拉汶斯基，也認識了阿爾班尼士等西班牙作曲家。慢慢的，他的作品量開始增加。他寫了鋼琴與管弦樂團合奏的《西班牙花園之夜》，接著又以佛朗明哥舞者茵佩莉歐為主角寫了《愛的魔法師》這齣吉普賽舞劇，其中就包括了《火祭之舞》這首名曲，這些作品聽來西班牙風味十足，卻完全沒有引用任何西班牙音樂旋律和素材。之後他又寫了芭蕾舞劇《三角帽》，供戴亞基列夫（Diaghilev）的俄羅斯芭蕾舞團演出，這齣舞劇的前身是《市長與磨坊主人的妻子》，在1917年於馬德里以默劇形式上演，改寫芭蕾舞劇之後，於1919年在倫敦首演。這齣劇後來成為二十世紀芭蕾經典，當時所用的布景，是西班牙畫家畢卡索（Pablo Paccaso）特別為他們繪製的，至今上演時，這個場景仍然沿用，無人更動。

之後法雅又陸續為鋼琴家魯賓斯坦和大鍵琴家蘭道芙絲卡（Wanda Landawska）寫了《貝帝卡幻想曲》（Fantasia Baetica）以及《大鍵琴協奏曲》（Concierto para clavicordio）。1939年，法雅受邀前往阿根廷布宜諾斯艾利斯演出，他決定不再返回正處於內戰中的西班牙，最後停留在奧塔葛拉西亞的一個小村，全副精神專注在最後未完成的遺作《亞特蘭提達》（L'Atlantida）上，直到過世。法雅死後遺體被運回西班牙，採國葬安葬於卡迪茲教堂。

弦外之音

魯賓斯坦、法雅和西班牙音樂

在魯賓斯坦演奏事業或私人生活中，最讓人意想不到同時也極具重要性的一部分，就是他和西班牙以及西班牙音樂之間的關聯。魯賓斯坦是波蘭人，在柏林接受音樂教育，雖然他常到世界各地旅行演出，卻始終認為西班牙才是「我夢中的國度」。他說：「我並不恥於承認，我之所以終生對西班牙如此喜愛，是源自於莫札特的《唐喬望尼》、《費加洛婚禮》、比才的《卡門》、夏布里耶的《西班牙》、羅西尼的《賽維亞理髮師》和阿爾班尼士的《伊比利亞組曲》以及其他相關音樂對我的啟發，這些音樂都或多或少融匯了西班牙民歌的素材。」

1915年，魯賓斯坦只是個沒什麼名氣的二十歲小毛頭，因為一位法國鋼琴家臨時無法上台與馬德里交響樂團合作，而被召到西班牙演奏。這場演出反應良好，他決定多待一段時間，同時也決定隔年還要再回來巡迴演出。就這樣，他在西班牙巡迴演出，足足開了一百多場的演奏會（「我想不出這個國家有哪一座城市是我沒開過演奏會的。」魯賓斯坦在書中談到1916年舉行演奏會時如是說）。這一系列演出對魯賓斯坦的演奏生涯有著極大幫助，因此西班牙成了魯賓斯坦的第二個家鄉，僅次於波蘭在他心目中的地位。此後的二十年，西班牙一直是周遊列國的魯賓斯坦歇腳、博得滿堂彩的重要一站。他的演奏特別能獲得西班牙聽眾的認同，而西班牙皇室更與他交好，友誼長達數十年。一直到他晚年，魯賓斯坦在西班牙的馬貝拉城還擁有房子，成為他在紐約、巴黎住所之外的第三個落腳處。

基於這樣的淵源，魯賓斯坦對西班牙作曲家們創作產生興趣，極力推廣這些作品。1916年他到西班牙巡迴演時，認識了法雅，親眼目睹了《三角帽》這齣芭蕾舞劇的創生（他親眼看著舞劇最後一曲《霍塔舞曲》如何從簡短的草稿衍生成絢目華麗的舞曲；而這首舞劇到巴黎彩排時，魯賓斯坦也在場），從此也愛上了法雅和他的音樂。他經常演奏《西班牙花園之夜》，而在獲得法雅的首肯後，他更從《愛的魔法師》中選了《火祭之舞》改編成鋼琴曲。一開始法雅對改編能否傳達樂曲神髓有些懷疑，但魯賓斯坦第一次公開彈奏改編曲就應觀眾要求重覆演奏了三遍，證明了這個改編是成功的。此曲後來成為魯賓斯坦曲目中最受歡迎的作品，風靡全世界。

魯賓斯坦將對西班牙文化的熱愛，盡數轉化投入他所詮釋的西班牙音樂中，他在演奏中融合了他對佛朗明哥吉他與西班牙民歌那自由不羈即興手法的親身體驗心得。有趣的是，魯賓斯坦一開始還不太敢在西班牙演奏當地作曲家的作品，怕無法否掌握西班牙音樂的精髓，直到1916年，他在巡迴演出過程中，前往阿爾班尼士家中作客，當時阿爾班尼士已過世，家中僅剩他的遺孀和兩個女兒；魯賓斯坦拗不過她們的再三要求，答應為她們演奏阿爾班尼士《伊比利亞組曲》中的幾首曲子，結果三位女士聽完大為讚嘆。從此魯賓斯坦再也不怕在西班牙演奏西班牙音樂，他在書中還提到第一次在馬德里演奏《伊比利亞組曲》的情況：「法雅和其他音樂家在演奏後都熱情的擁抱我，並且大加稱讚，他們都說我演奏起這些音樂，就像個道地的西班牙人一樣。」

A B C D E F G H I J K L M N O P Q R S T U V W X Y Z

《孔雀舞曲》

Pavane

佛瑞（Gabriel Fauré , 1845 - 1924）

長度：約5分50秒

樂器編制：管弦樂團

曲式：管弦樂曲

這首《孔雀舞曲》在佛瑞的原稿中，是為管弦樂團與合唱團所譜寫的，不過他在譜上也標明合唱團必要時可予以省略。此曲完成於1887年，是很少寫作管弦樂曲的佛瑞最知名的管弦樂小品，他另一首知名的管弦樂曲則是出自《佩麗亞與梅麗桑德》（Pellease et Mellidande）這齣劇樂中的《西西里舞曲》（Siciliano）。

一開始，佛瑞只是想寫一首可以在夏天的音樂會上演出的管弦樂小品，但開始創作後，他有了更大的野心，希望在舞台後安排合唱團（不上台）、舞台前則有舞者伴舞的完整小型作品。因此，他特別請伊莉莎白女爵（Elizabeth, comtesse Greffuhle）的外甥蒙特奎一費森薩（Robert de Montesquiou-Fezensac）譜寫一段帶有魏倫詩作風格的歌詞，這套作品最後就是獻給這位女爵。此作在1828年11月25日首演，三天後首演合唱團版。最後，在1891年上演了加了舞者的版本，這次演出，是在女爵的花園宴會上。

這首曲子從首演以來就一直深受歡迎，1917年更被著名的俄羅斯芭蕾舞團編成舞碼《阿蘭暉的花園》（Les Jardins d'Aranjuez）。因為此作非常優美，佛瑞在音樂院教過的學生，例如拉威爾和德布西都在作品中模仿了老師的創作。拉威爾在學生時代就仿效老師寫了《死公主的孔雀舞》（Pavane pour une infante defunte），德布西則寫了《巴瑟比埃舞曲》（Passepied，出自他的貝加摩組曲 Suite Bergamasque）。

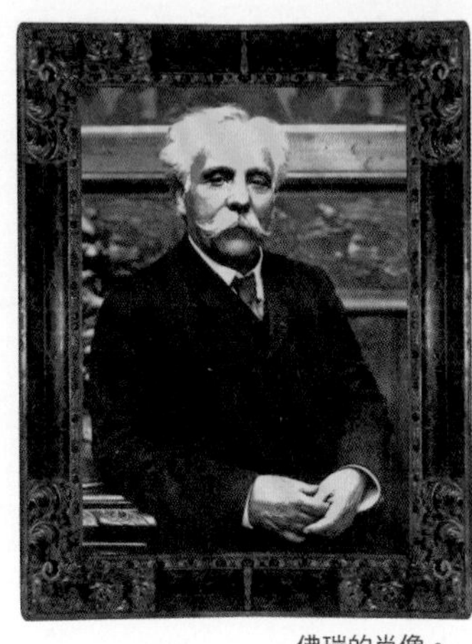

佛瑞的肖像。

Gabriel Fauré

弦外之音

孔雀舞曲

把pavane一字的中文譯為「孔雀舞曲」，其實是有爭議的。為了美感而譯為孔雀舞曲或許說得過去，但就字意而言，還是譯為「巴望舞曲」，比較不會造成誤解。因為pavane一字的字源至今還有爭議，有人說此字源自義大利帕度亞（Padua）的方言pava，意為「來自帕杜亞」；但也有一說認為此字來自梵文，意為「風」；至於孔雀舞曲的譯法則來自西班牙文，因為西班牙文中pavon一字指的是「孔雀」。不論何種說法正確，巴望舞曲的起源地是義大利，它本是一種由舞曲演變而來的慢速、優雅的音樂，只是原始的舞步在幾百年的演變後，已經失傳了。到了法王路易十六的時代，一套組曲中的巴望舞曲就被換成較有精神、比較快速的庫朗（courante）舞曲。文獻中記載的巴望舞曲的舞步，大致上是兩列人雙雙成對站著，再以優雅的舞步慢速移動，中間可以加一點小變化的步法。但在古老的義大利舞步中，巴望舞曲就要複雜許多，而且舞池上只有一對舞伴在跳舞，並不是群舞。

《藍色狂想曲》
Rhapsody in Blue

蓋希文（George Gershwin，1898 - 1937）

創作年代：1924年

首演年代及地點：1924年2月12日於紐約風神音樂廳（Aeolian Hall）

出現於：電影《曼哈頓》、美國聯合航空廣告

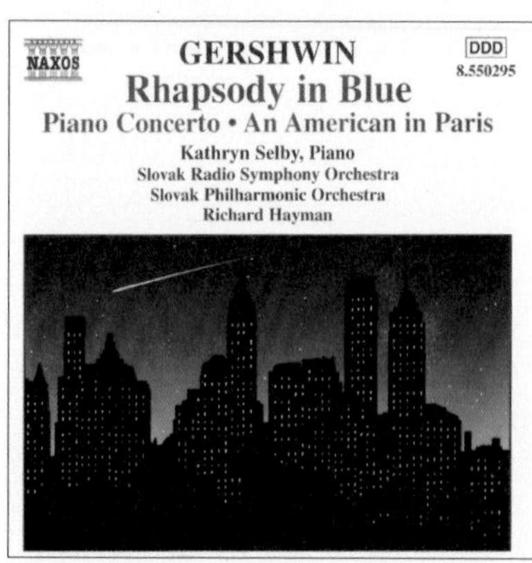

推薦專輯：Gershwin：Rhapsody in Blue / Piano Concerto / An American in Paris

演奏／指揮：Richard Hayman

專輯編號：8.550295 Naxos 金革

一棟老舊的公寓座落在布魯克林區的街道旁，公寓三樓的窗戶傳出一陣瘋狂又美妙的琴音，街道上的人們紛紛停下腳步，鄰居也微笑著探頭聆聽，他們說：「啊，那是蓋希文，雖然小時候是個頑皮又好動的小鬼，但他是個天生的鋼琴手呢！」

頑皮男孩蓋希文長大之後，好動的因子仍蠢蠢欲動，他的音樂啟蒙，來自布魯克林區的黑人街舞；他的第一份工作就在樂譜出版公司，職務是幫忙推銷樂譜的鋼琴手兼樂譜解說員。但是，他血液裡天生的古典氣質，又不安於只當一名流行的爵士樂手，於是他日夜鑽研實驗，終於在一列疾駛的火車上獲得靈感，寫下了這首古典與爵士聯姻的名作《藍色狂想曲》。

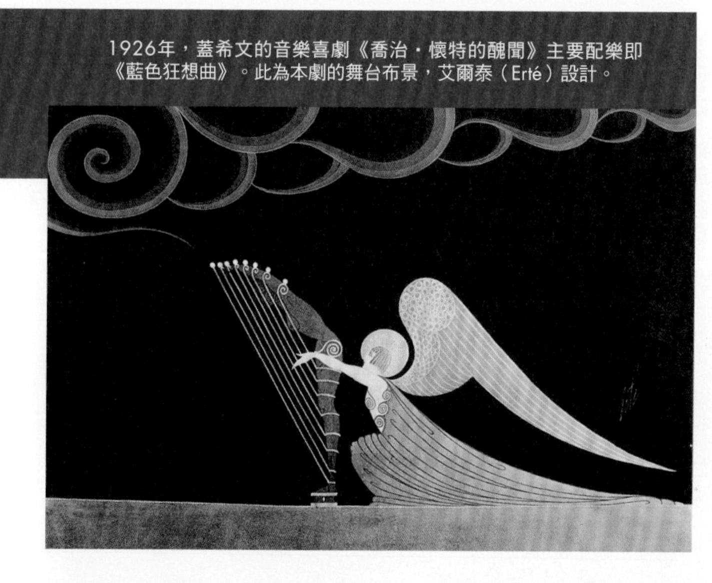

1926年，蓋希文的音樂喜劇《喬治・懷特的醜聞》主要配樂即《藍色狂想曲》。此為本劇的舞台布景，艾爾泰（Erté）設計。

《藍色狂想曲》是一部充滿美國音樂精神的作品，它的旋律、節奏、和聲都和黑人爵士樂有著相通的關連性。曲子由單簧管充滿趣味的低音滑出，這段彷彿是加菲貓出場的音樂，讓我們不禁聯想起慵懶笨重的加菲貓，在一個夏日午後突然在客廳跳起舞來，或驕傲又瘋狂地滿場跑，逗得大家樂不可支的情景。曲中的爵士鋼琴以跳躍的即興音符貫穿全曲，搭配管弦樂強烈而富於想像的旋律，古典的深刻與爵士的活力，在蓋希文精妙的計算下，完美融合成一體。

需要放鬆嗎？想來點天馬行空的幻想嗎？沙發、加菲貓玩偶、漫畫、M&M巧克力，還有蓋希文的《藍色狂想曲》，將助你重拾生活的充沛精力！

George Gershwin

弦外之音

音樂家語錄

蓋希文與無調性音樂的始祖荀白克是好朋友，他們喜歡在週末一邊打網球一邊討論對音樂的看法，雖然他們的作品風格南轅北轍，但卻絲毫不減損對彼此的欣賞。

有一次蓋希文想拜荀白克為師，不料竟遭到拒絕，只見荀白克不急不徐地回答：「這世界上已經有一個好的蓋希文了，不需要多一個壞的荀白克。」不料蓋希文在三十九歲那年便死於腦瘤，好友荀白克在追悼會上說出對他的惋惜與感嘆：「音樂不僅僅是蓋希文的才能，音樂根本就是他呼吸的空氣、他全部的夢。我為樂壇的損失感到悲哀，蓋希文的確是一位偉大的作曲家。」

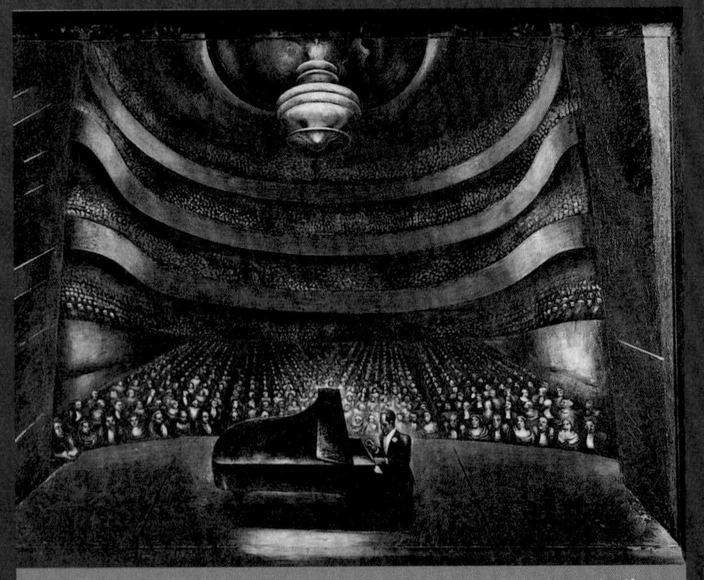

1932年蓋希文在紐約大都會歌劇院演奏時的情景。西凱羅斯（David Alfaro Siqueiros）繪。

A B C D E F G H I J K L M N O P Q R S T U V W X Y Z

《美國人在巴黎》
An American in Paris

蓋希文（George Gershwin，1937 - 1989）

長度：約18分

樂器編制：管弦樂團

曲式：管弦樂曲

出現於：電影《花都舞影》

蓋希文在1928年創作了這首知名的管弦樂曲，靈感來自他對法國巴黎的旅遊印象。起初是紐約愛樂委託他創作一首管弦樂曲，才激發他將巴黎印象以音樂呈現，寫出這首具有交響詩風格的樂曲。不同於蓋希文名作《藍色狂想曲》，還延請曲家葛羅菲（Grofe）為他編曲，這首《美國人在巴黎》完全是蓋希文自己的手筆，曲中他還運用了幾項比較特別的樂器：薩克斯風和汽車喇叭。1928年12月13日於紐約卡內基音樂廳首演時，所用的汽車喇叭還是蓋希文遠從巴黎計程車上帶回來的。

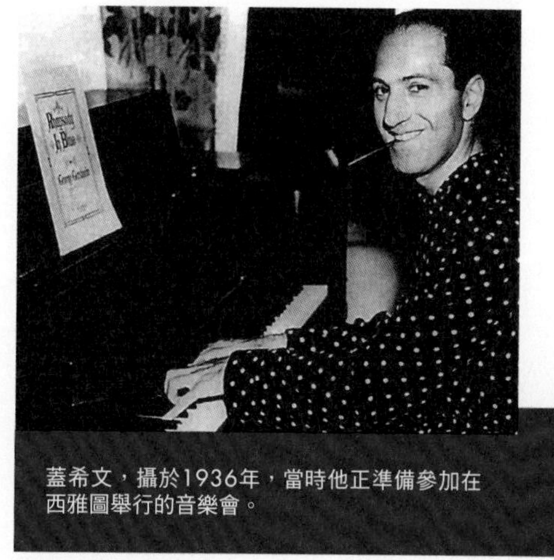

蓋希文，攝於1936年，當時他正準備參加在西雅圖舉行的音樂會。

在原本的樂曲解說中，蓋希文寫道：「我的目的是要描寫美國遊客來到巴黎的印象，隨著他在城市中閒逛，聽到街上的聲響、感染巴黎的氣氛。」隨著樂曲開始出現藍調音樂，彰顯了蓋希文所說的情境：「這位美國人則在心中浮現了思鄉之情，但他還是不斷被巴黎景致所吸引，淹沒在其聲響和氣氛之中。」

由於這首作品很受歡迎，1951年米高梅電影公司還拍了一部同名電影（中文片名譯為

A
B
C
D
E
F
G
H
I
J
K
L
M
N
O
P
Q
R
S
T
U
V
W
X
Y
Z

《花都舞影》），由文生．明尼利（Vincente Minnelli）所導演，金凱利和李絲麗卡儂主演，當年還獲得奧斯卡最佳影片的大獎。這部電影中最主要的舞蹈場面就是以《美國人在巴黎》為背景音樂，片中其他歌唱片段也都是蓋希文的作品。

作曲家小傳

蓋希文（George Gershwin）
1898年9月26日生於紐約布魯克林，
1937年7月11日逝世於好萊塢。

蓋希文是靠著自己學音樂的，小時候父母買鋼琴給哥哥練習，而小蓋希文在一旁聆聽曲調就會彈奏鋼琴，長大後他輾轉跟隨過幾個老師，才在漢姆畢澤的帶領下，接觸歐洲古典音樂並開始聆賞演奏會，後來他還向前衛的美國作曲家亨利考威爾學作曲。蓋希文出生時美國尚未成為世界大國，連民族自信也還沒有建立，更遑論文化自覺了，當時美國爵士樂處於起步階段，所有娛樂和音樂都延襲國外，舞台劇、音樂劇則大量移植外來劇碼，還碰上經濟大蕭條。之後，好萊塢歌舞有聲電影崛起，全世界娛樂焦點從音樂廳、劇院，轉移到電影院和電台。

蓋希文是舞台劇作曲家，也是古典作曲家，他的古典音樂採用大量爵士樂節奏和藍調，同期作曲家拉威爾等人也在作品中採用類似手法，但是都遠不及蓋希文如此大量和明顯。他曾經希望能夠成為拉威爾的學生，但拉威爾鼓勵他，明明可以當蓋希文第一，何必學著當拉威爾第二呢？不過，他還是向法國印象派師法了一些音樂風格。

蓋希文想向拉威爾學作曲之外，也想找史特拉汶斯基上幾堂作曲課，但當史特拉汶斯基瞭解他的收入狀況後，反而跟他講，何不你來幫我上幾堂課。畢竟，古典作曲家的收入，遠比從事大眾作曲的蓋希文少了許多。

蓋希文一生最著名的古典樂曲《藍色狂想曲》，是歷來美國作曲家作品中，最受全世界接受、公認的經典作品，由爵士樂隊領班保羅．懷特曼（Paul Whiteman）委託他創作的。懷特曼在1923年11月1號和加拿大法語女歌手攜手開了一場的古典音樂會，經由那場音樂會他找到了商機。深知蓋希文曲風和野心的懷特曼，妥託蓋希文創作古典樂曲。起初蓋希文對這個邀請並不熱衷，但是《先鋒報》在一篇標題為《什麼才是美國音樂？》的報導中提到，蓋希文、柏林和赫伯特三人都要寫一闋以美國音樂為主題的古典作品，終於燃起他的鬥志。根據他自己描述，他是在搭乘隆隆作響的火車時，從手中翻閱的報紙上，窺見整闋

George Gershwin

《藍色狂想曲》憑空浮現。這整首作品猶如神來之筆，在蓋希文腦海中瞬間完成創作，完全不必仔細推敲和構思。

第一位讓全世界都接受美國作曲家，非蓋希文莫屬，他擁有古典音樂作曲家與百老匯歌曲創作者雙重身分，而且在兩方面都成就非凡。他是美國有史以來最受喜愛的古典音樂作曲家，而近一個世紀以來，他創作的百老匯歌曲已經成為所有爵士樂手都爭相詮釋的名曲，在流行音樂界擁有不可撼搖的一席之地。

蓋希文在1937年過世，依據伯恩的國際協定，他的作品版權於1987年就已經到期成為公共財產，但是美國根據1998年修定的版權延展法，又將之延長二十年，所以他的版權在歐盟國家過了2007年才會成為公共財產，至於美國本土更要到2027年才會成為公共財產。

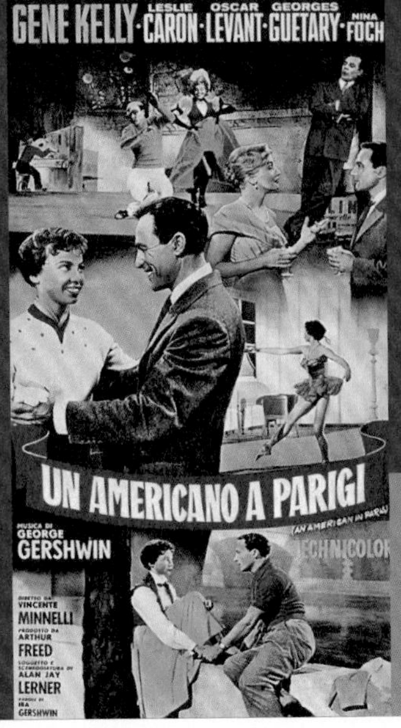

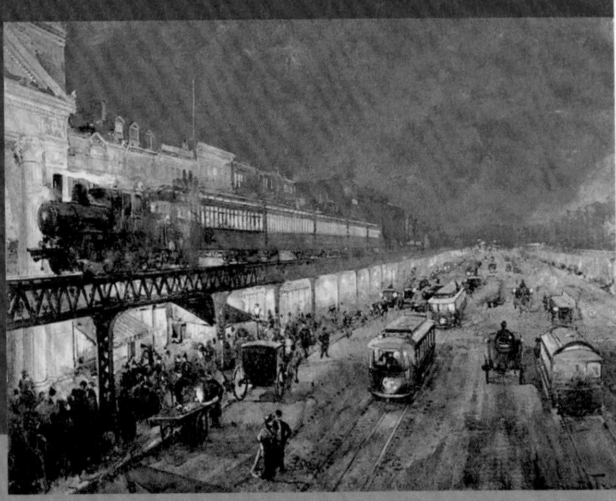

十九世紀末的紐約街景《波維利大街的夜晚》，路易士・桑塔格（Louis Sonntag）繪於1895年。

根據《美國人在巴黎》所拍攝的同名電影的海報。

《木偶的葬禮進行曲》

Funeral March of a Marionette

古諾（Charles Gounod，1818 - 1893）

長度：約4分21秒

樂器編制：管弦樂團/鋼琴

曲式：管弦樂曲

出現於：電視影集《希區考克劇場》

古諾這首作品是在1973年完成的，原本打算收在為管弦樂團所寫的《戲謔組曲》（Suite Burlesque）中，但這套組曲始終沒有完成，只留下這首小品。

此曲其實是在暗地裡諷刺古諾討厭的一位樂評人，他曾說這位樂評人動作猶如紅毛猩猩，聲音則像刻薄的女高音。但表面上，這首曲子是在描述懸絲傀儡戲團的故事。

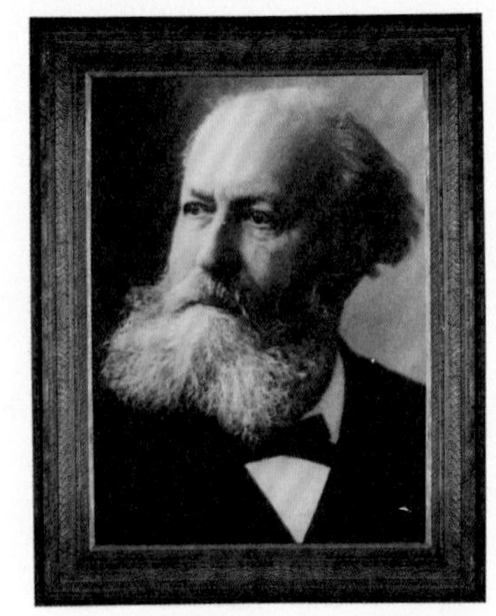

古諾的肖像。

兩位團員因事齟齬而決鬥，其中一人殺死了另一人。一群團員抬棺送葬，在進行曲的音樂中護送棺木前往墓園，但走到半途，有些團員因為走得太累，跑到路邊的旅館去休息，大家一邊休息一邊聊到這位死去團員生前的種種優點。最後，大家又回到棺木旁，護送棺木來到墓園，音樂透露出大家的疲累，甚至連沒有生命的傀儡也累了。這首樂曲有種黑色幽默，很符合好萊塢電影對死亡的嘲諷感，因此也頗受現代配樂家的歡迎，經常模仿此曲寫作類似的配樂。此曲雖然原本是為管弦樂所寫的小品，卻很適合改編給銅管樂團演奏，很多學生樂團都演奏此曲，由單簧管和小號組合所吹奏的刺耳音色，也很適合本曲那種嘲諷的效果。

a小調鋼琴協奏曲

Piano Concerto in A Minor

葛利格（Edvard Grieg，1843 - 1907）

創作年代：1868年

樂器編制：管弦樂團／鋼琴

曲式：協奏曲

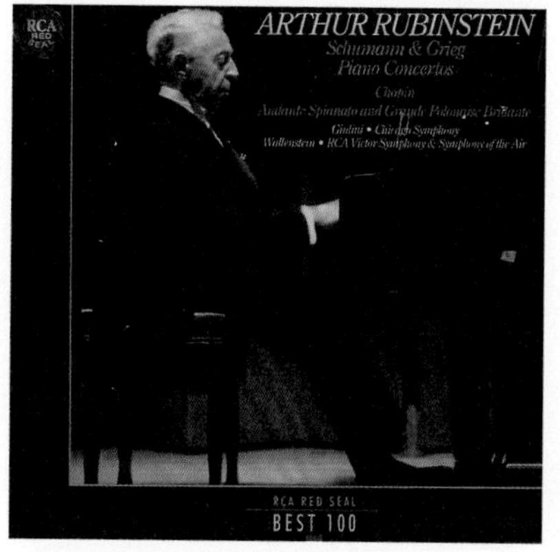

推薦專輯：Schummann & Greg：Piano Concertos

演奏／指揮：Arthur Rubinstein

葛利格出生在海洋、森林與群山環繞的挪威，年輕時便深受故鄉獨特的自然景色與民俗風情所影響，儘管他曾在德國接受正統浪漫派音樂的陶冶，但回國後卻致力於打出挪威國民派音樂的一片天下，他擅長透過抒情的天賦，將祖國的山河景觀、傳統的民族歷史與人民真實的生活感受用音樂表達出來。這樣充滿民族熱情的音樂對當時正極力爭取國家獨立的挪威人民而言，是最能鼓舞人心的一股力量，因此大家對葛利格的作品鍾愛有加，而挪威政府給予這位「國寶級作曲家」的報酬，便是在他年僅三十一歲時頒給他一大筆終身年俸，使他不必再為金錢苦惱，能夠全心創作音樂與舉辦演奏會。

在鋼琴音樂方面，擁有「北歐的蕭邦」之稱的葛利格，與蕭邦一樣都能在作品中流露細膩的情感與獨特的藝術風格，他的鋼琴作品有如歌的旋律、精緻的和聲，且能收放自如地發揮鋼琴巨大的潛能。葛利格寫了不少鋼琴小品，但唯一大部頭的《a小調鋼琴協奏曲》卻是其中最有名的，此曲創作於1868年，當時才二十五歲的葛利格將他對生活的熱情和故鄉的壯麗景致帶入了音樂中，因此我們可以聽見此曲如行雲流水一般的舒暢自然、北歐秀麗的風光，還有鋼琴揮灑自如的瀟灑俊逸，聆賞這種才華橫溢的作品自然能有心曠神怡的感受。

第一樂章：適度的快板，此一樂章有一個戲劇性的開頭——急促的定音鼓從極弱到攀升至極強，接著出現一個爆發性的和弦後，鋼琴以澄澈亮麗的聲音奏出華麗的一連串下降音符，然後便由木管與法國號帶來進行曲式的主題，深具民謠色彩的純樸歌謠與燦爛的華麗風格相映成趣。第二樂章：慢板，降D大調寧靜的風格讓這個慢板樂章格外含蓄動人，樂曲中段鋼琴又展開奔放激昂的花奏，讓這個慢板擁有活力十足的特質。第三樂章：適度而活躍的快板，終樂章以挪威民族舞曲為基礎，第一主題與第二主題活潑輕快，一片狂熱激昂，第三主題卻是冥想的悠閒牧歌，挪威舞曲在尾奏再次出現，這回它以磅礡的氣勢帶領全曲奔往絢爛的終點。

孟克於1901年所繪的《冬夜》，畫中的挪威即使在一片冰天雪地中，仍然難掩蓬勃的綠意。

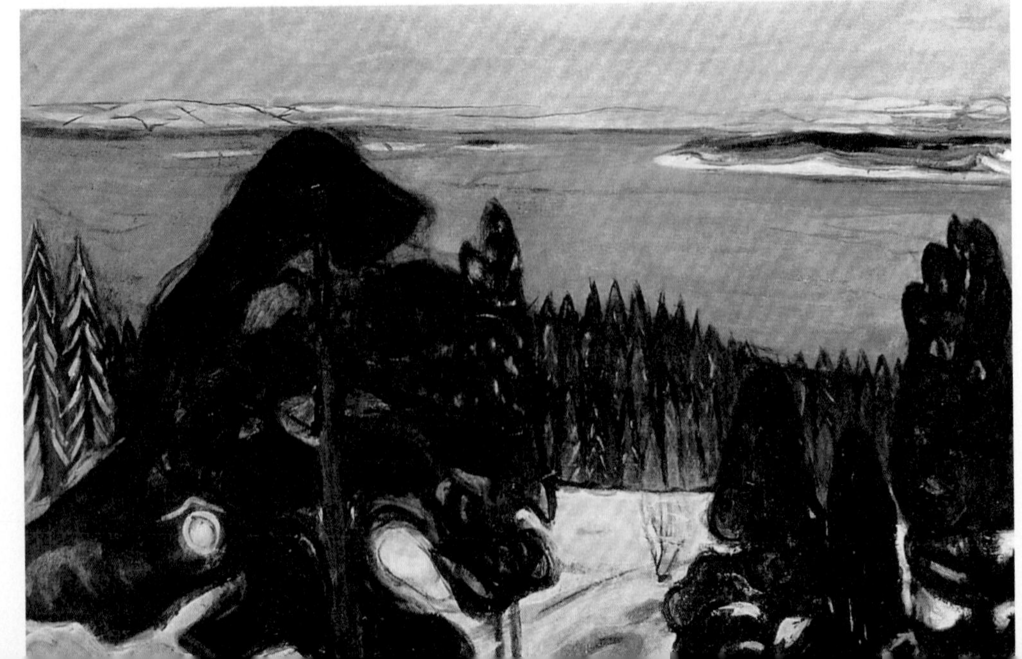

此曲於1869年首次公演後，即受到聽眾熱烈的迴響，當時鋼琴奇才李斯特已風聞葛利格傑出的作曲才能，並表示願意與他見面晤談。葛利格接獲大師的信後受寵若驚，1870年便帶著這首《a小調鋼琴協奏曲》前往會晤。李斯特拿到樂譜後立即到琴前試奏，由於這首曲子有豐沛的情感，又能展現精湛的演奏技巧，正對李斯特喜歡炫技的胃口，而它渾然天成的大將之風更讓李斯特驚為天人，於是大師一曲彈畢後激動地對葛利格說：「太棒了！這麼優秀的音樂，你一定要多寫幾首！」

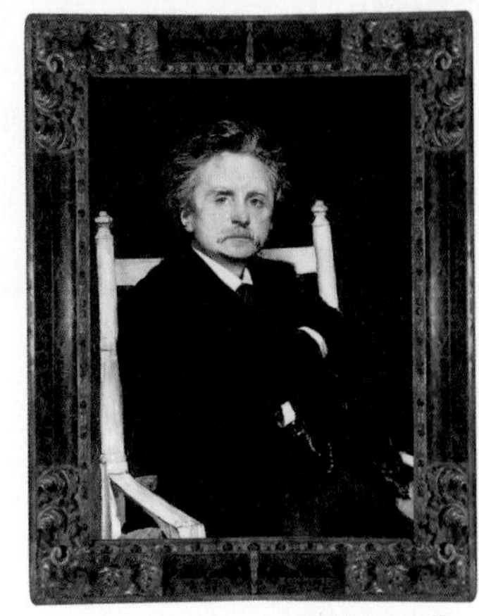

葛利格的肖像。

Edvard Grieg

弦外之音

與尼娜表妹琴瑟和鳴

1867年是葛利格幸運的一年，首先他在挪威古典樂界已漸漸打響名號，並得以進入挪威音樂學院任教，同年六月更與他相戀多年的尼娜表妹步上禮堂。婚後幸福的生活與漸入佳境的音樂事業讓葛利格特別的春風得意，隔年他便在愉快的心境下創作了《降a小調鋼琴協奏曲》。

尼娜表妹是位優秀的女高音，她是葛利格作曲的靈感泉源，更是詮釋葛利格歌曲的不二人選，葛利格與她琴瑟和鳴，我們從一封葛利格的信件可以看出他是如何深愛著妻子：「為何歌曲在我的音樂中占了很重的分量？原因便是我與所有的凡人一樣，被上天賜予天分，而那天分便是愛。我曾愛上一位具有完美歌喉與演唱天賦的女孩，後來她成為我的妻子，更是我終身的伴侶。」

果然，一個成功的男人背後，一定會有一位偉大的女人！

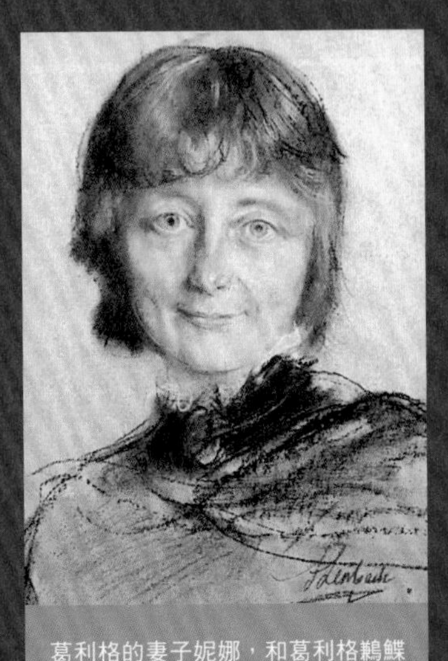

葛利格的妻子妮娜，和葛利格鶼鰈情深。

詩劇《皮爾金》之《蘇薇格之歌》

Peer Gynt Suite No.2 - Solveigs Sang

葛利格（Edvard Grieg , 1843 - 1907）

創作年代：1875年

長度：約4分51秒

樂器編制：管弦樂

曲式：組曲選曲

挪威作曲家葛利格的音樂啟蒙者是他的母親，小時後他隨著母親學習鋼琴，但比起彈奏那些琴譜上的音樂，葛利格更喜歡演奏自己寫的曲子。十五歲時葛利格前往萊比錫音樂院當起小留學生，主修作曲與鋼琴，這三年他孜孜矻矻向當代一流的音樂大師學習，將潛藏的作曲天賦開發了出來，並深受德國浪漫派樂風的影響。留學返國後葛利格投身於挪威的獨立運動，當時的局勢讓他體認到故鄉的音樂、國家的歌謠才是他真正要努力的目標，於是他把留學時期的德國浪漫風格通通拋到腦後，開始致力於研究北歐民間音樂，他的作品加入了許多民族音樂的元素，從此成為挪威最具代表性的國民樂派作曲家。

1874年，葛利格受劇作家易卜生（Henrik Johan Ibsen）之託，為他的詩劇《皮爾金》創作配樂，雖然一開始葛利格認為《皮爾金》的劇情太過奇幻，編寫配樂不易，但念及此劇蘊含濃厚的民族風格，還是爽快的答應了。隔年葛利格完成了全劇共三十二首配樂，這些生動的樂曲打響了《皮爾金》的知名度，多年後葛利格更將配樂改編為各包含四個樂章的第一與第二組曲，《蘇薇格之歌》便是第二組曲中的第四首歌。

在易卜生的筆下，皮爾金是個任性、充滿野心、沒有責任感而且整天異想天開的男人，他一生以幻想為生涯藍圖、四處漂泊毫無定性，但是這麼差勁的男子卻有一個更傻的女人深愛著他——那就是純情的蘇薇格。皮爾金荒唐了大半輩子後一無所有的回到故鄉，他發現年少時的情人蘇薇格早已白髮皤皤且雙目失明，卻仍癡癡的等著他，疲憊的皮爾金

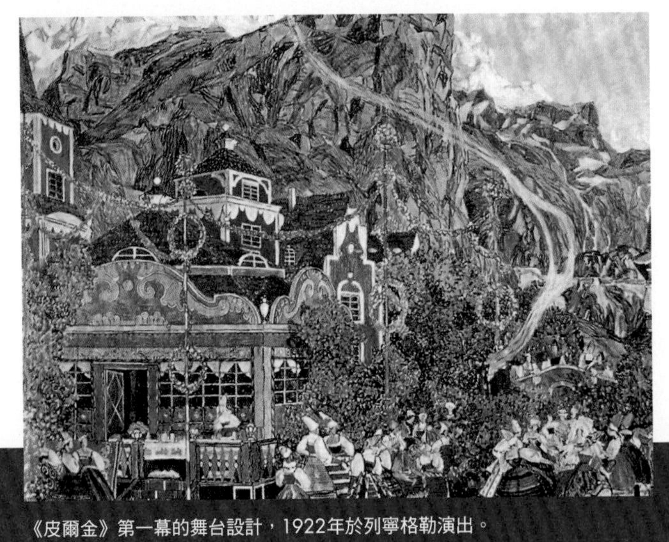

《皮爾金》第一幕的舞台設計，1922年於列寧格勒演出。

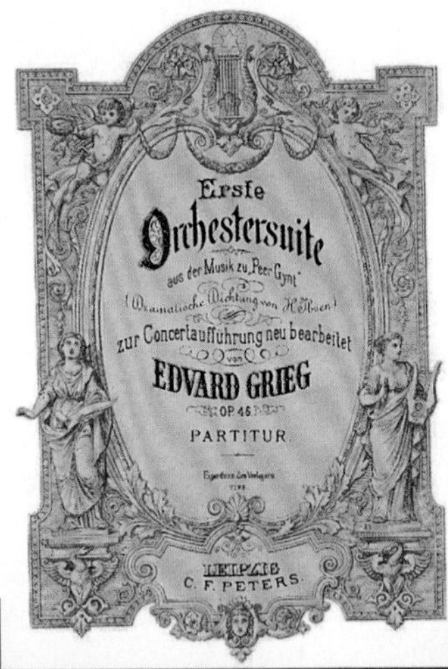

《皮爾金》第一組曲的樂譜封面。

最後躺在蘇薇格的懷中，聽著溫柔的搖籃曲緩緩垂下眼皮，結束曲折浪蕩的一生。

淒美的《蘇薇格之歌》曾在劇中出現三次，道出蘇薇格對愛情的執著與難以排遣的相思之苦，優美舒緩的曲調卻異常的平靜無波，那或許是用歲月鑿出的沉靜深刻，亦是以光陰換來的雲淡風清。此曲包括簡短的前奏、兩個主題以及尾奏，採用挪威民歌改寫而成的第一主題極為憂傷抒情，葛利格以傑出的手法保留了民歌的純樸清澈，由弦樂傳達蘇薇格細膩的情感。第二主題氣氛轉為明朗愉快，但仍是含蓄輕巧的，最後樂曲又回到前奏深沉的冥想中，並不落痕跡的消逝遠方。

在夜晚聆聽《蘇薇格之歌》，特別能進入歌曲幽深的意境中，曲中一段段甜美的旋律似乎能夠理解一個人所有的苦惱，並且能夠溫柔的安慰你，告訴你：「暫且放下所有煩惱，今夜就沉沉的睡去，進入甜美的夢境。」

A B C D E F G H I J K L M N O P Q R S T U V W X Y Z

Edvard Grieg

弦外之音

法國號（French Horn）

法國號是銅管樂器中最驕傲的一員，這也難怪了，因為他的出身是皇家狩獵隊中用以壯大聲勢的號角，因此他的聲音聽起來也特別的高貴、優雅、像一個成熟獨立的次男高音。

法國號從巴洛克時期開始便加入了樂團，算是銅管樂器中的老大哥了，而他的體型在一堆管樂器中十分的容易辨認——就像人體的大腸和小腸。沒錯，環繞在一堆彎彎曲曲的小腸之外的是管徑粗一點的大腸，然後整個腸子通往一個向外擴張的喇叭狀出口。

一個音符從法國號手的嘴巴送進蜿蜒的甬道裡，歷經一連串大腸與小腸的歷險後通往光明的樂海（其間還得跨越唾液的柵欄），這是需要一點時間的，因此若是這個法國號手在演奏時岔了神，沒能在那驚險的萬分之一秒把音符送出（偏偏這又是個重要的獨奏的話），下一刻你就會聽見指揮發出比管樂器要大聲一百倍的怒吼——「太晚了！太晚了！」

另外法國號也是一種「水陸兩棲」的樂器，他既是「銅管五重奏」裡的重要成員，卻同時在「木管五重奏」中軋了一腳，當然，這也是因為法國號溫潤的音質與木管樂器相當速配，所以才能混在一群纖弱的木管中呢！

聆聽高貴的法國號：

韓德爾

《水上音樂》組曲第二號的開頭

莫札特

降E大調第三號《法國號協奏曲》

理查・史特勞斯

降E大調第二號《法國號協奏曲》

韋伯

《魔彈射手》序曲

葛利格

《蘇薇格之歌》中也可以聽到一段美妙的法國號伴奏

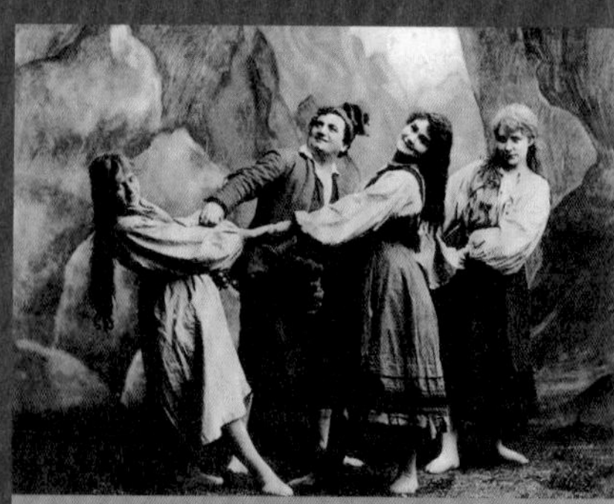

1896年，《皮爾金》在克利斯加尼亞首演時的劇照。

神劇《彌賽亞》之《哈利路亞大合唱》

Messiah - Chorus of Hallelujah

韓德爾（Georg Friedrich Händel , 1685 - 1759）

長度：約3分42秒

曲式：合唱曲

出現於：電影《我心屬於你》

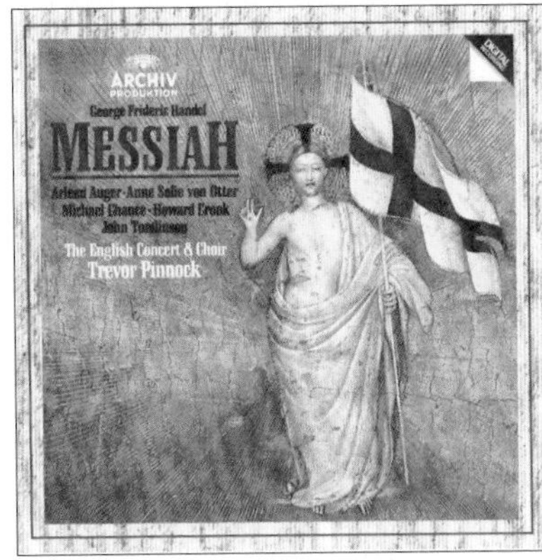

推薦專輯：Händel : Messiah

演奏家：Trevor Pinnnok

專輯編號：423630-2 Archiv Produktion 環球

《彌賽亞》是韓德爾最重要也是最成功的一齣神劇，他在寫作此劇時宛如得到神助一般，全曲三部長約三小時的內容，韓德爾居然只花了二十四天便大功告成。當韓德爾寫到第二部的《哈利路亞大合唱》時，泉湧的靈感讓他激動無比，令他忍不住伏在桌上喃喃哭喊著：「我看到了天國，我看到了耶穌！」當然啦，這首誠摯又榮耀的合唱曲問世後便強力發送上帝的神蹟，歲歲年年不知感動了多少人呢！

「哈利路亞」的意思，是對神崇敬的讚美與呼喚，這首合唱曲由男聲與女聲共同擔綱演出，聲部之間的交錯與應和顯得格外和諧，並且有一股連綿不絕、呼應不斷的延續感。我們猜測韓德爾在譜寫《哈利路亞大合唱》時，必定是一氣呵成、忘了自己也忘了所有紛擾的俗事，曲中只瀰漫著對聖主的崇敬之意，架構簡單、琅琅上口，卻有一股懾人的氣勢。鼓聲與小號讓全曲充滿了肯定與熱情，代表世人因得永生而感到無比歡欣喜樂。

神劇《彌賽亞》以天主教故事為題材，描寫耶穌的誕生、受難與救贖。此劇於1742年在愛爾蘭都柏林舉行首演，是一場極為成功的慈善募款演出。隔年，此劇第一次於倫敦演出時，英王喬治二世也與會聆賞，當全劇進行到《哈利路亞大合唱》時，深受感動的喬治二世從座位中站了起來，肅立聆聽。這個舉動引得全場人士也都跟著站了起來，從此以後便相沿成習，《哈利路亞大合唱》成為國歌以外大家都肅然起身聆聽的偉大歌曲。

當你的人生遭遇到什麼挫折，或繞著死胡同轉不出去時，不妨聽聽這首會發光的《哈利路亞大合唱》吧！澎湃的合唱聲會一陣陣敲擊你的心靈，整個過程宛如一點一滴接收宗教神祕的力量，經過適度的洗禮後，整個人又生龍活虎起來，並散發著自信的光彩呢！

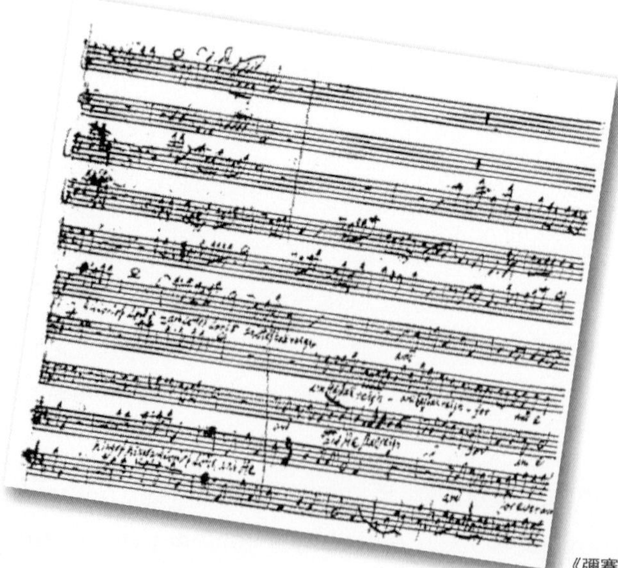

《彌賽亞》的一頁手稿。

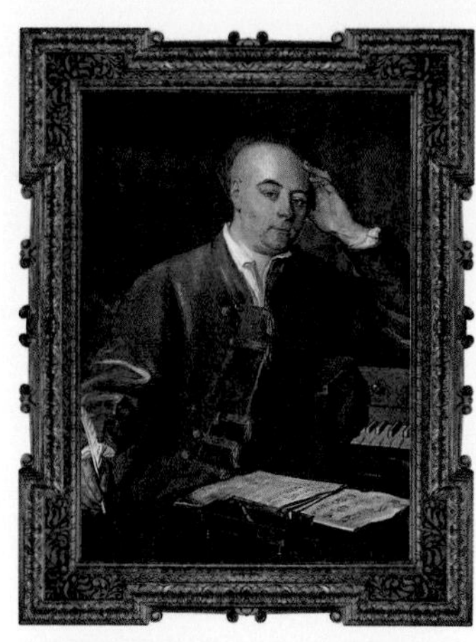

公認韓德爾最好的肖像，由菲利比・米西爾所繪製。畫中，韓德爾的優雅與機智表露無遺。

Georg Friedrich Händel

弦外之音

韓德爾的晚年

韓德爾終身未娶，沒有家庭的他一輩子只為音樂奉獻燃燒。韓德爾食量驚人、脾氣很差，他對音樂的演出要求尤其十分嚴格，對於表現差勁的歌者或演奏家從不假辭色，大凡與他合作過的人都曾經被罵得狗血淋頭。

另一方面，他又是一個十分感恩仁慈的人。他生前時常為孤兒院舉辦慈善義演，在遺囑中也言明把所有家產分送給需要的窮人，以及曾經幫助過他的人。

韓德爾晚年與巴哈一樣都得了白內障，嚴重的程度幾乎失明，更慘的是韓德爾求助的那位眼科醫生正是把巴哈的眼睛「治瞎」的那一位！這位遠近馳名、號稱妙手回春的醫生為韓德爾所動的眼睛手術仍不幸失敗了，韓德爾的晚年可真是「一片黑暗」啊！（我們懷疑這位妙手神醫根本就是個蒙古大夫）

1759年4月，韓德爾最後一場親自指揮的音樂會正是這首《彌賽亞》，八天後韓德爾便與世長辭。死後，他的遺體被葬於英國西敏寺，雖然他出生於德國，最後卻得到英國人永遠的尊敬與懷念，長眠於這塊土地上。

A B C D E F G H I J K L M N O P Q R S T U V W X Y Z

《水上音樂》一風笛

Water Music – Alla Hornpipe

韓德爾（Georg Friedrich Händel , 1685 - 1759）

首演時地：1717年

首演地點：英國泰晤士河

樂器編制：管弦樂團

曲式：管弦樂曲

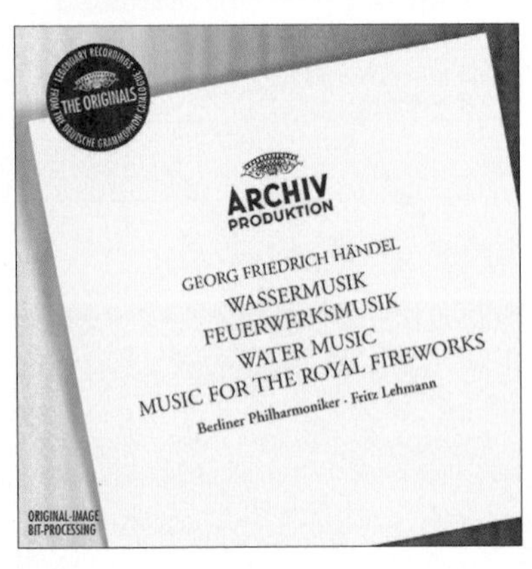

推薦專輯：Händel : Water Music, Music for the Royal Fireworks

演奏家：Fritz Lehmann

專輯編號：4577582 DG 環球

想像一群多年不見的好友正開著熱鬧的同學會，或是逢年過節家族親戚們歡笑滿堂的情景，這時如果要來點錦上添花的應景音樂——韓德爾的《水上音樂》絕對是一套最佳的助興曲目！（當然啦，如果這個宴會是在豪華的麗星郵輪上舉行，這首作品更是不可錯過。）

《水上音樂》首演於1717年，當時韓德爾與他的雇主英王喬治一世有些過節，韓德爾為了化解尷尬的情勢，並重新搏得國王的厚愛，於是決定在國王乘船遊覽泰晤士河時，獻上這首充滿歡樂、祥和的樂曲。

當天的水上音樂會除了國王搭乘的豪華御船外，河岸兩旁更是擠滿前來瞻仰新國王的群眾。韓德爾則是站在另一艘船上，指揮一組五十人的樂隊賣力演出。《水上音樂》歡樂、

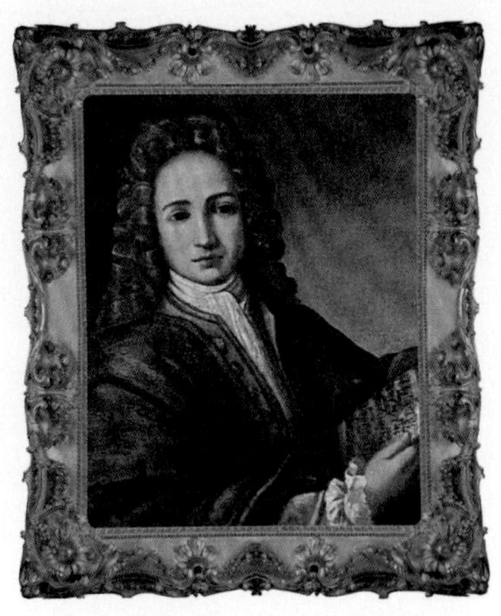

年輕時的韓德爾肖像。

華麗、朝氣蓬勃的樂曲氣氛果然打動了所有的人，貴族與百姓們莫不鼓掌叫好，當然也使得國王龍心大悅，兩人的心結隨之一筆勾銷。

此曲原長約一個小時，現今我們所聽到的版本是由英國作曲家哈替（Harty）所改編成的組曲；其中包括了序曲、詠嘆調、布雷舞曲、號管舞曲、行板與快板共六個樂章。樂曲的開頭由圓潤華麗的號角及弦樂拉開序幕，隨後法國號、小號、長號等管樂器吹奏出明朗的聲響，樂音飄蕩在當年的泰晤士河上，十分壯觀恢弘。這首曲子的成功處在於樂曲本身的歡樂氣氛，而韓德爾首演當天在戶外水面的演出，更是利用所謂的「音波折射現象」，讓磅礡的音樂更具效果，整個樂團出色的演出，將慶典愉快的氣氛帶到最高點。

Georg Friedrich Händel

弦外之音

煙火助陣的《皇家煙火》

韓德爾另一首著名的管弦樂組曲是《皇家煙火》，此曲的誕生是為了慶祝一場戰爭的和平落幕。

在狂歡晚會之前，國王已派人在音樂會場上搭建一座豪華巨大的背景布幕，用來和當天燃放的煙火相互映襯。音樂會一開始進行得十分順利，韓德爾站在台前瀟灑自如地指揮此曲時，災難接著發生了！施放煙火的工作人員不知何故，在音樂進行到一半時便開始燃放煙火，令韓德爾十分生氣。更糟的事還在後頭，一個掉落的火星恰巧落在背景布幕上，整塊布幕就此燃燒起來！觀眾們開始四處逃竄，固執的韓德爾卻堅持繼續演出，直到其中一名團員的燕尾服冒出濃煙才罷手。

事後韓德爾除了找那名砸場的工人算帳外，當然，國王與大臣們也被迫重新聽了一次沒有冒煙的完整版《皇家煙火》。

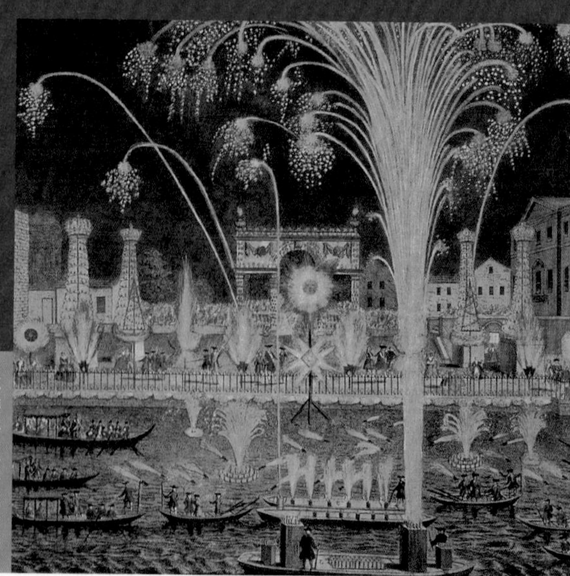

本圖描繪1749年5月，倫敦一項慶典中施放煙火的景象。韓德爾的《皇家煙火》是在同年4月底首演，可以從此圖中想見當時熱鬧的氣氛。

G大調第九十四號交響曲：《驚愕》第二樂章

Symphony No.94 "Surprice" – Mvmt.II

海頓（Franz Josef Haydn , 1732 - 1809）

創作年代：1791年

首演時地：1792年3月23日，倫敦

時間長度：約24分鐘

1791年的春天夜晚，暖風中吹出香檳酒似的甜美氣息，與任一年的春夜一樣迷人。

一如往常，活躍於倫敦上流社交圈的名門貴族，又齊聚在本城最大的音樂廳，這群人士彼此間看法一致：再沒有像「聆聽音樂會」這樣的活動，更能流露出他們的高尚品味。

談完英格蘭向來莫測的天氣後，他們以良好的教養端坐在席位上。手杖立在紳士昂貴的皮鞋邊、短扇握在名媛貴婦纖細的手中，齊全講究的衣飾，如同把「優雅」與「財富」一同穿戴在身上，一切完美。可是似乎沒人提醒他們，今晚，最該準備的其實是一顆堅強的心臟！第一個樂音從木管和絃樂器裡奏出來了，微弱得像是難以發現的秋樹，抖落第一片樹葉的聲響。接下來的旋律輕快舒暢，音符帶領著這些身心逐漸鬆弛的上流人士，一路踩著寧靜、平穩的步伐，跨越到第二樂章。

第二樂章比第一樂章更加輕盈優美，優美到不知不覺間，瞌睡蟲已躡手躡腳地爬滿了許多人的眼皮，而後，他們就和往常一樣，不由自主的在音樂會中打起盹來。

接下來發生的事簡直毫無預警。就在他們意識恍惚，就要進入更深層的夢鄉時，一聲可怕的巨響突如其來地轟然乍響。這些睡著的貴婦紳士，被嚇得全醒了過來，會場頓時陷入一片混亂：「啊，失火了嗎？」「發生什麼事了？」「救命啊！」有人從椅子上跳起來，有人奪門而出，平常費心打造的優雅形象，全消失得一乾二淨。

高高的舞台上，指揮仍然處變不驚地率領樂團演出，瞬間音量陡增的樂曲，在隨後的第三樂章逐漸回緩，轉變成詼諧的小步舞曲，不慌不忙地在帶有清新民謠風的末章中結束。

眼尖的團員，或許會發現指揮嘴角憋著笑，這首今晚首演的曲子是他的精心傑作，特意用來捉弄這些不認真聆賞音樂，卻老愛裝腔作勢的英國佬。而那些附庸風雅的貴族們也隨即就明白這是一場惡作劇，在曲子奏罷時，有雅量地會心大笑起來。

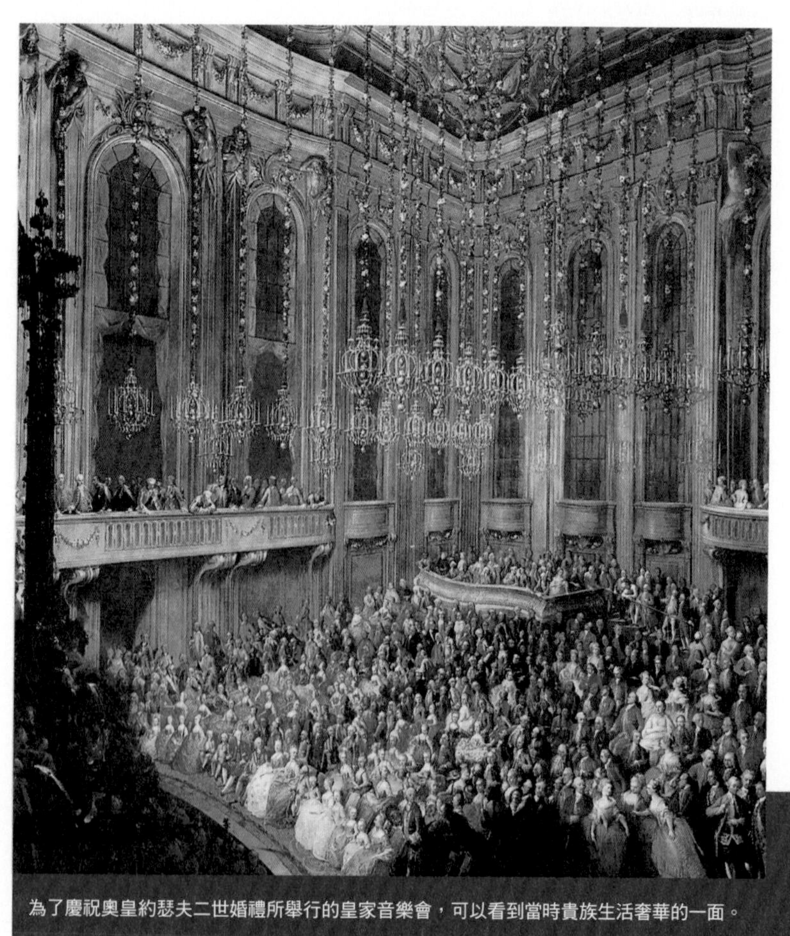

為了慶祝奧皇約瑟夫二世婚禮所舉行的皇家音樂會，可以看到當時貴族生活奢華的一面。

這個頑皮的指揮就是海頓。

當時，他應英國樂壇經紀人沙羅蒙之邀，從奧地利遠道前去作曲訪問。這部因看不慣貴族們在音樂會裡打瞌睡、為了矯正他們的壞習慣而創作的幽默之作，在首演這一日完成驚愕之舉後，便被人們冠上了「驚愕」這個標題。順理成章地，第二樂章那一聲強而有力的和絃總奏，就成了赫赫有名的「驚愕之聲」。

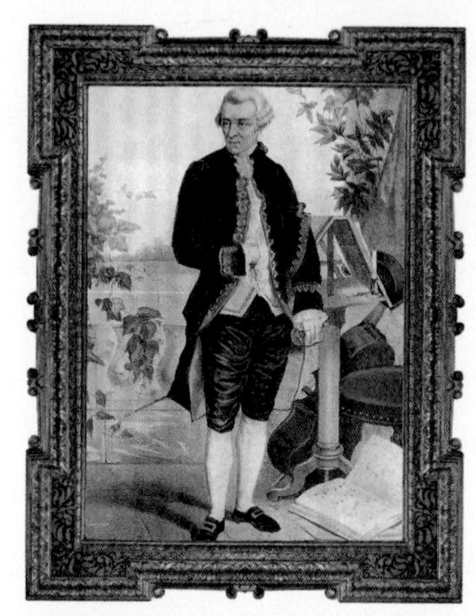

海頓的肖像。他雖然身材矮小、其貌不揚，但性情溫和、氣質優雅，有獨特的魅力。

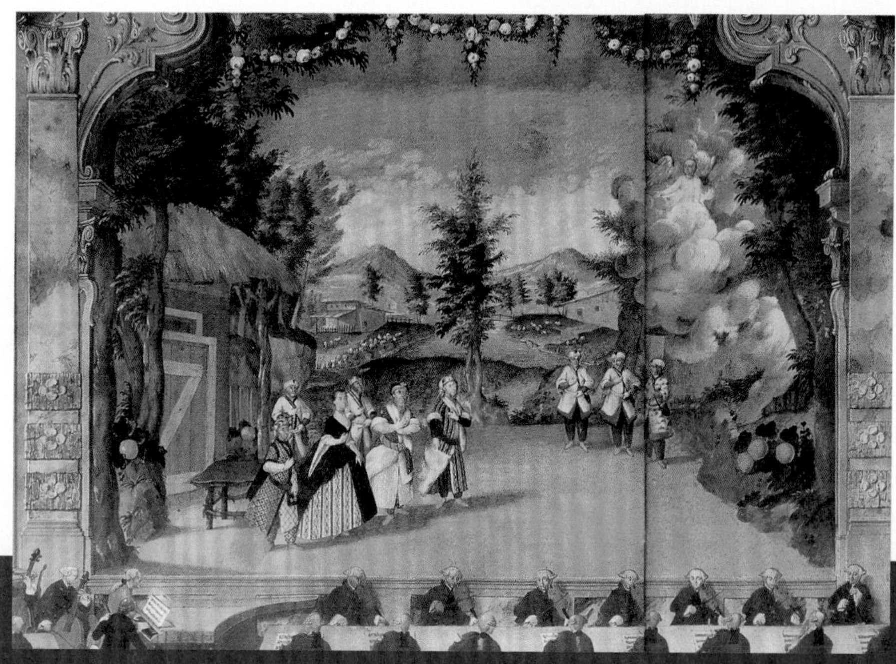

1775年的一場歌劇演出，地點在艾斯塔哈薩城堡，海頓正在左下角彈奏大鍵琴。

《行星組曲——火星》

The Planets OP. 32 - Mars

霍爾斯特（Gustav Holst , 1874 - 1934）

創作年代：1916年

樂器編制：交響樂團

曲式：交響樂曲

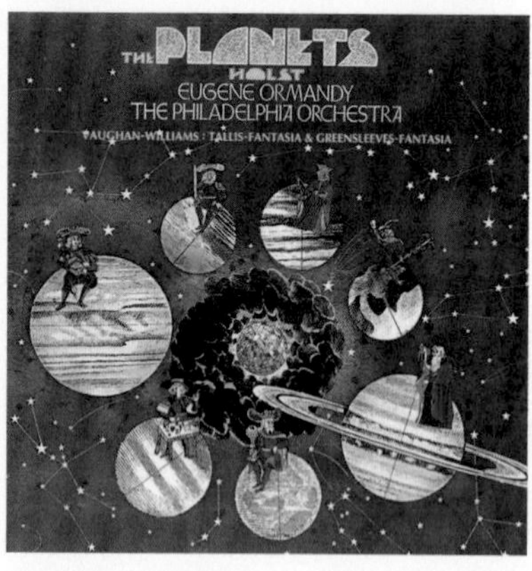

推薦專輯：Holst : The Planets

演奏／指揮：Eugene Ormandy

專輯編號：BVCC38060 Sony Music 新力音樂

熱愛占星與神話故事的霍爾斯特，有一天心血來潮，想結合這兩項興趣與他的本行——音樂，他決定寫一首關於占星的交響曲。在孕育這支曲子的三年內，霍爾斯特彷彿得到來自外太空的神祕力量，最後果然順利完成了舉世注目的《行星組曲》。事實上，這首曲子也是他身為音樂家唯一紅透半邊天的代表作。

《行星組曲》共包含了七個樂段，分別描述太陽系中的七顆行星，並給予每顆行星一個副標題。要欣賞這一首磅礡的交響曲之前，先來聽聽霍爾斯特曾給予樂迷的建議：「如果想了解這部交響曲的內涵，只要看看每首曲子的副標題就可以了。」作曲家的話果然一針見血，我們就以最不囉唆的方式，來導覽外太空的神祕星球吧！

（1）火星：戰爭之神－快板—響徹雲霄、暗無天日的烽火連綿。

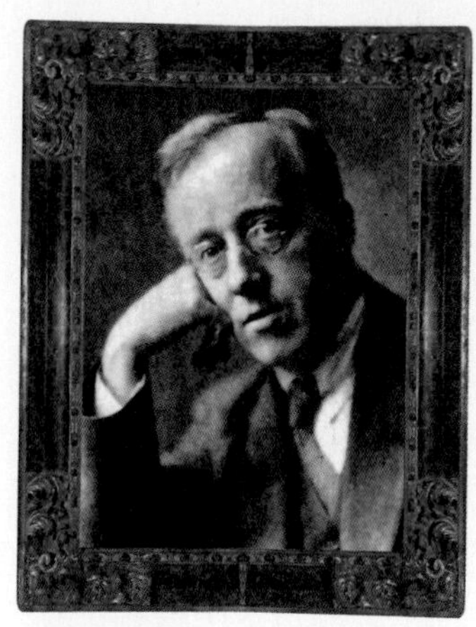
霍爾斯特肖像。

（2）金星：和平之神－慢板—寧靜優雅、與世無爭的明亮之星。

（3）水星：飛翔之神－甚快板—隨心所欲、翱翔太空的帶翼信使。

（4）木星：快樂之神－遊戲似的快板—喧鬧嬉戲、明朗愉快的喜悅之聲。

（5）土星：老年之神－慢板—陰鬱蒼涼、頹然蕭瑟的晚秋曲調。

（6）天王星：魔術之神－快板—陰陽怪氣、轟隆震響的魔幻咒語。

（7）海王星：神祕之神－行板—霧氣蒼茫、浩瀚幽遠的神祕之星。

現今太陽系中的九顆行星，霍爾斯特遺漏了哪兩顆呢？答案是藍寶石般璀璨的地球，以及當時還未被發現的冥王星。不知道霍爾斯特在死後的另一個世界裡，是否正勤奮地為這兩顆行星作曲？

芭蕾舞劇《蓋妮》之《劍舞》

The Sabre Dance of "Gayaneh"

哈察都亮（Aram Khachaturian，1903 - 1978）

創作年代：1941年

首演年代：1942年

出現於：電影《頭條笑料》

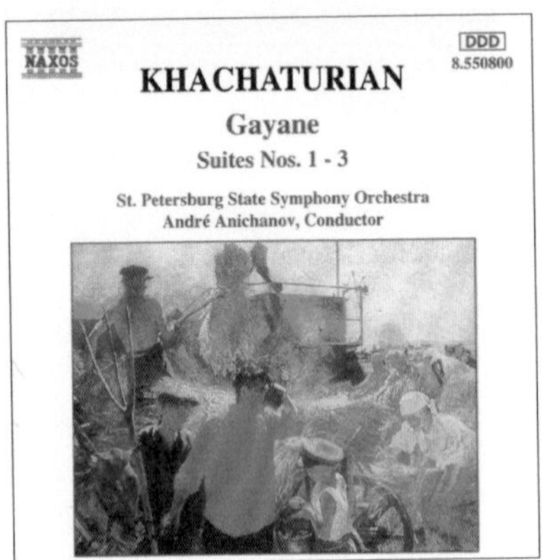

推薦專輯：Khachaturian：Gayaneh Suites

演奏／指揮：Andrey Anikhanov / Andre Anichanov

專輯編號：8550800 Naxos 金革

不可思議的刀光劍影、詼諧又略帶諷刺的《劍舞》，選自哈察都亮的舞劇《蓋妮》。這首風格奇趣的樂曲是《蓋妮》舞劇組曲中最著名的一首，相信它特殊的俄羅斯節奏一定讓你感到新鮮又好玩，甚至跟著音樂一起血脈賁張，從此對這首曲子印象深刻。

芭蕾舞劇《蓋妮》於1942年12月在珀爾門歌劇院首演，故事背景就發生在亞美尼亞的一個農場裡：女主角蓋妮和基高結婚後，卻毫不知道自己的丈夫是一個走私販，一直到基高露出狐狸尾巴，蓋妮才恍然大悟。遇人不淑的蓋妮苦勸丈夫前去自首，但基高卻壞到骨子裡，非但不聽蓋妮苦勸，還放火把村莊焚毀，並企圖謀害蓋妮與他們的女兒。受到重傷的蓋妮被警備隊隊長卡沙克夫救起，在隊長細心的照顧下，蓋妮日漸康復，並與隊長萌生情愫。最後基高得到應得的懲罰，而蓋妮也與卡沙克夫結為夫妻，農場的群眾歡聚一堂，歌唱跳

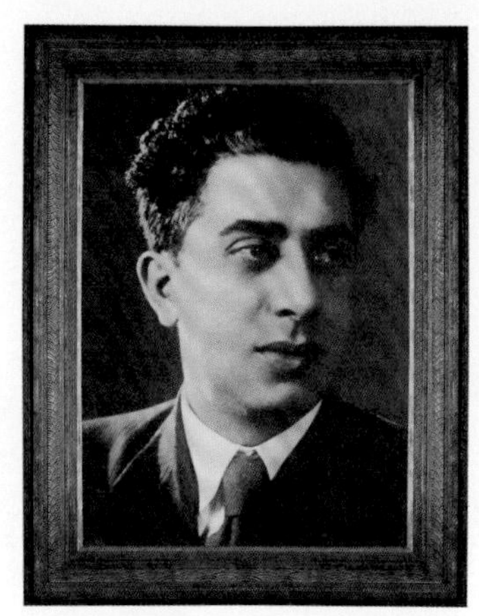

哈察都亮的肖像。

舞，祝福這一對新人。

《蓋妮》是哈察都亮的成名之作，舞劇中用了許多俄羅斯民謠曲風的樂曲，充滿了地方色彩。在劇中，《劍舞》指的是一種戰鬥舞蹈，是高山居民出征前所跳的一種獨特舞蹈。當然，為了配合出征前的高昂氣勢，這種樂曲的節奏是非常強烈而快速的，似乎可以看到刀光劍影揮舞在亞美尼亞空曠的土地上。

洶湧的旋律一波接著一波迎面襲來，夾帶著特別的民謠旋律，激昂舞蹈的氣氛被營造得十分熾熱。樂曲中段由大提琴獨奏搭配薩克斯風，古典與爵士融合的手法讓《劍舞》增添了迷人的異國情調，也依稀能聞到爵士樂詼諧的趣味。末段又回到開頭激烈舞蹈的部分，戰鬥的快感傾巢而出，所有管弦樂器最後以一種奇特的滑稽手法結束全曲。

A
B
C
D
E
F
G
H
I
J
K
L
M
N
O
P
Q
R
S
T
U
V
W
X
Y
Z

Aram Khachaturian

弦外之音

團員進場的規矩

你知道在一場音樂會開始之前，樂團的團員們是如何進場的嗎？這看似不起眼的進場規則，可都是有道理的，不能隨便亂來。

首先進入舞台的是管樂器演奏者與打擊樂手，這些人最先入場的原因，是因為他們演奏的樂器比較麻煩，需要更多時間來組裝與調整。例如：管樂器演奏者必須先將吹嘴裝上、調整管身、調整簧片的裝接與角度，然後稍微試吹幾個音符，以確定沒有錯拿別人的樂器零件；而打擊樂手則需要把一堆破銅爛鐵，包括：鑼、鈸、木琴、牛鈴、木魚、三角鐵、大大小小的鼓等等，調整到一個適合的位置，並確定在揮舞鼓棒時不會敲到任何一個倒楣的同伴。

舞台上進行著雜亂的調整工作時，悠哉的弦樂演奏者也陸續步上舞台，他們一樣得將樂器略作調整，只是沒那麼麻煩罷了。

最後一個出場的是所謂的「樂團首席」——通常是一個苦練成精的小提琴手，他的位置就在指揮的左手邊的第一把椅子。首席出場時，聽眾會給予他熱烈的掌聲，代表對整個樂團的鼓勵。但在就定位之前，首席還得完成一項重要任務——指示雙簧管演奏者吹奏一個標準A音，因為接下來就是整個樂團的調音工作了。

完成了以上所有瑣碎的例行步驟之後，聽眾們也逐漸安靜下來了，然後整個樂團的將軍、他們的精神領袖——指揮，便能精神奕奕、風光十足的登場了。

歌劇《丑角》之《粉墨登場》

Pagliacci - Vesti la giubba

雷翁卡瓦洛（Ruggiero Leoncavallo, 1858 - 1919）

長度：約4分12秒

首演：1892年

雷翁卡瓦洛的獨幕歌劇《丑角》，在1892年5月21日由指揮名家托斯卡尼尼（Arturo Toscanini）於米蘭的達爾維米劇院（Teatro Dal Verme）指揮首演。由於全劇長度不足一小時，從1893年開始，歌劇院習慣搭配馬士康尼的《鄉間騎士》（Cavalleria Rusticana）一同演出。這兩齣以義大利鄉間平凡人物為主題的劇作，是演唱風格相近的義大利寫實歌劇，同樣的演出卡司就可以在兩劇中勝任愉快，還可以湊成兩個多小時的演出長度，而兩劇之間的中場休息，更利於舞台布景的調度工作。

其實，雷翁卡瓦洛正是受到《鄉間騎士》的激發，自認可以寫出同樣受歡迎的作品，才促成《丑角》一劇的問世。劇中故事發生在1860年代後期的義大利卡拉布里亞（Calabria），卡尼歐帶領一群藝人來到卡拉布里亞村，包括他長得嬌美動人的妻子涅妲。卡尼歐一直擔心妻子紅杏出牆，經常疑神疑鬼的，而嚮往自由的涅妲，其實有位名叫西爾維歐的情人，卻懼怕卡尼歐的權勢不敢伸張。劇團中有一名殘障表演者東尼歐，垂涎涅妲美貌不得，心生怨懟意圖報復。有一天，涅妲和西爾維歐的幽會計畫被東尼歐偷聽到，東尼歐逮住機會密告卡尼歐。卡尼歐立刻前往質問涅妲，涅妲堅不吐實，但眼看就要出場表演了，身為丑角即使心碎仍要逗弄觀眾，卡尼歐只好一邊化妝，一邊唱出這首《粉墨登場》：

演出！在失神的狀態下，我已經語無倫次、手足無措

但卻還是要上場，使盡渾身解數

你不是男人嗎？你是個丑角啊！

穿上戲服吧！粉墨登場吧！

觀眾花了錢來這裡，只想要歡笑，

就算劇裡的小丑搶走了老婆，也要笑，

丑角，這樣觀眾才會快樂！

把悲傷和淚水都轉化為歡笑，痛苦和啜泣都裝成滑稽的臉孔。

嘲笑吧！丑角，

為自己破碎的愛情，嘲笑那毒了你心的悲傷。

作曲家小傳

雷翁卡瓦洛（Ruggiero Leoncavallo）
1858年3月8日出生於拿坡里（Naples），
1919年8月9日逝世於蒙塔卡坦尼
（Montacatani）。

雷翁卡瓦洛從小就展露音樂天賦，年幼就進入拿坡里音樂院主修作曲與鋼琴，十八歲畢業後開始創作歌劇，卻受欺騙以致分文無著，只好改以教鋼琴維生，並憑著這份薪水到歐陸旅行，他遊歷法國、荷蘭、德國、英國和埃及等地後，才返回義大利重拾曲筆開始創作。

他原本以義大利文藝復興時代的故事為題材，但創作中途卻為另一個真實故事所吸引，轉而創作《丑角》一劇。原來，雷翁卡瓦洛的父親是一位法官，曾經受理過一件劇團演員謀殺妻子的案子，這則故事烙印在雷翁卡瓦洛腦海中，醞釀出他畢生傑作《丑角》。這齣劇和馬士康尼的《鄉間騎士》，經常被相提並論，甚至雷翁卡瓦洛還一度有意以此劇，角逐後來《鄉間騎士》所贏得的《宋佐尼歐作曲大獎》。現代唱片中，沿用從前劇院的演出安排，收錄《丑角》、《鄉間騎士》這兩齣等長的獨幕劇在同一專輯。

遺憾的是，此劇之後雷翁卡瓦洛多次嘗試創作新劇，卻再也未能重現往昔盛況，即使他在1897年率先贏得小說家穆格（Henri

這首詠嘆調在1904年被歌王卡羅素（Enrico Caruso）灌錄成唱片，成為歷史上第一張銷售數量超過百萬張的唱片。除此之外，《丑角》一劇在1907年也成為歷史上第一部完整灌錄成唱片的歌劇，隨後在1931年更被搬上大螢幕，成為歷史上第一部被完整搬上大螢幕的有聲歌劇電影。

Mueger）《波西米亞人》（La Boheme）的歌劇改編權，並搶先普契尼推出劇作，依然不敵稍晚一年完成的普契尼同名之作，雷翁卡瓦洛所創作的該劇從此落得乏人問津。1900年他再度以寫實歌劇《莎莎》（Zaza）登上史卡拉歌劇院，由托斯卡尼尼擔任首演指揮，成為繼《丑角》之後最成功的作品，更成為雷翁卡瓦洛中年以後最大的安慰。之後，雷翁卡瓦洛陸續創作多部歌劇，但是結果皆未盡人意，最後他就在1919年離開人世。

弦外之音

關於《丑角》的創作靈感來源

雷翁卡瓦洛為了《丑角》的故事題材，還和劇作家曼德斯（Catulle Mendes）打了官司，因為後者控告他剽竊題材。但是雷翁卡瓦洛不承認，他說這個故事是小時候家僕帶他觀賞街頭雜耍時，親眼目睹事件的發生所引發的靈感，而當初這起情殺案的審判法官正是他的父親。不過，雷翁卡洛瓦宣稱的法院判決書和整個調查過程的報告，法庭裡沒有存檔，更沒有充分證據足以證實，因此後世學者咸信，《丑角》應該是改編自曼德斯1887年完成的《塔巴林的女人》（La Femme de Tabarin），因為這部法國劇上演時，雷翁卡瓦洛正好就住在巴黎，很可能也去看了該劇的演出。

Ruggiero Leoncavallo

《匈牙利狂想曲》

Hungarian Rhapsody

李斯特（Franz Liszt , 1811 - 1886年）

樂器：鋼琴

創作年代：第1號~第15號1846~1853年，第16號~第19號1882~1885年

出現於：動畫電影《賓尼兔》

李斯特在匈牙利出生，巴黎長大，威瑪工作，他在音樂史上的成就，讓大家都搶著沾光，法國人說他是屬於法國的，德國人說他是德國的，然而李斯特卻說自己「從搖籃到墳墓，身心都屬於匈牙利」。

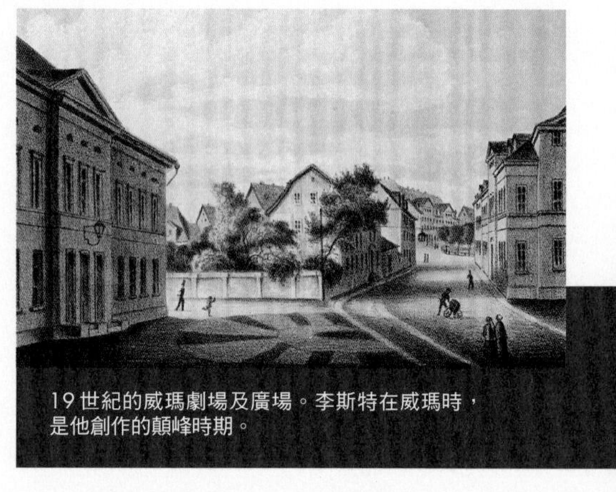

19世紀的威瑪劇場及廣場。李斯特在威瑪時，是他創作的顛峰時期。

李斯特出生於匈牙利靠近奧地利邊界的一個小村莊，位於匈牙利著名貴族艾斯塔哈基家的領地內。由於李斯特出生在匈牙利，所以他從小就對匈牙利的吉普賽音樂產生興趣。

李斯特既是承繼貝多芬與舒伯特的浪漫主義藝術家，也是匈牙利民族樂派的先驅，由於心懷祖國，他用各種方式支持祖國的民族獨立運動，並寫了大量以匈牙利為主題的樂曲，如這首《匈牙利狂想曲》。回溯歷史，中國北蒙古民族的大遷徙，造成其中一支馬札爾人向西遷移一舉南下，入侵東歐的匈牙利民族。受到融合後的匈牙利音樂，最具代表性的就是民族舞曲——「查爾達斯舞曲」，而李斯特的《匈牙利狂想曲》，即是以「查爾達斯舞曲」的特色作為創作的根基來發展。

此外，李斯特會創作《匈牙利狂想曲》，還受到十九世紀一位著名的匈牙利吉普賽小

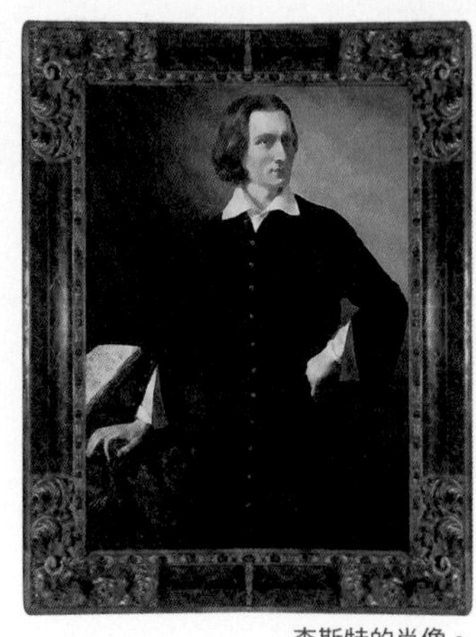

李斯特的肖像。

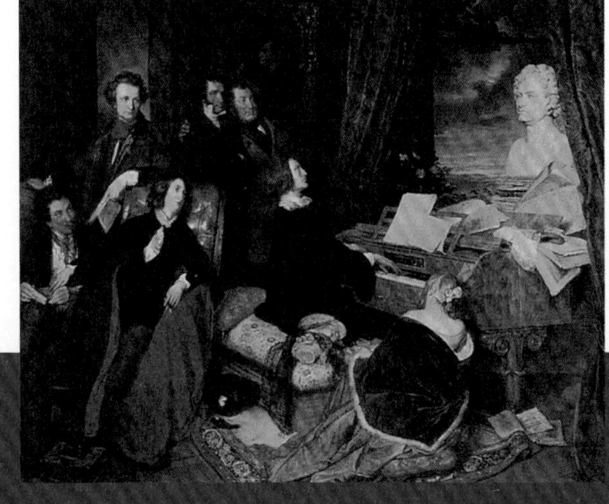

李斯特與其他音樂家、文學家交往密切，這幅圖描繪一場以李斯特為中心的音樂集會，前排左起為仲馬、喬治桑、李斯特、達古伯爵夫人，後排左起為雨果、帕格尼尼、羅西尼。1840年由丹豪沙（Josef Danhauser）所繪。

提琴家比哈里的影響。當時，比哈里被貝多芬讚譽為「吉普賽小提琴之王」，李斯特聽了由比哈里演奏的匈牙利民謠後，深受啟發。根據相關資料記載，比哈里的演奏在當時已達到登峰造極、出神入化的境界，可以和帕格尼尼媲美，只是兩人路線不同，一個在貴族宮廷裡演奏，一個則浪跡天涯。

匈牙利作曲家巴爾陶克曾如此推崇李斯特這一系列的《匈牙利狂想曲》：「我必須強調這些狂想曲，尤其關於匈牙利的那些，是自成一格而完美無瑕的作品，再也找不到更好的辦法來處理李斯特所使用的素材了。」

第三號《愛之夢》

Liebestraum No.3

李斯特（Franz Liszt , 1811 - 1886年）

樂器：鋼琴

長度：第3號約4分鐘半

創作年代：約1850年

啊！盡情去愛吧！

只要我能愛你，我會愛你至死不渝。

不久就會來到，這就是你站在墓碑前哭泣的時刻，

要使心靈燃燒，去培育愛，而且擁抱愛，

直到和別的溫暖之愛相融合。

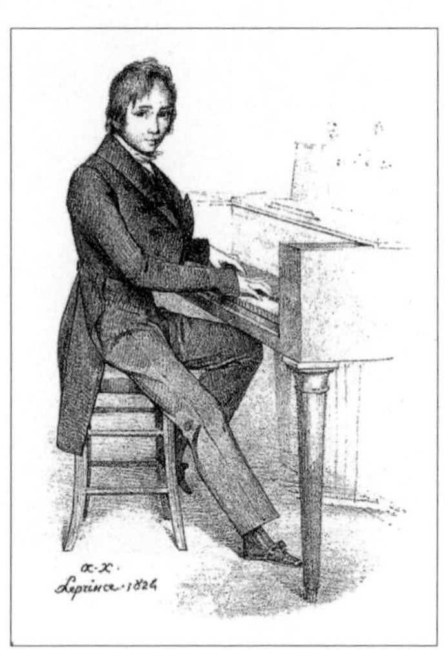

少年李斯特。

《愛之夢》是根據詩人弗萊利格拉特（F. Freiligrath）的第二部詩集《瞬間》，裡頭著名的抒情詩譜創作出來名為「無限愛意」的藝術歌曲，所改編而成的三首鋼琴曲，分別為第一號降A大調《至高之愛》、第二號E大調《幸福之死》和第三號降A大調《愛到永遠》。這三首愛的樂章在「魔鬼」李斯特跳躍的指尖下，竟柔美的像蕭邦！

「愛情，你能維持多久？」李斯特多采多姿的感情世界，也許是來自於他的不安全感作祟：「孤寂的心靈像沙漠。」這說明了他是個害怕孤獨的個體。

情為何物？愛在哪裡？

情與愛之間有多少關心與開懷？

在李斯特還年僅十六歲時，他滿腔的愛就這麼樣地蔓延開來……

當年李斯特父親病重時，留下了「勿讓女人毀了你的一生」的遺言給他，然而在父親過世後沒多久，在巴黎以授琴為生的李斯特隨即愛上學生嘉洛琳・聖格雷。但這段師生戀卻在女方父親聖格雷伯爵的極力反對下，硬生生被拆散。

李斯特在二十三歲那年認識大他六歲的瑪麗・達古（Marie D'Agoult）伯爵夫人。伯爵夫人的丈夫年長她二十歲，因此她很快地就被李斯特這個才華洋溢的少年所吸引，兩人私奔到日內瓦。當年12月，他們的第一個女兒布蘭丁誕生，1837年第二個女兒柯西瑪出世，兩年後么子達尼埃爾也在羅馬出生。兩人共育有三名子女，其中柯西瑪在長大成人之後，下嫁李斯特最得意的入門弟子——漢斯・馮・畢羅；但是柯西瑪和姊姊布蘭丁一樣，後來都投入華格納的懷抱。

1847年，李斯特赴俄舉行演奏會時，在基輔認識了維根斯坦王妃。這位美麗的王妃在十八歲那年，就奉命嫁給大她二十歲的俄國王子，情形與達古夫人非常類似，而她更是熱情的自動向李斯特投懷送抱，兩個人在威瑪同居了十一年。

女作家克理斯蒂娜・貝爾焦約佐（Cristina di Belgiojoso），是李斯特在達古伯爵夫人之後的情人。

但是在一起後的兩個人常為「名分」的事爭吵：

「我拋棄了丈夫和孩子，不顧巴黎社交界的閒言閒語，就是為了要和你廝守在一起，今天你一定要給我一個交待。」

「不是我不願意娶你，我是一個虔誠的天主教徒，而你先生是有權有勢的侯爵，教宗是不可能答應讓我們結婚的。」

「你開口教宗，閉口教宗，難道我們要這樣偷偷摸摸地過一輩子嗎？」

1861年，五十歲的李斯特覺得兩人這樣沒名沒分地同居下去終非長久之計，於是決定到羅馬去完成正式的結婚手續，沒想到王妃的前夫出面阻撓，使他們的結婚計畫遭到羅馬教宗的反對，兩人最後仍未能成為正式夫妻。後來王妃在羅馬進入了修道院，而李斯特對宗教的信念也更深了，他在1865年獲得神父職銜。

然而，投身聖職之後的李斯特，浪漫的個性依舊。1869年，五十八歲的李斯特愛上了足以當他孫女的十九歲少女歐爾嘉・梅耶多爾，一直到他七十歲高齡時仍糾纏不清。

海涅曾說：「李斯特的琴聲表達出最精純的愛意，在他指下樂器消失於無形，獨留音樂。」有人統計，李斯特的愛情史有二十六段之多，是個十足的多情種。也許這樣的多情是自私的，也許這樣的多情是飽受傷害的，我們卻在《愛之夢》裡，看到李斯特解讀出愛情柔美的一面。

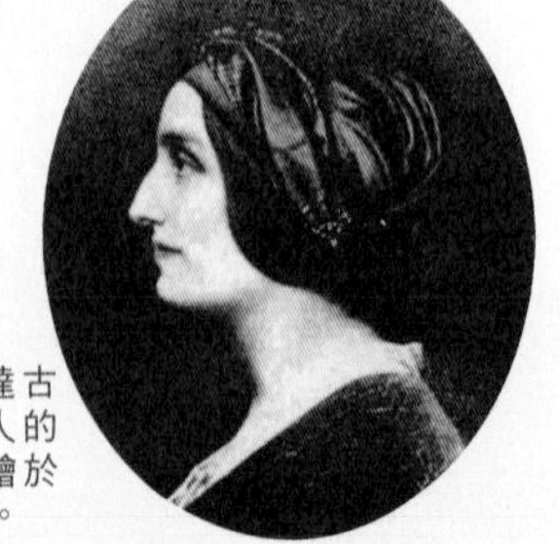

瑪麗・達古伯爵夫人的肖像，繪於1839年。

李斯特「永恆的春天」維根斯坦王妃，與女兒瑪麗。

歌劇《鄉間騎士》之《間奏曲》

Cavalleria Rusticana - Intermezzo

馬士康尼（Pietro Mascagni，1863 - 1945）

首演年代：1890年

出現於：電影《教父》第三集、電影《憤怒的公牛》

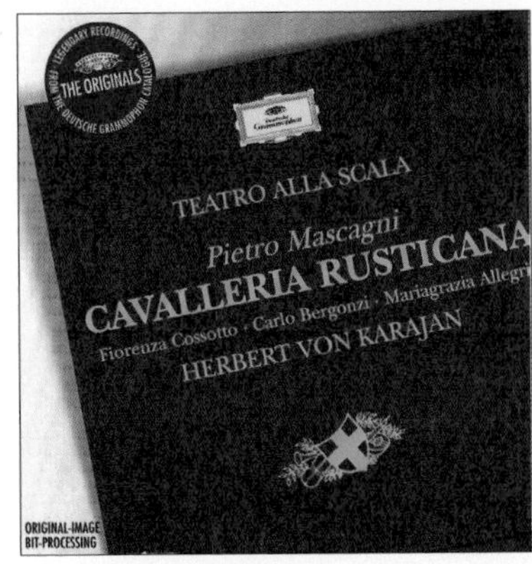

推薦專輯：Mascagni：Cavalleria Rusticana

演奏／指揮：Herbert von Karajan

專輯編號：457764 DG 環球

《鄉間騎士》1890年於羅馬首演，這是一齣描寫鄉村男女愛恨糾葛的感情戲，故事背景就發生在西西里島的鄉下，男主角杜利都與少女珊杜查原是一對戀人，但後來杜利都愛上另一位有夫之婦，珊杜查傷心欲絕，她明明還愛著杜利都，卻又妒火中燒怨恨他的不忠與欺瞞，於是珊杜查向杜利都新情人的丈夫揭露這個祕密，最後杜利都為這段非法的出軌陪上了一條性命，全劇以男主角的死亡悲劇收場。

這首《間奏曲》取自《鄉間騎士》的下半段，音樂響起時，舞台上的背景是一座潔白寧靜的教堂，而教堂內正進行復活節的禮拜儀式。《間奏曲》由豐富的弦樂合奏營造莊嚴肅穆的氣氛，優美的弦樂與柔和的旋律線讓這首曲子顯得格外安祥。這雖是一首短短四分鐘的曲子，但從一開始盈滿虔敬的心情，慢慢擴展至充滿感情的高潮，激越的情感在豎琴的伴奏下十分細膩動人。這是一首會惹人流淚的曲子，也是一首能夠安慰人陪伴人的小品，馬士康尼以單純的弦樂來傾訴感情，如此真誠潔淨的聲音，必能觸動人心。

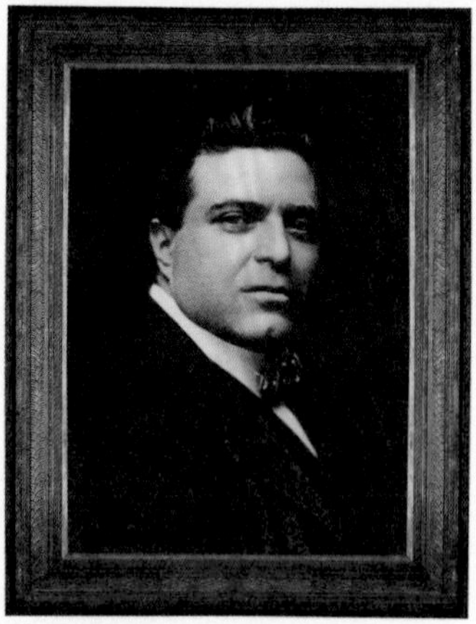

馬士康尼肖像。

Pietro Mascagni

弦外之音

十九世紀的義大利歌劇

提到義大利的音樂，歌劇這個領域是所有義大利人最引以為豪的，十九世紀之後義大利歌劇隨著浪漫主義的精神做了許多革新，戲劇與音樂的分量獲得平等的重視，十九世紀末期更確立了寫實主義歌劇的發展，歌手們除了講究演唱技巧，對於劇中人物性格的捕捉也更為生動深入。

十九世紀的義大利有哪些著名的歌劇作曲家與他們的代表作呢？

羅西尼《絹絲樓梯》、《塞維利亞的理髮師》、《威廉·泰爾》
董尼才悌《愛情靈藥》、《拉美默的露琪亞》、《聯隊之花》
威爾第《弄臣》、《遊唱詩人》、《茶花女》、《阿依達》
普契尼《波西米亞人》、《托斯卡》、《蝴蝶夫人》、《杜蘭朵公主》
白利尼《夢遊女郎》、《諾瑪》
馬士康尼《鄉間騎士》

《仲夏夜之夢》之《婚禮進行曲》
A Midsummer Nights Dream, Op.61 - Wedding March

孟德爾頌（Felix Mendelssohn Bartholdy , 1809 - 1847）

創作年代：1842年

出現於：電影《你是我今生的新娘》

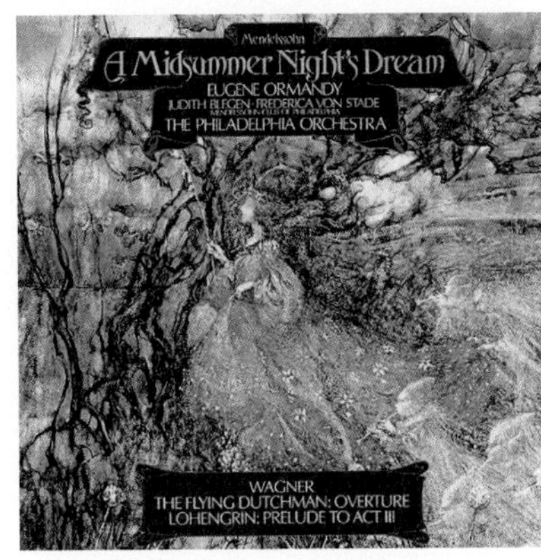

推薦專輯：Mendelssohn ：A Midsummer Nights Dream

演奏／指揮：Eugene Ormancy

專輯編號：BVCC38285 Sony Music 新力音樂

十七歲是個作夢的年紀，只是我們的夢通常如幻似影，像肥皂泡泡一樣的奪目、也一樣的脆弱。但是有一個十七歲的天才，他把七彩繽紛的夢，用音符描述了出來，從此精靈的魔法為易碎的夢，添掛了羽翼，讓它得以乘著音符，跨越現實與夢境的交界。

還記得那個優雅的紳士孟德爾頌嗎？1826年夏天，十七歲的孟德爾頌剛剛看完莎士比亞的劇本：《仲夏夜之夢》，劇中的奇異世界在少年敏感的心中發酵，他提起筆寫信給姊姊芬妮：「剛剛我在涼亭裡完成了兩首鋼琴曲，今晚我就要在那裡創作仲夏夜之夢了，有點不知天高地厚吧？」孟德爾頌果真為這齣迷人的劇作譜出了一首序曲，並在十六年後，應普魯士國王之邀，為《仲夏夜之夢》的戲劇演出續寫了十二首配樂，其中第五幕的前奏音樂《結婚進行曲》，就是那首無人不知的婚禮配樂呢！

《仲夏夜之夢》序曲原本是孟德爾頌寫給他與姊姊的鋼琴二重奏版，後來又改編為管弦樂演奏的版本。這十二分鐘的序曲是少年早熟的奇蹟，孟德爾頌以幾近完美的作品，呈現他對此劇的感受與意象，舒曼更讚譽這首序曲為：「籠罩著青春的花朵」。音樂由木管樂器奏出的和絃開始，接著由小提琴輕柔地揭開神祕森林的薄紗，整個樂團活潑有力的加入，呈現另一個豪華的附屬主題。而富於旋律的第二主題則由木管樂器展開，另一些迷人的小主題模擬森林中嬉戲的精靈、戀人隨著音樂舞蹈的情景，以及仲夏夜特有的浪漫氣氛——其中還包括了一個維妙維肖的驢叫聲呢！發展部可以聽見舒緩的第一主題再現，精靈們的祝福則安靜地在後跟隨，最後則又回到夢境般的溫柔遐想中，由一開始的四個木管和絃作結。

除了序曲之外，另一段《結婚進行曲》更是膾炙人口，這段活潑壯麗的音樂是劇中三對情侶舉行婚宴的配樂。小喇叭首先奏出雄壯的信號，接著管弦樂以祝福與肯定的樂句來引導儀式的進行，新人們在這段莊嚴又華麗的音樂下完成了結婚典禮，此時樂曲夾帶著一小段潛伏的溫和，但隨後出自內心的欣喜又在管弦樂合奏的熱鬧氣氛中現身，這次則回到第一部壯麗的主題中，更加堅定且頭也不回地帶領新人步入洞房。

今日我們聽到的《仲夏夜之夢》組曲通常包括了揭示幻境的《序曲》、以木管描述精靈舞蹈的《詼諧曲》、表達黑夜森林神祕感的《間奏曲》、以法國號和巴松管溫柔傳情的《夜

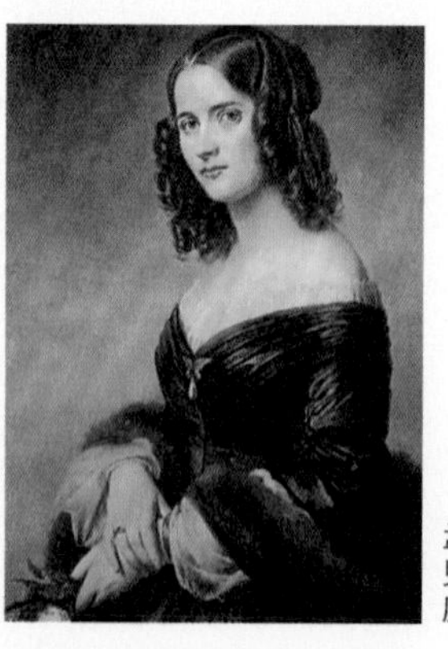

孟德爾頌的夫人賽西兒，兩人鶼鰈情深，家庭生活非常甜蜜美滿。

曲》，以及歡欣鼓舞的喜慶音樂《結婚進行曲》。這些如詩一般美麗的音樂，是嚴謹的架構、靈活運作的樂曲素材與跳脫現實的幻想完美的融合。徐徐晚風中，在閃爍夜空下不經意的一眨眼，你將進入孟德爾頌十七歲那年所構築的幸福夢境裡，那是當年仲夏夜最美的回憶。

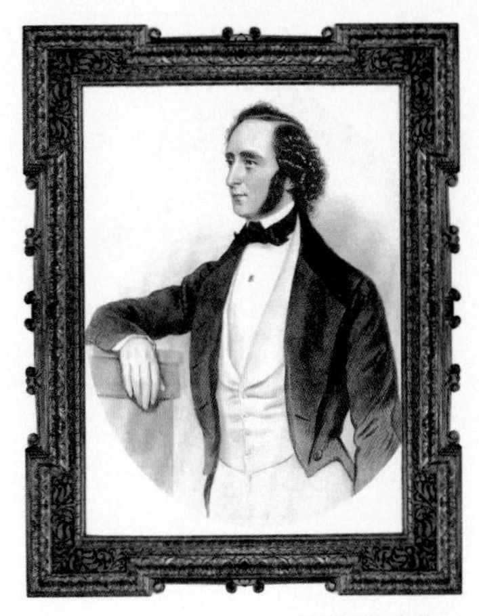

孟德爾頌肖像。

Felix Mendelssohn Bartholdy

弦外之音

最神乎其技的風景畫師

你相信嗎？孟德爾頌除了作曲之外，也畫得一手好畫！更神奇的是，他還將這兩項天分合而為一，用音符畫出了文學的詩意與大自然的呼喚。

《平靜的海洋與幸福的航行》是他乘船旅行的音樂寫生，靈感則得自於歌德詩篇《芬加爾洞窟》將海上風暴搬進了音樂廳；在蘇格蘭古堡的小徑中漫步，他撿拾了《蘇格蘭交響曲》的片段；《美人魚公主的故事》裡可以聽見水波粼粼與愛情主題；而一段義大利之旅則成就了風光明媚的《義大利交響曲》。

孟德爾頌用最擅長的音樂捕捉這些文學意境與自然景觀，他的音詩作品為浪漫派開闢了一條繪情繪景的大道，連華格納都豎起大拇指稱讚他為「第一流的風景畫師」！

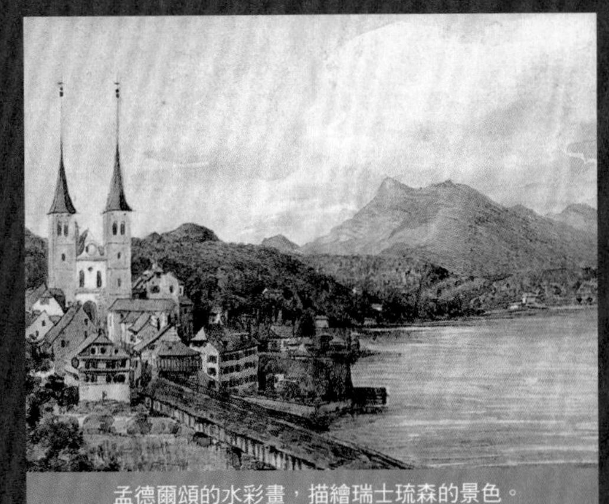

孟德爾頌的水彩畫，描繪瑞士琉森的景色。

A
B
C
D
E
F
G
H
I
J
K
L
M
N
O
P
Q
R
S
T
U
V
W
X
Y
Z

A大調第四號《義大利交響曲》第四樂章

Symphony No.4 "Itaian" – Mvmt.IV

孟德爾頌（Felix Mendelssohn，1809 - 1847）

創作年代：1831-1833年

首演時地：1833年5月13日，倫敦

時間長度：約28分鐘

出現於：《仲夏夜性喜劇》、《突破》

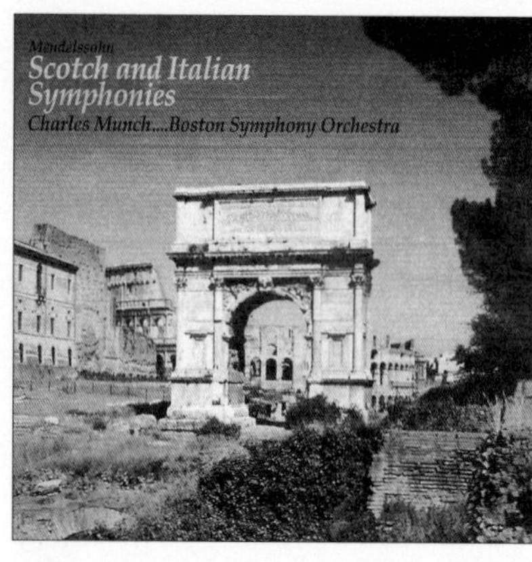

推薦專輯：Mendelssohn：Scotch and Italian Symphonies

演奏／指揮：Charles Munch

專輯編號：BVCCC7907 Sony Music 新力音樂

曾有人問過孟德爾頌，他最滿意自己的哪一首作品，據說，他毫不猶豫地回答：《義大利交響曲》。對於這首創作於1831年到1833年的交響曲，孟德爾頌的確有著極為美好的回憶與強烈的創作動機。

1831年，他到義大利去旅行，這個地中海國度充沛的陽光與明媚的景緻，給了生長於德國漢堡的孟德爾頌非常愉快的印象。而義大利作為天主教大本營與文藝復興的發源地，也在知性方面給予孟德爾頌極大的收穫，這樣美好的國度，使他在短短兩年之內就完成這部最

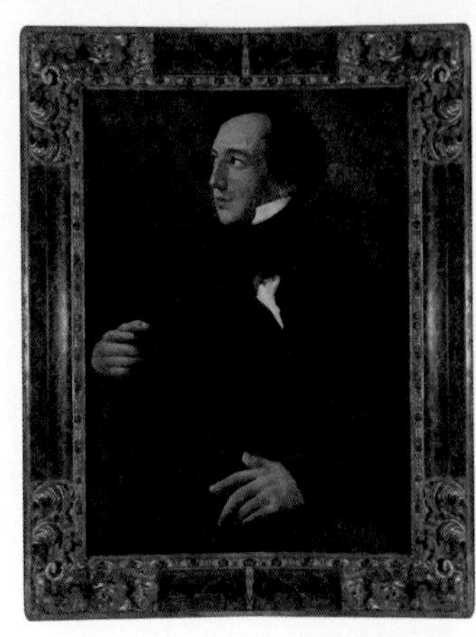

孟德爾頌肖像。

描繪幼年孟德爾頌指揮演奏的版畫。孟德爾頌出生在一個富裕的家庭，父母都熱愛音樂藝術，他從小受良好教育，婚姻美滿，一生從未吃過苦，是浪漫樂派最幸福的音樂家。

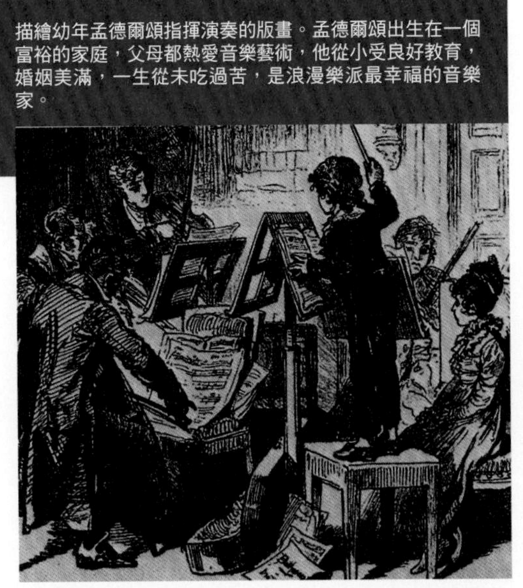

滿意的作品。

在四個樂章中，孟德爾頌極為簡要地抓住了義大利多變的姿態，為義大利留下一幅顏色絢麗的水彩畫。

第一樂章，活潑的快板。這個序章的曲調相當輕快華麗，弦樂器的快節奏搭配大量的管樂器，使樂曲在明快的速度中保持雄偉的氣勢。嚴格來説，這個樂章的風格也很貼近義大利的古典樂，歡欣的氣氛貫穿整首《義大利交響曲》。

第二樂章，行板。義大利人是活潑的，同時也是虔誠的。孟德爾頌在義大利的拿波里曾參觀過宗教遊行，並且出席了梵蒂岡新教皇的任命儀式，因此，他在慢速度的第二樂章中描述了這種濃濃的宗教氣氛，以及義大利人民虔誠肅穆的一面，這個樂章也得到了《朝聖進行曲》的別稱。

第三樂章，是優雅的中板。節奏接近十八世紀流行的小步舞曲，接續了第二樂章聖潔的氣氛，孟德爾頌將第三樂章的詼諧曲格式改成比較優雅的曲調。至於這個曲子描述的內容是什麼？孟德爾頌並沒有說明，時至今日，這個樂章的確實意義仍是古典樂研究者探討的話題。

第四樂章，急板，取材自薩塔列拉（Saltarella）舞曲。這個樂章就底表現了南歐民族熱情如火的一面。孟德爾頌旅義期間剛好遇上了羅馬狂歡節，而拉丁民族一貫以能歌善舞著稱，豪放的薩塔列拉舞曲肯定讓這個德國音樂家大開眼界。

第四樂章中更換了好幾次旋律，一路狂舞不止。而後段音樂漸弱後的突然增強，更強化了狂歡節不肯散去的歡樂意味。而這首交響曲也就在這段迷人的舞曲當中，畫下了依依不捨的句點！

《義大利交響曲》有著孟德爾頌一貫的音樂風格，內容充滿了抒情意味，曲調華麗，格式嚴謹，將交響曲的起承轉合表現得淋漓盡致，可以說是孟德爾頌的當家曲目。

義大利聖母升天節禮舟回港，1729年卡那雷托繪。孟德爾頌受到義大利明亮的陽光、熱情的民情感動，寫下了膾炙人口的《義大利交響曲》。

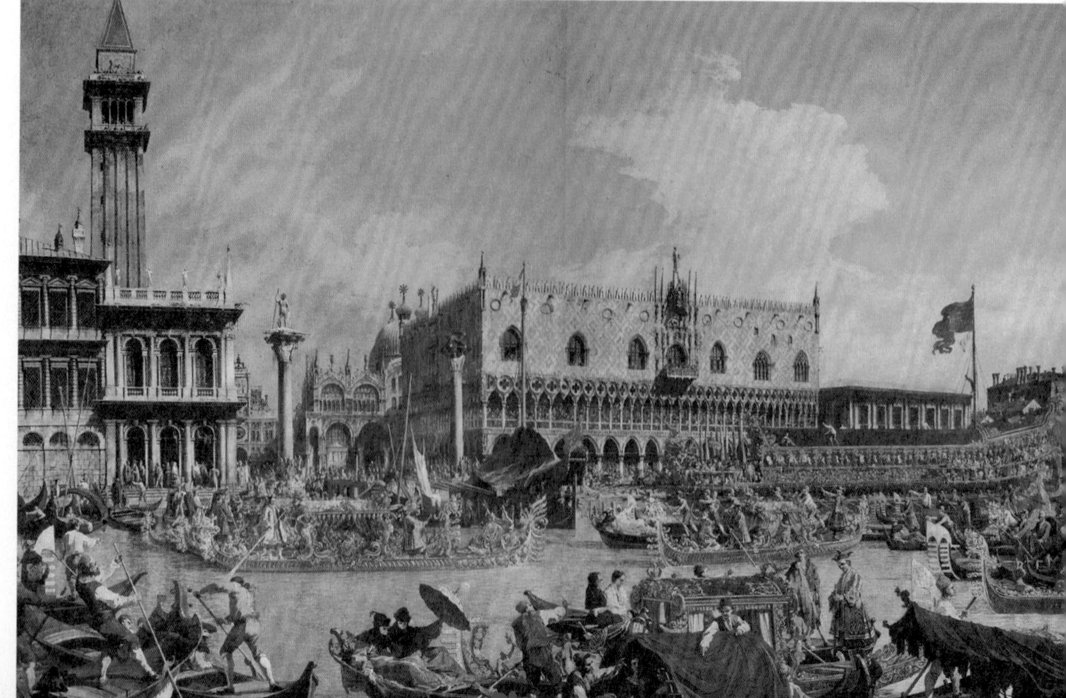

a小調第三號鋼琴輪旋曲

Piano Rondeau

莫札特（Wolfgang Amadeus Mozart , 1756 - 1791）

作品編號：K.511

創作年代：1787年3月11日（完成）

時間長度：約12分

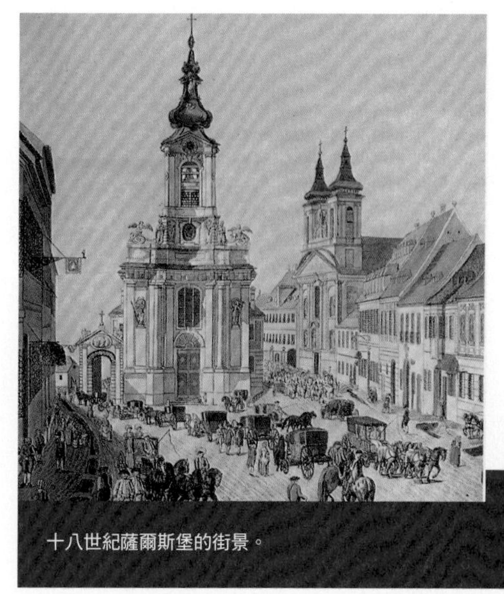

十八世紀薩爾斯堡的街景。

莫札特在1787年初，帶著愛妻康絲丹彩到布拉格去，當時的布拉格正在為《費加洛的婚禮》大大瘋狂中。莫札特在這裡進行《布拉格交響曲》的初演，還親自上陣指揮《費加洛的婚禮》演出。在布拉格大獲成功之後，他所寫出來的作品就是這首《a小調輪旋曲》。

莫札特的作品，大多數主要以大調寫成。儘管其中或有穿插小調樂句，但整個色調仍多趨明朗。然而，這些難得出現的小調，一旦被使用時，場合必然是非常重大的。他的小調作品，在整個作品列表中，幾乎都是站在重要地位的大作。或許，在莫札特天真爛漫的性格裡，這些偶爾出現的陰影，是潛藏在他生命中，深沉情感不自覺的宣洩吧？

這首a小調如此憂鬱，感覺上好像有什麼事情要發生。果然，當時莫札特要表現的，大概就是對死亡的預感吧？因為他在1月底的時候，接到好友哈茲菲爾特伯爵的死訊。4月

A B C D E F G H I J K L M N O P Q R S T U V W X Y Z

4日，他也寫信給他父親，信上說：

「死亡是我們人生最後的目標。」

1787年5月，他父親就病逝於家鄉薩爾茲堡。

莫札特的成就，幾乎全是他的父親利奧波德一手栽培出來的。利奧波德去世時，正是莫札特在譜寫《唐．喬望尼》的時候，回想父親在世時，莫札特處處違背他的心意，跟大主教決裂；利奧波德屬於舊派的作曲家，也不贊成莫札特的作曲方式，再加上他的婚姻也並未得到父親同意。利奧波德就在幾乎是失望的情況下去世了，而莫札特的內疚始終不能解脫，這種深刻的痛苦在他日後的作品上表露無遺。

《a小調輪旋曲》雖然以小調寫成，情感卻完全內斂，讓悲劇氣氛隱隱浮現在樂曲的進行之中，這使得這首輪旋曲的藝術價值更上一層樓。

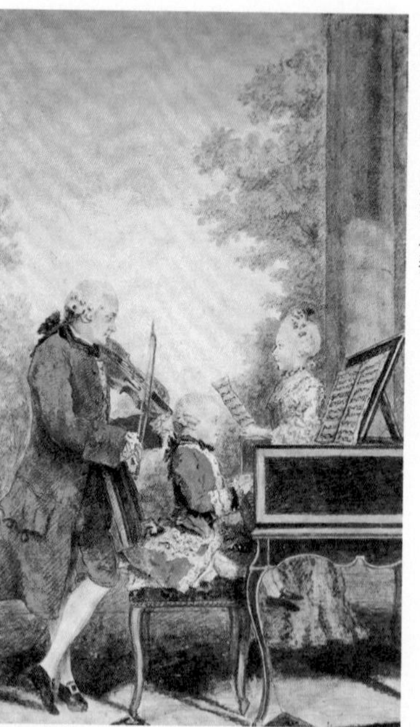

莫札特的父親常帶著他和姐姐四處演奏。圖為1764年由迪拉佛塞（Delafosse）所繪製的銅版畫，描繪父子三人在巴黎演奏的情景。

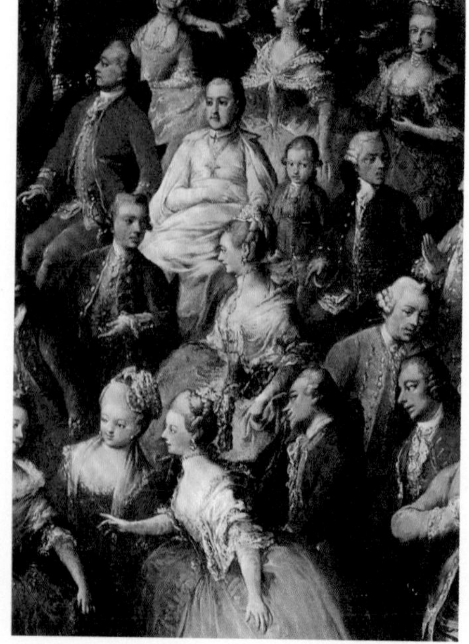

畫面上方，年幼的莫札特坐在父親與薩爾斯堡大主教中間聆聽音樂。

C大調第二十一號鋼琴協奏曲

Piano Concerto No.21 in C Major - Andante

莫札特（Wolfgang Amadeus Mozart，1756 - 1791）

作品編號：K.467

創作年代：1785年3月9日

時間長度：約31分

出現於：電影《鴛鴦戀》

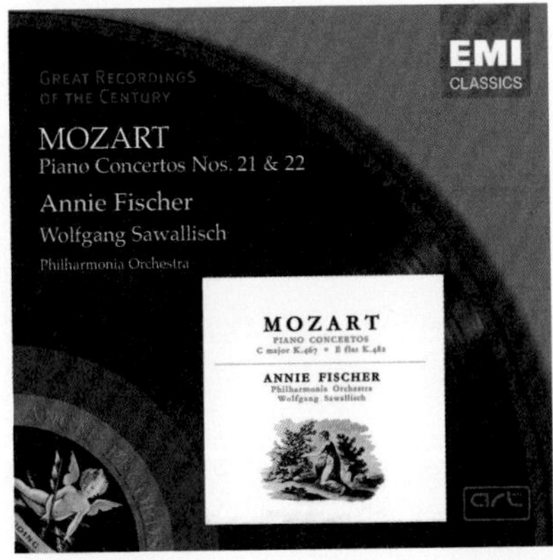

推薦專輯：Mozart：Piano Concertos No.21 & 22

演奏／指揮：Annie Fischer

專輯編號：724356276727 EMI

莫札特二十五歲時前往維也納，奮鬥幾年後，受到維也納社交圈的注意，得以獲准加入共濟會。共濟會組織本身熱衷各種宗教儀式，到了十八世紀才更擴大發展，遍布於歐洲、英國在北美的一些殖民地區，參與此會的人們也來自各種多元的社群，像莫札特身邊出入的包括：高貴的君王、地位高的首相、富有的商人、官僚、名作家、出版商等。但1784年加入共濟會後，並未完全改善莫札特的生活。

1785年，窮愁無奈的他不得不低頭，向共濟會裡熟識的朋友——佛蘭茲．安頓．霍夫麥斯特請求道：

不好意思，因為我的生活困頓，可否請你伸出援手，資助我一些錢，此刻的我，真的極度窘困……。

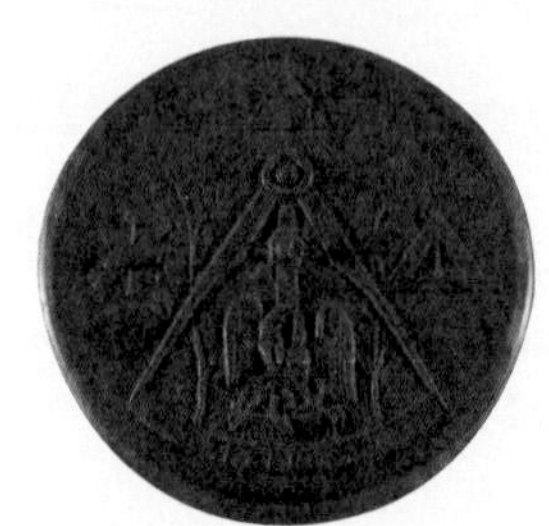
石南木製的鼻煙盒上的共濟會的標記。

讓桀驁不馴的莫札特如此低聲下氣，想必生活一定非常拮据。其實他瘋狂寫曲，收入應該十分豐厚，像這首《C大調第二十一號鋼琴協奏曲》，是同年創作的三首協奏曲之一，距離《d小調第二十號鋼琴協奏曲》僅僅一個月而已，不為別的，正是要用在嘉年華會季節時，自己主辦的演奏會上親自表演時用。但即使如此，似乎仍無法應付家中各種開支。

最為辛苦的是，莫札特在創作之餘，轉念就想到這個月的各種收支，連曲譜稿上也滿滿隨手記下許多帳款細目，實在教後代樂迷心疼！但也許越是艱困的環境，越能激發出音樂家高度靈魂的體悟，進而轉化為撫慰他人的音符。

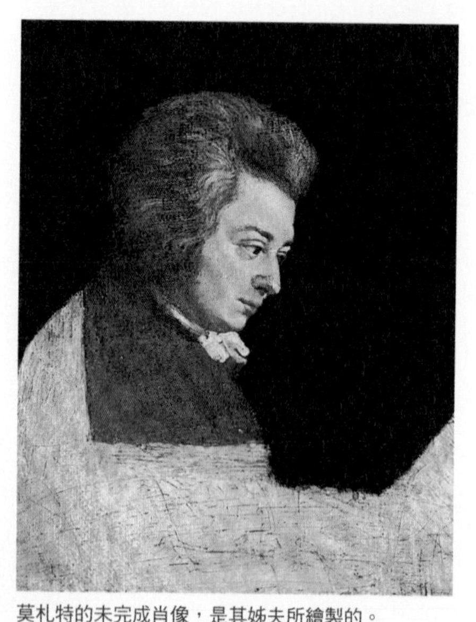
莫札特的未完成肖像，是其姊夫所繪製的。

第一樂章開展出熱鬧慶典氛圍，由充實的編制開啟了靈巧的管弦樂法，加上鋼琴生動激昂的表現，曾有人形容此曲明朗的活力恍若「阿波羅性格」！而此曲的技巧呈現，有種無與倫比的平衡感，因而眾多樂評認為經由這首樂曲，便可充分了解莫札特之所以被稱為十九世紀先驅的原因了！

G大調第十三號弦樂小夜曲

Serenade No.13 in G Major

莫札特（Wolfgang Amadeus Mozart , 1756 - 1791）

作品編號：K.525

創作年代：1787年

出現於：電影《名揚四海》、《阿瑪迪斯》、《王牌威龍》

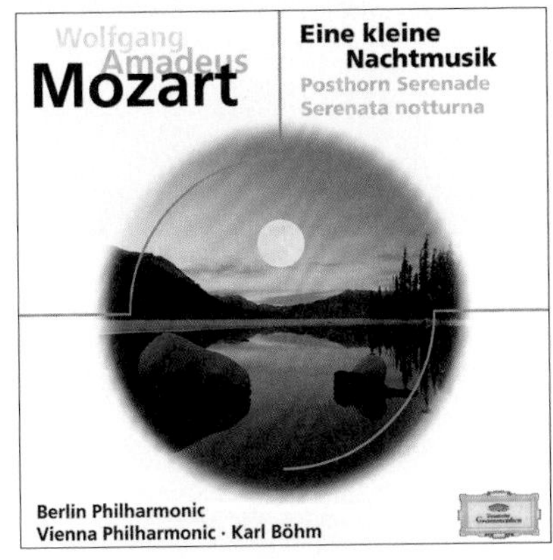

推薦專輯：Mozart : Eine kleine Nachtmusik No.13

演奏／指揮：Karl Böhm

專輯編號：469619 DG 環球

音樂神童莫札特一生共寫過十三首弦樂小夜曲，而這首《G大調弦樂小夜曲》是其中最著名的一首。以今天的眼光來看，它受歡迎的程度，幾乎可讓我們稱之為「古典樂裡的流行曲」，甚至是「古典樂裡的芭樂曲」了。

這首小夜曲由四個樂章組成，是一首十分純粹的弦樂合奏曲，通常由弦樂四重奏來表現。第一樂章〈快板〉是活潑明亮的奏鳴曲式，第一主題由著名的問答句開始，充滿睿智；第二主題則優雅抒情，洋溢歡樂的氣氛。第二樂章〈行板〉最適合在夜晚為情人們演奏，是一首十分浪漫甜美的浪漫曲。第三樂章〈小快板〉加入了奧地利民間舞曲的元素，仍然保持平衡與愉悅的美感。第四樂章〈快板〉是輝煌亮麗的迴旋曲，彷彿描寫一群孩童無憂無慮的嬉笑玩耍，在漸快的速度下，終曲完美堆疊出高潮，最後回到一個和諧圓滿的尾奏，繽

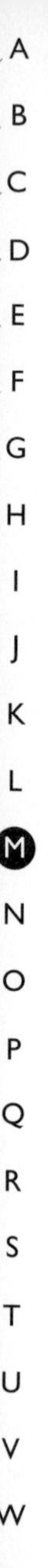

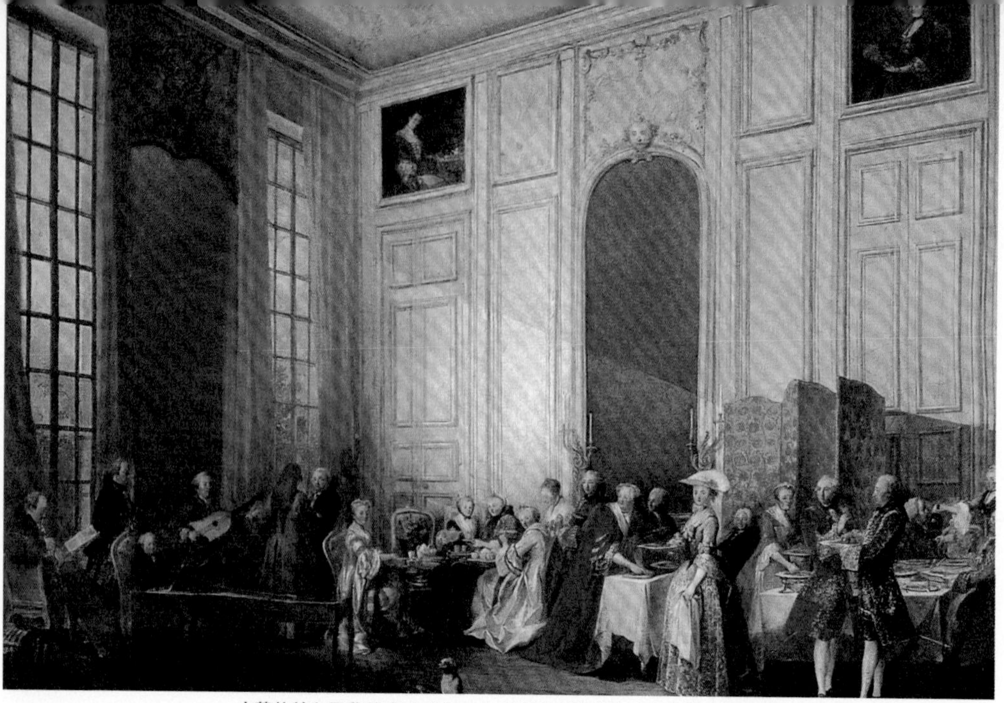

小莫札特在巴黎的康迪（Conti）侯爵宅邸茶會中演奏鋼琴，莫札特出現在圖的左下角。

紛地終了全曲。

這首小夜曲完成於1787年的夏天，可以想見當時莫札特是為了貴族王侯的餐後娛樂，而譜寫了這首曲子，在那一個滿天星斗的夜晚，貴族男女們細聲閒談、品嘗著美酒與甜點，在杯觥交錯之間，一旁的小型樂隊正輕快地演奏這首曲子，清新悠揚的氣氛始終環繞在這群愉悅的男女身邊。或許當時根本沒有人細聽這首曲子的完整旋律，當然也不會有人研究這是快板、慢板，以及什麼曲式，但這些貴族們特別偏愛從樂團手中流瀉出的溫暖音符，空氣般輕盈的旋律是他們的氧氣，就像現代人舉辦PARTY少不了帶動氣氛的電音舞曲。

天才如莫札特，把一首供上流社會消遣用的夜曲，寫成了鑽石般永恆璀璨的名曲，他的睿智與充滿平衡的美感也都寫入這首曲子了。每每莫札特無意的創作，總能成為古典樂領域的典範，其形式與內容無可挑剔的完美，讓後代無數弦樂作品以之為標竿，更讓無數熱愛古典音樂的樂迷們，能時時瞻仰莫札特無所不在的魅力。

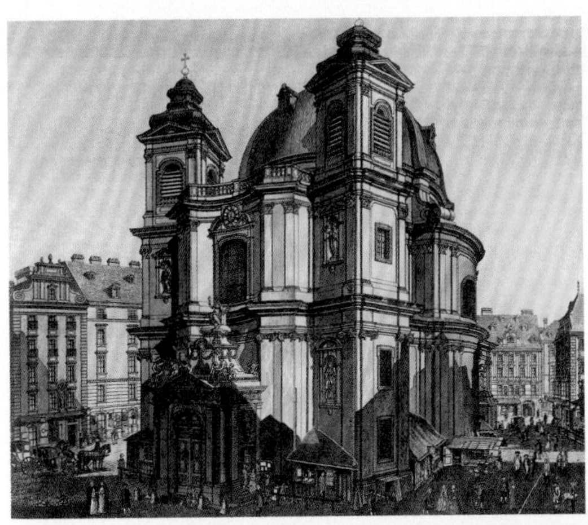

維也納的聖彼得教堂。莫札特於1781年5月起入住左邊第二所房舍。

Wolfgang Amadeus Mozart

弦外之音

小夜曲

在CD音響發明之前，如果你想要一邊吃著晚餐，一邊聆賞音樂，那根本就是不可能的事，除非請一組樂團專門為你演奏。在十八世紀，國王為了省麻煩，乾脆自己養一個樂團，他供團員們薪水與食宿，團員們則一天到晚為國王製造應景的音樂，像一台隨傳隨到的巨型音響。

想像一個浪漫悠閒的夜晚，達官貴族們聚集在宮廷花園或宴會廳裡，輕鬆歡樂的氣氛少不了音樂的陪襯，於是作曲家們便負責為這個宴會場合寫作甜美不擾人的「小夜曲」。

一個典型的小夜曲通常有四到五個樂章，作曲形式自由，可以是奏鳴曲、舞曲、進行曲或輪旋曲等。在結構與內容方面，通常很少人會在晚餐或交誼的場合播放氣勢磅礡、晦澀陰沉、激情絕望的音樂吧？想當然爾，小夜曲的本身亦是精緻優雅、輕快悠揚，像一道甜甜滑滑的香草乳酪。

而小夜曲所使用的樂器，若在餐廳裡，適合以弦樂四重奏呈現；若是置身溫暖的戶外小花園，一隊木管樂器的聲響會有絕佳的效果。

下次若在某個飯店享用下午茶，或是浪漫的情人晚餐時，當耳邊緩緩傳來為您營造優雅氣氛的小夜曲，不妨試著將時空拉回十八世紀的宮廷晚宴，想像一曲曲天籟就這麼流瀉而出，賓客們啜飲一口葡萄酒，品嘗眼前珍饈佳餚，整晚一直沉浸在置身天堂的錯覺裡。

A
B
C
D
E
F
G
H
I
J
K
L
M
N
O
P
Q
R
S
T
U
V
W
X
Y
Z

歌劇《費加洛的婚禮》之序曲

The Marriage of Figaro - Overture

莫札特（Wolfgang Amadeus Mozart , 1756 - 1791）

作品編號：K.492

創作年代：1786年

首演時間1786年5月1日

時間長度：約3小時20分

出現於：電影《運轉乾坤》

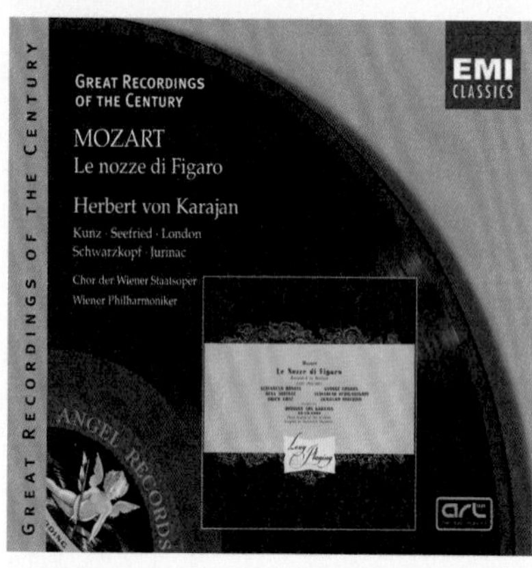

推薦專輯：Mozart :Le nozze di Figaro

演奏／指揮：Herber von Karajan

專輯編號：7243 5 67142 2 9 EMI

《費加洛的婚禮》的劇本，是由羅倫佐．達．朋提（Lorenzo Da Ponte）改編自法國劇作家包馬樹（Pierre Beaumarchais）所作《費加洛三部曲》中的第二部。第一部劇《塞維里亞的理髮師》則是本故事的源頭。

話說在塞維里亞鎮上，有一個叫做費加洛的理髮師，有一天，阿瑪維瓦公爵來到這個鎮上，對美麗的羅西娜一見鍾情，但是羅西娜有監護人嚴格看管著，公爵始終沒有辦法對羅西娜訴衷情，只好求助於費加洛。費加洛是個腦筋靈敏的，他用了一些手段瞞騙了監護人，終於使得公爵跟羅西娜結為連理。

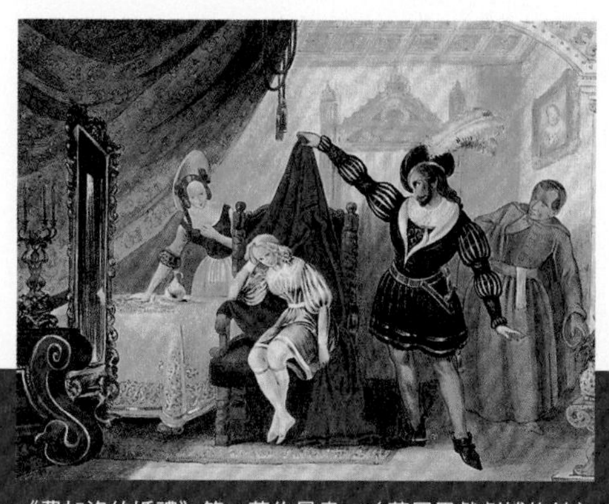

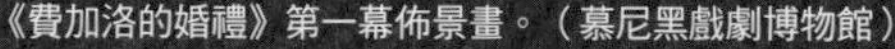
《費加洛的婚禮》第一幕佈景畫。（慕尼黑戲劇博物館）

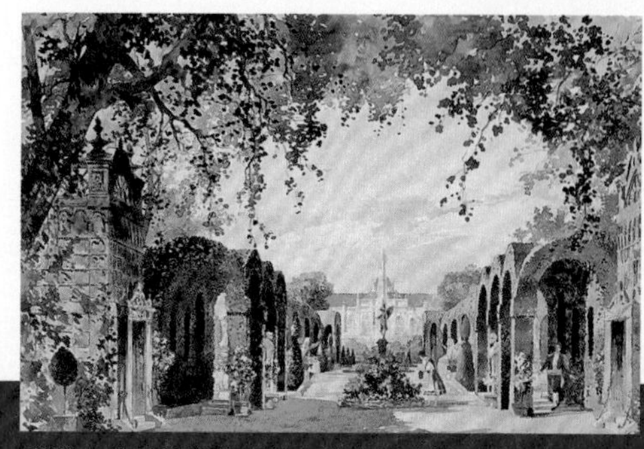

漢斯．佛拉姆專為《費加洛的婚禮》所繪的布景圖，1827年繪。

《費加洛的婚禮》的故事，就是從第一部的結局延伸而來：費加洛因為成功幫助公爵，就被公爵收在身邊當侍從，並且和公爵夫人的侍女蘇珊娜兩情相悅，準備結婚。

然而，公爵竟然對蘇珊娜產生了興趣，除了老是想要藉機調戲，甚至想行使早已被廢除的初夜權，費加洛知道以後心裡非常不悅。有一天，公爵約蘇珊娜在花園見面，但蘇珊娜早一步把實情稟告公爵夫人，於是費加洛與蘇珊娜以及伯爵夫人，共同商議準備給伯爵一點顏色瞧瞧。

公爵夫人叫一個僕人扮成蘇珊娜去赴約，當晚公爵正準備前往花園對蘇珊娜示愛時，卻無意中撞見費加洛也在花園和另一名女子約會，公爵以為他正在勾引自己的老婆，憤怒地前去教訓他，卻發現蘇珊娜竟是費加洛的心上人，而公爵夫人也於此時出現，令公爵很難堪。故事的結尾，這對戀人回到宮中舉行婚禮，公爵和夫人也和好了，有情人終成眷屬，是一齣皆大歡喜的愛情劇。

《塞維里亞的理髮師》和《費加洛的婚禮》的原作，都曾經因為內容描述僕人對抗主人的一些情節，被認為有煽動群眾的嫌疑，在法國被下令禁演，在更保守的德國及奧國命運可想而知。然而達．朋提跟莫札特不肯放棄，兩人偷偷創作，達．朋提再藉機會說服奧地利皇帝約瑟夫二世。達．朋提對皇帝說：

「我將省略某些場景，刪除不適當的內容，將陛下您所主持的演出中，一切妨礙高尚趣味和公眾禮儀的內容都去掉。」同時也不忘大力稱讚莫札特一番。「至於音樂，我斗膽說

A B C D E F G H I J K L M N O P Q R S T U V W X Y Z

一句，這是我能判斷的最好的！」皇帝一聽，就說：「既然如此，我信任你在音樂以及道德方面的良好品味，那就把譜送去抄錄吧！」沒多久，莫札特受命進宮為皇帝表演歌劇音樂的片段，也受到皇帝的讚揚。這部戲在維也納和布拉格上演時，觀眾反應亦十分熱烈。

莫札特十分生動地描繪出人類微妙的感情世界：愛與嫉妒、陰謀與誤解等各種心機，以至最後到達寬容化解的錯綜複雜，而且運用逼真的音符做了完美表現。由於內容纏繞著複雜的人際關係，因此劇中也出現許多重唱曲，以及各種組合的合唱。

Wolfgang Amadeus Mozart

弦外之音

誰來行使初夜權？

初夜權的意思是，在新婚之前，由新郎以外的人來與新娘共寢。新郎並不是第一個占有新娘的人，而是當時社會習俗、法律所認可的其他人。在古代，初夜權通常是由身為神的代表的巫師、祭司，或是酋長、地主、君王來行使。將出嫁的女子沒有拒絕的權利，對女性的身體來說是一種很大的侮辱。

這種風俗到了中古世紀時，發展成封建領主掌有「初夜權」的權利。大約在西元875年，當時的蘇格蘭王居然頒布一道法令：「居於封邑的處女，其初夜權一律為封邑領主所有。」行使初夜權變成一種權利與欲望，最後便成為一種壓迫。享用新娘初夜權的權利，變成那些封建領主占有農奴的一切和玩弄女子的手段。

這條法令居然還沿用至十一世紀才被廢除，西班牙則是到1486年廢除貴族初夜權。在法國，可能直至1789年大革命時才廢除，狄更斯在《雙城記》中就曾經描述過這種事件。

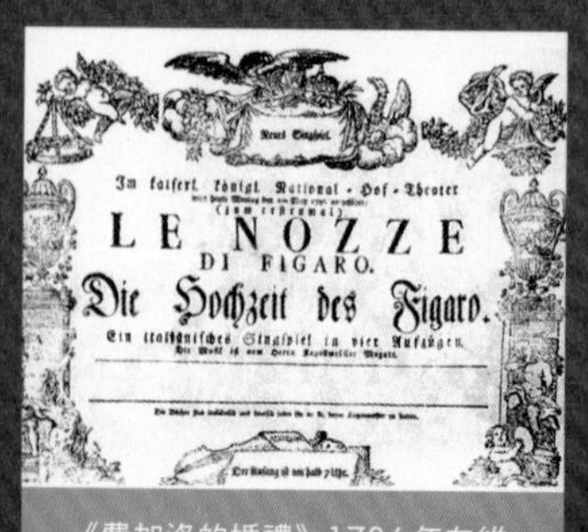

《費加洛的婚禮》1786年在維也納演出的海報。

A大調第十一號鋼琴奏鳴曲 第三樂章《土耳其輪旋曲》

Sonata in A – Rondo alla turca

莫札特（Wolfgang Amadeus Mozart , 1756 - 1791）

作品編號：K.331

創作年代：1778年

時間長度：約20分

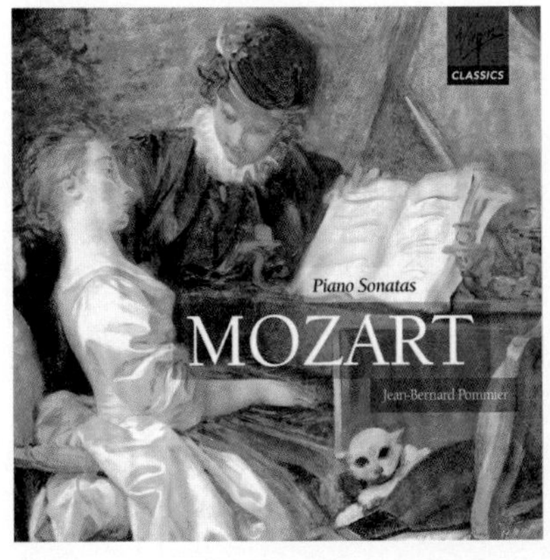

推薦專輯：Mozart : Piano Sonatas

演奏／指揮：Pommier

專輯編號：7243 4 82064 2 8 EMI

咚・咚・咚⋯⋯砰！咚・咚・咚⋯⋯砰！

「你聽，那是什麼？」

巴黎的凡爾賽宮前，出現了一列奇怪的隊伍。他們手持鼓棒、銅鈸，吹著笛子，以強烈的起奏音，演出一種歐洲人前所未聞的音樂。

「咦？你不知道嗎？那是東方！」

時值十八世紀後半，中亞的鄂圖曼土耳其帝國正大舉擴張，六年來，該國以船隻停泊領海，侵犯了私有海域為由，不斷地與東歐的俄羅斯短兵相接。沙場上塵煙漫漫、死傷無數，然而不可諱言，士兵之血也順帶打通了東西文化交流的窗口。

樂器、辛香、服飾、織錦。土耳其的奇珍異品隨著戰爭傳到歐陸，成為西方人愛不釋手的新時尚。各國親王聽膩了教堂及宮廷音樂，對神祕古國來的樂聲尤其感到耳目一新。臣子為了討皇帝歡心，競相聘請土耳其軍樂隊的樂師進宮，這些東方人多數當上了皇宮樂手的老師。有時碰上慶典，一整支高水準的樂隊都會被邀請來。

土耳其令歐洲人見識到了東方，也讓他們心中那濃濃的東洋幻想發酵。因此，在被「Turkish」香氛包圍的中古世紀歐洲，人們會表示：土耳其就是東方！

有個年輕的創作者很敏銳地察覺了這一切，那特殊的異國情調著實令他迷戀。他是二十二歲的音樂家莫札特，此時還一文不名，由於一再被自己的故鄉薩爾斯堡拒絕，才離鄉遠赴巴黎尋找機會。

不過，一向活潑愛玩鬧的他，這些天竟難得的顯得嚴肅而沮喪。原來，他的母親為了照顧他，與他一起旅居巴黎，卻不幸感染了可怕的疾病。這可憐的婦人先是頭痛，而後下痢，接著又畏寒、發燒……。

他開始在巴黎城匆忙奔走，滿心焦急地要為持續惡化中的母親找一個醫生。由於媽媽不信任法國醫生，這項任務變得格外艱鉅，何況這冷漠的城市，還不時會飄起陰冷的細雨。

費盡千辛，好不容易才將一位七十多歲的德國醫生請回家裡。

「醫生，酒不是用來暖身的嗎？」當老醫生將大黃根藥粉溶在酒中餵媽媽吃時，莫札特這麼問道。老醫生驚訝的回答道：「你怎麼會這麼認為？酒是用來提神的。水才是用來暖身的。」聽到水，病到不省人事的母親終於虛弱地開了口，表示想喝水。

莫札特高興地遞水給媽媽，見到她漸漸恢復體力，他鬆了一口氣。同時，為了安慰她衰弱的身心，他在心中盤算著一件事——運用他從小最令父母歡喜的音樂天賦，作一首曲子討媽媽歡心！

思索間，白天裡街頭響起的，那明麗的土耳其音樂瞬間竄進腦海，他立刻就著那濃烈的意象，著手譜寫了《A大調第十一號鋼琴奏鳴曲》。這首曲子舉世聞名，最膾炙人口的《土耳其輪旋曲》就在第三樂章中。土耳其軍樂隊那優雅的笛音和神采奕奕的鼓聲，化作孝心，換來他母親在病榻上安詳的微笑。

無奈不久後，母親還是客死異鄉了。上帝選擇在莫札特生命的低迷時刻，將她從他身邊帶走。像是燃盡的蠟燭，她完全失去了知覺。臨終前，她做了告解，用過聖餐，接受宗教的塗油禮，在獨生子的陪伴下，靜靜死去。

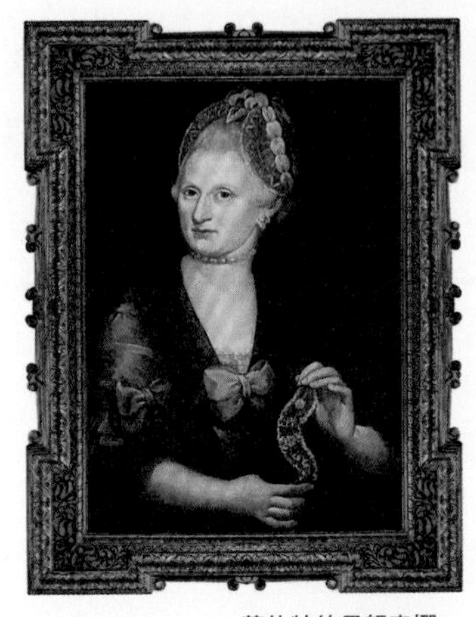

莫札特的母親安娜。

她與丈夫、兒女永訣前的最後五個鐘頭，莫札特一直握著媽媽的手，不斷地和昏迷的她說話，直到她斷了氣。

這是他一生中，所遭遇的第一次死別。

Wolfgang Amadeus Mozart

弦外之音

母親的巴黎終曲

1778年，父親囑咐莫札特與媽媽重返巴黎，他幼時曾以「神童」之名在此風光一時。然而此次，這城市卻對他的才華冷眼相待，到處都是難以下嚥的閉門羹，更糟的是他們陷於貧困，只能租一個陰暗狹窄的便宜房間，那裡甚至容不下他的琴。

莫札特的母親也十分痛恨這個地方，她在長途跋涉後已經疲憊不堪，來到巴黎後卻又吃不好，也喝不到純淨的水。她的健康，就在不如意中流失。

這是安娜生命中最後的時光，她過得孤單而鬱鬱寡歡。屋裡沒有琴，莫札特只好外出作曲，她整天看不到兒子，在這個城市也一人不識，都快忘記如何說話了。

安娜天天像犯人一樣，坐在陽光不太眷顧的房子裡，靠著微弱的光線勉強做一點編織。最後，她百般不願地離開了巴黎，與鍾愛的小兒子永別。其實，她始終和盼望莫札特出人頭地的丈夫不同，與天下的母親一樣，寧可他平凡，只願他快樂。她是個爽朗、誠實善良的婦女，和嚴肅、不苟言笑的丈夫恰好在性格上互補，莫札特性情中那股快活及幽默感，就是得自她的遺傳。

失去親愛的媽媽後，莫札特也永遠告別了巴黎，且不願再做長途旅行了。

g小調第四十號交響曲第一樂章

Symphony No.40 in g Major – Mvmt. I

莫札特（Wolfgang Amadeus Mozart , 1756 - 1791）

作品編號：K.550

首演時間：1791年4月

時間長度：約26分

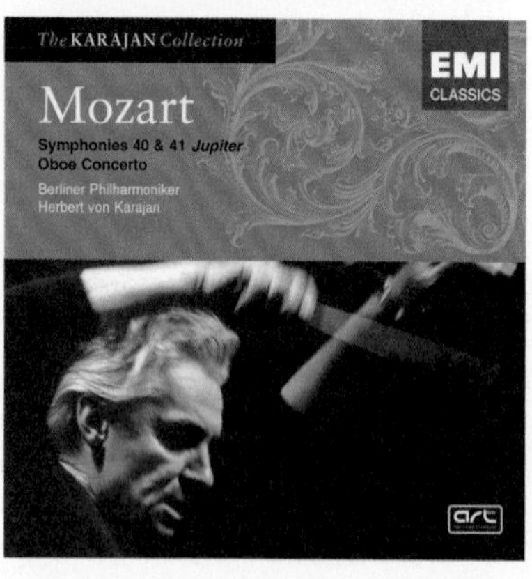

推薦專輯：Mozart：Symphony 40&41 Jupiter Oboe Concerto

演奏／指揮：Herbert von Karajan

專輯編號：7243 4 76892 2 EMI

1788年7月25日，莫札特花了兩週的時間完成了本曲，基本調性是抒情音樂，也隱含了如怨如訴的悲愴氣氛。在當時，這首歌曾經被人們稱做《維特交響曲》，因為它的音樂情緒，十分吻合當時知識分子對社會現狀腐敗和虛偽的不滿，而這種不滿正是歌德在著作《少年維特的煩惱》中所流露的；又因為音符裡所含的強烈情感，也被稱做是莫札特的《浪漫交響曲》。

跟莫札特三大交響曲的其他兩首比起來，第四十號確實比較特殊。第三十九號愉悅明亮，第四十一號雄偉壯麗，第四十號則顯得較為抒情，隱含淡淡的哀愁，這是因為採用g小調的緣故。

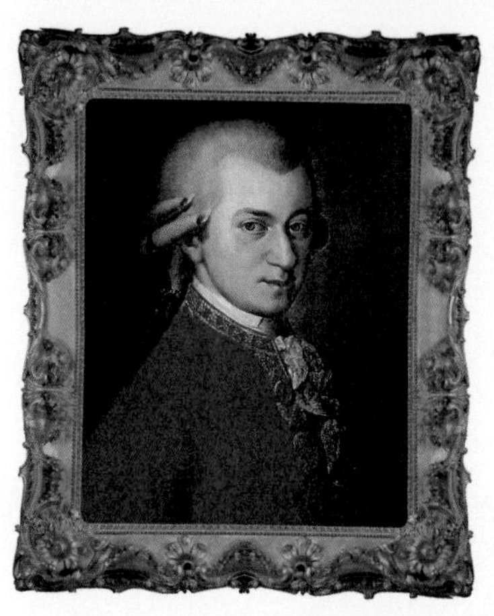

莫札特的肖像。

g小調通常感覺上較陰鬱，莫札特往往只有心情差到極點時，才會用g小調來創作，所以他g小調的作品也不多，但一出手就必定是傑作。除了K.478的《鋼琴四重奏》、K.516的《弦樂五重奏》與本曲之外，還有被稱做「小g小調」的第二十五號交響曲。

莫札特創作第四十號期間，在寫給朋友的信上曾提到：「那些陰暗的思緒如此頻繁的襲擊我，我曾做出巨大的努力來驅趕，心態會因此好轉。」可見曲子確實反映出他晚年生活不平順的苦惱。

在樂器的分布上，莫札特曾寫過兩個不同的版本。較早的版本沒有豎笛，後來莫札特為了讓兩位吹豎笛的好友也能參加演出，所以改寫了一個加入豎笛的版本，把原來的管樂部分做了調整。因為修訂版加上豎笛，管樂的部分更加熱鬧，因此一般音樂會上比較喜歡演奏修訂版。

這實在是一首扣人心弦的音樂，大多數人只要聽過一次，就會終身難忘。第一樂章哀傷不安的情緒跟第二樂章的安靜，形成強烈對比；第三樂章的小步舞曲好像把那種強烈的情緒壓抑下來了，卻在最後一個樂章狂野爆發出來，好像帶著永不停息的憤怒，這種起伏的落差，是莫札特作品裡難得見到的情況。

喜愛這首g小調的人很多，舒伯特也是熱愛者之一，據說，他每次一聽到這首曲子，眼眶便含著淚水，而且對人家說：「從這首交響曲中，可以聽到天使的聲音。」舒曼也曾讚美過這首曲子「洋溢著希臘式的優雅。」而研究莫札特的學者奧圖揚（Otto Jahn）則說這首曲子「是痛苦與哀傷的交響曲，最後樂章因悲痛而產生的亢奮，是莫札特所有交響曲中最激情的作品。」

Wolfgang Amadeus Mozart

弦外之音

少年莫札特的求婚記

世事多奇妙，少年莫札特生平第一次向女孩求婚，而那位讓他一見鍾情的女孩，竟是路易十五未來的兒媳婦。這段「求婚記」被莫札特的父親利奧波德完整紀錄在日記裡，似乎正符合這個做爸爸的內心期望……。

1773年，維也納的香布倫宮。奧地利女皇瑪麗亞．德蕾莎（Maria Theresa）以及她的子女，一起帶著她口中的「小魔術師」——曾經兩次來此表演的天才小音樂家莫札特，參觀皇宮。

走在光潔晶亮的宮殿大廳地板上，莫札特一個不慎，滑了一跤。這時，最小的公主瑪麗．安東尼（Marie Antoinette）伸出手，溫柔地將他扶了起來。十七歲的莫札特被這個與他同齡的女孩感動，從沒有貴族皇室的成員，對他如此親切友善。他脫口說出：

「妳真好，要是能跟妳結婚，那我真是太幸運了！」可愛的瑪麗公主笑而不答，莫札特說完，便投入她的懷裡，親吻了她。命運弄人，這善良美麗的公主，長大後遠嫁法國，成為法王路易十六的王后——著名的瑪麗皇后，在凡爾賽宮度過奢華的前半生，到了法國大革命時，不幸和丈夫一塊被他們的子民送上了斷頭台。

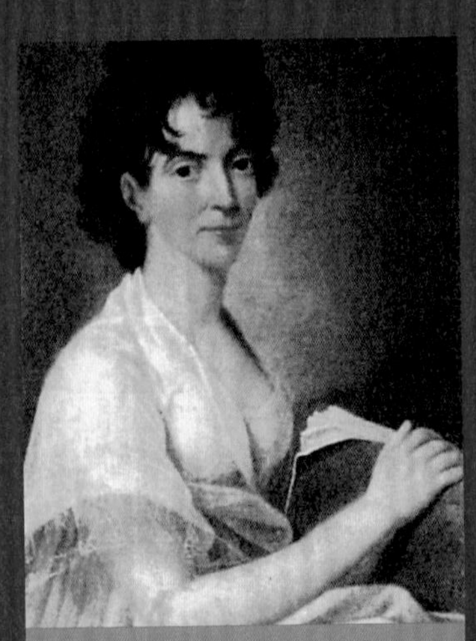

莫札特沒娶到公主，但娶了真正愛他的女人——康絲丹彩。縱使父親反對，莫札特還是結了婚。夫婦生活美滿，就算在窮困中也互相扶持。莫札特過世時，康絲丹彩年僅二十八歲。她中年時嫁給丹麥外交官尼森，兩人共同撰寫了《莫札特傳》，為後人留下珍貴的資料。

《荒山之夜》
A Night On Bald Mountain

穆索斯基（Modest Petrovich Mussorgsky , 1839 - 1881）

創作年代：1867年

長度：約10分55秒

樂器編制：交響樂團

曲式：交響曲

出現於：動畫電影《幻想曲》

在作曲家穆索斯基原作中，荒山之夜就是俄曆6月25日的聖約翰克里索斯東節（St. John Chrysostom）晚上，是魔鬼、女巫等黑暗勢力最猖狂的時候，原作在收場前以極大的篇幅描寫群魔亂舞的恐怖景象，後來還成為迪士尼卡通《幻想曲》（Fantasia）這部電影發揮的主題。穆索斯基對於光明勢力最後終於戰勝黑暗勢力，並未多加著墨，但為了突顯正義征服邪惡，他加進了舒伯特的《聖母頌》，以符合四〇年代人們的期望。

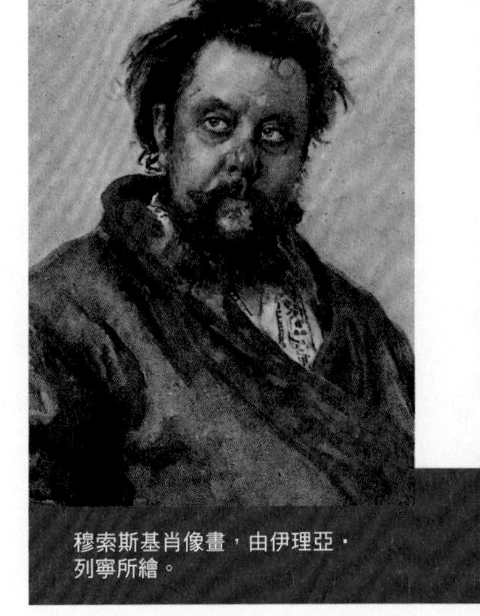

穆索斯基肖像畫，由伊理亞·列寧所繪。

這首曲子共有兩個版本，第一個版本名為《荒山上的聖約翰之夜》，是穆索斯基根據俄羅斯傳奇故事和文學中的女巫安息日所寫的交響曲，這首俄國音樂史上第一首交響詩作品於1867年完成，同年6月23日首演，當天正是俄曆的聖約翰之夜。第二個版本就是眾所熟知的《荒山之夜》，不過穆索斯基並未聽過這個版本，因為這是穆索斯基過世後，他的好友──「俄國五人組」中最擅於編曲的林姆斯基·高沙可夫，根據《荒山上的聖約翰之夜》重新改編的版本，在1886年收錄於《管弦樂幻想曲》出版。

這首曲子原本打算當作一部歌劇的序曲，穆索斯基以俄國小說家果戈爾（Gogol）的短篇故事《聖約翰之夜》為主題，預計寫出一部三幕歌劇，由於小說內容描述魔鬼和巫術非常血腥，1858年穆索斯基和果戈爾討論改編事宜後，此事就無疾而終沒有下文。1860年穆索斯基又想以女巫安息日為主題，寫一部名為《女巫》的歌劇，後來這個寫作獨幕劇的計畫也是戛然而止，從此未曾再被提起。

穆索斯基聆聽李斯特結合鋼琴和管弦樂所寫《死之舞》（Totentanz）交響詩後，宣布將以荒山之夜為主題，寫一部同樣以鋼琴和管弦樂譜成的交響詩，但手稿似乎並未保留下來，因此無從知曉與判斷此作是否曾經存在過。到了1867年第一個版本《荒山上的聖約翰之夜》終於問世，但是「俄國五人組」的導師巴拉基雷夫給予負面評價，讓穆索斯基大感挫折因而擱置作品。

直到1872年，穆索斯基將之改寫成供合唱團與管弦樂團合作的間奏曲，放進芭蕾歌劇《姆拉達》（Mlada）第三幕，遺憾的是歌劇並未完成，這個合唱版本當然從此無人聞問。之後，在1880年穆索斯基再度將此曲編為歌劇《索羅欽希市集》（Sorochintsi Fair）第一幕的間奏曲，不料隔年穆索斯基過世來不及完成作品，最後在林姆斯基．高沙可夫重新編排下，成為我們熟知的版本《荒山之夜》。這個最受歡迎的版本，並非全然根據1867年穆索斯基的版本，更沒有參考穆索斯基跟他提過的另一個合唱版本，是林姆斯基．高沙可夫依據直覺修訂的作品。

林姆斯基．高沙可夫的版本出版時，還附了樂曲解說大略描述音樂中的情節：在基輔附近的一座荒山上，從地底傳來異界的聲響，黑暗的精靈湧現了，隨之而來的是慶祝黑彌撒的盛典。女巫的安息日到來，但遠處教堂的鐘聲不久即將響起，黑暗的精靈於是退散，白晝跟著來臨。

其實，才華洋溢的穆索斯基是「俄國五人組」中最具影響力的一位，但是他的影響力在去世後才間接發揮，並非生前就為人所發現。穆索斯基生前與同為五人組成員的林姆斯基．高沙可夫最為親密，兩人的出生背景相似、音樂理念都具獨立創見，這兩位摯友的作品一致廣受後人肯定，聲名也同樣備受後世矚目。

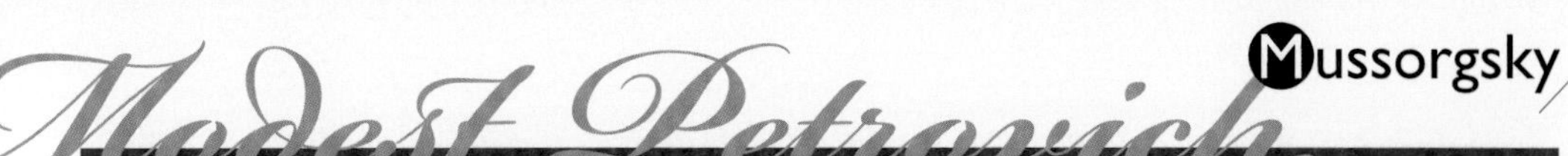

作曲家小傳

穆索斯基（Modest Petrovich Mussorgsky）
1839年3月21日出生於卡列輔（Karev），
1881年3月28日逝世於聖彼得堡。

穆索斯基家境富裕，從小就學習鋼琴，十一歲時已經登台演奏愛爾蘭鋼琴家約翰·菲爾德（John Field）的鋼琴協奏曲。穆索斯基擁有驚人的天資，可是他天生叛逆總是氣走鋼琴老師，以致他優異的音樂才能沒有即早被發掘。

穆索斯基十歲時隨著家人遷往聖彼得堡，然後進入軍事學校，在學校老師的引導下，認識了俄羅斯古老的教堂音樂，他十七歲投身俄國禁衛軍，學會了俄國軍人的酗酒惡習，這個習慣日後竟成為他致命的原因。這時，穆索斯基還遇見了鮑羅定，並透過他認識了聖彼得堡的其他俄國作曲家，如達葛密須基（Dargomizhky）、庫伊（Cui）、巴拉基雷夫等人。

之後，他開始追隨巴拉基雷夫學習作曲，寫下兩首現已遺失的鋼琴奏鳴曲，同時創作藝術歌曲並展現驚人的獨創力和俄國色彩，在和弦與調性運用上更是令人激賞。然而，這般前衛的作法卻無法獲得同時代的人理解，反而視之為缺乏音樂素養與創意枯窘的代表。

穆索斯基在軍中待了兩年，終於確定自己並不適合軍旅生活，他那種浪漫不羈的天性，根本就是用來創作、冥思的，他將英國詩人拜倫的浪漫詩作《曼夫雷特》（Manfred）視為聖經，夜夜吟詠詩句才能入睡。隨著內在自覺日益醒悟，穆索斯基越來越難與外界溝通並顯露強烈的防衛色彩。1861年沙皇亞歷山大二世解放了農奴，原為地主的穆索斯基一家於是淪為一貧如洗的平民百姓，穆索斯基只好在政府機關擔任書記工作以糊口，這工作還成了他後半輩子賴以維生的憑藉。

從此，穆索斯基和五名年輕創作者同住，並動手創作第二幕歌劇但未竟全功，1865年他開始受長年酗酒的遺害所苦，康復後他搬去與哥哥同住。他最輝煌的創作時期於焉到來。他寫了一系列俄文藝術歌曲，深度與旋律性均可媲美舒伯特或布拉姆斯，然後寫下了畢生傑作《波里斯·郭德諾夫》（Boris Godunov）。此劇兩度送往皇家歌劇院都遭退回，但穆索斯基毫不氣餒繼續創作歌劇《霍凡希納》（Khovanschina），在1873年幸運之神降臨，《波里斯·郭德諾夫》終於演出並大獲好評。然而，1879年他嚴重酗酒被解雇，只好委身擔任歌手的伴奏，朋友們紛紛捐款救助，他深受鼓舞而創作不輟。

可是在1881年2月隆冬之際，他被房東趕出公寓染上嚴重風寒，隔月就病死在軍醫院中，享年四十二歲。他的好友林姆斯基·高沙可夫將《波里斯·郭德諾夫》重新配樂，還有俄國指揮家庫賽維茲基（Koussevitzky）委託拉威爾將鋼琴曲《展覽會之畫》改成管弦音樂，才讓穆索斯基在後世享有盛名。

《展覽會之畫》組曲

Pictures at an Exhibition

穆索斯基（Modest Petrovich Mussorgsky , 1839 - 1881）

創作年代：1873年

出現於：前衛搖滾團體Emerson , & Palmer演唱版本

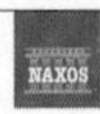

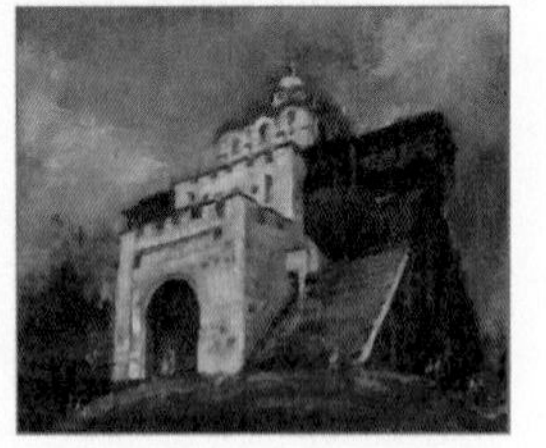

推薦專輯：Mussorgsky : Pictures at an Exhibition

演奏／指揮：José Serebrier

專輯編號：8.557645 Naxos 金革

喜歡音樂的你，也喜歡繪畫嗎？如果答案是肯定的，那麼這次你走運了！接下來要介紹的這首曲子正是將畫布上的風景與音樂結合為一的名曲《展覽會之畫》，若你是視覺與聽覺同樣敏銳的類型；有實際在畫廊參觀畫展的經驗，那麼一定會對這一闕組曲格外的「有感覺」。怎麼樣，感覺來了嗎？請繼續看下去吧。

1873年，穆索斯基的畫家好友哈特曼因病去世，隔年穆索斯基與朋友們為哈特曼舉辦了一場遺作展。看完展覽之後，穆索斯基覺得用音樂來紀念這位朋友與他的遺作，是最有意義的方式，於是他挑選了其中印象最深刻的十幅畫，將繪畫一一轉為旋律寫成了十首鋼琴獨奏小品，並用「漫步」這個主題為間奏，串連起每一首曲子。後來素有「管弦樂魔法師」之稱的拉威爾將鋼琴曲改編為管弦樂組曲，首演後大獲好評，現今我們所聽到的鋼琴獨奏或管弦樂版本，在演奏會上均同樣受到歡迎。

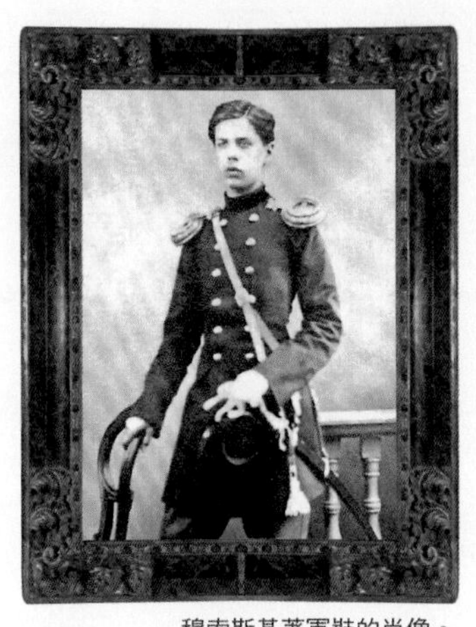
穆索斯基著軍裝的肖像。

樂曲由「漫步」主題展開，小喇叭以明亮的聲響率領銅管部門奏出悠閒的漫步，帶領大家細細欣賞今日的藝術盛宴，而「漫步」這個進行曲主題還以變奏形式作為每一幅畫作的前導，如同欣賞了一幅畫後稍作喘息調整心情，再以輕鬆的步伐走向另一幅作品。

在第一幅畫「侏儒」中，我們可以聽見猛烈的鼓聲以及一些哀傷悲涼的曲調，描寫矮小侏儒以古怪的姿勢走路的模樣，充滿陰森怪誕的氣氛。

「古堡」以薩克斯風將我們引領到一座中世紀古堡，那兒有一位唱著歌的田園詩人，曲風頹廢、感傷、懷舊，又帶著一點浪漫情懷。

「御花園」中有孩子們天真無邪的笑靨，此曲節奏輕快明亮，還可以聽見木管模仿小朋友在花園中玩耍嬉笑的聲音呢！

「牛車」這幅畫是描寫波蘭鄉村的大車輪牛車在小路上緩緩前行的樣子。低音管吃力的不斷反覆，小鼓輪鼓聲是車輪壓著碎石路的聲響，讓人感到一股老牛拖車的沉重壓力。

「雛雞之舞」在《展覽會之畫》組曲中算是當紅的曲目，它描寫小雞啄破蛋殼，在嶄新世界快樂得跳舞，巴松管與弦樂的急速顫音像小雞慌亂又滑稽的動作，十分討喜可愛。

「猶太人」以兩種不同的音色代表富人胖子與窮人瘦子的對話，弦樂合奏是胖子粗魯的威嚇聲；裝著滅音器的喇叭則代表瘦子卑微的回應，極盡幽默諷刺。

「利莫基市場」以熱鬧的管弦樂象徵市場的喧囂嘈雜，是一段活潑有朝氣的音樂。

「墓窟」剛好與前一段熱鬧的音樂形成對比，這是一幅藝術家舉著小燈觀看地下墓穴的圖畫，陰森的音樂以慢板奏出，營造了好一股恐怖氣氛。

「雞腳上的小屋」這是俄國童話中巫婆巴巴・牙加的小茅屋，哈特曼的畫作中設計了一個座落在雞腳上的鐘錶造型房子，曲風充滿了童話風格，號角聲是騎著掃把飛翔的女巫。

「基輔城門」則是根據畫中俄羅斯風格的城門所寫的終曲。在拉威爾版本中有雄壯的號角與管弦樂代表厚實的城牆，還有歡欣的節慶音樂與教堂肅穆的鐘聲。作曲者以讓人屏息的「基輔城門」向聽眾道別，也以凱旋式的高潮為哈特曼實現了夢想。

A B C D E F G H I J K L M N O P Q R S T U V W X Y Z

歌劇《霍夫曼的故事》之《船歌》

Les contes d'Hoffmann - Barcarolle

奧芬巴哈（Jacques Offenbach，1819 - 1880）

創作年代：1880年（未完成）

出現於：電影《美麗人生》、《鐵達尼號》

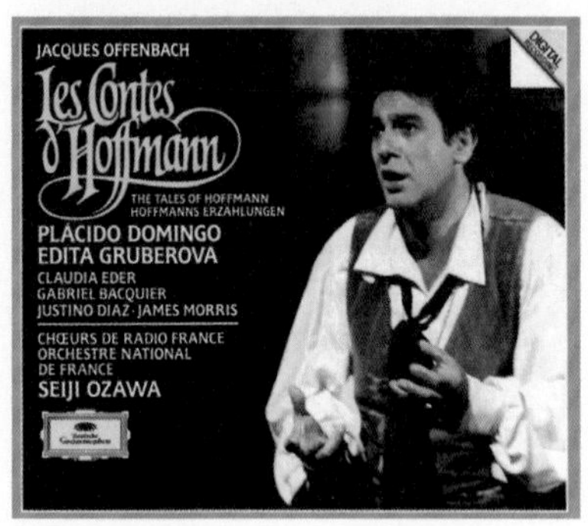

推薦專輯：Offenbach：Les Contes d'Hoffmann

演奏／指揮：Seiji Ozawa / Placido Domindo

專輯編號：028942768222 DG 環球

奧芬巴哈是法國浪漫樂派的作曲家。顧名思義，「浪漫樂派」的作品講求浪漫隨性、自由任意的表現，樂曲的旋律通常飽含豐富的感情。有一次奧芬巴哈正乘著小船，在夕陽下閒適地隨著湖水擺盪。突然他靈光一閃，急急忙忙拿著筆把腦中的旋律記錄下來。這段旋律後來被用在歌劇《霍夫曼的故事》中，是全劇最經典的歌曲之一（這個故事給我們的啟示是：如果你是作曲家，即使泛舟也務必記得隨身帶筆）。

《霍夫曼的故事》是描寫詩人霍夫曼三段充滿奇想的愛情故事，這齣歌劇在風格上屬於較為輕鬆通俗的「輕歌劇」，全劇三幕分別描述霍夫曼與三個女人（更正確的說法是一個女機器娃娃與兩個女人）的愛情故事。奧芬巴哈為這齣歌劇投注了全副精力，他最後的心願就是看到這齣歌劇上演，可惜事與願違，《霍夫曼的故事》在奧芬巴哈去世四個月後才得以正式登上舞台。不過，這齣歌劇活潑的劇情與優美的曲調，在上演後立刻受到許多觀眾的熱烈歡迎，直到今天，仍是世界各大劇院經常演出的曲目。

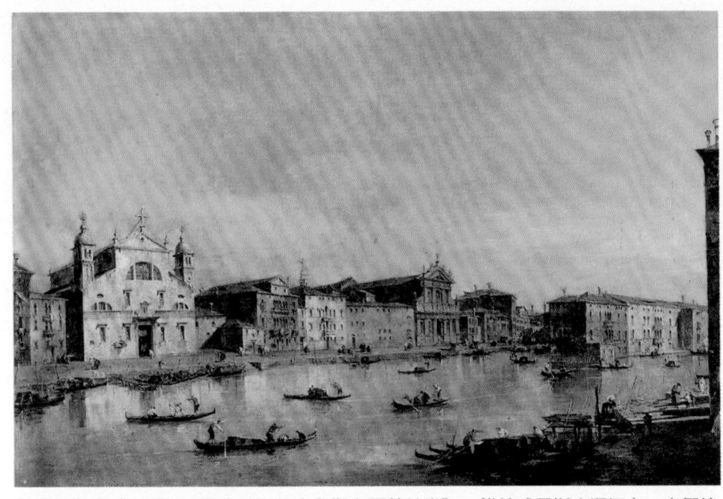

瓜第的名畫《大運河、聖盧西亞教堂與斯卡爾其教堂》，描繪威尼斯大運河上，人們搖著小船來回往返的悠閒情景。

Jacques Offenbach

《霍夫曼船歌》描述劇中男女主角泛舟於威尼斯的河道上，河岸風光與濃情蜜意讓男主角情不自禁高歌起來，歌曲甜美溫柔，與河水波動的韻律融合為一，扣人心弦。這段優美的樂曲曾被改編為管弦樂曲與各種器樂曲，無論以何種樂器詮釋，它所洋溢的浪漫與悠閒氣氛，始終廣受大眾喜愛。

弦外之音

船歌（Gondoliera）

這類樂曲是模仿船隻在河面上擺盪的韻律，曲風柔美舒緩，節奏輕快流暢，通常以6/8或12/8的拍子寫成。以這種曲式譜寫情歌或抒發感情，最適合不過。另一首經典的船歌，是孟德爾頌《無言歌》集的三首《威尼斯船歌》。

A B C D E F G H I J K L M N O P Q R S T U V W X Y Z

歌劇《天堂與地獄》之《康康舞》

Orpheus in Underworld – Can Can

奧芬巴哈（Jacques Offenbach , 1819 - 1880）

長度：約2分30秒

樂器編制：管弦樂團

曲式：管弦樂曲（輕歌劇）

《天堂與地獄》，是德國輕歌劇作曲家奧芬巴哈以法文劇本寫成的法文輕歌劇。此劇是歷史上第一齣完整的輕歌劇作品，在此之前，因為法國政府對於特定類型的音樂作品有時間長度的限制，奧芬巴哈的早期輕歌劇作品都只有獨幕。這是奧芬巴哈第一次採用希臘神話作為歌劇體裁，之所以會用這個題材，是為了調侃、挖苦五十年前葛路克的成名歌劇《奧菲歐與幽莉蒂絲》（Orfeo ed Euridice），所以他故意將這麼古老、經典的愛情故事改編得淫猥不堪，並讓全劇的最高潮不是落在奧菲歐與心愛妻子的分別，而是後世著名的康康舞（其實康康舞是誤植，這段音樂正式的名稱是「地獄快步舞」galop infernal）。也因為奧芬巴哈這大膽下流的安排，首演時許多沒有心理準備的觀眾都受到驚嚇，誰也沒有想到這樣經典的體裁，竟然會以低俗肉慾的大腿舞作為高潮。後代的法國人很能欣賞奧芬巴哈的這種低級趣味，他們認為這是真正的幽默，因為他把嘲諷和低俗作了清楚的區隔，會看不起這種劇的人，只有自命清高的學院派。

此劇首演時並不算成功，但是媒體和評論家自以為是的全面撻伐，卻反而為它帶來了知名度，並引起民眾的好奇心，爭相前往欣賞，造成了一票難求的情形。而劇中的這首《康康舞》，更因此大為轟動，連作曲家聖桑也在作品《動物狂歡節》中借用了旋律，將之速度放慢後，就是「陸龜」這段的旋律。這首康康舞，出現在劇中第二幕第二景。

《天堂與地獄》的故事，與我們一般知道的希臘神話「奧菲歐與幽莉蒂絲」不同，它講述的是幽莉蒂絲和奧菲歐雖然是夫妻，幽莉蒂絲卻愛上住在隔壁的牧羊人阿力斯泰，而奧

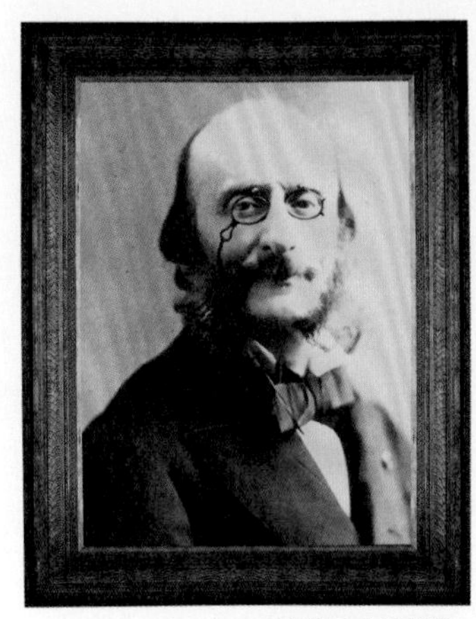
奧芬巴哈的肖像。

菲歐則愛上牧羊女克羅伊。有一天，奧菲歐誤將幽莉蒂絲當成克羅伊，事情就爆開了。幽莉蒂絲要求離婚，奧菲歐卻怕被外人議論，就用小提琴折磨幽莉蒂絲，因為幽莉蒂絲最恨小提琴的聲音，藉此掩蓋事態。

幽莉蒂絲的情人牧羊人阿力斯泰，其實是冥王假扮的，幽莉蒂絲發現了奧菲斯要謀殺阿力斯泰的計畫，殊不知這是丈夫和冥王預謀要殺她的計畫，因為殺了她，她才能真的入地府成為冥王（也就是阿力斯泰）的妻子。他們設了一道陷阱要陷害幽莉蒂絲，冥王進入陷阱，安然無事，兩人便引誘幽莉蒂絲走進去，果然她就死在陷阱裡。

詭計成功後，冥王現出真面目。沒想到幽莉蒂絲竟得意地說，死掉也沒什麼不好，尤其如果冥王愛的是你的話。他們倆就雙雙入了地獄，幽莉蒂絲並留了字條給奧菲歐，告訴他自己被人綁走了。本來一切發展到這裡都很順利，誰知輿論看不下去，逼迫奧菲歐要下地府去救妻子，百般無奈的奧菲歐只好去了。

第二幕，愛拈花惹草的天神朱彼特介入，把局面搞得更混亂。他變成一隻金蒼蠅來到地府，鑽進鑰匙縫中，去見門內被囚禁的幽莉蒂絲。沒想到兩人一見面又天雷勾動地火，唱起一段愛的二重唱，但曲中朱彼特的部分卻只能發出嗡嗡嗡的聲音，因為他還是一隻蒼蠅。

接著，他現出真面目並承諾要救出幽莉蒂絲。這時天國眾神也來到地府大肆慶祝，幽莉蒂絲假扮成酒神混入其中。正當朱彼特要趁亂偷運幽莉蒂絲出地府時，大家卻說要一齊跳支舞。朱彼特只會跳小步舞曲，大家覺得他很無趣，於是他們決定跳康康舞——眾神就在地獄跳起狂歡大腿舞，此即全劇最有名的舞蹈。

這時，鬱鬱寡歡的小提琴聲響起，奧菲歐到了，但朱彼特另有所圖，他不想讓這對夫妻團聚。奧菲歐找到幽莉蒂絲，要帶她回人間。本來按照傳說，兩人在回程的路上絕不能回頭，否則幽莉蒂絲會再度摔回地府，於是輿論在一路上緊盯著他，怕他作弊回頭，故意把幽莉蒂絲又送回地府。不料朱彼特施了詭計，射出一道閃電，嚇了奧菲歐一跳——他回頭看了一下，幽莉蒂絲又掉回地府。這樣的結局就是大家都乘了心願，最後全員又一起跳了這首《康康舞》。

既然在原劇中沒有出現「康康舞」這個字，為什麼後世會習慣叫此曲為《康康舞》呢？康康舞原是1890年代流行的大腿舞，舞者排成一排，下身穿著澎澎裙、裡面有襯裙、腿上再套上黑色絲襪，跳舞時故意撩高裙子，藉著踢高腿，勾人遐想。

後來，經常有人用奧芬巴哈這首《地獄快步舞》當作康康舞的旋律，才讓人誤以為此曲的曲名是《康康舞》。康康這個字（can-can）是法文「閒聊」或是「道人是非」的意思，康康舞就是「跳了以後會被人說是非的下流舞步」。巴黎紅磨坊（Moulin Rouge）俱樂部在1920年代大行其道時，康康舞成為他們的招牌秀，從此康康舞、紅磨坊和這首《地獄快步舞》就成為同義字了。

《布蘭詩歌》

Carmina Burana

奧福（Carl Orff , 1895 - 1982）

創作年代：1936年

出現於：電影《門》、《光榮戰役》、《獵殺紅色十月》

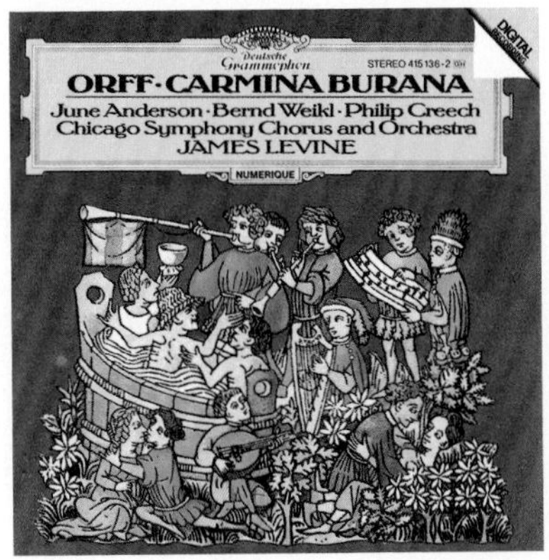

推薦專輯：Orff : Carmina Burana

演奏／指揮：James Levine

《布蘭詩歌》有一個著名的、無比撼人的開場白——「命運，世界的女神」，第一次聽到曲中命運巨輪不斷往前滾動的聲音，以及用人聲與急促的音響來吟唱史詩般的命運之力，聽眾們大概會以為這套合唱曲應該是古意盎然的中世紀宗教音樂，但事實上，它的內容不但充滿了七情六慾的俗世題材，它更是一部二十世紀才誕生的非宗教式清唱劇。不過由於《布蘭詩歌》充滿了創意與聯想的音樂內涵，近年來它已成為許多電影、舞蹈、廣告、甚至是流行音樂取材的對象了。

《布蘭詩歌》的作曲者卡爾奧福是德國作曲家，他的創作常取材自神話、歷史故事或民間傳說，具有十分鮮活的生命力與戲劇色彩；他擅長使用強有力的節奏來撼動聽眾，對於音樂與戲劇的結合亦頗有心得。但奧福在音樂上的成就不僅只是他的音樂創作，事實上，奧福還是二十世紀著名的音樂教育家呢！他設計了一套「奧福啟蒙教學」的教材，讓兒童藉由音樂與舞蹈的即興創作來發現自己的潛能，並且提倡各種適合兒童使用的「奧福樂器」，這套音樂教學法至今在世界各地仍普遍被採用與推廣呢！

為什麼一部二十世紀的創作卻充滿了掩不住的古色古香呢？原來《布蘭詩歌》的詩文早在中世紀便誕生了：1803年，考古學者在德國布蘭本篤修道院發現了兩百多首創作於十世紀末至十三世紀初的詩歌，這些詩歌的作者是當時的流浪學者與修道士，而內容則是修道士的經文與充滿人情味的抒情詩。

1847年，許梅勒將這些詩歌編輯整理並加以出版，並題名為《布蘭詩歌》。奧福在1935年接觸這套詩集後，深深被詩集裡包羅萬象、既俗世又放蕩的內容給震撼了，他選取了其中二十四首詩加以配樂，隔年《布蘭詩歌》首演後，它便讓奧福在樂界一舉成名，並成為二十世紀最受歡迎的合唱與管弦樂作品之一。

《布蘭詩歌》以「命運，世界的女神」作為序曲與終曲，中間則包括了三個主要樂段：歌頌大自然、生機蓬勃的「初春」；飲酒作樂、諷刺教會的「在酒館裡」；以及描繪情慾享樂的「求愛」。奧福深刻體會原詩豐富的意象，用簡單的形式、絢爛多樣的打擊樂、充滿生命力的歌聲，與層次分明的架構來處理這套合唱曲，對於掌握詩文的情調相當出神入化。

曾被麥克傑克森選為演唱會揭幕曲的《命運，世界的女神》唱道：「喔！命運，變幻無常就像月亮，有時盈滿、有時虧缺。可恨的人生，先是坎坷，後又平順，就像被命運玩弄於股掌間……」。定音鼓強烈而頑固的打擊象徵「命運的巨輪」，短促而反覆的合唱曲調張力十足，像是主宰命運的巨輪不斷往前滾動，這段音樂充滿了力道與戲劇性，聽過的人莫不被其中神祕奧妙的命運之力撼動萬分，也難怪就連流行歌手的演唱會也相中它無比的感染力，而把古典融入流行的現場了。

奧福為《布蘭詩歌》加了一個副標題：「為獨唱家、合唱團、器樂和魔幻布景所做的俗式歌曲」，由此可以想像這是一套內容相當豐富的合唱曲，尤其絢麗多姿的管弦樂與大量的打擊樂更讓整首樂曲磅礡華麗；諷刺的主題、輕浮的歡樂、對人生的讚美與對命運的怨恨，全都包容在古老又現代的《布蘭詩歌》之中了。

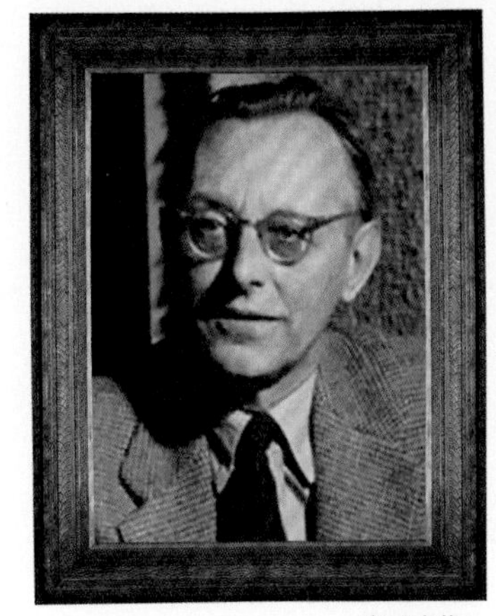

奧福肖像。

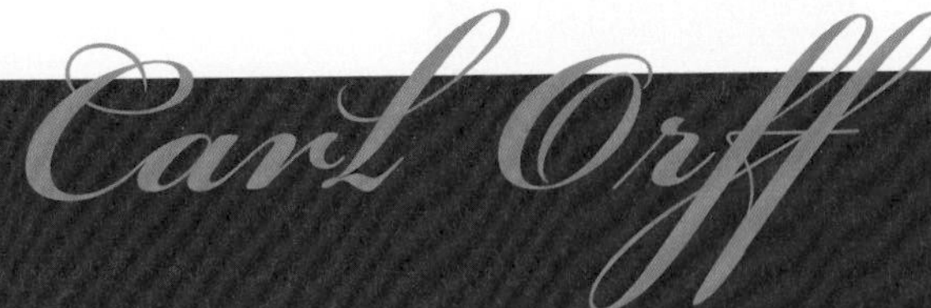

弦外之音

奧福教學法

卡爾奧福創立的「奧福教學法」已得到世界各地音樂教師與愛樂者的肯定與推崇，究竟這套音樂教學法有何可貴與特殊之處呢？

1. 奧福教學與單調的音樂訓練完全不同，它強調「人」才是音樂教育的目的，不但尊重每個孩子的特質，更希望藉由適當的引導，讓孩子發揮可貴的潛能，充分展現自我。
2. 重視學生創作能力，以即興創作的原則鼓勵學生發表、刺激學生思考，並學會欣賞與溝通。
3. 強調本土化，每個國家都有珍貴的文化教材，希望教師取材當地的兒歌、舞蹈、民謠或遊戲來編製教材，以延續各國獨特的音樂特色。
4. 給予學生許多合奏的經驗，讓他們體驗合作、協調的重要性，並感受團體演奏的樂趣。
5. 使用各種有趣的打擊樂器來進行節奏教學，模仿、頑固伴奏或說白節奏也經常被運用。
6. 循序漸進的教學過程培養學生對音樂敏銳的感受力：包括音準、旋律與節奏。最重要的是藉由各種身體律動與接觸各式樂器，讓學生建立起自信、勇於嘗試並能發自內心喜愛音樂。

奧福教學法聽起來如此人性又有趣，如果能夠親身接觸，你是不是也想馬上回到童年，重新感受音樂教育帶給生命的美好與豐富呢？

A
B
C
D
E
F
G
H
I
J
K
L
M
N
O
P
Q
R
S
T
U
V
W
X
Y
Z

《卡農》

Canon

帕海貝爾（Johann Pachelbel , 1653 - 1706）

創作年代：約1680年

出現於：電影《凡夫俗子》、《我的野蠻女友》

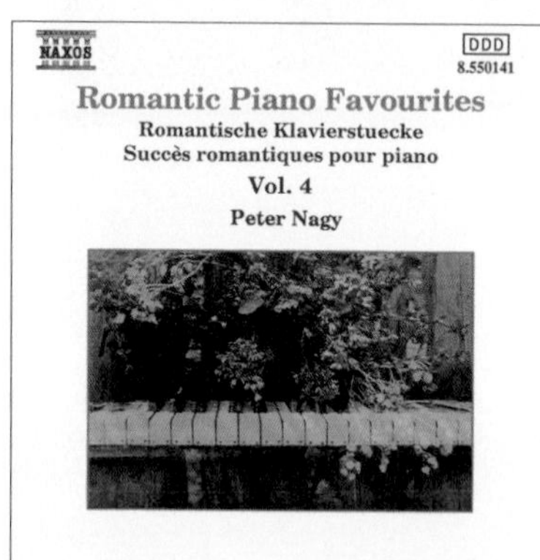

推薦專輯：Romantic Piano Favourites

演奏家：Peter Nagy

專輯編號：8.550104 Naxos 金革

看過韓片《我的野蠻女友》嗎？劇中率直美麗的女主角要求犬友（即耐摔耐打的憨直男主角）在他們相識的第一百天親手獻上一朵玫瑰，而且必須在眾人的注目中完成這項任務。當天，她將坐在舞台上鋼琴前彈奏著音樂——《卡農》，在音樂與同學的見證下得到祝福。相信看過此劇的人都對這浪漫美好的一幕印象深刻，當這首《卡農》從女主角的手中流瀉而出時，也一定打動了所有觀眾的心。音樂無言，卻已表達了一切，這就是心動的感覺；是戀愛獨有的氣味；是幸福的主打歌；是滿溢的甜蜜滋味。

「卡農」基本上不是這首曲子的名字，它指的是一種曲式，字面意思是「輪唱」，也就是有數個聲部的線條依次出現，這幾個聲部的旋律是一模一樣的，但是一個聲部接著一個聲部，互相追隨反覆，給人一種連綿不斷的感覺。難怪《卡農》除了是曝光率極高的電影配樂外，也時常在婚宴中派上用場，因為大家總是希望幸福能長長久久、連綿不斷啊！

五分鐘的卡農小品簡單樸實，但它的結構縝密嚴謹，充分展現對位法的秩序與平衡。低音部由八個相同旋律的音符作頑固伴奏，主旋律則在其上規律緩緩前行。這種作曲方式比較接近數學，一個音對一個音，層層堆疊又各自發展，與浪漫樂派的暗潮洶湧有著截然不同的美感。如此節制的曲式、如此精密的計算、如此含蓄的表達，卻共同構織了如此澎湃的美感。何謂讓人一見鍾情、百聽不厭的曲子？我們反覆思量之下，恐怕非《卡農》莫屬了！

《卡農》的作曲者帕海貝爾生於1653年（也就是説連「音樂之父」巴哈都得尊稱他一聲「叔叔」或「大伯」呢！），他是巴洛克時期一名管風琴大師，曾寫過無數首富麗堂皇的教會音樂，但最後真正使他名垂青史的，卻是這首溫馨可愛的小品《卡農》！《卡農》三百多歲了，真是一首「古典中的古典」。音樂永恆的美也就在此吧！聖潔的《卡農》不染塵埃，我們預言它的魅力將會持續穿越無數個世代，飄散在每一個需要感動的角落。

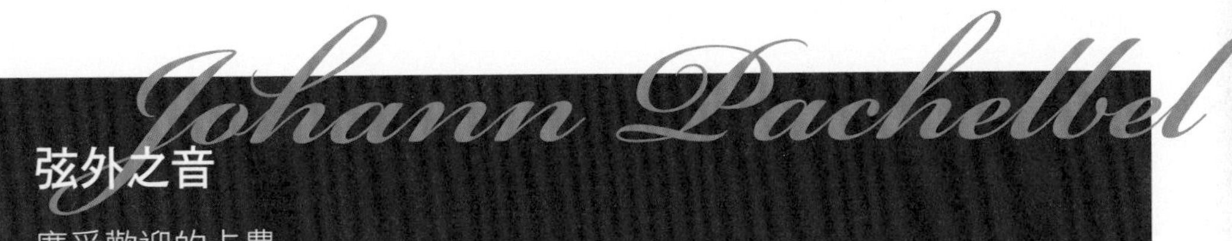

弦外之音

廣受歡迎的卡農

《卡農》真的是一首非常受歡迎的曲子，曾獲奧斯卡最佳影片獎的《凡夫俗子》就是以這首曲子為配樂，這部電影將《卡農》帶入了人們的生活之中，從此《卡農》不再是曲高和寡的高價位古典唱盤，它真正成為我們生活中的一部分。從手機鈴聲、廣告配樂，到書店、花坊、婚宴等場合的背景音樂，甚至是牙醫正為你進行拔牙的服務時（如果這時意識還清醒的話），不要懷疑，貼心的護士小姐為您播放的也許正是能舒緩神經的《卡農》！

這首曲子的改編版本也真是琳瑯滿目，幾乎任何你想得到的樂器都有可能被拿來演奏《卡農》。其中最著名的除了原味原汁的弦樂版之外，銅管五重奏、長笛、鋼琴、豎琴、吉他，甚至是人聲的詮釋，都一樣的優美動聽。

多樣的《卡農》、神出鬼沒的《卡農》，讓全世界無數的卡農迷們樂此不疲、衝鋒陷陣、廢寢忘食忠實地追尋它的蹤跡。

《卡農》的曲譜結構。

《基傑中尉》之《基傑的婚禮》

Lieutenant kije - Lt.Kijé's Wedding

普羅高菲夫（Sergey Prokofiev ,1891 - 1953）

長度：約3分

樂器編制：管弦樂團

曲式：管弦樂曲（電影配樂）

出現於：電影《擋不住的來電》

《基傑中尉》是普羅高菲夫1934年為同名電影所譜寫的配樂。這部電影描寫有一次沙皇聽文書官報告時，誤聽了中尉一詞（原本文書官是唸「凡是中尉」，但在講中尉一詞時，將原本音節說得慢了些，讓沙皇錯把一個字聽成兩個字，竟成了「基傑中尉」），而無中生有創造出一位名叫「基傑」的虛構人物。既然沙皇說有這一號人物存在，文武百官不敢稍有違逆去糾正沙皇，只好將錯就錯讓這個位虛構中尉繼續存在下去。

虛構的基傑中尉在電影中還被迫頂替罪名，並奉旨流放到西伯利亞。不料，此時劇情急轉直下，沙皇堅信這位中尉是他的救命恩人，所以讓基傑中尉莫名其妙成了親，然後一路生出孩子、晉升高官，全都是因為沙皇一句話。最後，沙皇認為這樣一位高官應該戰死沙場為國捐軀，以獲頒國家最高獎章，而在沙皇的杜撰下，虛構的基傑中尉當然只好殉職了。

原作是俄國小說家泰尼亞諾夫（Yury Tynyanov）在1927年寫成的短篇小說，旨在諷刺沙皇獨裁、無人敢指責錯誤，諷刺的對象是沙皇保祿一世。1933年由蘇聯導演芬辛默（Aleksandr Fajntsimmer）改編成電影，並聘請當時人在巴黎的普羅高菲夫譜寫配樂。後來，普羅高菲夫為了讓世界各地的聽眾聽到這音樂，抽出精彩樂段改寫成音樂會組曲。組曲有兩種不同版本，一種是聘得到男中音的版本，另一種則是聘不到男中音改採薩克斯風演奏的版本，這個版本在1937年於巴黎首演。

普羅高菲夫知名的旋律，日後在流行音樂圈風行。史汀在1965年暢銷歌曲

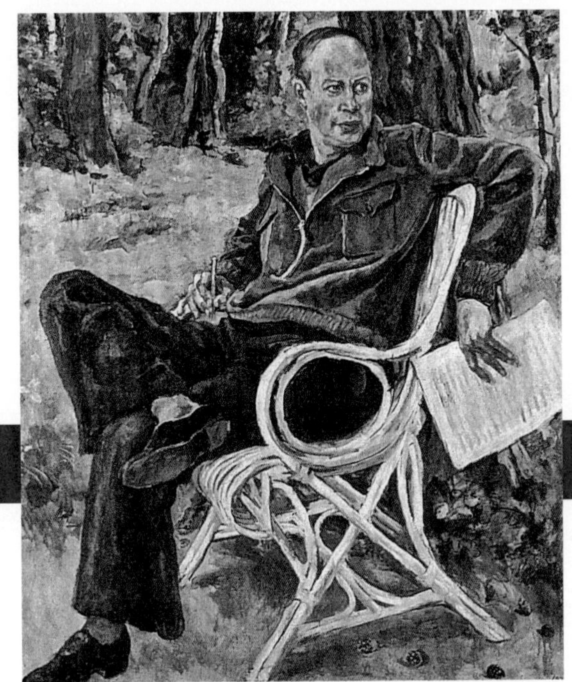

康卻羅夫斯基為普羅高菲夫畫的肖像。

《Russians》中就採用了浪漫曲。另外英國流行樂團Emerson, Lake and Palmer也將《雪橇》（Troika）這一段音樂的主題納入歌曲《I Believe in Father Christmas》中。整首《雪橇》被視為象徵聖誕節的音樂，許多電影、電視劇在呈現聖誕節的場景時，背景常會播放。至於，這首《基傑的婚禮》則是整套組曲五個樂段中的第三段。

芭蕾舞劇《羅密歐與茱莉葉》之《蒙太古與凱普萊特家族》

Romeo & Juliet – Montagues & Capulets

普羅高菲夫（Sergey Prokofiev ,1891 - 1953）

長度：約15分

樂器編制：管弦樂團

曲式：管弦樂曲

出現於：HONTA汽車、香奈兒香水廣告片

蒙太古與凱普萊特家族就是羅密歐與茱莉葉的家族，彼此互相對立，普羅高菲夫為了呈現劇情中兩個家族緊繃的對峙狀態，寫出這段令人不寒而慄的音樂，伯恩斯坦曾在舞台劇《西城故事》延用這個效果，並將家族傾軋的對立局勢化成種族對立，還增添了合唱，創造出現代羅密歐與茱莉葉。

在1935～1936年間，普羅高菲夫為俄羅斯基洛夫劇院的駐院舞團——基洛夫（Kirov）芭蕾舞團創作這齣劇。這座位於聖彼得堡的劇院原是帝俄時代的皇家歌劇院，在共黨政權取代沙皇政權後轉型而成，如今則改稱「馬林斯基劇院」（Mariinsky Theatre）。可是當時史達林對境內文化創作進行嚴格控制，劇院方面深怕上演會惹惱當局，所以這齣劇始終沒有機會正式搬上基洛夫劇院的舞台。

在普羅高菲夫的原始創作中，這齣劇推翻了莎翁原著的悲劇結局，改以喜劇收場。後來作曲家對於劇中美好音樂沒有機會上演深感惋惜，於是挑選出色的段落以組曲方式在音樂會上呈現，並讓修改版本在1938年於捷克首都首演。不過普羅高菲夫始終無緣親睹此劇演出，直到1940年基洛夫藉機請普羅高菲夫大幅修改全劇，才終於正式在俄羅斯首演。不過，完整的《羅密歐與茱莉葉》芭蕾舞劇原始版本，在普羅高菲夫遺族的同意下，從他的手

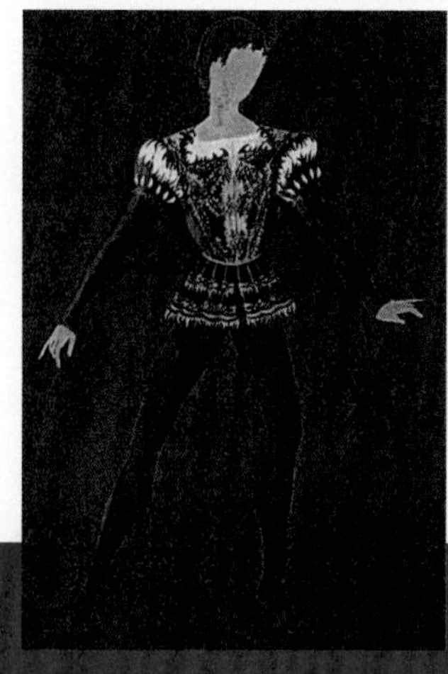

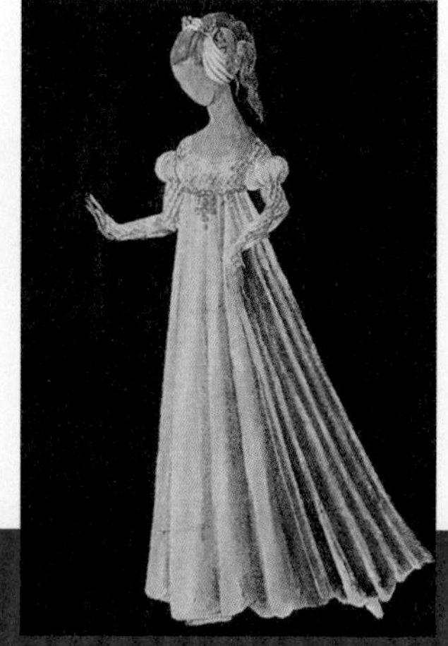

羅密歐與茱莉葉兩個角色的造型草圖。

普羅高菲夫芭蕾舞劇《羅密歐與茱莉葉》的布景草圖。

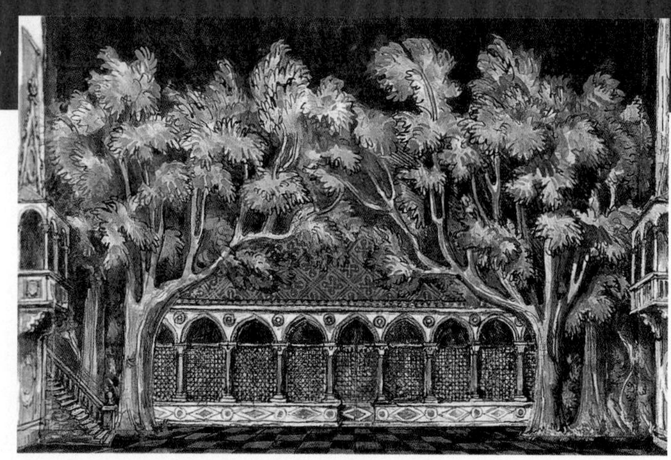

稿收藏中找出來，2008年7月才真正與世人見面。

這首《蒙太古與凱普萊特家族》則出自《羅密歐與茱莉葉》第二號組曲的第一首，但在原芭蕾舞劇中這段音樂是第一幕第二景的第一首曲子，標題為《準備舞會》。普羅高菲夫在1937年曾從芭蕾舞劇中挑選出十首樂段改編成《鋼琴獨奏組曲》，並親自擔任鋼琴家在同年首演，而這首《蒙太古與凱普萊特家族》則出現在這套鋼琴組曲的第六曲。

Sergey Prokofiev

作曲家小傳

普羅高菲夫（Sergey Prokofiev）
1891年4月23日出生於烏克蘭，
1953年3月5日逝世於莫斯科。

作曲家普羅高菲夫是俄國二十世紀最偉大的作曲家之一，地位與之相媲美的只有蕭士塔高維奇。他是一位神童，五歲寫下第一首鋼琴小品。為了克服不喜歡觸碰黑鍵的困擾，他七歲開始學習下西洋棋，後來在西洋棋上的表現不輸給音樂。普羅高菲夫九歲時已經寫出一部歌劇，十一歲時開始正式學習作曲，並在進入音樂院前又完成了另外兩部歌劇，然而就像大部分的神童一樣，普羅高菲夫的音樂院歲月總和年紀較長的同學相處，這讓他始終和同學格格不入，而且作品也遠比老師期許的前衛。

普羅高菲夫同時也是出色的鋼琴家，譜寫過五首鋼琴協奏曲和九首鋼琴奏鳴曲，不僅以技巧大膽艱澀著稱，更是二十世紀譜寫完成的作品中最受到鋼琴家喜愛的名作。此外，他還陸續完成七首交響曲、多部歌劇芭蕾舞劇，全都成為二十世紀內公認的傑作。

在1920年代，普羅高菲夫曾經因為俄國政局動亂而流亡海外，在巴黎和美國等地演出，直到1935年才回到俄國。這對許多在蘇維埃政權成立後離開蘇聯的俄國人而言，是非常不可思議的，但是普羅高菲夫思鄉情濃，不顧眾人勸阻毅然帶著西班牙籍妻子返國。回到俄國後，卻不幸遭逢官方對音樂管制政策趨於嚴格，迫使他的作品風格被迫轉向，改採較能夠迎合官方喜好的曲風，並為俄國電影導演艾森斯坦譜寫電影配樂。

在1941年普羅高菲夫嚴重中風，儘管身體逐漸惡化仍然持續創作不懈，寫出《戰爭與和平》這齣偉大的歌劇，以及《第六號交響曲》和《第九號鋼琴奏鳴曲》等大作。最後在1953年3月5日，和多年來箝制他創作的俄國獨裁者史達林同一天逝世，來不及見證俄國文化解嚴時期的到來。

歌劇《杜蘭朵公主》之《徹夜未眠》

Turandot – Nessun Dorma

普契尼（Giacomo Puccini , 1858 - 1924）

長度：約3分41秒

樂器編制：管弦樂團

曲式：管弦樂曲（歌劇）

出現於：電影《紫屋魔戀》、「1990世界盃」廣告片

義大利作曲家普契尼生平最後一部歌劇《杜蘭朵公主》，改編自德國劇作家席勒（Friedrich Schiller）的著作，但最後一幕來不及完成，是作曲家弗朗哥・阿爾法諾（Franco Alfano）根據普契尼的草稿續成。在普契尼去世兩年後，才在托斯卡尼尼的指揮於史卡拉歌劇舉行首演。普契尼以異國色彩為主題的歌劇，都會採用他認為足以代表該地區的民謠，像在《蝴蝶夫人》中他引用日本民謠《櫻花》，在此劇中則是運用中國民謠《茉莉花》，此外，劇中還有七道旋律是從中國民謠改編而成。

劇中描述古代中國有位美麗冷血的公主杜蘭朵，她為了殺盡天下的男人，設下三道謎題，凡是想娶她的人都得先回答她三道謎題，若答對她就下嫁，答錯則斬首示眾。初次看到杜蘭朵的韃靼王子卡拉富對她一見傾心，敲響代表要挑戰解答的銅鑼，一旁的卡拉富侍女柳兒上前阻攔不成，最後卡拉富果然答對三道謎題：何物在晚上新生、白天死去？何物閃耀豔紅如火般的溫暖卻不是火？何物似冰卻如火般燃燒？

謎題一解開，杜蘭朵就反悔了，卡拉富見狀出了一道謎語給她，如果她在太陽升起前猜出他的名字，他願意慨然赴死，杜蘭朵公主於是下令，查出王子姓名之前，誰都不許睡。柳兒在杜蘭朵的逼問下喪失性命，憤怒的卡拉富王子逼近公主身邊，以親吻溶化了杜蘭朵的冰霜，並堅持吐露自己的名字為卡拉富，讓命運任由杜蘭朵處置，最後杜蘭朵告訴父親，她知道卡拉富的名字是「愛」，成就了一段姻緣。

《杜蘭朵公主》的總譜封面。

《杜蘭朵公主》一劇造就了多首著名的詠嘆調，第一幕中柳兒所唱的《先生，請聽我說》（Signore,ascolta!），是抒情女高音喜愛演唱的名曲；第二幕裡杜蘭朵自述仇恨男人心情的《在這大殿之上》（In questa reggia）則充滿恐怖氣氛，是戲劇女高音演唱的名曲；第三幕第一景中卡拉富王子吟唱的《徹夜未眠》，則是渾厚男高音的名曲。卡拉富王子就在這首詠嘆調中慶幸，誰都不能睡那又如何，誰也猜不出他的姓名，黎明一到，勝利就屬於他。其實，這首首詠嘆調譯為「徹夜未眠」，應是文法的誤謬，正確譯法為「誰都不能睡」。

在這首《徹夜未眠》中，完整的歌詞是：「誰都不能睡！誰都不能睡！即使是貴如公主的您，在那冰冷的臥室裡，看著星星因愛和希望顫抖著。但是我的祕密卻只有我知道，誰也不會知道我的真姓名！不過，等到天亮時我自會從我口中說出。而我的吻將會溶化沉默，讓你臣服於我！消失吧，夜晚！沉下吧，星星！沉下吧，星星！在黎明時我就要獲勝！我就要獲勝！」

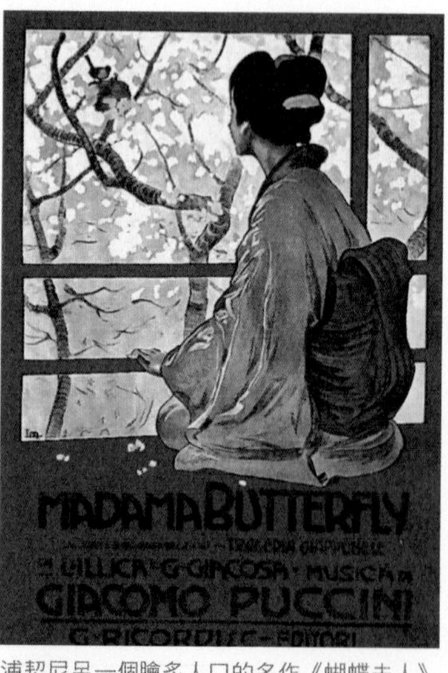

浦契尼另一個膾炙人口的名作《蝴蝶夫人》的海報。

最後的「獲勝」一詞，男高音要先唱到高音B後再降到高音A，而且在這兩個音上維持很久。普契尼在譜上並沒有註明不可以延長這兩個音，所以男高音們就自由發揮，比看誰能在這兩個音上唱最久、氣最長。在1990年男高音帕華洛帝（Luciano Pavarotti）邀集三大男高音，在義大利世界盃足球賽閉幕式上演唱這首歌曲，造成莫大

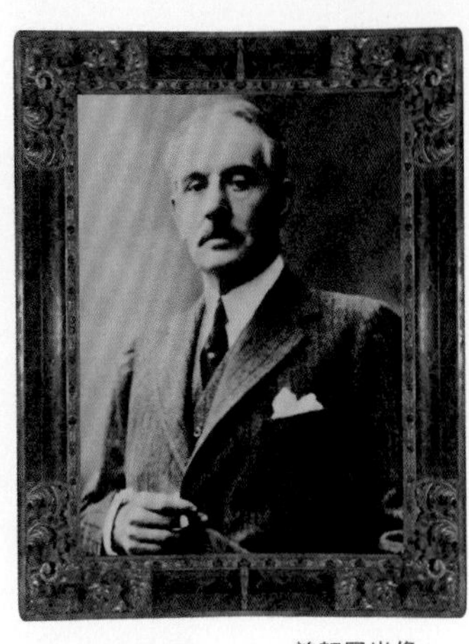
普契尼肖像。

轟動，從此《徹夜未眠》聲名遠播，而這場演唱會的唱片也成了史上最暢銷的古典唱片。

從此之後，這首曲子成為帕華洛帝的招牌歌曲，每次三大男高音聚首演唱，其他兩位男高音總是退居其次，讓他把這兩個音唱得最長、最久、最亮。帕華洛帝生前最後一次公開演唱，是在義大利都靈舉行的2006年冬季奧運會，這也是他最後一次演唱此曲了。2008年帕華洛帝過世後，相關報導揭露，當時他已經罹患癌症身體狀況不佳，在醫生的建議下，採取對嘴方式演唱，並非真的當場開口演唱，引發了小小的爭議。在帕華洛帝的葬禮上，正是播放《徹夜未眠》紀念他一生偉大的歌藝。

事實上，早在帕華洛帝之前，這首曲子即是男高音的著名唱段，而續寫《杜蘭朵公主》的兩位作曲家：奧方諾（Franco Alfano）和貝里奧（Luciano Berio），深知此曲在劇中的關鍵地位，因此在他們續作的第三幕中都以此為音樂核心。當然，許多好萊塢的電影也都一再引用此曲。

杜蘭朵這個名字是波斯文，意謂都蘭的女孩，都蘭這個地方就是古代波斯王朝的所在地。在波斯是真的有一則故事就叫杜蘭朵，而席勒就是從波斯的故事集《一千零一日》（和眾所熟知的天方夜譚《一千零一夜》不同）中借用了這則古代波斯故事，並將地點轉到了古代中國。但就因為這樣一移，讓中華人民共和國視其為辱華行為，在1998年以前，此劇始終不准在中國境內演出。1998年的紫禁城杜蘭朵公主演出成了中共開放腳步的先聲。

Friedrich Schiele

弦外之音

關於席勒

德國文學巨匠席勒（Friedrich Schiele，1759-1805），是詩人、哲學家兼歷史學家和劇作家，名字經常出現在偉大的音樂作品中，除了普契尼的《杜蘭朵》外，羅西尼的《威廉泰爾》、威爾第的歌劇《唐卡洛》、董尼采第的歌劇《瑪麗史都華》、柴可夫斯基的歌劇《奧爾良之女》（The Maid of Orleans），以及貝多芬偉大的第九號《合唱》交響曲終樂章的《快樂頌》都是以他的劇作或詩作入樂。

除了這些音樂名作外，威爾第許多早期歌劇也都是以席勒的劇作為本，《強盜兄弟》（I Masnadieri）改編自席勒的同名劇作《強盜兄弟》（Die Räuber），《聖女貞德》（Giovanna d'Arco）改編自席勒的《奧爾良之女》（Die Jungfrau von Orleans）、《露易莎．米勒》（Luisa Miller）改編自席勒的《陰謀與愛情》（Kabale und Liebe）。

貝多芬曾經說過，偉大的詩作比平凡的詩作更難入樂，因為平凡的詩作可以靠著作曲家的譜寫增色許多，但偉大的詩作留給作曲家發揮的空間就相當有限。若非作曲家找到更好的音樂創作為之增添光采，否則往往不輕易將之譜曲。席勒的詩作不似德國大文豪歌德的作品，常被舒伯特或布拉姆斯等人譜成藝術歌曲，原因不在於品質不佳，反而是因為太過完美了。

其實，席勒和歌德是是同時代的人，兩人終生互為好友，互相激勵、探討創作包括美學、政治等多樣的議題，他們共同創造了德國的「威瑪古典主義」（Weimar Classicism），席勒對於自由、博愛和民主的嚮往，充滿在眾多詩作、劇作和哲學探討之中。這些作品中隨處可以窺見他對中產階級和封建貴族的控訴，其中《強盜兄弟》一作還被視為德國浪漫時期「狂飆」（Sturm und Drang）運動的核心作品，這也是歐洲第一部情節劇。

c小調第二號鋼琴協奏曲

Piano Concerto No.2 in c Minor

拉赫曼尼諾夫（Sergie Rachmaninov，1873 - 1943）

創作年代：1900年

樂器編制：管弦樂團/鋼琴

曲式：協奏曲

出現於：Eric Carmen、Barry Manilow改編歌曲

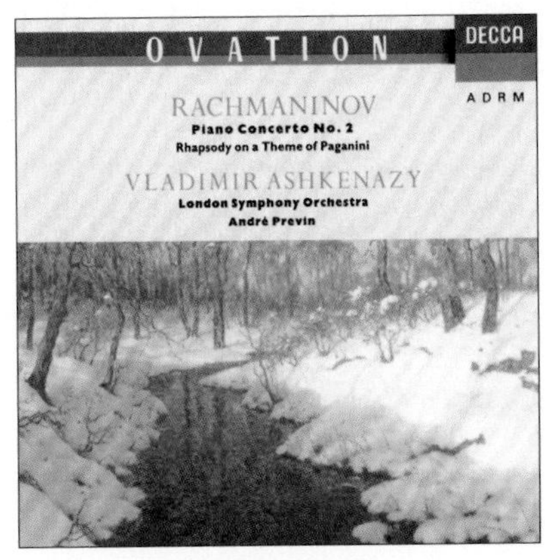

推薦專輯：Rachmaninov：Piano Concerto No.2 in C minor

演奏／指揮：Andre Previn

專輯編號：Universal Classics 環球

精神科診療所內正進行一場重要的臨床實驗，催眠師達爾醫生坐在大鋼琴家拉赫曼尼諾夫身旁用低沉的聲音喃喃念著：「你是作曲的天才，你所創作的偉大樂章即將問世……下一個作品是鋼琴協奏曲……是c小調……貝多芬或柴可夫斯基也寫不出這麼好的東西……你是作曲的天才，你一定能寫出鋼琴協奏曲……。」

原來自從拉赫曼尼諾夫的《第二號交響曲》公演失敗慘遭批評之後，自信瓦解的拉赫曼尼諾夫整整三年寫不出一個音符來，他鎮日茫然不知所措，直到朋友介紹他求助於當時的精神科權威達爾醫師，情況才出現轉機。針對這種作家或作曲家們常患的「靈感障礙症」，醫生決定利用催眠的方式重新建立他的自信。經過了一整個春天的努力，「自我暗示法」

果然奏效，拉赫曼尼諾夫擺脫了「懦夫」的噩夢，整個人像換了靈魂一般，再度拾回作曲的功力，靈感如水庫洩洪奔湧而出，同年夏天（1900年）便以驚人的速度完成了c小調《第二號鋼琴協奏曲》，他感激涕零的把這個作品獻給偉大的達爾醫師 —— 一個幫助他度過生命難關的恩人（催眠療法歷久不衰，不是沒有原因的）。

以上故事絕對屬實，不相信的話，親身聽聽這首從黑暗走向光明的鋼琴協奏曲就知道了。

第一樂章：中板。樂曲由八個小節如鐘聲般冷凝的和弦開始，引出憂鬱晦暗的第一主題，雲海般壯闊的旋律就此展開，降E大調的第二主題明朗激動，與第一主題相互交疊穿梭，在管弦樂團不時激動的怒吼下，鋼琴綻放如火樹銀花般的光輝，構成壯麗的狂風驟雨。

第二樂章：持續的慢板。這個慢板樂章是拉赫曼尼諾夫展現抒情旋律的驚人之作，充滿幻想的天籟迴盪全曲，狂想曲式的表白最後卻以寧靜甜美的鋼琴獨奏作結。

第三樂章：詼諧的快板。石破天驚的開頭展現了迥異於第二樂章的陽剛之氣，第二主題現身時，樂曲的步調又突然墜入一片神祕的東方色彩，歷經幾番戲劇性的轉折之後，以強有力的歡呼反映從崎嶇之中走向勝利的激動之情。

《第二號鋼琴協奏曲》自問世以來便成為眾所注目的傑出作品，樂迷們無不臣服於它壯闊的樂曲架構、絢爛的鋼琴技巧與充滿浪漫樂風的抒情特質。聆聽這種糾糾葛葛、有很多話要說的樂曲並不輕鬆，一不小心還會勾起記憶中最不忍的某些回憶，但這首樂曲之所以如以受到歡迎，正是因為其中的字字句句皆出自作曲家肺腑之言，是用眼淚與才華換來的燦爛之作。

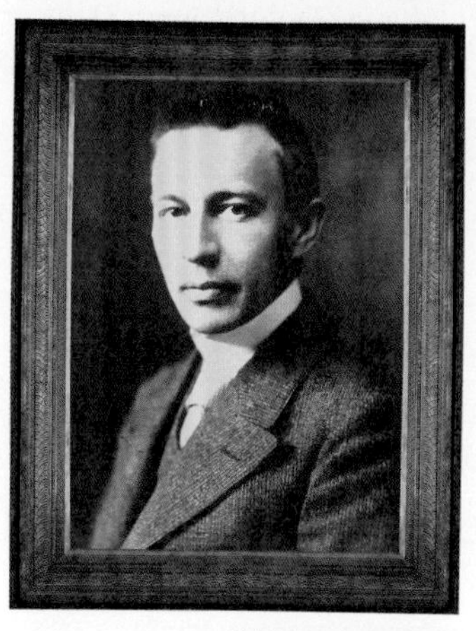
拉赫曼尼諾夫肖像。

Sergie Rachmaninov

弦外之音

五大鋼琴協奏曲

鋼琴是樂器裡尊貴的皇帝，一架鋼琴就能支撐起一個完整有秩序的宇宙，但若是一架鋼琴再加上一整個龐大的管弦樂大隊呢？這個宇宙便是包羅萬象、無所不能了。

聽聽五大鋼琴協奏曲吧——

貝多芬：降E大調第五號鋼琴協奏曲《皇帝》
柴可夫斯基：降b小調《鋼琴協奏曲》第1號
拉赫曼尼諾夫：c小調《鋼琴協奏曲》第2號
舒曼：a小調《鋼琴協奏曲》
李斯特：降E大調《鋼琴協奏曲》第1號

A B C D E F G H I J K L M N O P Q R S T U V W X Y Z

e小調第二號交響曲

Symphony No.2 in e Minor

拉赫曼尼諾夫（Sergej Rachmaninov , 1873 - 1943）

創作年代：1906~1907年

首演時地：1908年，聖彼得堡

時間長度：約55分鐘

出現於：Eric Carmen 改編歌曲

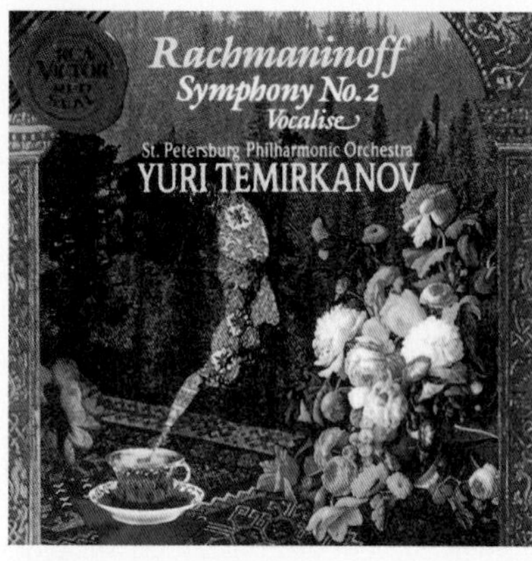

推薦專輯：Rachmaninov Symphony No.2

演奏／指揮：Yuri Temirkanov

專輯編號：09026-61281-2 Sony Music 新力音樂

拉赫曼尼諾夫一生最重要的貴人不是什麼前輩音樂大師，而是催眠師達爾博士，由於他循循善誘的治療奏效，拉赫曼尼諾夫才又重新回到音樂的懷抱，世人也才得以聽見這首色彩極度浪漫富麗的《e小調第二號交響曲》。

話說1895年，二十二歲的拉赫曼尼諾夫寫下了生平第一首交響曲：《第1號交響曲》，興沖沖的發表卻無人賞識，還被批評得一無是處。他因此自信全失，抑鬱不得志，長期失意之下連精神狀態也出了問題，靈感就像是乾掉的墨水瓶，一個音也倒不出來。

所幸這時候達爾博士一次次藉由催眠術把他導入夢鄉，進入潛意識搖醒沉睡的樂音，拉赫曼尼諾夫才終於提起勇氣寫下1901年大受歡迎的曠世名作，也是至今為止最令人喜愛拉赫曼尼諾夫中年的肖像。

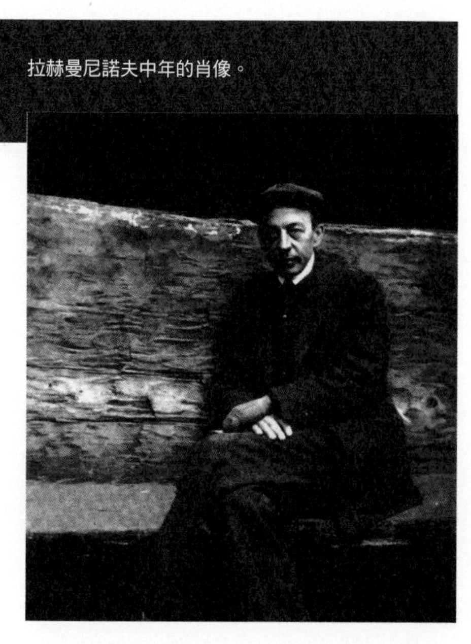

的曲子 ——《第二號鋼琴協奏曲》。可以想見，在首演成功的致謝辭裡，一定少不了達爾博士的名字，拉赫曼尼諾夫也把這首曲子送給了他。

此後又過了五年，為了避開動盪的政治情勢，拉赫曼尼諾夫舉家離開祖國俄國，遷往德勒斯登。在那裡，心靈復歸平靜的他，隨著作曲功力的進步，終於決定在曾經慘敗的交響曲創作上東山再起，於是這首《e小調第二號交響曲》問世了！

拉赫曼尼諾夫個人作品獨有的音樂魅力，全都集中在此：潛藏著感傷與憧憬的浪漫性音響、抒情得能把心溶化的旋律、絢麗不已的管弦樂色彩……，彷彿一股腦兒付出心中溫暖熱情，把創作鋼琴曲時的浪漫主義情懷，毫不保留地放進古典形式的交響曲中。

和《第一號交響曲》一團糟的首演情形相反，燦爛的《e小調第二號交響曲》一出擊就博得滿堂采，更成為拉赫曼尼諾夫一生留下的三首交響曲中，最令人難忘且愛不釋手的一首。

《帕格尼尼主題狂想曲》之《第十八變奏》

Rhapsody on a Theme Paganini – variation 18

拉赫曼尼諾夫（Sergej Rachmaninov , 1873 - 1943）

長度：約3分

樂器編制：管弦樂團/鋼琴

曲式：協奏曲

出現於：電影《似曾相識》、《再續前世情》、《今天暫時停止》

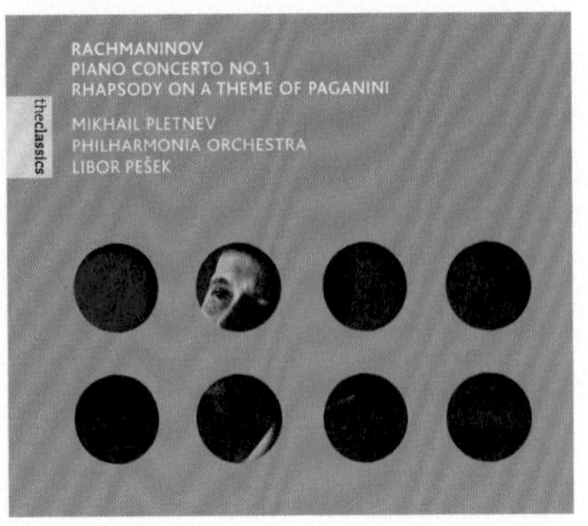

拉赫曼尼諾夫這段著名的旋律已經不是第一次出現在電影中了。在電影《今天暫時停止》（Groundhog Day）中，男主角發現自己竟然每天重複過著2月2日這一天，決定開始學習彈奏他最喜歡的名曲時，選的就是這首《第十八變奏》。這是拉赫曼尼諾夫離開俄國以後的作品，在此之前，他已經完成前四首鋼琴協奏曲。隨後，俄國大革命爆發，他被迫流亡美國，還帶了一大家子同行。原本是俄國貴族後代，可以過著無憂無慮作曲家生活的拉赫曼尼諾夫，頓時失去了可以依憑的祖上遺產，只得重入鋼琴演奏這行，以便養家活口（鋼琴家的收入比作曲家高很多）。所幸當時的拉赫曼尼諾夫是世上琴藝最高、技巧最精湛的鋼琴家，票房和演出酬勞因而迅速攀至高峰。他因為《第4號鋼琴協奏曲》首演不如預期，心情頗受影響，決心再寫一首鋼琴協奏曲供自己演奏用，成果就是這首從《第24號無伴奏小提琴奇想曲》變化而來的協奏形式作品，也就是《帕格尼尼主題狂想曲》。這首曲子創作於1934年7月3日到8月18日之間——身兼演奏或指揮工作的作曲家，通常只有在一年的這個時候會比較有空創作，因為這是夏季音樂廳或歌劇院休息期間。1934年11月7日，在美國巴爾的摩抒情歌劇院，這首曲子由拉赫曼尼諾夫擔任鋼琴主奏，指揮家史托可夫斯基（Leopold Stokowski）指揮費城管弦樂團，完成了首演。

《帕格尼尼主題狂想曲》仿照帕格尼尼原曲，也是一個主題搭配二十四段變奏。原主題出自帕格尼尼《二十四首奇想曲》的第二十四首，創作者刻意呼應這點，而以二十四段變奏來譜寫。雖然這二十四段變奏是從頭到尾不間斷演奏完畢，但基本上還是可以看出其中結構是傳統協奏曲的三樂章形式，共有三個段落：首先是第一到第十一變奏，這是傳統協奏曲的快樂章；第十二到十八變奏是傳統協奏曲的慢樂章；最後的六段變奏則屬於傳統協奏曲的終樂章。

其中第十八段變奏曲乍聽似乎與帕格尼尼原曲無甚關聯，但其實是拉赫曼尼諾夫運用主題逆行（Inversion）的作曲法創作的。他將帕格尼尼原主題中的第一音和最後一音對調，並將旋律中的最高音換成最低音，依此前後、高低對換、但拍子的時值卻不變，結果就成了我們熟悉的這段旋律，這可以說是神來之筆。拉赫曼尼諾夫自己很清楚這段變奏會大受歡迎，還說：「這個變奏是為我的經紀人寫的。」意思是靠這段音樂能賺很多錢，經紀人因而得以抽很多佣金、荷包滿滿。

Sergie Rachmaninov

弦外之音

帕格尼尼第二十四首奇想曲

帕格尼尼為小提琴獨奏所寫的《二十四首奇想曲》，是他的「作品一」，也就是他最早發表的一套作品。第二十四首奇想曲本身就包含了一個主題、十一段變奏曲以及終曲共十三段音樂。此曲讓許多作曲家深深為之著迷，相繼以此主題創作變奏曲，其中包括布拉姆斯、李斯特、安德魯勞埃韋伯（舞台劇《貓》、《歌劇魅影》、《阿根廷別為我哭泣》作曲家）、小提琴家密爾斯坦（Nathan Milstein）、盧托史拉夫斯基等人。

描繪小提琴家帕格尼尼的漫畫。他是史上最著名的小提琴大師之一，技巧出神入化。

《波麗露舞曲》
Bolero

拉威爾（Maurice Ravel , 1875 - 1937）

出現於：電影《十全十美》、《波麗露》

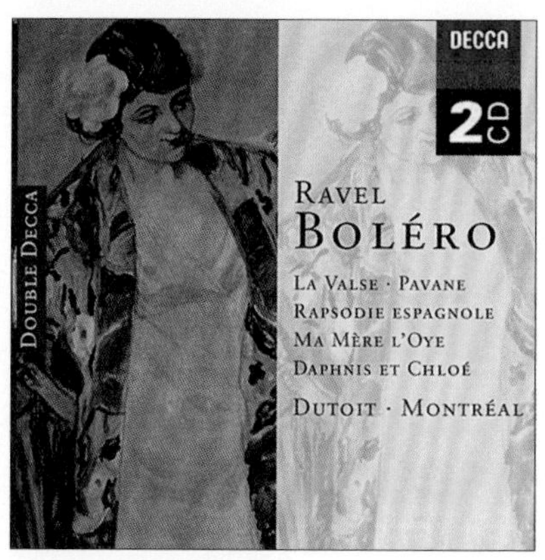

推薦專輯：Ravel : Boléro

演奏／指揮：Charles Dutoit

專輯編號：460214 Sony Music 新力音樂

一首只有短短十七分鐘的舞曲，卻能讓作曲家從此聲名大噪，一鼓作氣走紅歷久不衰，收音機天天放送，連小販都爭相以口哨吹起這段旋律。很神奇吧？更神奇的是作曲家聲稱這首曲子是「十七分鐘沒有音樂的管弦樂隊演奏」，它的旋律少得可憐，根本就是一個不斷反覆與漸強的過程。你在聽了十七分鐘的反覆與漸強後，絕對不會再說「我對古典樂沒感覺」這種洩氣話啦，而我們整理出來聽眾們最常見的感覺有兩種，一是喜愛得不得了（然後向你的親朋好友強力推薦）；另一則是陷入瘋狂的狀態，自殘或殘人。

這首神奇的舞曲便是《波麗露舞曲》，是拉威爾為當代傑出舞蹈家魯賓斯坦（Ida Rubinstein）所寫的芭蕾音樂。話說拉威爾有一天心血來潮，想要在舞曲中展現他挖掘樂團音響極限的技巧，便以西班牙「波麗露舞曲」的風格為其架構，寫了八小節的兩段主題，然後使用各種不同的管弦樂器來進行九次的反覆。曲子在進行中不斷的加入新的樂器組合，音量也不斷的提升，一股催眠似的詭異氣氛延燒著——直到開水終於滾了，大泡泡、小泡泡瘋狂地在水中翻騰。

此曲於1928年9月22日在巴黎歌劇院首演，描述一名女舞者在一家燈光昏暗的酒館內翩翩起舞，一開始大家並未注意女郎的存在，但隨著音樂愈來愈激烈，女郎的舞姿也愈來愈奔放，酒館裡的男男女女紛紛向舞者投射熱烈的目光，並開始跟著歌舞狂歡，直至樂曲的高潮。演奏結束後，有一名女性觀眾衝到後台興奮地說：「作曲者一定是瘋了！」正接受眾人歡呼的拉威爾莞爾一笑：「只有她最懂得這首曲子！」

史特拉汶斯基曾形容拉威爾是「瑞士的鐘錶匠」，便是指拉威爾音樂中計算程度之精確，例如：《波麗露舞曲》每一小節的節奏、速

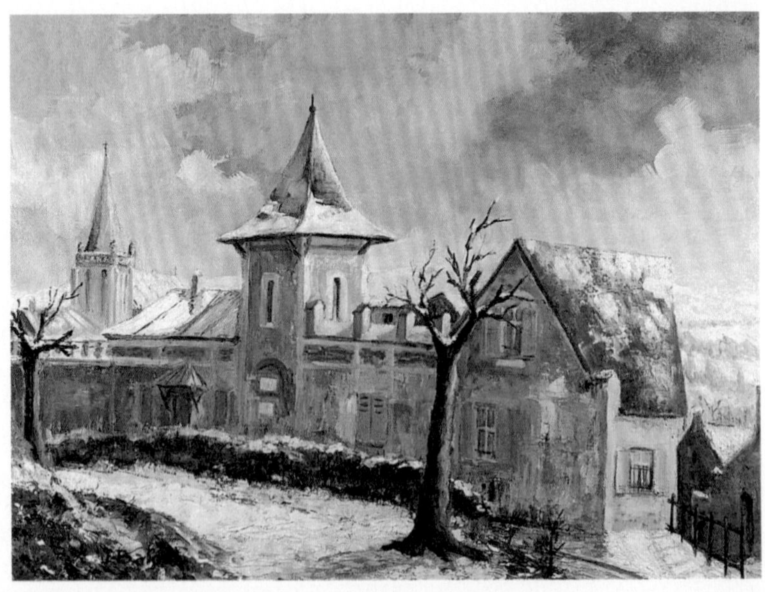

拉威爾博物館，座落於法國凡爾賽附近。拉威爾於1920年遷居於此，著名的管弦樂曲《波麗露》就是在此創作出來的。

度均經過了嚴謹的測量，每一次的反覆都增添了一層不一樣的色彩，層層堆砌，直到觀眾產生一股全身都燥熱起來的騷動。有人說這樣的音樂是充滿性暗示的，在同名電影《波麗露》及《十全十美》中的一些性愛場面，便可以聽到波麗露舞曲極盡誘人蠱惑的魔力。

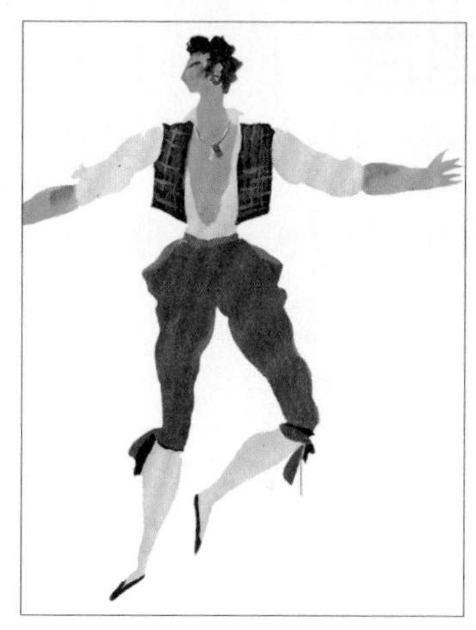

《波麗露》的人物服裝造型。

Maurice Ravel

弦外之音

管弦樂的魔術師

拉威爾對管弦樂器特性的掌握十分的熟練精確，每一個細微處都要音音推敲，也因此贏得「管弦樂的魔術師」這個稱號。他的音樂也時常帶給人們驚喜，具有獨特的自我風格。

對於廣受歡迎的名曲《波麗露》，拉威爾自己則評論道：「我只寫過一首算得上成功的作品，那就是《波麗露》，但不幸的是，這首曲子裡根本沒有什麼音樂。」這首「沒有音樂」的名曲，卻具有無人能敵的煽情效果呢！

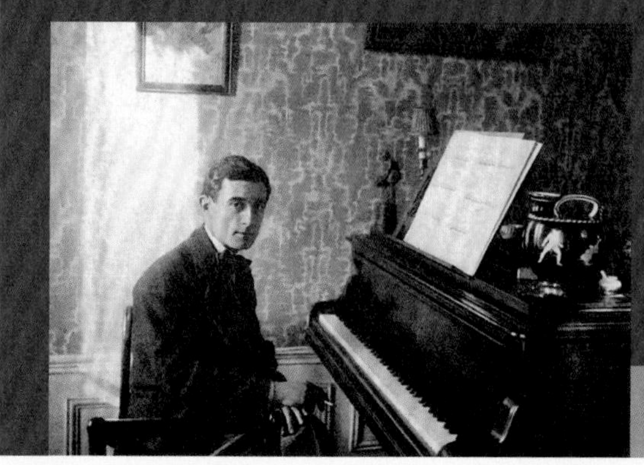

拉威爾還曾經為在戰爭中失去右手的鋼琴家保羅．維根斯坦寫了一首《左手鋼琴協奏曲》，這首充滿爵士風味的樂曲，讓一隻左手就創造出跟雙手一樣燦爛的音響，讓保羅單手演繹的功夫在舞台上持續發光，這又是魔術師另一個施了魔法的把戲了。

拉威爾在鋼琴前的留影。

組曲《薩丹王的故事》之《大黃蜂的飛行》

The Tale of Tsar Saltan - The Flight of Bumble Bee

林姆斯基 - 高沙可夫（Nicolas Rimsky - korsakov , 1844 - 1908）

創作年代：1900年

出現於：電影《青蜂俠》

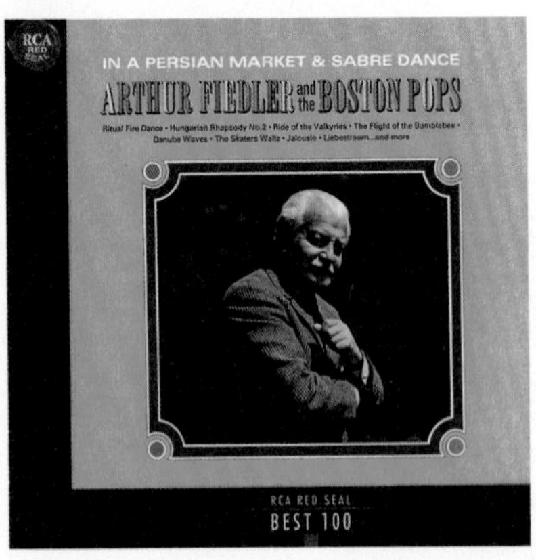

推薦專輯：In a Persian Market & Sabre Dance

演奏／指揮：Arthur Fiedler

專輯編號：BVCC 37293 Sony Music 新力音樂

你以為古典樂只是一些不痛不癢或裝模作樣的音符組合而成的噪音嗎？關於「音樂是唯一需要付費的噪音」這句話，我們要提出強烈的抗議。有一些古典樂的確是虛張聲勢拿來嚇唬人的沒錯，但大部分的古典樂絕對都有豐富的內涵可以探究，嗯，就算沒有什麼重大的事情要宣告世人，至少，他們會賣力的耍一些把戲逗人開心！現在我們就來見識一下音樂演戲的絕活——掌聲歡迎大黃蜂狂掃過境！

不要懷疑你的耳朵，首先登場的一連串急速下行半音階，正是大黃蜂振翅呼嘯而過的情景，接著不斷的上行、不斷的下行，代表大黃蜂高速盤旋的模樣，嗡嗡振翅的聲音由遠

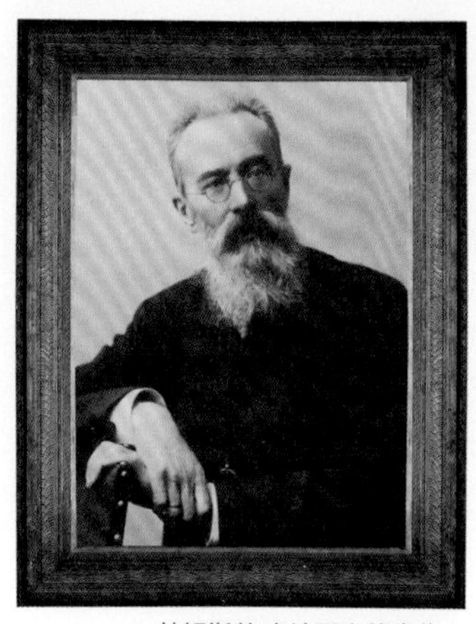

林姆斯基-高沙可夫的肖像。

歌劇《薩丹王的故事》在巴黎歌劇院演出時的海報。

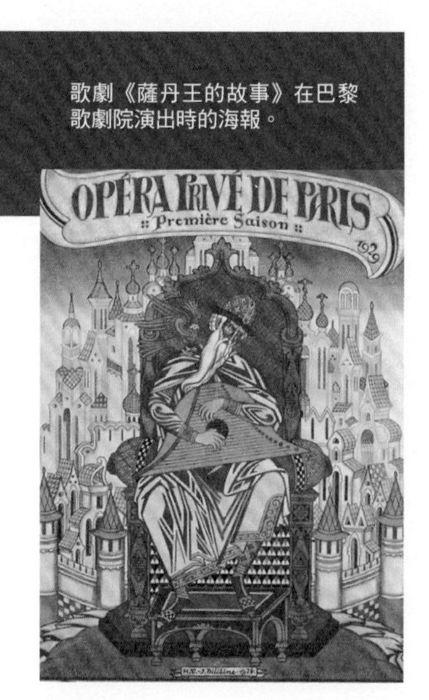

而近不斷反覆迴旋，讓人想起炎炎夏日一望無際的田園上空，覓食的大黃蜂黑壓壓一片擺出龐大的陣仗。緊湊的主旋律攀升至高音階後，經過幾次的來回飛舞，下降的撥奏和弦終於暗示黃蜂的離行，隨著音量的降低，大黃蜂漸行漸遠，終致消失於視線之外。

《大黃蜂的飛行》全曲僅僅短短的兩分鐘，但是緊湊的樂句、活潑的節拍、不斷高漲的力度，就好像在催促著人「快！快！起來運動！還坐在椅子上幹嘛？你看看你肚皮上的游泳圈，還有疊著一層脂肪的大腿，再不運動就要抬不起來啦！」這段動感十足的旋律原本取自歌劇《薩丹王的故事》，作曲者是俄國「強大五人幫」的成員之一林姆斯基－高沙可夫。現今這首通俗的音樂常被拿來獨自演出，亦被改編為各種樂器的獨奏版。但是我們堅信，它最好的功用是在你揮汗如雨踩著跑步機的時候拿來撥放，保證能加速脂肪燃燒的效率，它神奇的激勵效果在所有樂曲中亦是一絕！

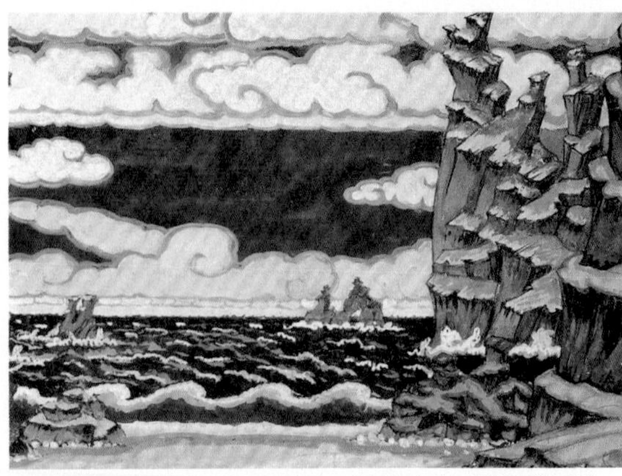
歌劇《薩丹王的故事》的舞台設計，由亞歷山大・班諾伊斯所繪。

Nicolas Rimsky-korsakov

弦外之音

關於大黃蜂的飛行理論

依據生物學的觀點，所有的飛行動物都應該要有輕盈的身體、一雙有力的翅膀，但令人訝異的是，大黃蜂這種生物恰恰相反，在牠笨重的身軀上，短小的翅膀顯得如此輕薄脆弱。

物理學家從流體力學的觀點來看，大黃蜂的身體與翅膀如此不成比例的組合，是不可能飛得起來的。但事實上，所有的大黃蜂沒有一隻是飛不起來的，牠們飛行的速度也絕對令人刮目相看！

這個大自然的神祕現象到底要如何解釋呢？這時社會行為學家提出了他們的看法：大黃蜂根本不懂得什麼「生物學」與「流體力學」，牠們只知道肚子餓了就要飛起來尋找食物，否則便會活活的被餓死！

不管這是不是事實的真相，我們都欣賞這樣的說法。樂觀無比、奮勇向前的大黃蜂，給了我們最正面的啟示：只要信念存在，生命永遠充滿希望！

《阿蘭費茲吉他協奏曲》第二樂章：慢板

Concierto de Aranjuez

羅德利果（Joaquin Rodrigo , 1901 - 1999）

長度：約10分28秒

樂器編制：管弦樂團/吉他

曲式：協奏曲

羅德利果的《阿蘭費茲吉他協奏曲》是二十世紀作品中最受喜愛的一闋，1960年代融合爵士樂大師邁爾士．戴維斯（Miles Davis）將樂章改編並收錄進他的專輯《西班牙素描》（Sketches of Spain）後，這首曲調更加為人所知悉，而邁爾士．戴維斯這張專輯也成為爵士樂經典之作。然而戴維斯改編樂曲，並沒有為作曲家羅德利果帶來任何版稅收入，因為戴維斯和其他改編或引用此曲的音樂家一樣，以為曲中的主題是羅德利果借用自古老歌謠，絲毫不知這是羅德利果的原創，這帶給羅德利果很大的困擾。

阿蘭費茲是西班牙的小鎮地名，西班牙文正式唸法為「阿蘭暉」，而樂曲中的阿蘭費茲，則是指鎮上的十八世紀西班牙波旁王朝（Bourbon Dynasty）夏日行宮，正式名稱是阿蘭費茲皇家宮廷（Palacio Real de Aranjuez），該宮占地三百畝，座落於馬德里市外的塔霍河（Tajo）畔。羅德利果希望用這首樂曲捕捉該宮殿中的木蘭花芳香、淙淙流水和鳥鳴。曲中著名的阿蘭費茲慢板主題是用英國管（English Horn）吹奏出來的，這個主題是羅德利果從安達魯西亞婦女復活節前一週所唱的賽塔悲歌（Saeta）獲得靈感後自創的，當地的婦女會在象徵基督屍身的聖像抬過街道時，唱出這種悲歌。

這段音樂中間忽然轉得特別悲傷，據羅德利果的朋友所述，是因為當時他正遭逢喪子之痛，但也有人說是因為哀悼1937年發生的葛爾尼卡爆炸事件（bombing of Guernica）。

但羅德利果妻子所寫的自傳中，則說這是羅德利果在回憶兩人渡蜜月的甜蜜情景，以及她因為流產而失去自己懷中第一個孩子的心情。羅德利果在1939年完成了這首吉他協奏曲，因為當時西班牙正陷入二次大戰戰火中，所以羅德利果是在法國巴黎避難時完成此曲的。由於此曲是羅德利果最知名的代表作，因此西班牙皇家特許他和妻子死後入葬於阿蘭費茲墓園內。

作曲家小傳

羅德利果（Joaquin Rodrigo）
1901年11月22日出生於西班牙瓦倫西亞，
1999年7月6日逝世於西班牙馬德里

羅德利果是二十世紀最知名的作曲家之一。在大部分作曲家都寫出艱澀難懂、不和諧的現代音樂中，很少作曲家像羅德利果一樣，寫出那麼知名又那麼受到喜愛的音樂。他的一生充滿了傳奇的色彩，出生在二十世紀的第一年（1901年），在二十世紀的最後一年過世（1999年），羅德利果正好看盡了二十世紀的發展。

身兼作曲家和鋼琴家的他，在三歲時就因為染上白喉延誤就醫而最後完全失明，八歲開始學習視唱、鋼琴和小提琴，十六歲開始學習作曲與和聲學。先後又在西班牙和巴黎學習作曲的他，在巴黎長住多年，二十四歲就獲得西班牙國家作曲獎，四十六歲開始擔任音樂院的音樂史教授。在1939年完成的《阿蘭費茲吉他協奏曲》為他帶來聲名，更多作曲家委託他創作，他的《士紳幻想曲》（Fantasia para un gentilhombre）是以西班牙古調入樂，是吉他家賽戈維亞（Andrés Segovia）的委託；英國長笛家高威（James Galway）則委託他創作》長笛協奏曲》、大提琴家韋伯（Julian Lloyd Webber，音樂劇作

Joaquin Rodrigo

曲家韋伯的弟弟）則委託他創作《大提琴協奏曲》；而羅梅洛家族（Los Romeros）則委託他創作四把吉他的《安達魯西亞協奏曲》（Conceirto Andaluz）。

弦外之音

關於阿蘭費茲皇宮

阿蘭費茲皇宮是西班牙歷代國王的居所，座落在阿蘭費茲城中。此宮現今仍對外開放，成為各國遊客到西班牙的必訪之地。該宮的建造始於西班牙國王菲利普二世，一直到費迪南六世國王才完成。

阿蘭費茲皇宮最有名的是廣大的花園，花園中特意引進附近的兩條河流，並採用哈維也納布斯堡時期的花園格設計。花園中最特別的是有一座名為「島之花園」（Jardin de la Isla）的水中花園，就矗立在兩條運河的交匯處。而在主花園中則有另一小型皇家「拉布拉多之居」（Casa del Labrador），以及皇家博物館，館內收藏了西班牙皇家的重要文物和藝術收藏。

歌劇《塞維里亞的理髮師》序曲

Il Barbiere di Siviglia – Overture

羅西尼（Gioachino Antonio Rossini，1792 - 1868）

創作年代：1816年

樂器編制：管弦樂團

曲式：管弦樂曲/歌劇

出現於：電影《現代教父》、動畫電影《賓尼兔》

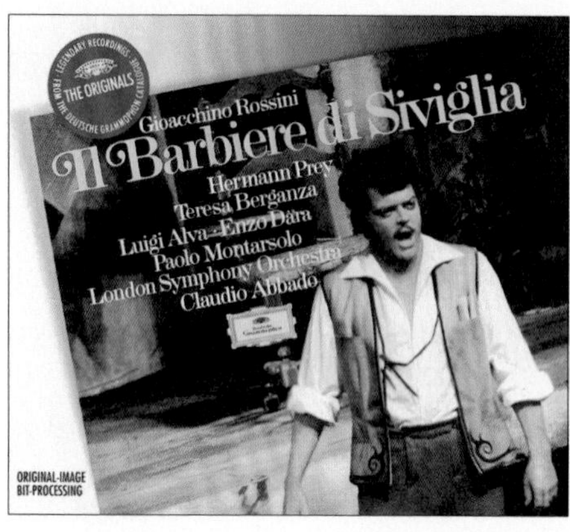

推薦專輯：Rossin：Il Barbiere di Siviglia

演奏／指揮：Hermann Prey

專輯編號：457733 DG 環球

1816年，就在羅西尼生日的前幾個禮拜，這位年輕的作曲家接到歌劇院老闆最新的任務：「羅西尼！這齣歌劇三個禮拜後就要上演了，不過劇本也還沒出來……呃，沒關係，我會催他寫快一點的，無論如何這幾天你們一定要把劇本和音樂搞出來，知道嗎！」沒錯，歌劇《塞維里亞的理髮師》只花了三個禮拜的工作天就趕出來了，「慢工出細活」這句話在羅西尼的腦中是不成立的，但千萬不要懷疑這齣歌劇的品質，事實上，它正是流露羅西尼喜劇天份最偉大的作品！

《塞維里亞的理髮師》故事內容敘述年輕的公爵愛上美麗的富家女羅西娜，但羅西娜的監護人巴特羅醫生卻為了占有羅西娜的財產也想娶她為妻。公爵為了接近羅西娜想盡各

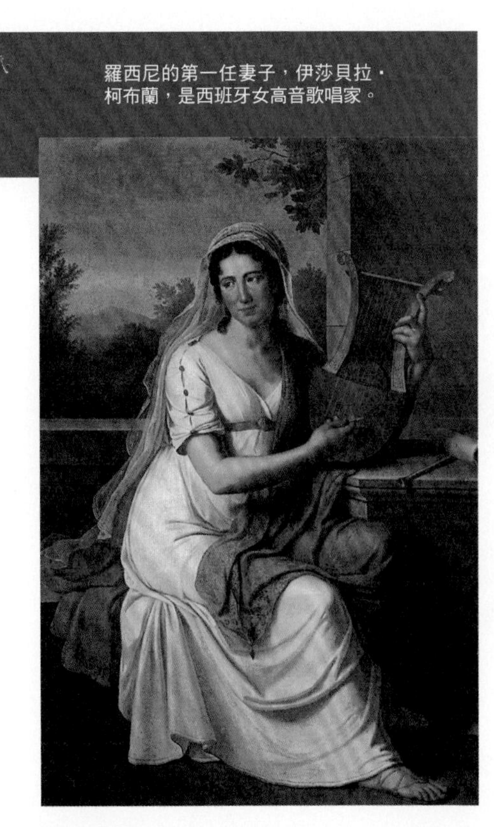
羅西尼的第一任妻子，伊莎貝拉·柯布蘭，是西班牙女高音歌唱家。

種辦法，還找了村裡的理髮師擔任「愛情軍師」。足智多謀的理髮師果然不負所託，雖然歷經了幾番波折，但終於讓公爵與羅西娜歡喜成婚，締造了一段良緣。

喜歌劇聖手羅西尼擅長以幽默又諷刺的方式描寫人生百態，他以高明的管弦樂法、喜感洋溢的旋律為舞台上的戲劇作精美的包裝，《塞維里亞的理髮師》便是他最知名、最受歡迎的作品；其中的《序曲》也是這齣喜歌劇最有名的一首，亦時常被獨立拿來演奏。此曲以奏鳴曲式作成，首先弦樂和長笛奏出開頭的主要旋律，經過兩個有力的和弦後，展開了一段優美的序奏。首先小提琴演奏熱鬧愉快的第一主題，逐漸發展擴大，然後由木管接手，導引出小提琴的第二主題。樂句持續發展，力度與厚度也逐漸累積醞釀，終於來到一個「引爆點」，在熱烈的氣氛中光輝絢爛的結束。

這齣歌劇上演那年，四十六歲的貝多芬正著手於輝煌的《第九號交響曲》，由於《塞維里亞的理髮師》實在太轟動了，連貝多芬都忍不住跑去觀賞。沒想到這齣喜歌劇竟然也溶化了愛發脾氣的大師，貝多芬向羅西尼恭賀：「啊！羅西尼，像《理髮師》這樣優秀的作品，你一定要繼續寫下去……。」換作是一般人，當然會捧著樂聖的金玉良言再接再厲，但羅西尼可不是這樣想的，這位視美食與享樂為一切的作曲家，在四十歲那年便退休研究心愛的食譜去了，他可不像貝多芬有那麼多苦難要宣洩、一年到頭迎著風雪爬過一座又一座的高山……。事實上，只要有享用不盡的義大利香腸長伴左右，這位喜劇天王便心滿意足，快樂得不得了了！

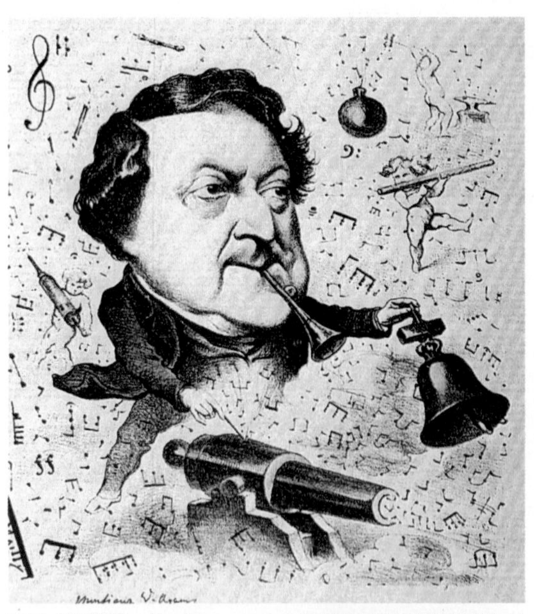

法國《海那頓》（Le Hanneton）文學雜誌以羅西尼的漫畫為封面，1867年7月號。羅西尼為人非常樂觀幽默，還是位超級美食家。

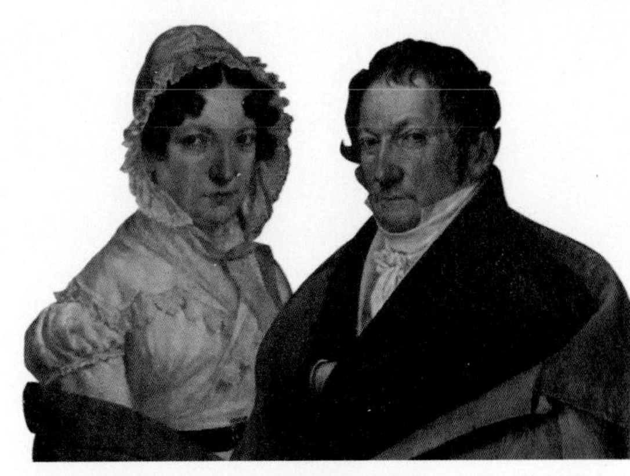

羅西尼的雙親。羅西尼出生在貧窮的家庭，父母在歌劇團中任職，一家人跟著劇團四處巡迴，過著居無定所的日子。

作曲家小傳

羅西尼（Gioachino Antonio Rossini）
1792年2月29日出生於義大利佩沙羅（Pesaro），
1868年11月13日逝世於帕西（Passy）。

羅西尼父親是地方樂師，母親擅長演唱諧歌劇，歌喉非常優美。羅西尼從小就展露出驚人的音樂天分，雖然缺乏完整的教育，但年少時就已經精通鋼琴，同時也能演奏法國號和中提琴，他也很擅長唱歌，接受音樂教育不久後，已經能出寫各式詠嘆調和二重唱。他十三歲進入波隆那的李奇歐音樂院（Liceo Musicale）習得嚴格的對位法訓練，才讓他往後能以快速、準確的手法創作歌劇。十八歲畢業時他的對位法贏得傑出獎，這段時期他完成了許多作品，包括享譽樂壇的六首弦樂奏鳴曲。

羅西尼離開學校後朝向歌劇界進軍，二十一歲時推出第一部「莊歌劇」（Opera Seria）《譚克雷迪》（Tancredi），這齣劇造成極大的迴響，威尼斯城從早到晚都有人哼唱其中一段詠歎調。完成《譚克雷迪》不到三個月，羅西尼又寫成一齣典型的羅西尼式喜劇《在阿爾及利亞的義大利女郎》（L'Italiana in Algeri），至今依然上演不輟。之後，他再度寫出莊歌劇《英吉利女王伊莉莎白》（Elisabetta，Regina d'Inghilterra），羅西尼第一次將所有裝飾音都寫在樂譜上，規定歌唱家不得即興亂唱，這種新穎大膽的嘗試，讓此後歌劇音樂的藝術型態更加完

A
B
C
D
E
F
G
H
I
J
K
L
M
N
O
P
Q
R
S
T
U
V
W
X
Y
Z

整，但演唱者的發揮自由卻逐漸被剝奪。

羅西尼1816年時啟程赴拿坡里，以不到兩個禮拜的時間，寫出了眾所公認美聲譜歌劇的最高傑作《塞維里亞的理髮師》，讓羅西尼登上了事業最高峰，接下來他陸續寫了《奧泰羅》（Otello）、《灰姑娘》（La cenerentola）、《摩西》（Mose）、《湖畔女郎》（La donna del lago）、《鵲賊》（La Gazza Ladra）等劇。最後，羅西尼在1822年譜寫《柴爾蜜拉》（Zelmira）後就告別拿坡里轉往維也納，遇到了風靡一時的貝多芬，貝多芬對他的創作大為讚賞。在維也納期間，他創作一部充滿歌唱炫技的莊嚴大歌劇《賽米拉美德》（Semiramide），並曾經為英王喬治四世一展歌喉以娛天威。

1824年倫敦舉行「羅西尼音樂季」，由他親自總監演出事宜，同年8月羅西尼離開倫敦前往巴黎，這座文化大城的觀眾毫無保留的張開雙臂歡迎他，深受感動的羅西尼決定在巴黎度過餘生。為了滿足法國觀眾，他將以往的幾部歌劇改成法語演出，更親自以法語劇本寫成《歐里公爵》（Le Comte Ory），並完成了他晚年最大型的豪華歌劇《威廉泰爾》，劇中對自由和歌劇的種種改革理念，深深影響了法國的觀眾和作曲界。

在《威廉泰爾》之後，1829年，年僅三十七歲的羅西尼公開宣布從舞台上退休，不再創作歌劇。從此，羅西尼盡情享受人生，在鵝肝醬和法國干邑美酒的美食天地中，快樂度過近四十年的光陰。這位一代歌劇名家活到七十六歲高齡，始終未再寫出一闋重要大作，只留下《小小莊嚴彌撒》（Petite Messe Solennelle）以及一些鋼琴小品還在後世演出。

Gioachino Antonio Rossini

歌劇《賽爾維亞的理髮師》之《我是城裡的小廝》

Il Barbiere di Siviglia – Largo al Factotum

羅西尼（Gioachino Antonio Rossini , 1792 - 1868）

長度：約4分

樂器編制：管弦樂團

曲式：管弦樂曲/歌劇

出現於：電影《窈窕奶爸》、動畫電影《賓尼兔》

羅西尼的《塞維里亞的理髮師》全劇以十七世紀西班牙賽爾維亞城為背景，改編自法國劇作家包馬榭（Pierre Beaumarchais）的同名喜劇，這是包馬榭以主角費加洛為主軸的三聯作第二部，而名聞遐邇的莫札特歌劇《費加洛婚禮》，正是這套三聯作的第一部，只是莫札特的《費加洛婚禮》晚羅西尼的《塞維里亞的理髮師》三十年問世。

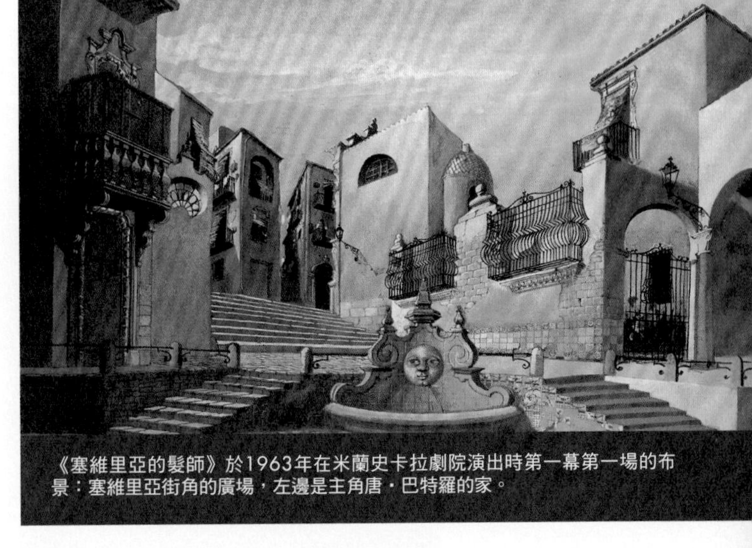

《塞維里亞的髮師》於1963年在米蘭史卡拉劇院演出時第一幕第一場的布景：塞維里亞街角的廣場，左邊是主角唐・巴特羅的家。

包馬榭其實是個革命分子，他在喜劇中暗藏對封建貴族的不滿，整套費加洛三聯作是他嘲諷封建時代貴族勢力乖張的指控之作，主要指控的是，當時擁有領地的貴族地主，同時享有轄地內所有少女的初夜權這件事。所謂初夜權，就是貴族可以任意挑選領地內的女性滿足淫慾。

在《塞維里亞的理髮師》中，阿瑪維瓦公爵這位貴族地主，看上了領地內的羅西娜，整齣戲裡他千方百計想誘拐羅西娜，而理髮師費加洛從旁協助他排擠其他追求者。

這首詠嘆調《我是城裡的小廝》是費加洛在劇中首次登場時自我介紹所唱。歌詞內容寫道：「我是城裡的小廝，快讓路給我過。我可是城裡有品味的理髮師，既聰明又幸福。忙得要命，日日夜夜都要供人差遣。大家都有求於我、大家都有求於我。別擠、別擠，一次只能來一個。這裡也要找費加洛、那裡也要找費加洛。」

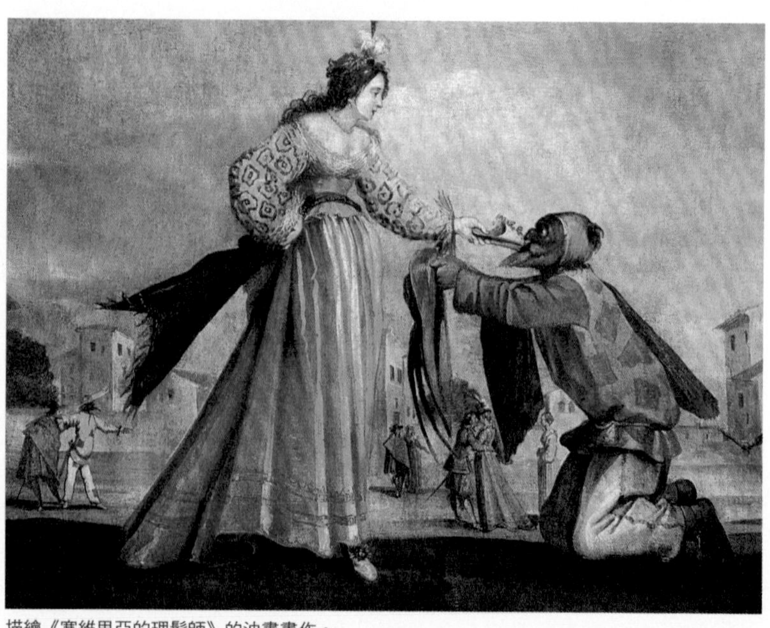

描繪《塞維里亞的理髮師》的油畫畫作。

Gioachino Antonio Rossini

弦外之音

理髮師的誕生

羅西尼的《塞維里亞的理髮師》一劇，早期名為《阿瑪維瓦公爵》，關於這部戲首演的過程，共有兩種傳聞。根據羅西尼自己所言，這齣以不到兩禮拜寫成的歌劇，1816年2月20日於羅馬阿根廷納劇院首演卻是一團亂，一方面因為舞台上意外紛陳，另一方面則劇院外有群眾前來鬧事。原來，另一位義大利作曲家派西埃羅（Giovanni Paisiello，1740 - 1816）早在1782年就在聖彼得堡發表了同名歌劇，他的支持者對羅西尼大感不滿而鬧場抗議。

不過，首演的鬧劇無法完全怪罪於外界因素，羅西尼自己的音樂也難辭其咎。因為羅西尼譜給該劇的音樂非常前衛，大概只有嫻熟於貝多芬《第八號交響曲》的前衛派愛樂者能接受，對保守的諧歌劇愛好者而言，羅西尼在音樂中所要引爆的喜劇能量已經超量，他們根本承受不起。這也難怪貝多芬對此劇如此愛不釋手，因為就連稍晚的威爾第也難以抗拒它的魅力，威爾第更是激賞羅西尼在劇中以樂就詞的細膩手法。

其實，派西埃羅支持者前來參觀首演，目的無非製造現場不安、指控羅西尼剽竊，羅西尼事先已經預料到了，主動和劇院聯手發表了一則聲明，表示絕無剽竊之事。這份聲明究竟是否屬實，或許可以從他創作劇本的時間來推敲，羅西尼大約在首演前兩個月與劇院在羅馬簽約，即1815年12月15日，這或許無關創作的真正時間，但羅西尼剽竊波馬榭的原著，以及他關切派西埃羅的改編作品的時間點，倒是不容觀察者小覷。儘管派西埃羅之作顯得鄉愿俗氣、風格保守，但羅西尼早就注意到它的存在，況且羅西尼一向精於重新詮釋別人已經改寫成歌劇的題材，已有1813年《阿爾及利亞的義大利女郎》和1817年《灰姑娘》兩劇的前例在先，都是挑中才華低於自己的作曲家舊作來改寫，這次又選中《塞維里亞的理髮師》一劇，似乎不足以為奇。

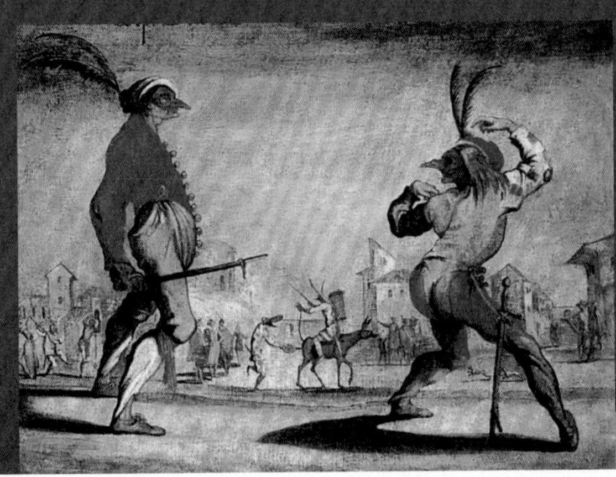

《塞維里亞的理髮師》的一景。

A B C D E F G H I J K L M N O P Q R S T U V W X Y Z

歌劇《威廉泰爾》序曲

William Tell - Overture

羅西尼（Gioachino Antonio Rossini , 1792 - 1868）

長度：約11分

樂器編制：管弦樂團

曲式：管弦樂曲

出現於：電影《孤獨的騎警》

羅西尼的《威廉泰爾》一劇，描述中世紀在奧地利治下的瑞士總督蓋斯勒非常殘暴，威廉泰爾有意集結鄉民一同推翻政權，卻因為暗助一殺死奧國士兵的鄉民逃亡而被逮捕。蓋斯勒聽聞威廉泰爾擁有射弓神技，於是立下允諾：若他能射中自己兒子吉米頭上的蘋果，便能免除一死，否則父子兩人都要處死。泰爾成功射中蘋果，蓋斯勒卻食言了，欲將他投入庫斯納特城堡護城河餵養鱷魚，瑞士人見蓋斯勒食言，於是群起抗暴。

而威廉泰爾的兒子吉米則為瑪蒂德公主所救，隨後瑪蒂德公主的心上人阿諾德也回到瑞士，他的父親梅爾契塔是瑞士族長，因為奧國士兵死亡的事件成為蓋斯勒的人質並遭殺害，阿諾德曾經立誓要為亡父復仇。可是，當他與瑪蒂德公主戀情正濃的時候，開始對復仇事件感到猶豫與動搖，但是阿諾德得知威廉泰爾被蓋斯勒擒獲後，立刻翻出父親與威廉泰爾所藏的大量武器，積極與眾人推演抗暴計畫。最後瑞士民軍大勝，威廉泰爾殺死了蓋斯勒，瑪蒂德和阿諾德終於結為夫妻。

劇中最為人熟知的就是一開始演出的序曲，尤其序曲最後段激昂的總奏，早年在美國電視劇《獨行俠》（The Lone Ranger）中被當作片頭曲，因此常被人和類似的主題聯想在一起。這首序曲一共分成四段，第一段開始是緩慢的前奏，其中有一段音樂特別只以五把大提琴演奏；第二段是描寫一場暴風雨；第三段是呼喚乳牛，這段音樂特別以英國管來呈現瑞士山間牧牛的景象；第四段則是輕騎兵的馳騁場景，這也是小朋友們最喜歡的樂段。有趣的

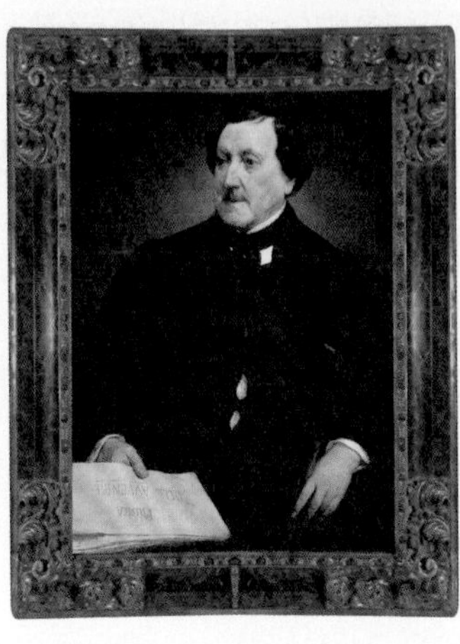

羅西尼的肖像，由海耶茲（Francesco Hayes）繪。羅西尼捐出大部分遺產來設立音樂學校，這種提攜後進的胸襟，讓華格納尊崇他為「音樂界的第一好人」。

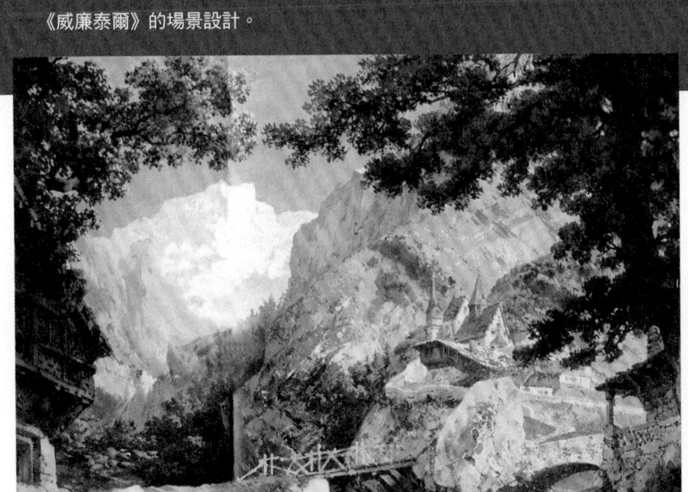

《威廉泰爾》的場景設計。

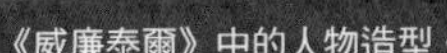

《威廉泰爾》中的人物造型。

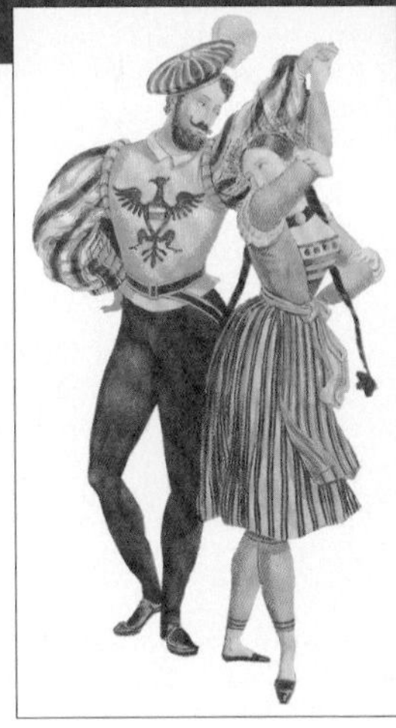

是，俄國作曲家蕭士塔高維奇在他最後一首《第十五號交響曲》也引用了此曲的片段，另外李斯特還改編此曲成為高難度的鋼琴獨奏版。

A
B
C
D
E
F
G
H
I
J
K
L
M
N
O
P
Q
R
S
T
U
V
W
X
Y
Z

弦外之音

歷史上的威廉泰爾

威廉泰爾是十四世紀的瑞士傳奇人物，當時哈布斯堡王朝的神聖羅馬帝國意圖征服瑞士，派遣一名總督在市中心立了一根桿子，上頭掛了他的帽子，並要求過往的民眾都要向桿子鞠躬行禮。威廉泰爾經過時不願鞠躬，被逮補入獄，總督以他射中自己兒子頭上的蘋果為獲釋條件。射蘋果的日子據載是1307年11月18日，威廉泰爾一箭將蘋果射成兩半，同時又拿了第二支箭上弓，總督質問既已射中蘋果，何故要取第二箭，他坦然答覆說，他原本預備若第一箭射死兒子，第二箭就要取總督性命。總督聞言大怒，乃毀約將威廉泰爾綁往船上欲載回自己的城堡，幸好琉森湖起了暴風雨，他趁機逃走並改取陸路，搶在總督抵達城堡前守候埋伏，一箭將之射死。最後威廉泰爾為了搶救落水的孩童，在1354年溺斃身亡。

這些故事都記載於十五世紀以後流傳的瑞士歷史傳奇，其中細節則有版本上的差異，到了十六世紀開始有歷史學家質疑這則傳奇的真實性，甚至有人認為這是延襲丹麥一則史詩的瑞士版本，但這種說法卻不被瑞士人所認同。到了十九世紀初，德國詩人席勒寫下他的威廉泰爾劇本，將威廉泰爾描寫成愛國的刺客，這個版本的威廉泰爾大受瑞士人喜愛，對於當時正在尋求獨立的瑞士邦聯而言，這個劇本起了很大的鼓舞作用，從此威廉泰爾就被塑造成民族英雄，一直流傳至今。即使後來偶有歷史學家質疑這則傳說的真實性，也都因為受不了群情激忿而不了了之。

席勒撰寫威廉泰爾的故事時，法國大革命剛發生不久，他就從大革命中的一些真實故事中取材，和中世紀的傳說已經有相當距離，但是他的版本卻深深烙印在世人的腦海中。羅西尼就是以席勒的劇本為根據，寫下他的歌劇版《威廉泰爾》。

羅西尼的威廉泰爾

羅西尼在作曲生涯的最晚期搬到法國巴黎，創作他最後一部歌劇作品《威廉泰爾》，完成後羅西尼還活了將近四十年的歲月。全劇還延請法國劇作家以法語譯寫，1829年8月3日於巴黎歌劇院首演。這是一部非常長的作品，全劇演完將近四個小時，其中主要演員人數又特別的多，尤其男高音的演唱音域更是極高，讓此劇很難有機會上演，時值今日，全劇僅剩序曲最廣為人知。

Gioachino Antonio Rossini

《骷髏之舞》

Danse Macabre

聖桑（Charles-Camille Saint-Saëns，1835 - 1921）

長度：約7分

樂器編制：管弦樂團

曲式：管弦樂曲

「骷髏之舞」這個標題源自法文Danse Macabre，macabre具有骷髏之舞的涵義，這是一種中世紀流傳下來的音樂形式，後來逐漸演變成「死神之舞」的抽象描繪。

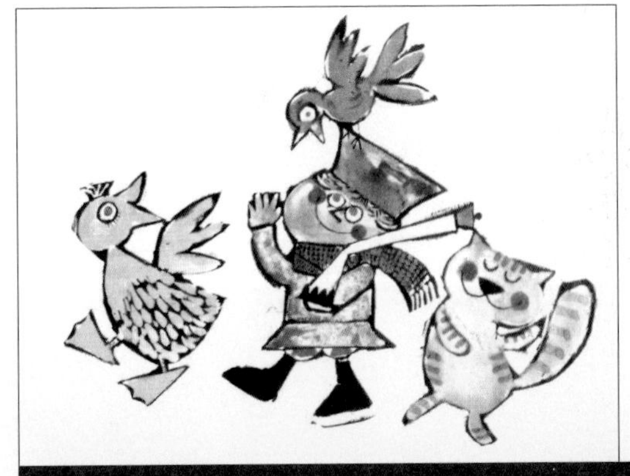

聖桑在另一部作品《動物狂歡節》中，將動物加入熱鬧的狂歡節場面中。聖桑還把《骷髏之舞》也加入其中，變成第十二段「化石」的主題。

聖桑這首交響詩《骷髏之舞》的創作靈感，來自詩人安利．卡沙里（Henri Cazalis）的法文詩作，詩文寫道：「轉轉轉，死神在轉彎，足跟敲著一座墳，死神在午夜奏起舞曲，轉轉轉，拉奏小提琴。冬風吹起夜已深，菩提樹間傳來呻吟，陰森間白骨穿梭而來，披著裹屍布又跑又跳，轉轉轉，每一具都在嬉鬧，舞者的骨頭喀啦喀啦作響……霎時間他們全都不跳了。互相推擠著，飛了起來，因為公雞啼了。」

在西方有個關於萬聖節的傳說，據說每年萬聖節午夜死神就會出現人間，他可以召喚墳墓中的死者，當他演奏小提琴時，死者便會為他舞蹈，直到天亮雞鳴，所有骷髏都回到墳

A B C D E F G H I J K L M N O P Q R S T U V W X Y Z

中等待明年萬聖夜到來。聖桑《骷髏之舞》曲中，出現一把獨奏的小提琴，象徵死神手中的小提琴，這把小提琴採用特殊的「變格定弦」（scordatura）演奏法，將原本的E弦調成降E，以製造恐怖陰森的效果。

曲子一開始，豎琴獨奏單音連續十二次，象徵時鐘敲了十二下，午夜時分來臨了，接著出現上述的小提琴獨奏，拉出一道所謂的魔鬼三和弦，表示死神拉奏小提琴召喚骷髏，隨後由長笛吹奏出群魔亂舞的主題。曲中為了描寫骷髏身上骨頭碰撞的聲音，大量使用了木琴演奏。聖桑將《骷髏之舞》群魔亂舞的主題，寫入《動物狂歡節》中的《化石》這段音樂當作主題，可以說非常的適切。

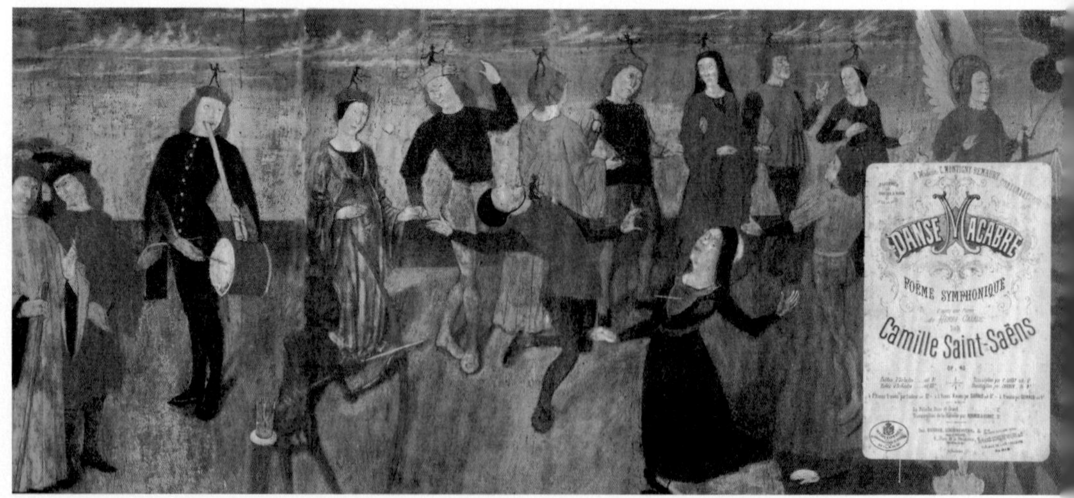

《骷髏之舞》取材自法國詩人安利．卡沙理的作品，圖為描繪該故事的一幅油畫。圖右為聖桑《骷髏之舞》的樂譜封面。

這首曲子曾經被李斯特改編成超技的鋼琴曲，後來二十世紀鋼琴大師霍洛維茲又將之改編成更艱難的超技樂曲。另外，李斯特還寫了一首《死之舞》（Totentanz）供鋼琴和管弦樂團演奏，曲中還使用了中世紀的葛利果聖歌《神怒之日》（Dies Irae）為主題。

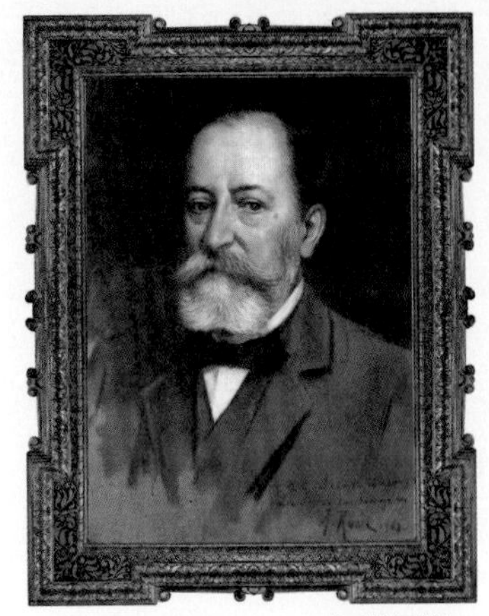

聖桑的肖像。

Charles-Camille Saint-Saëns

弦外之音

死之舞

死之舞，德文是Totentanz，法文為Danse Macabre，義大利與西班牙文則是Danza Macabra，同樣都具有骷髏之舞的意思，這是中世紀後期對於死亡的一種概念：不論生前地位如何，死神的召喚一到大家都要齊聚。以死神領著一群骷髏沿途跳回墳墓的具體的意象，提醒人們生命如此脆弱。

中世紀的黑死病造成人們對死亡印象深刻，而天主教廷以死亡為主題的神祕劇，則加深了這種恐懼。從此，許多壁畫都以死之舞為主題，讓這種意象深入歐洲各民族的共同意識，之後還引入音樂主題中，在音樂史上就有超過二十部的作品以死之舞為題，而近年將死之舞進一步延伸為創作題材的，是美國導演提姆波頓（Tim Burton）的動畫電影《聖誕夜驚魂》（The Nightmare before Christmas）。

《吉諾佩第鋼琴曲》第一號

Gymnopédie No.1

薩提（Eric Satie , 1866 - 1925）

創作年代：1919年

長度：三分鐘餘

樂器編制：鋼琴

曲式：鋼琴曲

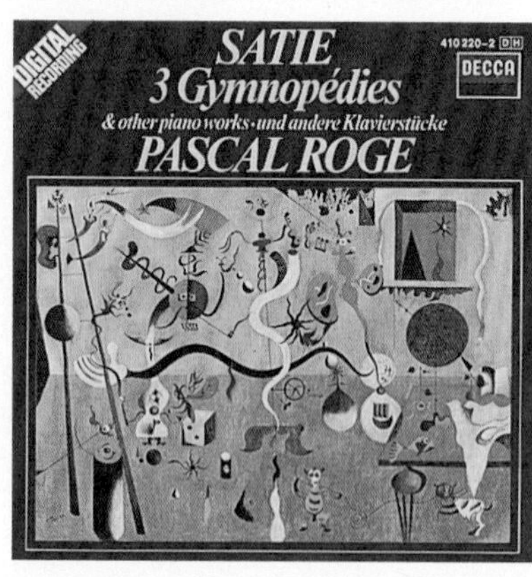

推薦專輯：SATIE : 3 Gymnopédies & other piano works

演奏／指揮：Pascal Roge

專輯編號：Decca 44958

薩提以《吉諾佩第》為曲名，一共寫了三首鋼琴曲，這三首曲子都具有悠長舒緩的旋律，十分適合拿來冥想或沉澱心靈之用。《吉諾佩第》很安靜，只有一條悠緩的旋律不斷延伸；它也很冷靜，不說什麼，卻能夠馬上讓人進入禪意十足的境界。在炎炎夏日之中，如果能夠沖一壺冰冰涼涼的金桔茶，再讓一段《吉諾佩第》冰鎮煩躁的心，漂浮在如此凝練的音樂中，一定能讓暑氣全消。

薩提是法國現代派作曲家，他的音樂風格冷靜樸素，十分有個性。其實薩提本人就是一個很有個性的人，甚至是有些「怪異」的。年輕時薩提曾在巴黎音樂學院求學，但沒多久就受不了嚴肅古板的教學模式，憤而放棄學業，改在巴黎波西米亞區的沙龍中彈琴維生。這

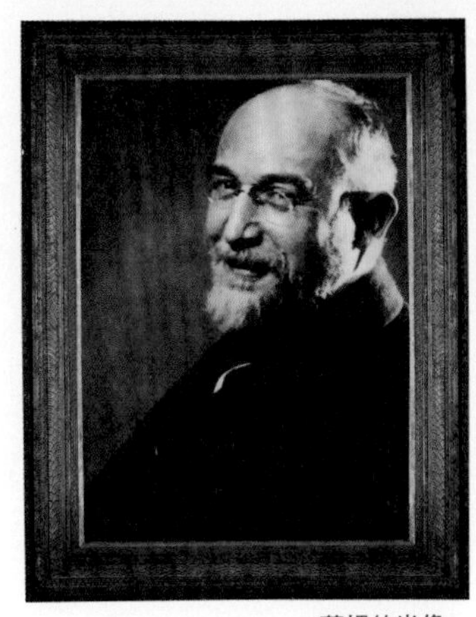

薩提的肖像。

種清高的生活，薩提過得十分自得其樂，他視名利如浮雲、視金錢為糞土，據說曾經有人請他為一組水彩畫作曲，薩提覺得對方出的酬勞太高，還自動降價後才願意接這個案子呢！從種種的跡象來看，薩提真的是一個「怪胎」，不過這種因時代孕育而生的「怪胎」，通常也最能創造屬於他們的時代。

薩提是一個不折不扣的樂壇怪傑，在第一次世界大戰時，他已經成為巴黎年輕藝術家的精神領袖，許多藝術界的前衛人士都深受薩提的影響，例如：畢卡索、德布西、柯克托、拉威爾等繪畫與音樂界的才子，都視薩提為反叛路線的前輩；又或者連蒙馬特區的落拓藝術家也都跟他稱兄道弟，可見得薩提雖然喜歡特立獨行，但他充滿主見的性格與才華，在當時是十分受到推崇的。

薩提最被人讚賞的作品便是他的鋼琴獨奏曲，不過就連氣質古樸的鋼琴曲，薩提也不肯好好替他們取個正常一點的名字。1919年，薩提完成了三首鋼琴曲，他左思右想，突然靈光一閃，想到了一個絕對與眾不同的曲名──《吉諾佩第》。《吉諾佩第》（Gymnopedie）若照著意思翻譯是「裸男之舞」，這個神祕的曲名是根據一個希臘字根而來的，原來是指古希臘時代一種具有裸男舞蹈的宗教儀式。

《吉諾佩第》鋼琴曲第一號其實是一首頗為大眾的曲子，時常被用在電視、廣告、或廣播的背景音樂之中，但由於《吉諾佩第》十分樸素不搶眼，幾乎融在靜謐的空氣之中，再加上有一個聱牙怪名，也難怪有很多人是「只聞其曲，不知其名」了。這首鋼琴曲全長只有三分多鐘，一段綿密的旋律非常緩慢而悠閒的出現，幾乎是以單音吟唱的方式來勾勒線條，底下以乾淨單純的和聲支撐著，冷靜之中又有十分流暢的旋律線，既素樸又簡約，讓人搞不清楚這是中古時期的音樂還是現代創作。如果你喜歡這種富哲學意象的音樂，除了三首《吉諾佩第》外，薩提另三首同樣有著別出心裁之曲名的作品——《吉諾西恩》（Gnossienne）鋼琴曲，皆為沉靜平和的曲子，也能讓人感到通體舒暢。

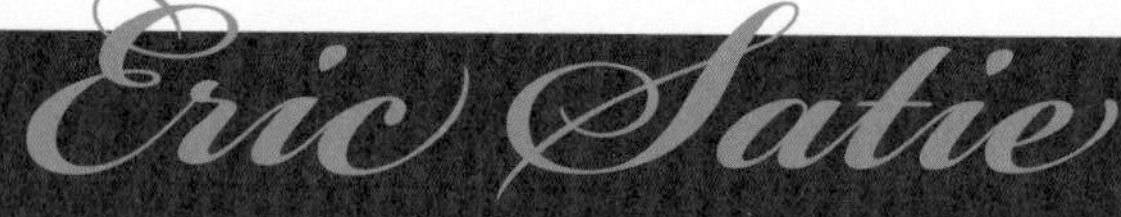

弦外之音

世界上最長的一首曲子

你知道世界上最長的一首曲子是哪一首嗎？也許有很多人會回答是華格納的《尼貝龍根的指環》。沒錯！《尼貝龍根的指環》若完整的演出需要整整四個晚上（約十五個小時）才能搞定，不過最長的曲子比《尼貝龍根的指環》還要長上幾十分鐘左右，大約要十五至十六小時才能演奏完，這首曲子就是薩提的鋼琴曲《維克斯希昂》（又來一個怪誕的曲名！）。

不過事實上，這首十六小時的鋼琴曲幾乎也是全世界最短的曲子，而且只用了兩小節的五線譜便寫完了。原來薩提有一次不知是心情太好或是太惡劣，他正經八百的寫了兩小節的鋼琴旋律後，便在樂譜上指定要把這兩小節反覆四百八十次，並且要以「焦躁、忙亂」的表情與速度詮釋此曲，根本就是整人嘛！

不過在1967年，有十五位鋼琴手決定以「跨年接力演出」的方式挑戰這首曲子，就在十二月三十一日晚上十點十五分開始，一直到隔年的下午一點三十八分為止，這十五位鋼琴手輪流演奏「焦躁、忙亂」的《維克斯希昂》，一共花了十五小時又二十三分鐘，真是帥呆了！不過，應該沒有人會想聽完全曲吧！即使身為古典樂作曲家，若要比搞怪和耍花招，薩提絕對能穩居寶座！

b小調第八號交響曲：《未完成》

Symphony No.8 in b Minor - Unfinished

舒伯特（Franz Schubert , 1797 - 1828）

創作年代：1822年

樂器編制：交響樂團

曲式：交響樂曲

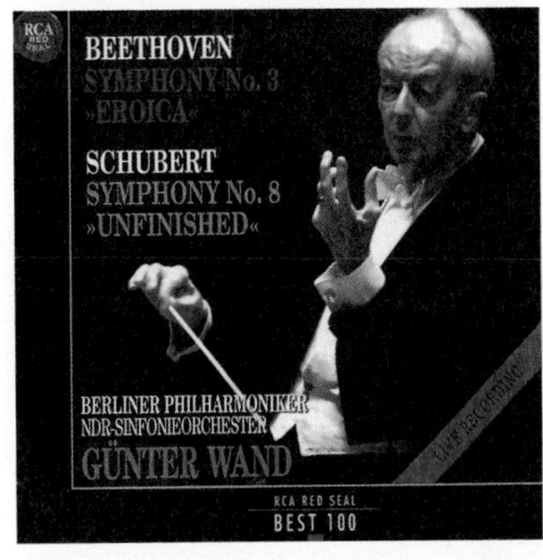

推薦專輯：BEETHOVEN : Symphony No.3 : EROICA

演奏／指揮：GÜNTER WAND

專輯編號：48268 Sony Music 新力音樂

舒伯特的精神領袖是貝多芬，尤其在交響曲的領域，舒伯特一直非常景仰貝多芬巨人般的手法與魄力，並以此為藍本嘗試創作。但是連舒伯特自己也意料不到，他的功力最後已能寫出與貝多芬《第五號交響曲》並駕齊驅的作品，甚至超越了貝多芬的影響力，在古典樂派既成的模式中另闢蹊徑，創作了如第八號交響曲《未完成》，以及第九號交響曲《偉大》，這般具有高度個人色彩的不朽之作。

b小調第八號交響曲《未完成》寫於1822年之秋，全曲只有兩個樂章，雖然舒伯特留下了第三樂章前九個小節的草稿，但音樂卻到此戛然而止，後來舒伯特仍持續寫了許多作品，卻再也沒有回頭完成未竟的三、四樂章。不過，大部分的人都同意，前兩個樂章已經夠好了，它完整、豐富、洋溢著歌曲般甜美的旋律，光是這兩個快板與行板，就足以打動任何

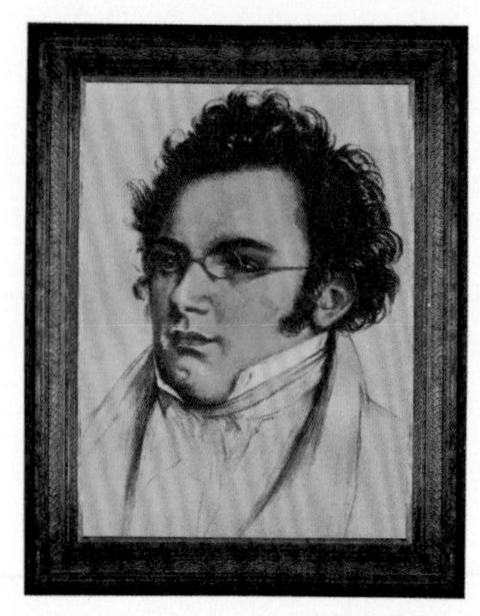

舒伯特的肖像。

人的心。

第一樂章是中庸的快板。舒伯特在樂曲的開頭以大提琴與低音提琴低沉的弱奏，營造了烏雲籠罩的壓迫感，接著雙簧管與單簧管齊奏哀傷的第一主題，細緻的鋪陳之後，爆發了蓄積已久的威力，不時可以聽見各種樂器急迫的對答與詠嘆。第二主題轉而以G大調呈現，而且是一種三拍子類似圓舞曲的樂句，舒伯特以嶄新的管弦樂手法調製了迥異於以往的色調，展現出高度的主觀與個人情感，首次將浪漫主義的風格帶入了交響曲之中。

第二樂章是稍快的行板。這是一個充滿田園風味的E大調行板，木管與銅管樂器在三拍子的步調上表現精湛的技巧，小提琴與大提琴則有一段甜美的問答。第二主題由單簧管奏出回憶般的懷想，小調的色彩含著淡淡的美麗與細細的哀愁，但在樂章的後半段卻又從小調轉回溫暖的大調，音響也由尖銳脆弱轉變為舒緩恬靜，就像是漫長的沉思之後，對於未來仍願意抱持著肯定與希望的態度，一種超然的寂靜已涵蓋了一切。

曾有人說：「我們應該感謝舒伯特沒有完成第八號交響曲，因為它已經表現了他想要表現的一切。」的確，曲中深度的內省與抒情的旋律，不正是舒伯特一生在鬱鬱寡歡中憧憬著希望的寫照嗎？

Franz Schubert

弦外之音

蒙塵的交響曲

《未完成》交響曲的身世與它的標題一樣充滿了傳奇性，沒有人知道為什麼舒伯特只寫了兩個樂章；它在舒伯特有生之年亦從未上演，也許舒伯特根本忘記自己曾寫過這個作品呢！《未完成》交響曲的手稿一直由舒伯特一對好友兄弟所保存，這對兄弟把樂譜擱在抽屜中未曾公諸於世，一直到舒伯特死後第三十七年，才被人在舊書堆中找到，並馬上一躍成為古典樂曲中的佳作。

其實舒伯特大而化之的個性，根本不把樂曲是否能在舞台上大放異采當作一回事。他為了熱情而寫作，有時完成了也沒有發表，有時寫了一半便棄置於抽屜中，這是很常見的事。

C大調第九號交響曲也是他生前未曾發表的作品之一，舒伯特心滿意足的將之寫作完成後，照例隨手一丟，根本不敢奢望有樂團願意演奏這些大部頭的作品。此曲的手稿後來由舒曼在舒伯特哥哥的家中找到，舒曼如獲至寶地將總譜帶回萊比錫，並於1839年由布商大廈管弦樂團演出這首舒伯特晚期的巔峰之作，當日的指揮者正是品味超然的孟德爾頌。

害羞又健忘的舒伯特始終不習慣燈光與掌聲，這些他在生前漫不經心對待的作品，卻在時光的洗鍊下成為浩瀚樂海中的無價之寶。

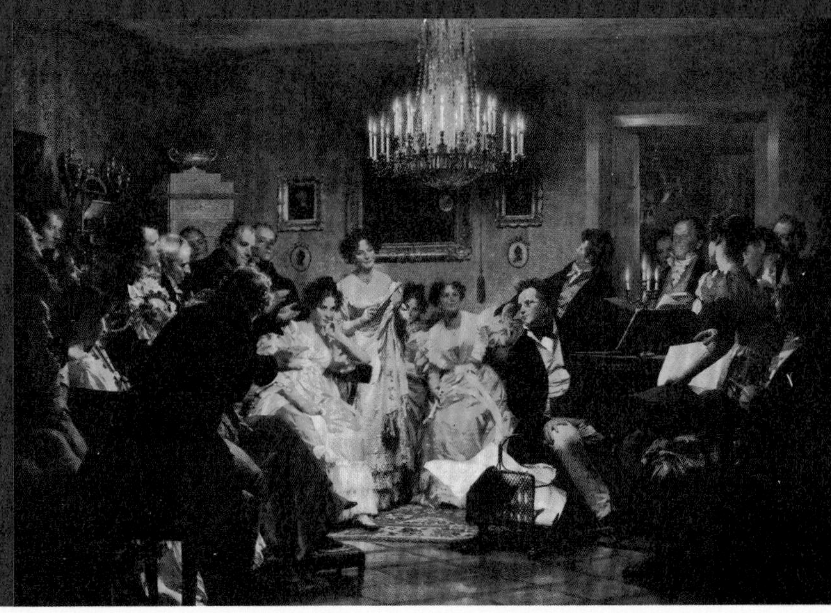

裘利斯・施密德（Julius Schimd）的油畫《維也納沙龍音樂會》，當時這樣的沙龍在音樂家及愛好者中蔚為風潮。圖中彈奏鋼琴的就是舒伯特。

《聖母頌》

Ave Maria

舒伯特（Franz Schubert , 1797 - 1828）

長度：約4分50秒

樂器編制：鋼琴

曲式：聲樂曲

出現於：動畫電影《幻想曲》

舒伯特在1825年寫下這首畢生最知名的歌曲，並收錄於舒伯特的歌曲集《愛倫之歌》（Ellens Gesang）第三曲。標題中的愛倫，是英國小説家司各特（Walter Scott）敘事詩《湖上的少女》（The Lady of the Lake）的女主角愛倫．道格拉斯（Ellen Douglas），而故事中的湖，則是蘇格蘭高地上的凱特琳湖（Loch Katrine）。

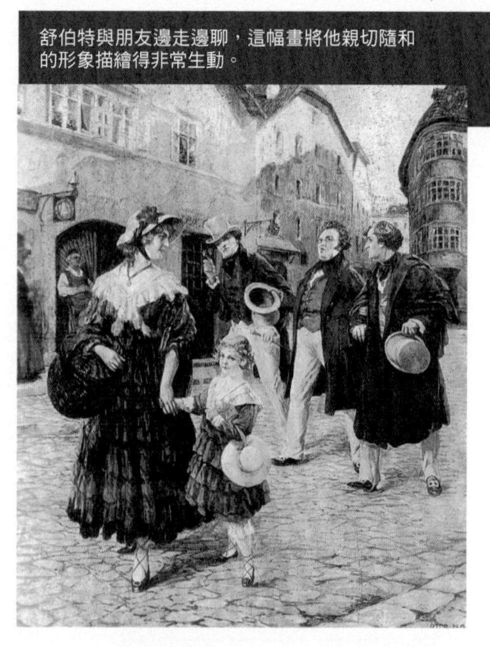

舒伯特與朋友邊走邊聊，這幅畫將他親切隨和的形象描繪得非常生動。

少女愛倫隨遭蘇格蘭王詹姆斯五世放逐的父親，逃亡到蘇格蘭高地，愛倫誠心祈求聖母瑪利亞，請祂幫助他們這對可憐的父女。恰巧阿爾卑斯族酋長羅德利克羅站在不遠的高處，聽見她的祈禱並好心收留了他們，但是風聞國王將對收留他們的人不利，只好躲到湖畔的精靈穴中。為了增加戲劇性，舒伯特在《愛倫之歌》中譜進了一首聖母頌，呼應故事中少女愛倫的祈禱。一如威爾第在歌劇《奧泰羅》中所寫的《聖母頌》，這首曲子

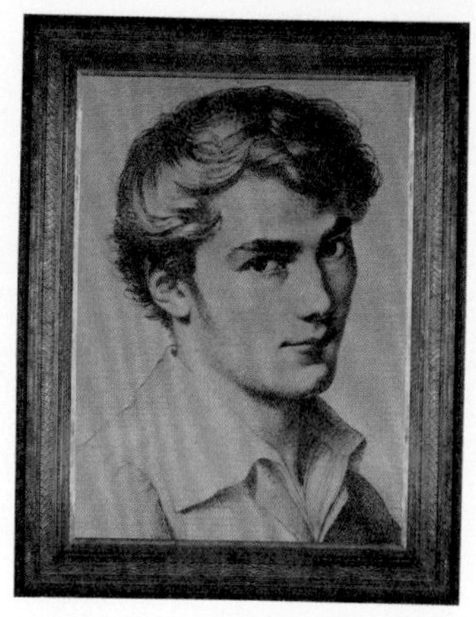
舒伯特少年時的肖像。

描繪舒伯特與朋友一起演出《失樂園》的畫作，庫佩爾維舍作，1821年。畫左前方坐著的，是舒伯特。

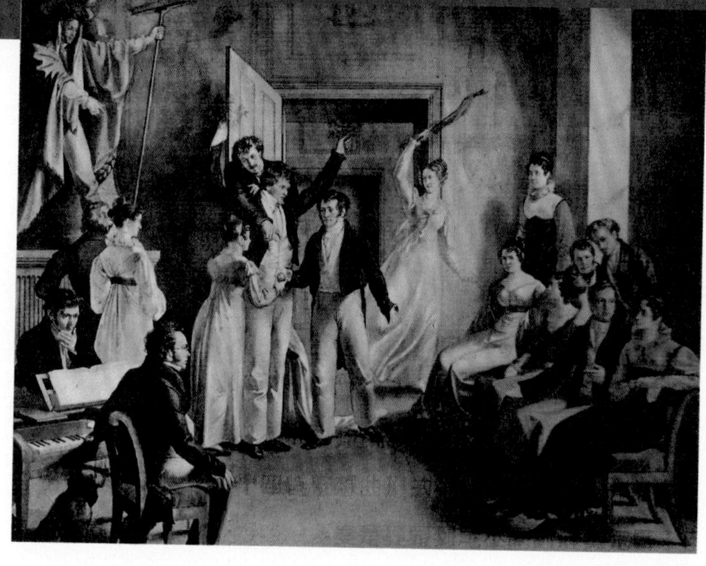

亦不能視為宗教音樂來理解。

荒謬的是，舒伯特採用德國詩人亞當史托克（Adam Storck）的德文譯詞，讓許多人不明此曲的來源甚至妄加推測，導致首演者蘇菲魏森沃夫（Sophie Weissenwolff）被誤以為是故事中的「湖上少女」。而更嚴重的錯誤則是，現在經常聽到整段的聖母頌拉丁經文，搭配此曲的旋律演唱，這根本是牛頭不對馬嘴的作法，因為舒伯特這首《聖母頌》和古諾的《聖母頌》不同，他只有第一句是拉丁文，其他都是司各特的詩句。如今，以拉丁文《聖母頌》的歌詞版本反而較廣為人知，像義大利男高音帕華洛帝多次在聖誕節音樂會和慈善義演上唱的，都是拉丁文的《聖母頌》版本。

舒伯特原始歌詞的部分內容為：「聖母瑪麗亞，仁慈的少女。請聽我這名少女的祈禱。雖然在荒野中您也能聽到，雖然在絕望中您也能拯救，在您的照護下我們才能安歇……。」

原本舒伯特的《愛倫之歌》第三首，根據德文譯作《湖上少女聯篇歌曲》（Liederzyklus Fraulein vom See），眾人習慣稱之為《聖母頌》，但舒伯特從來沒有如此稱呼此曲，在他的作品全集中是以《愛倫之歌第三曲》（ Ellens dritter Gesang）為名。

至於司各特的《湖上的少女》一作，在十九世紀是相當具影響力的詩作，一度還促成「高地復興」運動，連羅西尼也將之改寫成名為《湖上的少女》的歌劇，不過到二十世紀，這首詩作的影響力蕩然無存，僅存描寫高地人召喚黨羽時燃燒十字架為信號的印象，這一舉動被美國極端的種族主義者三K黨延用，成為他們作惡後留下的記號。

交響詩《芬蘭頌》

Finlandia Op.26

西貝流士（Jean Sibelius , 1865 - 1957）

創作年代1899年

樂器編制：交響樂團

曲式：交響樂曲

出現於：電影《終極警探》

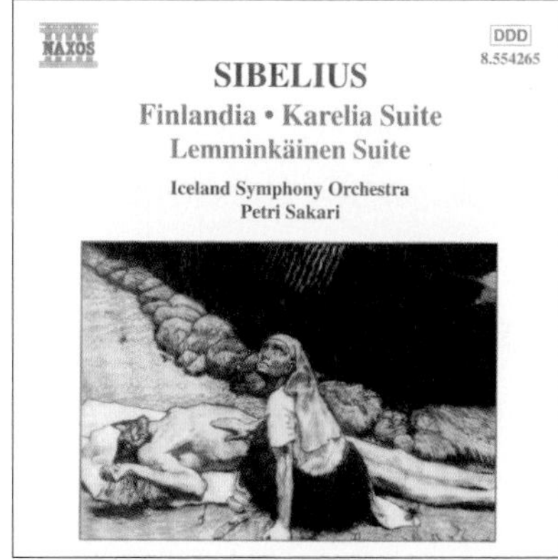

推薦專輯：Sibelius：Finlandia / Karelia Suite

演奏／指揮：Petri Sakari

專輯編號：8554265 Naxos 金革

西貝流士是芬蘭的國寶級音樂家，這首交響詩《芬蘭頌》是他在1899年，三十四歲時所寫的作品。西貝流士年輕時曾經到柏林學習作曲與演奏技巧，但在回國後，他發現自己的國家已經遭到俄國的侵占統治，於是這個年輕人身體裡的愛國血液整個沸騰了起來，他把在德國學到的正統音樂教育通通拋到一邊，致力於描寫祖國蕭瑟的寒風、冰雪覆蓋的原始森林、漫無邊際的永夜、以及凜冽淒清的一片枯寂。彷彿只有這些絕對的「本土」產物，能與他胸口火熱的鬱悶相比。西貝流士以音樂為武器，投入了反抗帝俄的行列，交響詩《芬蘭頌》更是芬蘭人心中崇高的精神指標，就像抗戰時期少不了的愛國歌曲一樣，成為所有人民在精神層面的依託。

《芬蘭頌》開頭以一連串陰森森的呻吟之聲開始，這是被壓抑的情感極力想從鐵幕中逃脫而扭曲變形的聲音。進入主部之後，激情輝煌的主題有如滔滔江河，鏗鏘有力的敲擊人心，這種強烈的情感歸屬於人民對祖國的愛，是威力無窮而感染力極佳的。就在激情稍稍舒緩之時，木管接著奏出優美的抒情歌曲，光明之聲象徵芬蘭人民渴望的和平安定，又像母親般慈愛的安慰所有傷心流淚的子民。這段恬靜的音樂終止後，第一段激昂的旋律再度出現，這一次所有的力氣都被引爆了出來，人民相信信念終得永恆的勝利，莊嚴肅穆的尾奏伸開雙臂，迎接即將到來的榮耀。

在芬蘭人的心目中，《芬蘭頌》比「芬蘭國歌」更能凝聚人民對祖國的熱愛，但想也知道，蘇俄老大當然不怎麼欣賞這樣的作品，他們像要剷除群眾「思想的毒瘤」般禁掉了這首曲子，不過剛毅的芬蘭人也不是這麼好欺負的，《芬蘭頌》越禁越紅，不僅在本國的公開場

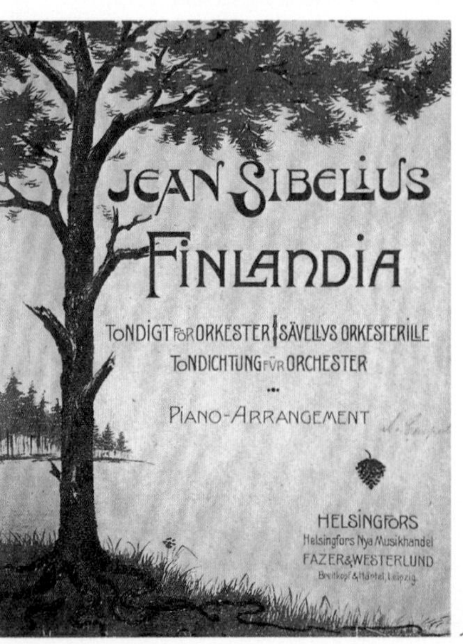

《芬蘭頌》樂譜封面。這首曲子受到芬蘭人的熱愛，堪稱芬蘭第二國歌。

合鼓舞著所有愛國之心，更流傳到世界各地，讓蘇俄老大知道沒有火藥的武器一樣厲害。

1897年，西貝流士得到芬蘭政府的賞識，頒予終身俸讓他能專心致力於作曲，受到國家如此的厚愛，果然兩年後西貝流士即寫出了這首絕世之作《芬蘭頌》；1918年芬蘭掙脫俄國的統治獲得獨立，西貝流士也一躍成為人民心中的愛國英雄。長壽的西貝流士活到九十二歲，他的雕像、紀念碑、博物館與他傑出的交響曲作品一樣，林立於芬蘭的各個角落，永遠受到尊敬讚揚。

Jean Sibelius

弦外之音

熱烈的小提琴之夢

和許多作曲家一樣，西貝流士曾經為了家人的期盼「誤入歧途」去攻讀法律，但後來果然受不了音樂的誘惑，再度「誤入歧途」走向音樂的懷抱。小時候，西貝流士發現小提琴是一種「攜帶方便」的樂器，只要碰到什麼令人陶醉的事物，便可以拿出來演奏一番宣洩內心的情感，於是他八歲開始學小提琴，並夢想能成為舉世無雙的小提琴大師。

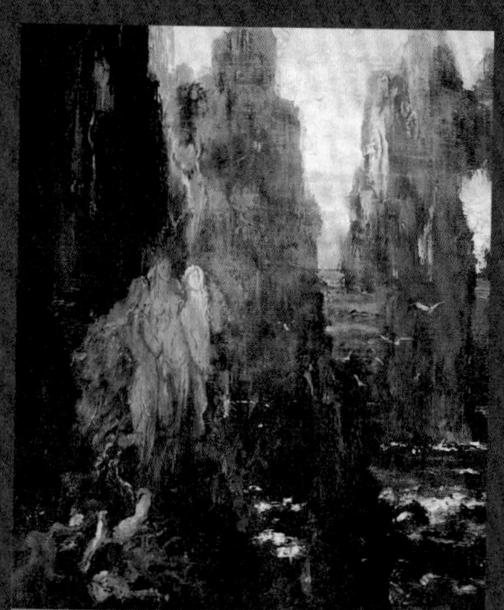

西貝流士從小就鍾情大自然，認為森林與湖泊都是有生命的精靈，常常坐在湖邊幻想女妖從幽暗林中走出來跳舞的情景。圖為法國畫家牟侯（Gustave Moreau）所繪的《海妖》。

為了練習小提琴，西貝流士功課也不管，時常跑到樹林裡聆聽小鳥的歌唱，然後拿出小提琴為牠們「伴奏」（這個愛幻想又自我中心的傢伙，長大一定會有出息的）。

1903年，夢想要成為小提琴大師的西貝流士終於寫出了生平第一首（也是唯一一首）小提琴協奏曲《d小調小提琴協奏曲》，在他心目中，這是他所有作品裡最優秀的一首。雖然他終究沒有實現成為小提琴大師的美夢，但這個作品日後卻成為所有小提琴演奏家的試金石。

一粒夢的種子，多年後終於以自己的方式開花結果。

《悲傷圓舞曲》
Valse Triste

西貝流士（Jean Sibelius，1865 - 1957）

長度：約5分

樂器編制：管弦樂團

曲式：管弦樂曲

《悲傷圓舞曲》是西貝流士為《庫歐列馬》（Kuolema）一劇所寫的配樂中的一段音樂。此劇原作者是亞涅菲（Arvid Jarnefelt），原劇在1903年首演，至今已經很少演出，反而是西貝流士所寫的配樂聞名於世。西貝流士是亞涅菲的妹婿，兩人聯手創作有著家族的親情因素，這或許能解釋為什麼此劇的配樂比劇作出色。

《庫歐列馬》是芬蘭文「死神」的意思，故事描述男孩帕瓦利和病重的母親住在一起，母親在夢中見到房裡來了一群舞者，而且越來越多，她一時興起，起身和大家一起跳舞，但越跳越累，一會兒舞者離去，她卻還是欲罷不能。此時死神在門口敲了三下，舞蹈的樂聲戛然而止，死神化作早已故去丈夫的樣貌，把母親召去陰間。

西貝流士的肖像。

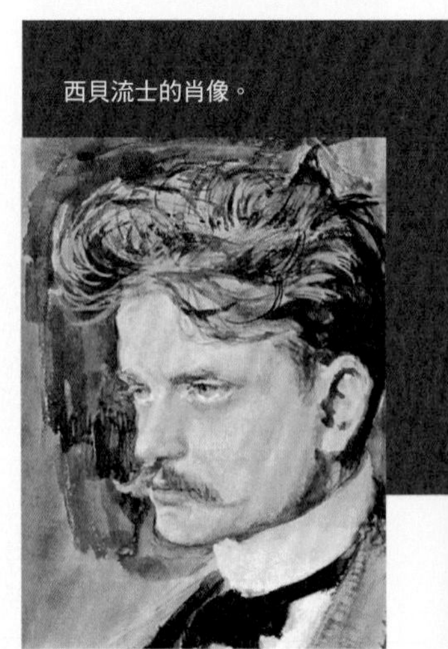

多年後，帕瓦利長大了，四處漂泊無定所。一天他認識了一位住在馬車裡的老巫婆，他幫老巫婆升火、點燈還作麵包，老巫婆為了報答他，送他一只戒指。突然間，他來到了夏日的森林，林中少女艾爾莎正在歌唱，兩人於是相遇並相擁而眠。帕瓦利醒來後想繼續旅行，但艾爾莎不讓他走，這時一群鶴飛過，其中一隻離群而來，叼著一個嬰兒送給了他們。又過了多年，帕瓦利和艾爾莎結婚了並且變得富有，帕瓦利建了間學校，沒想到自己的家卻毀於火災。大火中，帕瓦利回想一路走來的經過，突然見到母親的魂魄從火裡出現，手中握著一把鐮刀，隨著房子崩毀於火中，帕瓦利也跟著死了。原來，拿鐮刀的母親是死神變的，村民見狀前來安慰艾爾莎，並追思帕瓦利的善行。

西貝流士在1903年為該劇寫了六段音樂，最後從中選了四段組成組曲。這首《悲傷圓舞曲》就是組曲中的第一曲。其實，此作剛完成時一直沒有出版，在問世後也少有人知道，是西貝流士的出版商在許久之後才整理改編這套組曲，單獨出版，此曲才忽然廣為人知，意外地成為西貝流士最知名的作品之一。當時西貝流士並沒打算出版此曲，便宜地賣給出版商，後來此曲大受歡迎時，他也沒有拿到一毛錢版稅。這首曲子後來在西貝流士1924年寫的《第七號交響曲》的終樂章中重現，不過只有一小段樂句，不是很熟悉的人並不會注意到。

《悲傷圓舞曲》是《庫歐列馬》劇中第一幕母親臨死前，被死神以過世丈夫的形象引誘，與其共舞的那個畫面。音樂帶著甜美的憂傷，那是一種戲劇的效果：明明看戲的人心知這是死神的化身，但劇中人卻渾然未覺，陷入了對往事的甜蜜回憶中。劇中人是甜蜜的，看戲的人心情卻在替劇中人悲傷，《悲傷圓舞曲》很巧妙地點出這情境下的兩種心情。樂曲最後的三個和弦，很明顯地交待了母親被死神帶走的悲傷結局。

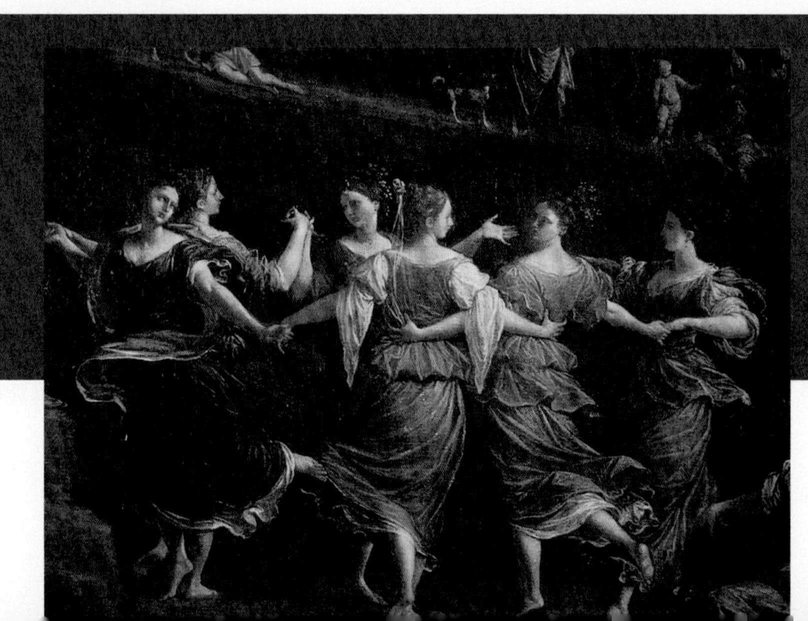

西貝流士有許多以神仙、妖精、仙女為題的管弦樂曲，像是《林中女仙》、《森林妖精》等，充滿了芬蘭民族色彩。圖為油畫《林中仙子之舞》，唐納多·克雷第所繪。

《永恆的星條旗》
The Stars and Stripes Forever

蘇沙（John Philip Sousa , 1854 - 1932）

創作年代：1896年

長度：約3分21秒

樂器編制：管弦樂團

曲式：進行曲

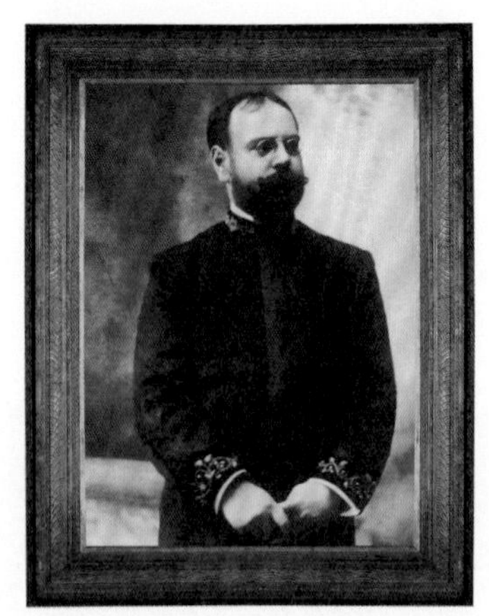
蘇沙的肖像。

為了這首蘇沙畢生大作，美國國會還特別立法，將它訂為美國的《國家進行曲》（National March）。蘇沙在1896年的聖誕節寫下這首曲子，當天他正搭乘郵輪從歐洲返回美國，卻聽到為他掌管蘇沙樂團演出事宜的經紀人大衛布雷克利過世，滿懷的情緒帶來了音樂靈感。由於船上譜寫不方便，他只好把想到的音符都牢記在腦海裡，回到美國後立刻將樂譜記錄在紙上完成作曲。此後，這首曲子大受歡迎，每一場蘇沙所帶領的演出都一定會演奏此曲。

其實，蘇沙還親自為這首曲子寫了歌詞：「讓軍樂的音響以凱旋之姿飄蕩，自由女神伸出她巨大的雙手，在如雷歡呼聲中一面旗幟出現，是西方國度的標誌，是勇敢與真理的象徵。在它之下不容許暴君政權、上面的紅色和白色和藍色，正是自由的防衛和希望……」只是不太為人熟知。這首曲子還曾經被著名的俄國鋼琴家霍洛維茲（Vladimir Horowitz）改編成一首艱難的變奏曲，以慶祝自己獲得美國國籍，後來這成了他著名的安可曲目，還留下了錄音。

《永遠忠誠進行曲》
Semper Fidelis March

蘇沙（John Philip Sousa , 1854 - 1932）

創作年代：1889年

長度：約2分32秒

樂器編制：管弦樂團

曲式：進行曲

「永遠忠誠」（Semper Fidelis）這句拉丁文經常出現在電影中，這是美國海軍陸戰隊的精神口號，許多從海軍陸戰隊退役的人視其為榮譽的象徵，仍然習慣以此互相激勵、致意，有時候還會簡化成：Semper Fi。美國海軍陸戰隊在1883年才開始採用這句口號，蘇沙在1889年受美國海軍陸戰隊之邀，創作正式進行曲時，便以這句口號當成作品的標題。

蘇沙在1888年仍於維吉尼亞州擔任美國海軍軍樂隊指揮，海軍陸戰隊希望汰換舊隊歌，請他譜寫一首配有歌詞的進行曲。專注聆聽美國海軍軍歌後，蘇沙大受感動落淚，激動之下花了一個晚上創作出這首進行曲。

這首進行曲的中奏段，先以小鼓獨奏，然後交由小號一路吹奏到結束，這種處理方式在進行曲中非常罕見，因此成為此曲的招牌樂段。

A B C D E F G H I J K L M N O P Q R S T U V W X Y Z

John Philip Sousa

作曲家小傳

蘇沙（John Philip Sousa）
1854年11月6日出生於美國華盛頓特區，
1932年3月6日逝世於美國賓夕法尼亞洲。

蘇沙生平寫作了無數著名的進行曲，被尊稱為「進行曲之王」。出生於美國首府華盛頓的他，擁有葡萄牙、西班牙和巴伐利亞的血統，祖父那一代就從葡萄牙逃難到美國定居。蘇沙從小就接受音樂教育，擁有絕佳音感，六歲開始作曲，十一歲就自組樂團，帶領七個大人在華盛頓地區演奏舞曲頗受歡迎。蘇沙的父親在美國海軍軍樂隊擔任伸縮號手，蘇沙十三歲時，父親讓他報名海軍軍樂隊，在那裡擔任學徒。這個工作蘇沙一待就是七年，學會了吹奏所有的管樂器後，他離開軍樂隊到劇院從事指揮的工作，但在1880年又回到海軍樂隊擔任指揮，歷經十二年後，他才離開並自組蘇沙樂團。從1892年組團，到1931年解散，前後長達四十年的時間，中間一共演出了一萬五千多場。他們的蹤跡遍布全美，還巡迴世界各地演出。

蘇沙曾說，進行曲就要讓木頭腿都能邁開步伐，顯現他對自己的進行曲滿懷信心。但蘇沙不光譜寫進行曲，在他一生兩百多首創作中，還有許多的交響詩、組曲和輕歌劇作品。蘇沙象徵著美國草創階段的精神，那是一種大無畏、純真、對未來充滿自信的美國精神。蘇沙小時候見識了美國南北內戰，當時戰火波及他居住的華盛頓地區，因此軍樂隊的音樂在他心目中自然舉足輕重。然而，蘇沙曾在輕歌劇鼻祖奧芬巴赫的指揮下演奏過輕歌劇，並曾受邀改編過吉伯特與沙利文的輕歌劇，所以他篤志成為美國版的吉伯特與沙利文，創作出獨具匠心的輕歌劇，因此前後創作過十五首的輕歌劇。他在1895年寫出的輕歌劇《隊長》（El Capitan）被公認是第一部在百老匯受到歡迎的美國作曲家作品。

蘇沙作曲風格深受莫札特影響，因為小時接就接受正統音樂教育，讓他懂得從莫札特的歌劇和管弦樂曲中找尋靈感。自組蘇沙樂團時，他將傳統軍樂隊以銅管為核心的編制，改為以木管樂器為核心，讓樂團的整體音色較為柔和，並加上撥弦的豎琴，讓樂團可以演奏各式各樣的管弦樂曲。廣受大眾喜愛的蘇沙樂團，憑著獨特音色將當時美國流行的繁音拍子飛絮曲（Ragtime）帶往巴黎巡迴演奏，讓德布西、拉威爾、史特拉汶斯基和米堯等人大開眼界，從而在他們的作品中模仿寫出類似的飛絮曲。

圓舞曲《藍色多瑙河》

An der Schönen Blauen donau Waltz, Op.314

小約翰．史特勞斯（Johann Strauss II , 1825 - 1899）

創作年代：1866年

出現於：電影《2001太空漫遊》

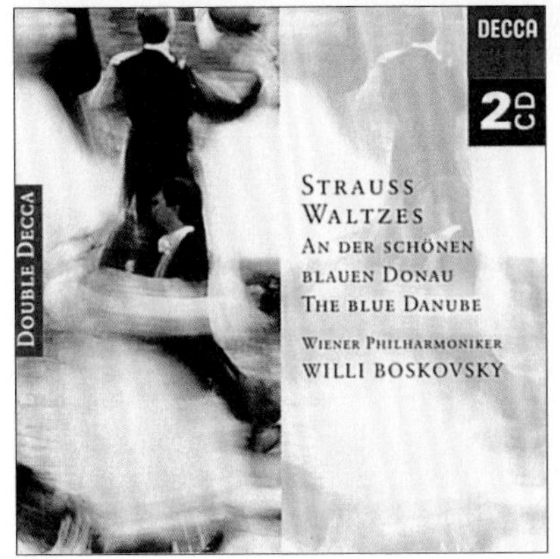

推薦專輯：Strauss Waltzes : An der schönen blauen Donau,The Blue Danube

演奏／指揮：Willi Boskovsky

專輯編號：4434732 Decca

在奧地利，每年的維也納新年音樂會中，一定會出現《藍色多瑙河》這支曲目。紳士翩翩地向淑女們邀舞，成雙成對地滑入舞池中，在優雅歡樂的氣氛裡掀起這一年的序幕。這首圓舞曲不但是小約翰·史特勞斯最有名的圓舞曲，它的重要性以及受歡迎的程度，更是讓奧地利人將其視為第二首國歌呢！

波光瀲灩的多瑙河靜靜蜿蜒於歐陸蒼翠的土地上，那是1866年，奧地利在普奧戰爭中落敗，整個維也納籠罩著一層陰霾。正在多瑙河上泛舟的小約翰·史特勞斯感受到市民低落的情緒，於是決定以充滿母愛象徵的多瑙河為題材，寫一首光明歡愉的曲子來鼓舞士氣。

湛藍的河水、河畔的綠地、遠處蓊鬱的森林，以及多瑙河美麗的傳說，讓史特勞斯的靈感就像水流般清晰流暢，很快便完成了男聲合唱《藍色多瑙河》。但聲樂版的《藍色多瑙

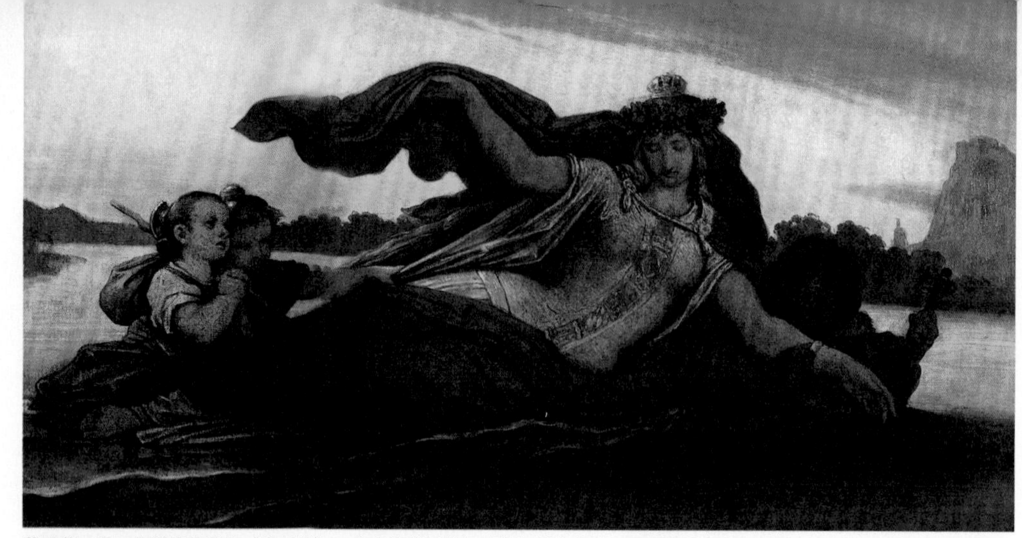

莫理茲·馮·施溫德的畫作《多瑙河》。其實多瑙河的河水顏色並非藍色，而是淺綠與銀灰相間。

河》剛發表時並未受到重視，後來小約翰·史特勞斯以管弦樂的方式重新詮釋此曲，並親自指揮演出，果然一炮而紅，從此席捲世界各地的古典音樂排行榜，歷久不衰。

小行板的序奏緩緩響起，弦樂輕柔的顫音象徵清晨河面氤氳薄霧，接著號角與笛音驅逐了晨霧，在漸強的樂聲中河面灑上了金色陽光，展開多瑙河畔快樂明亮的一天。隨後五個小圓舞曲陸續登場，第一圓舞曲的主題旋律是全曲的靈魂所在，它朝氣蓬勃的生機帶來了樂觀的精神；第二圓舞曲以柔和之姿撫慰人心；第三圓舞曲歡樂淳樸，跳躍的旋律有如村民的舞蹈；第四圓舞曲延續了幸福的氣氛；第五圓舞曲將舞池中旋轉的身影帶至高潮，然後主題旋律依次響起，在歡樂滿人間的氣氛中結束全曲。

《藍色多瑙河》洗淨了戰爭帶來的煙硝塵灰，它的湛藍輕輕流過每個愛樂者的心中，一如母親般教人們記起歡笑的美好：燈火已照亮了大廳，悠悠樂聲也即將揚起，跳舞吧！拋開所有的煩惱不安，跳舞吧！

Johann Strauss II

弦外之音

音樂家語錄

史特勞斯的好友布拉姆斯剛步出《藍色多瑙河》發表會現場，他說：「那段旋律實在太美了！真可惜那不是由我寫出來的作品！」

樂評家漢斯利克也接著提出他的看法：「海頓所寫的奧地利國歌已經夠美的了，但是現在我們又多了一首，那就是《藍色多瑙河》。」

《藍色多瑙河》的曲譜封面。

《煎餅磨坊舞會》，雷諾瓦作。「煎餅磨坊」是19世紀時巴黎一家露天舞廳，雷諾瓦描繪出在此踏著圓舞曲節拍翩翩起舞的人們。

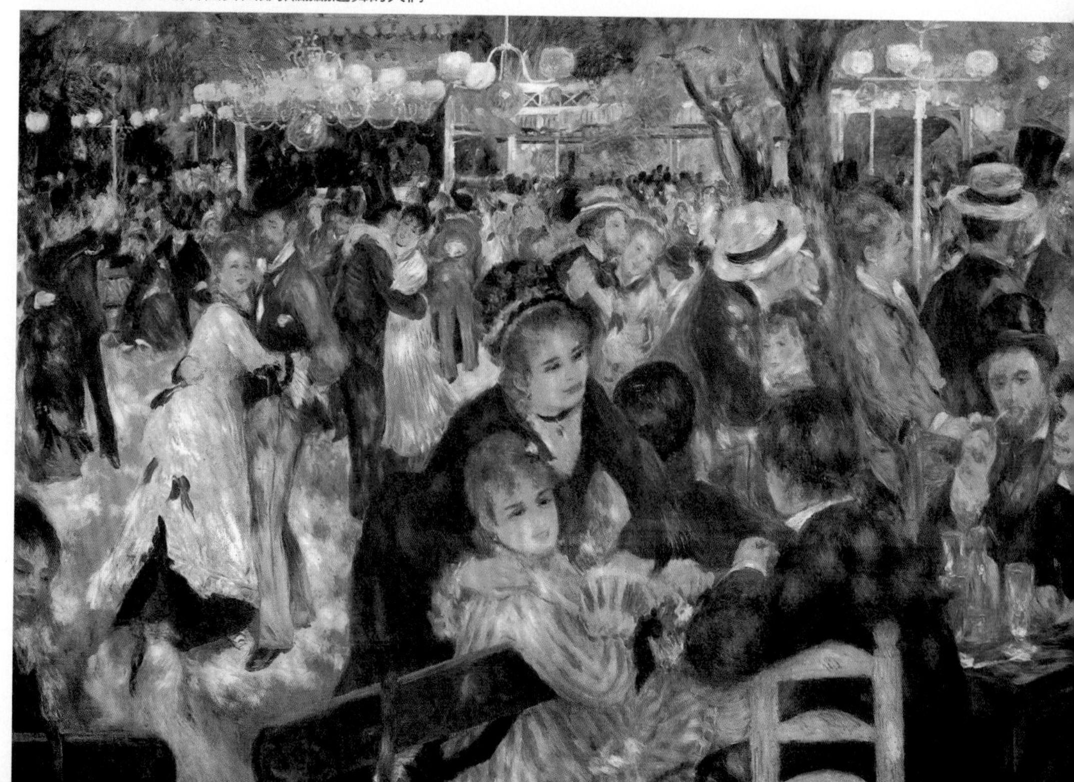

圓舞曲《維也納森林的故事》

Tales from the Vienna Woods, Op.325

小約翰．史特勞斯（Johann Strauss II, 1825 - 1899）

創作年代：1868年

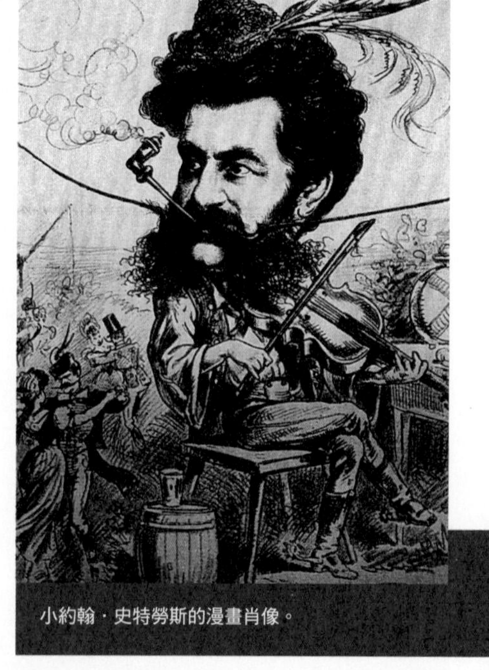
小約翰．史特勞斯的漫畫肖像。

在奧地利首都維也納的郊區，座落著一片美麗的森林。由於維也納盛產音樂家，所以時常有許多作曲家們來此休憩玩耍。這些來此做森林浴的作曲家們，原本是為了讓腦袋徹底放鬆，沒想到這片幽靜的森林卻為他們激發出更多的創作靈感。貝多芬交響曲中的某些樂思就是在此尋得；舒伯特亦在此萌生《美麗的磨坊少女》的寫作動機；而圓舞曲之王小約翰．史特勞斯，則乾脆直接為這座森林描繪了一幅肖像，題名為：《維也納森林的故事》圓舞曲。

這首圓舞曲由一段占有相當份量的序奏、五段小圓舞曲以及充滿朝氣的尾奏所組成。在樂曲的開頭，由單簧管吹奏出和緩的牧歌旋律，這座綠意盎然的森林就此展現在我們眼前：林中聳立著許多挺拔的柏樹、雲杉和藍杉，婉轉的鳥鳴聲在枝枒間輕輕啼唱，陽光慵懶地灑落在色彩繽紛的花朵上。沿著樹林小徑攀登望遠，只見眼前一片森林海，在微風的吹拂下陣陣綠意波濤起伏，不遠處尚有潺潺水流，晶瑩的水珠鑲在粉藍嫩紫的花瓣上，煞是動人。屏息細聽，森林裡正傳來「朗特拉」民

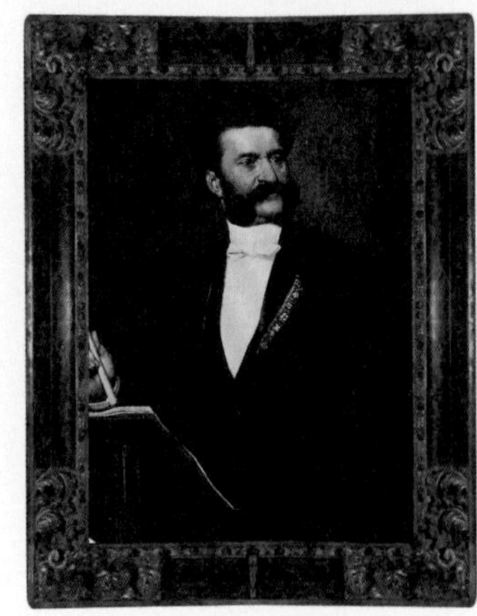
小約翰・史特勞斯的肖像。

俗舞曲的旋律，村民隨著音樂手足舞蹈，歡樂的氣氛在寧靜的小鄉村中蔓延開來，人們一派悠閒，沐浴在森林芬芳的馨香中。

小約翰・史特勞斯在這首圓舞曲裡用了一個特別的民俗樂器：「齊特琴」（zither，吉他），齊特琴在序奏與尾奏上都有獨奏的部分，它甜美純淨的音色宛如林中精靈彈奏的天籟，喃喃淺唱亦如精靈們的耳語，十分的迷人。《維也納森林的故事》如實地描繪這片美好的世外桃源，音樂裡有大自然與人的和平共處、與世無爭的歌唱舞蹈，很適合於晨起時播放；或是在歷經一天的奔波勞累後，無拘無束地闔眼聆聽，以任何最放鬆的姿態進入這一片碧綠的可愛森林。

Johann Strauss II

弦外之音

古典樂小抄

小約翰．史特勞斯十分熱愛他的故鄉維也納，每次他結束了漫長的旅行演奏，回到維也納這片可愛的土地上時，他的心情便分外的安心舒坦。維也納如畫的美景、淳樸的風俗，以及深厚的文化涵養都讓他以身為奧國音樂家為榮，這樣的心情也時常展現在他精緻優美的作品中。

在他六十九歲的生日宴會上，他更激動地說過這一番話：「如果說我身上真有什麼才能的話，那麼我得感謝這座可愛的城市——維也納。我一切的力量都來自於這塊土地，我耳中所聽到的旋律，充塞在維也納的天空，而我只不過用心的傾聽，然後動手把它寫下來而已。」這句話不正是《維也納森林的故事》最佳的詮釋嗎？

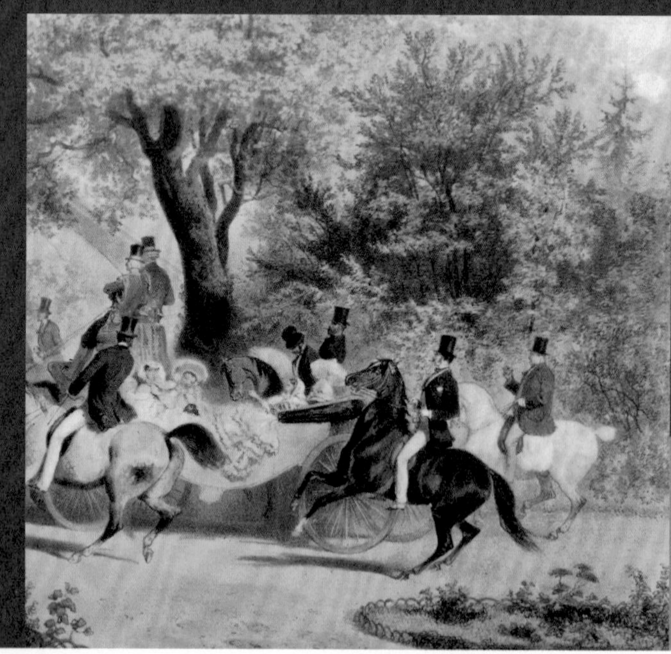

尤金．歌洛德所繪的《森林中的騎兵》。小約翰．史特勞斯就是從家鄉維也納如畫般美麗的森林得到靈感，譜下優美的《維也納森林的故事》。

交響詩《查拉圖斯特拉如是說》
Also Sprach Zarathustra - Fanfare

理查・史特勞斯（Richard Strauss , 1864 - 1949）

創作年代：1896年2月~8月

首演時地：1896年11月，法蘭克福

時間長度：約35分鐘

出現於：電影《2001太空漫遊》

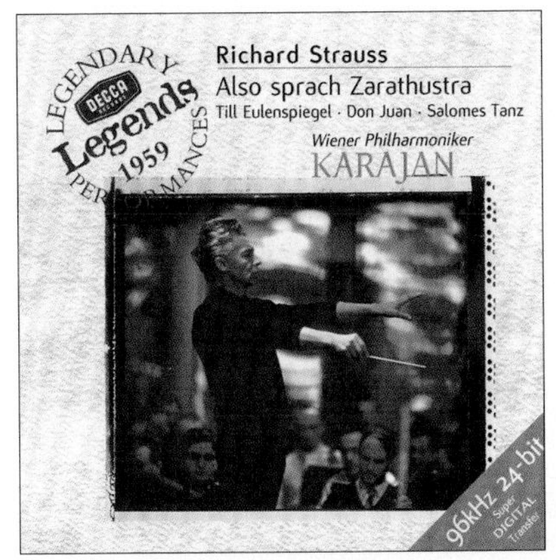

推薦專輯：Richard Srrauss：Also Sprach Zarathustra

演奏／指揮：Herber von Karajan

專輯編號：466388 DG 環球

《查拉圖斯特拉如是說》與藝術、文學上的連結，除了是根據德國哲學家尼采的同名哲學著作所譜寫之外，在英國導演史丹利・庫伯力克的《2001太空漫遊》電影的一開始，便以小號激越、響亮的樂聲，襯托一輪旭日自沉睡大地甦醒的磅礡景象。史丹利・庫伯力克用《查拉圖斯特拉如是說》來做開場的樂段，是想要讓觀眾事先準備好接收故事中的深刻內涵，透過交響曲中的主題，對尼采的思想產生交流。難怪這部電影的配樂艾力克斯・諾斯表示說：「我當時就有一種預感，不論寫得再好的音樂，大概也無法取代《查拉圖斯特拉如是說》了。」

電影《2001太空漫遊》的第一幕，就是以這首曲子作為主角。首先銀幕上一片漆黑寧

A
B
C
D
E
F
G
H
I
J
K
L
M
N
O
P
Q
R
S
T
U
V
W
X
Y
Z

靜，接著小號吹奏三個莊重的長音符緩緩登場，然後精采的來了——龐大的樂團奏出雷鳴般巨大的聲響，定音鼓與戲劇性的和弦聯手製造一陣雷霆萬鈞的聲響，充塞於整個宇宙間，彷彿要宣告一件極為重要的事。這時銀幕遠方升起了一道曙光，地球的黎明以智慧之姿降臨，大地也漸漸甦醒。這種天體運轉般遼闊壯麗的畫面，是尼采筆下超人所見的黎明；而理查·史特勞斯則用了層層堆疊的合聲、緩緩加強的力度，來製造一股無比震撼的氛圍，此刻，人類對大自然的崇敬與臣服，也隨著樂團驚天動地的狂飆而升到最高點。

理查・史特勞斯並不想刻意以音樂來展現原著的觀念或精神，他略過了這部文學、哲學傑作背後所隱藏的觀念邏輯與哲學理念，只抓住其中的詩情，並且表示說：「我並不是有意要寫哲學化的音樂，也不是想用音樂來描寫尼采的偉大著作，我只是想以音樂為手段，企圖將人類發展的概念，從其起源以及發展的過程中，將尼采的超人觀念傳達出來。」就像只是借用了尼采的書名與標題，而改用自己的方式來思索人類的發展歷程那樣，除了曲名，這首曲子的內涵完全與超人思想無關。

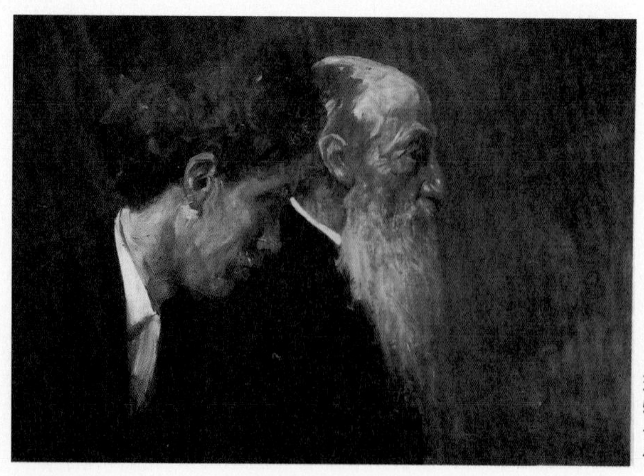

理查・史特勞斯與好友亞歷山大・里特的肖像。里特教史特勞斯深入了解華格納的音樂、並介紹白遼士、李斯特等「新德國樂派」作曲加給他認識，對他影響深遠。

《查拉圖斯特拉如是說》這首交響詩共分成四個樂段，描寫宇宙的自然現象與人類精神的對立狀況，音樂中以C大調來代表宇宙大自然，以B大調來代表人類精神，二者形成對立的主體。

除了序奏裡象徵氣勢磅礡的旭日東昇之外，其餘部分可分為八個部分，分別是：「信來世的人們」、「大渴望」、「快樂與熱情」、「墳塋之歌」、「科學」、「新癒者」、「跳舞之歌」以及「醉後之歌」。這些主題在尼采《查拉圖斯特拉如是說》一書中，各有其所想表現的主題，如果我們不瞭解書中的任何素材，還是能夠透過音樂和各個標題，來感受理查・史特勞斯想要傳達給我們的感受，可以完全不理會尼采，只隨著音符翩然起舞。

《查拉圖斯特拉如是說》裡的主角查拉圖斯特拉說：「我獨自高飛，我飛得太遠了，於是我環顧四周，只有孤獨才是我唯一的伴侶。」查拉圖斯特拉三十歲離家之後，遁入深山修身養性。有一天，他看著上昇的太陽，有了新的體認：如果偉大的星辰沒有照耀著卑微的人類，那麼他的存在又有何意義。所以他決定下山去，如同太陽下山後所做的事一樣，回到茫茫人海中。查拉圖斯特拉像是在告訴人們新的真理，鼓舞人們敢於和悲劇的命運相碰撞。

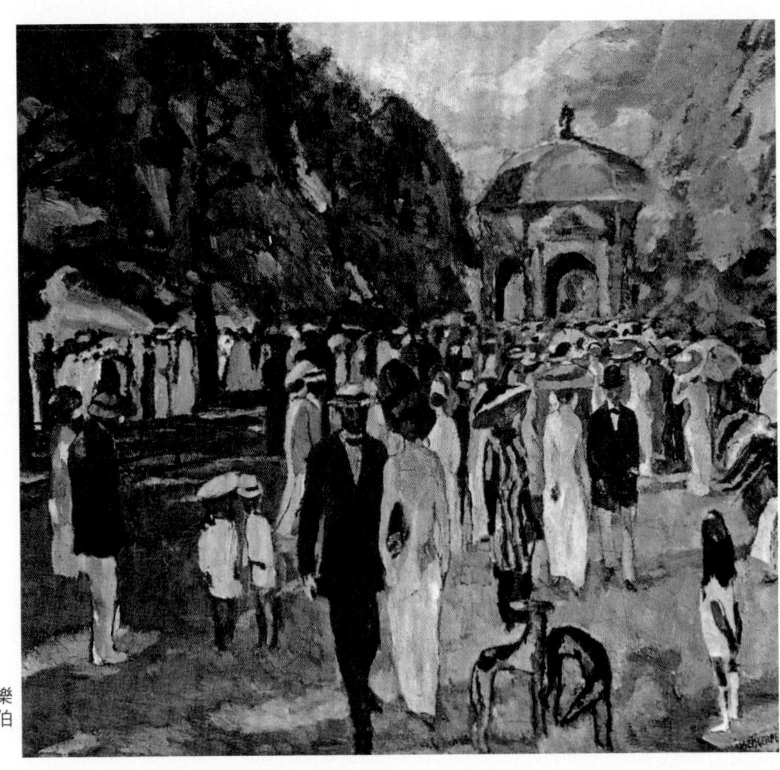

《查拉圖斯特拉如是說》樂譜插畫，由亞伯・威恩格伯所繪。

芭蕾舞劇《火鳥》之《地獄之舞》

Firebird – Infernal Dance

史特拉汶斯基（Igor Stravinsky , 1882 - 1971）

創作年代：1910年

長度：約21分

樂器編制：管弦樂團

曲式：管弦樂曲

《火鳥》是俄國作曲家史特拉汶斯基在1910年為俄國芭蕾舞團所創作的芭蕾舞劇配樂。其首演舞作由佛金（Michel　Forkine）編舞，是二十世紀偉大的芭蕾舞作。此劇的故事來自俄國古老的傳說，描述一頭傳說中的火鳥，能讓捕到牠的人得償心願，卻也受到詛咒。當時俄國芭蕾舞團由戴亞基列夫（Diaghilev）所率領，此團雖然已經聞名於巴黎，但還沒有像後來那樣以委託作曲家特別創作新音樂、加以編舞而聞名於世。後來俄國芭蕾舞團向史特拉汶斯基（《春之祭》、《彼得羅希卡》）、法雅（《三角帽》）、米堯、拉威爾（《展覽會之畫》、《達夫尼與克羅埃》）等許多當時在巴黎的作曲家邀約新作，直接催生了二十世紀最偉大的音樂作品。

此作原來並不屬意由史特拉汶斯基創作，而是想交由他的師執輩作曲家，里亞道夫（Anatol Liadov）去創作，可是因為里亞道夫速度慢，才交由當時年方二十八、沒沒無名的史特拉汶斯基。沒想到因為舞劇成功，史特拉汶斯基跟著也一夜成名，緊接著才有他的《彼得羅希卡》和之後被譽為二十世紀現代音樂第一聲的《春之祭》問世。此曲在史特拉汶斯基個人風格轉變中也是個里程碑，之前他的創作風格都較為保守，在此作則轉為新穎的風格，但還未若《春之祭》那麼前衛。這齣舞劇後來在五〇年代於紐約演出時，由著名的俄國編舞家巴蘭欽（George　Balanchine）重新編舞，還邀請到名畫家夏卡爾（Marc　Chagall）用他知名的風格來設計布景和服裝，也是芭蕾舞史上最知名的製作。

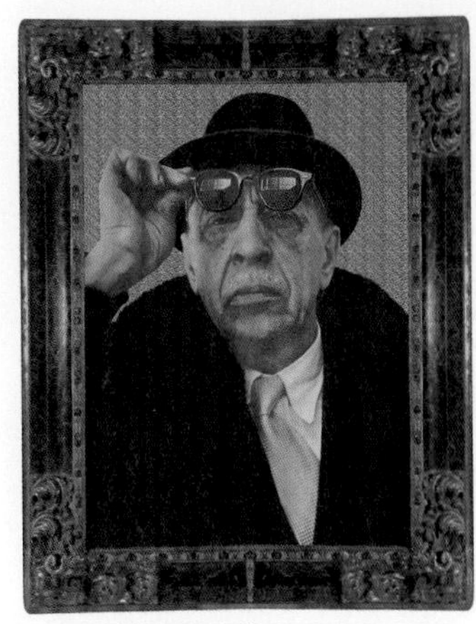
史特拉汶斯基的肖像。

《火鳥》的人物造型，由巴斯特克所繪。這齣舞劇取材自俄羅斯民間傳說，奠定了史特拉汶斯基在芭蕾舞劇音樂創作上的地位。

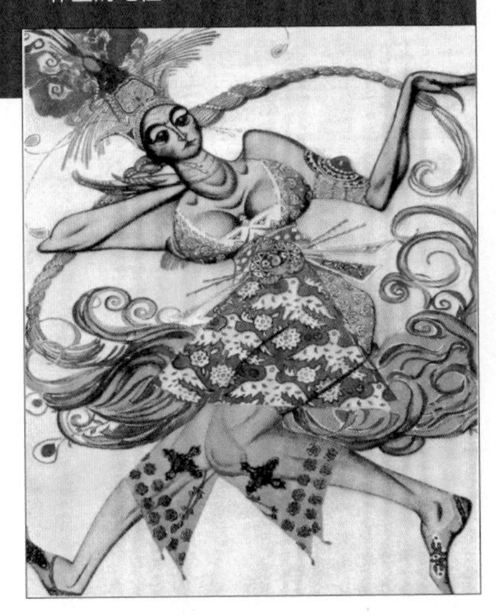

火鳥一劇的故事，描寫伊凡王子來到邪惡魔術師卡謝伊所統治的王國，這是一個仰賴魔法而運作的王國。在花園中漫步時，伊凡意外見到火鳥，火鳥其實是個仙子，被卡謝伊所囚，化作火鳥。王子上前想捕捉牠，牠為了要重獲自由，便和伊凡交換條件。不久，伊凡見到十三位公主，愛上了其中一位。隔天他向國王卡謝伊請求，讓他娶公主回家，但卡謝伊不許，兩人爭執不下，伊凡便離開了。於是卡謝伊派遣邪物尾隨在後，想對伊凡不利，就在危險的時候，火鳥遵守諾言現身阻止，並唱起催眠曲，讓眾邪物跳起一隻華麗而活潑的舞蹈，也就是這首《地獄之舞》。隨後諸邪物和國王都沉沉睡去，等卡謝伊醒來後，火鳥就殺死了他。卡謝伊一死，魔幻王國失去魔法，皇宮和魔幻動物全都跟著消失不見，而所有的公主也都甦醒過來。

此劇大受歡迎，史特拉汶斯基便從中選取了部分音樂，改寫成三首組曲，好在一般的音樂會上供管弦樂團演出。這三套組曲分別完成於1911、1919和1945年。其中最廣為人史特拉汶斯基的肖像，由布蘭契（Jacques-Emile Blanche）所繪。

知的是1911年的版本，這個版本共有五段音樂，其中《地獄之舞》是在最後一段。這段音樂也是整套組曲中唯一和原芭蕾舞劇不同的一段，因為在音樂會上要當作最後一段，除了要保留原本的華麗效果外，還要有一個明顯的結束感，因此史特拉汶斯基刻意改寫了最後的幾個小節。1919年版的《火鳥組曲》也用了這段《地獄之舞》，但是改放在五個樂章中的第三樂章，音樂則維持芭蕾舞劇原樣，但是管弦樂配器則縮減為雙管制，不像1911年組曲和原芭蕾舞劇是四管制。至於1945年的組曲則將《地獄之舞》放在十個樂章的第八段，配器也改成雙管制。上面提到巴蘭欽在美國演出的知名舞作，用的就是這最後一次改編的組曲當劇樂。

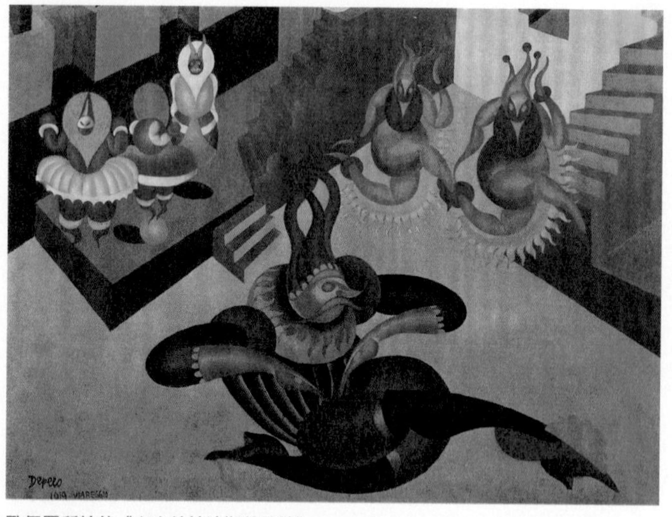
歐佩羅所繪的《向史特拉汶斯基致敬》。

在這首《地獄之舞》中，不僅有狂熱的邪魔之舞，同時也有一段平靜的音樂，由巴松管主奏，弦樂部則以輕聲顫音在旁伴奏，這就是火鳥所唱的催眠曲。最後我們聽到法國號在豎琴的圓滑奏中響起，然後整個樂團就和銅管部一同大聲歡慶大家獲得解放的喜悅。

芭蕾舞劇《胡桃鉗組曲》之《花之圓舞曲》

The Nutcracker Suite - Waltz of Flower

柴可夫斯基（PeterIlich Tchaikovsky , 1840 - 1893）

創作年代：1892年（完成）

長度：約5分半

樂器編制：管弦樂團

曲式：管弦樂曲

出現於：動畫電影《幻想曲》

柴可夫斯基十六歲時，完成了兩部歌劇、三部交響曲和一首鋼琴協奏曲，並在前來俄國發展的法國編舞家佩第帕鼓動下，開始接觸一般學院作曲家不願涉入的芭蕾舞劇創作領域。當時芭蕾舞劇場是首席女伶一枝獨秀的世界，劇情豐富、完整的芭蕾舞劇乏人問津。在法國，還因此掀起一場芭蕾舞革命，德利貝和拉羅等人推出《柯佩莉亞》等芭蕾舞劇，推翻舊制賦予芭蕾舞新的生命。柴可夫斯基受到德利貝的精神感召，將這種新的芭蕾創作構想融入《天鵝湖》舞劇，並成功讓芭蕾舞配樂從遷就舞步和故事的次級創作，躍居成為嚴謹完整的曲目。

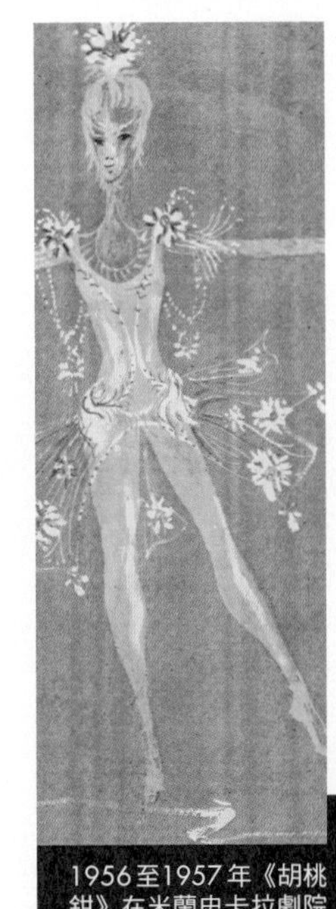

1956至1957年《胡桃鉗》在米蘭史卡拉劇院藝術季演出的一個角色造型。

至於《胡桃鉗》這齣芭蕾舞劇，是柴可夫斯基閱讀法國作家大仲馬（Alexandre Dumas pere）改寫德國作家霍夫曼的童話故事後，試著將童話故事改編成芭蕾舞劇，原本他並不偏好童話主題，然而著手創作後卻深受吸引，他在1892年完成全劇，同年十二月十七日於俄羅斯馬林斯基劇院首演，這齣芭蕾舞劇是柴可夫斯基生平最後的重要作品。

在西方國家通常在聖誕夜演出《胡桃鉗》，劇中故事描述在十八世紀德國的聖誕夜晚，小女孩與木偶王子、老鼠國、娃娃之間的奇幻故事。在1892年首演前，柴可夫斯基從中節選出八段精彩片段組成《胡桃鉗組曲》，適合在音樂廳以純管弦樂曲演出，這套組曲在1892年3月19日首演，足足比芭蕾舞劇提早了九個月。這套組曲得到世界各地廣大的迴響，但是整齣《胡桃鉗》芭蕾舞劇卻到1934年才首次在俄國以外的國家演出，直到1960年代才開始在西方國家普及開來。

在劇中第二幕，小女孩克拉拉和胡桃鉗王子來到糖梅仙子的糖果王國，糖梅仙子和眾甜點仙子跳舞歡迎兩人，陸續是巧克力仙子跳西班牙舞，茶葉仙子跳中國舞，咖啡仙子跳阿拉伯舞，棒棒糖仙子跳俄羅斯足尖舞，夾心軟糖仙子與太妃糖仙子一起跳薑糖舞，緊接著是蘆笛之舞、糖梅仙子之舞，最後就是這首《花之圓舞曲》。但是，這首圓舞曲在《胡桃鉗組曲》中被安排在最後一首，在1940年著名的迪士

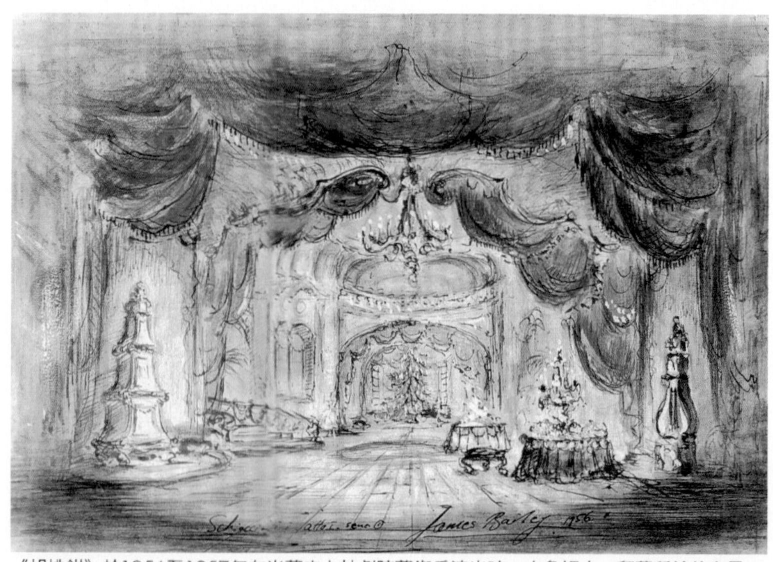

《胡桃鉗》於1956至1957年在米蘭史卡拉劇院藝術季演出時，由詹姆士・拜蕾所繪的布景。

尼卡通《幻想曲》裡，則由雪花仙子和冰霜仙子合跳的這段圓舞曲。

柴可夫斯基向來喜愛圓舞曲，將源源不絕的豐富靈感灌注其中，即使輕柔的圓舞曲並不適合出現在磅礡的交響曲中，他都忍不住將圓舞曲樂章寫入交響曲，這首《花之圓舞曲》就是代表。

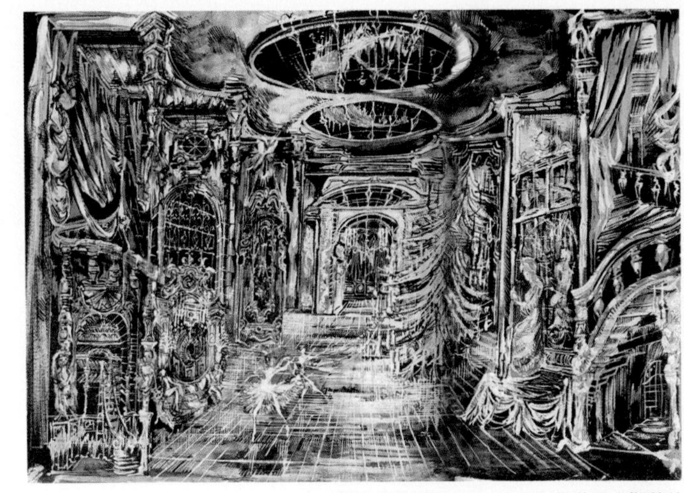

羅拉多爾（D. Louradour）為柴可夫斯基的芭蕾舞劇《胡桃鉗》所設計的舞台布景。

Peter Tchaikovsky

弦外之音

梅克夫人的愛與贊助

長期贊助柴可夫斯基的梅克夫人是一位酷愛音樂的寡婦，她先生留下的龐大遺產與十一個小孩，生活無虞的她還資助音樂家，除了贊助柴可夫斯基創作外，法國作曲家德布西也曾到她家擔任小孩的鋼琴老師，德布西還因此認識俄國音樂悟出獨特的印象樂派風格。

梅克夫人和柴可夫斯基的關係非常微妙，她始終拒絕柴可夫斯基見面的要求，可是柴可夫斯基許多創作泉源都是受她的愛所激發，他們是理性的忘年之愛，是音樂史上最美的傳奇。不過，人們說柴可夫斯基不曾見過梅克夫人卻是個謬誤，因為他們兩人曾多次在梅克夫人位於義大利佛羅倫斯的別莊不期而遇，只是碰面時梅克夫人都不願多談，造成兩人尷尬、形同陌路。

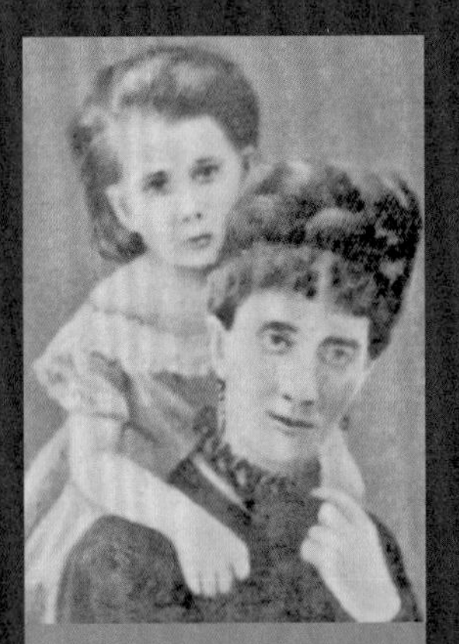

梅克夫人和她的女兒。

芭蕾舞劇《天鵝湖》

Swan Lake

柴可夫斯基（PeterIlich Tchaikovsky，1840 - 1893）

創作年代：1876年

樂器編制：管弦樂團

曲式：管弦樂曲

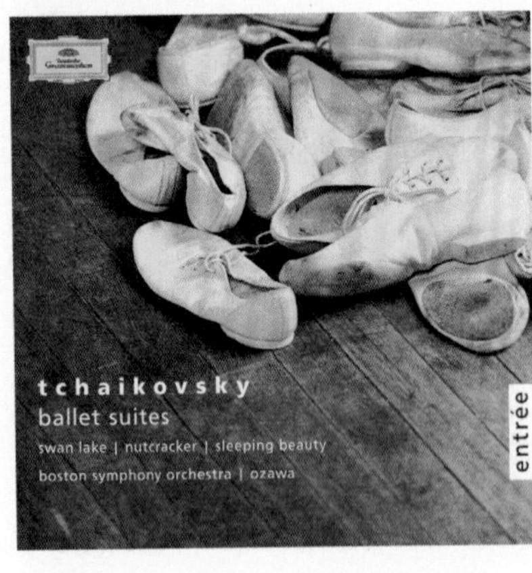

推薦專輯名稱：Tchaikovsky：Ballet Suite

演奏／指揮：Seiji Ozawa

專輯編號：4775009 DG 環球

說到芭蕾，你的腦海中會出現什麼畫面、想起哪一段音樂呢？相信很多人的答案都是淒美絕倫的《天鵝湖》吧！被施了魔法的公主變成了天鵝，只有晚上才能恢復人形，王子與美麗的公主相遇後決定娶她為妻，破除惡魔的咒語。無奈道高一尺魔高一丈，王子中了惡魔的詭計，在晚宴上當眾宣布將迎娶假扮成公主的惡魔妹妹為王妃，遲來一步的公主見到這一幕傷心欲絕掩面而去。至於結局呢，可有好幾種說法，有的是公主與王子雙雙投湖殉情；有的是公主死在王子的懷抱裡；還有一種則是王子除掉了惡魔，以一人之力拯救了所有落難天鵝，並與公主終成眷屬。不過不管結局是哪一種，天鵝公主與天鵝少女們頭上裝飾著羽毛，身著白紗舞衣圍成一圈旋轉的樣子，已經牢牢的根植在大眾的腦袋裡了，當然還有看到天鵝就會想起的那段淒絕哀怨的音樂，那正是舞劇裡天鵝公主的主題動機「情景」。

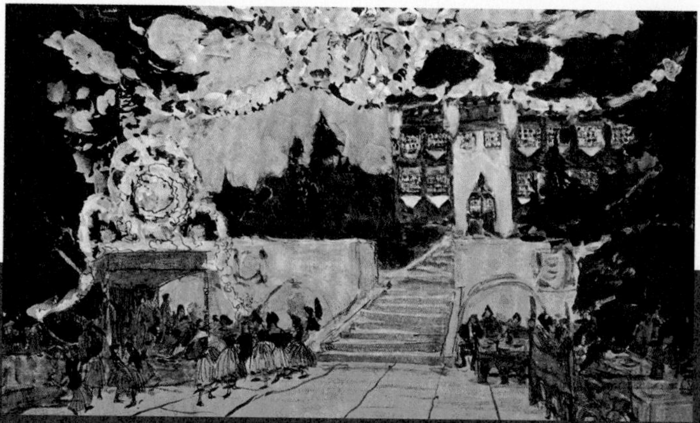

1915年《天鵝湖》在莫斯科波修瓦劇院上演時，果羅芬（Golovin）所設計的舞台布景。

狄嘉畫作《在台上彩排芭蕾舞》。古典芭蕾是種理想化的舞蹈形式，柴可夫斯基深知此點，因而在音樂中賦予舞者貼近劇情情緒的音樂，使舞蹈、音樂、劇情完美地融合。

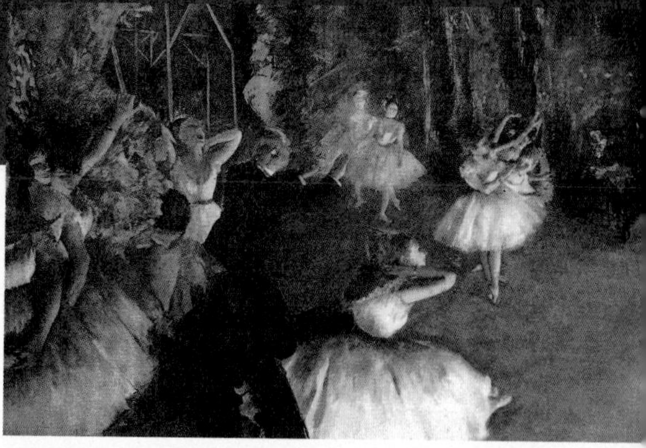

《天鵝湖》是柴可夫斯基首次創作的芭蕾舞劇音樂，他對於嘗試創作這類型的音樂頗感興趣，或許是因為芭蕾舞童話般的世界，給予他無限的想像空間，是一個能夠放手去做的理想素材；加上他嫻於鋪寫旋律的才能，以及擅長駕馭管弦樂以製造戲劇張力的天賦，柴可夫斯基獻給芭蕾的第一個作品可說是全面性的成功，也算是一齣浪漫芭蕾的經典傳奇了。

在四幕劇《天鵝湖》中，柴可夫斯基為芭蕾舞蹈帶進了許多更有生命力的音樂，這些旋律彷彿是劇中主角的縮影，充滿了濃厚的感情以及飽滿的戲劇張力。若是把戲劇與舞蹈的部分略去不看，《天鵝湖》音樂中絢爛的管弦樂、抒情的旋律、以及絕美的氣氛，都讓音樂本身即獨自成為一個華麗的小宇宙。

柴可夫斯基也非常有先見之明的選了其中六曲組成一套《天鵝湖組曲》，以方便讓管弦樂團演奏這些最精華的部分。這套舞劇組曲即為《情景》（第二幕前奏曲）、《圓舞曲》、《天鵝之舞》、《情景》（第二幕）、《匈牙利舞》、《情景終曲》（第四幕）。出現了三次的「情景」相信是大家都耳熟能詳的一個樂段，首先由雙簧管奏出美麗又哀怨的主題，在豎琴的琶音伴奏下顯得相當柔弱無力。但隨著樂曲力度層層增加，由管弦樂接手的主題一轉為悲壯沉重，這個悲切的主題席捲了聽眾的情緒，讓人跟著陷溺於命運的動機之中。

Peter Ilich Tchaikovsky

弦外之音

柴可夫斯基與芭蕾音樂

芭蕾是一種融合了美術、舞蹈、音樂、戲劇與文學的藝術，要為這種涵括許多層面的演出譜寫音樂是非常不容易的。

當大部分的作曲家對芭蕾音樂興趣缺缺時，柴可夫斯基卻慧眼獨具的相中了這塊市場。他發現這裡有一個無限寬廣的天地可以發揮他的作曲才華，尤其是當他遇到特別感興趣的故事題材與優秀的編舞者時，柴可夫斯基的開創精神更是整個被激發了出來，他精準的掌握了每段音樂的戲劇張力與舞台效果，展現出對於芭蕾音樂的高超技法。

身為一位音樂巨匠，柴可夫斯基表現在戲劇配樂的才能是不容小覷的，這位芭蕾音樂史上最重要的奠基者，將芭蕾音樂從舞劇的配角提升為能夠獨當一面的不朽樂章，這一切都因為柴可夫斯基的旋律太迷人、作曲手法更是超乎想像的新穎。

喜歡熱鬧又童心未泯的你，一定不能錯過柴可夫斯基另外兩部同樣精采的芭蕾組曲《睡美人》與《胡桃鉗》。

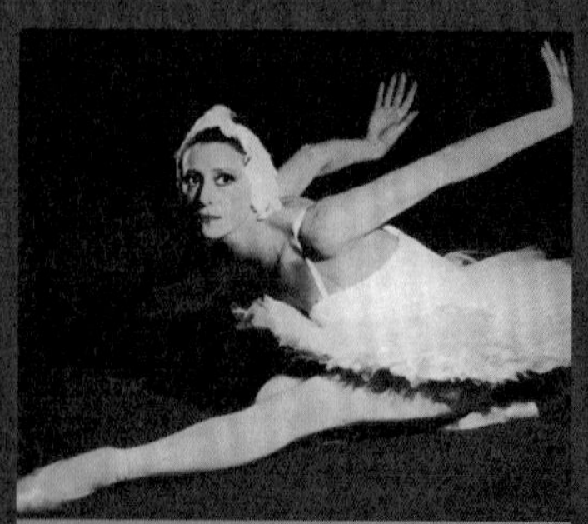

《天鵝湖》劇中飾演娥蕾德公主的著名舞者莫．布莉謝利娃。

芭蕾舞劇《睡美人》圓舞曲

Sleeping Beauty - waltz

柴可夫斯基（PeterIlich Tchaikovsky , 1840 - 1893）

長度：約4分38秒

樂器編制：管弦樂團

曲式：管弦樂曲

出現於：動畫電影《睡美人》

於十九世紀末速地崛起的俄國聖彼得堡馬林斯基劇院（Mariinsky Theatre），在俄國皇家劇院文化總監伊凡．烏賽沃洛茲基（Ivan Vsevolozhky）和來自法國的芭蕾編舞家馬利奧．佩第帕（Marius Petipa）的帶領下，成為影響全歐的劇場，影響力深入歌劇和芭蕾兩個層面。佩第帕在十九世紀後半葉領導俄國皇家芭蕾舞團，訓練出一支全歐素質優異的傑出芭蕾舞團，以動作精準和舞姿流暢著稱，而他指導的那一代芭蕾舞者則成為二十世紀芭蕾舞蹈界的傳奇。

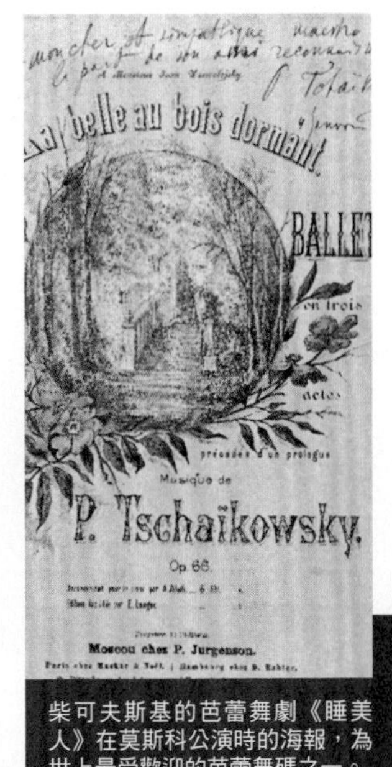

柴可夫斯基的芭蕾舞劇《睡美人》在莫斯科公演時的海報，為世上最受歡迎的芭蕾舞碼之一。

這兩個人與柴可夫斯基介入芭蕾舞劇創作息息相關。1888年烏賽沃洛茲基代表俄國皇家芭蕾舞團委託柴可夫斯基創作一套芭蕾舞劇，並希望以十七世紀作家查理．佩羅（Charles Perrault）的童話《睡美人》為主題，促成這齣同名劇作問世。為了讓劇中場景增添金碧輝煌的宮廷場面，烏賽沃洛茲基將主要場景設定成法王路易十四的宮廷，並先請佩第帕為設計全劇各段落的舞蹈，確定音樂節奏、速度和長度的要求後，才交由柴可夫斯基創作。

柴可夫斯基對這項挑戰興致勃勃，還創造了多種特別的配器方式來製造特殊音效果。迥異於他上一部實驗性強的芭蕾舞作《天鵝湖》，這部《睡美人》進入另一層境界，不再純粹講述劇情、音樂性減弱，試圖在飄渺的童話世界裡呈現善惡的對抗與人性的美好，這也正是這齣劇歷久彌新的原因。

柴可夫斯基在劇中採用主導動機（leitmotif）這種華格納歌劇獨創的手法，呈現兩股主要抗衡力量：紫蘿蘭仙子所代表的善與卡拉波斯所代表的惡。以兩道主題動機作為全劇音樂發展的根據，作法相當成熟而完善，可惜卻壓抑了柴可夫斯基善於創造優美旋律的優點，幸而這種主導動機的作法只蔓延到前兩幕，到了第三幕柴可夫斯基驟然推翻了兩道主導動機，開始大量根據劇中角色和場景編寫姿采豐富的宮廷舞曲。

在柴可夫斯基三大芭蕾舞劇中，第二部完成的就是《睡美人》，全劇演出時間超過四個小時，是柴可夫斯基三大芭蕾舞劇中內容最長的一部。當初，在某一次彩排時沙皇亞歷山大三世與皇家成員前來觀賞，最後他只淡淡說了「很好」，讓期待獲得讚賞的柴可夫斯基感到忿忿不平。首演時卡洛塔布利安札飾演王子、帕娃潔特飾演公主、佩第帕負責編舞，演出後並未造成轟動，各方反應十分冷淡，只有到場聆賞的沙皇發出好評。其實，這齣

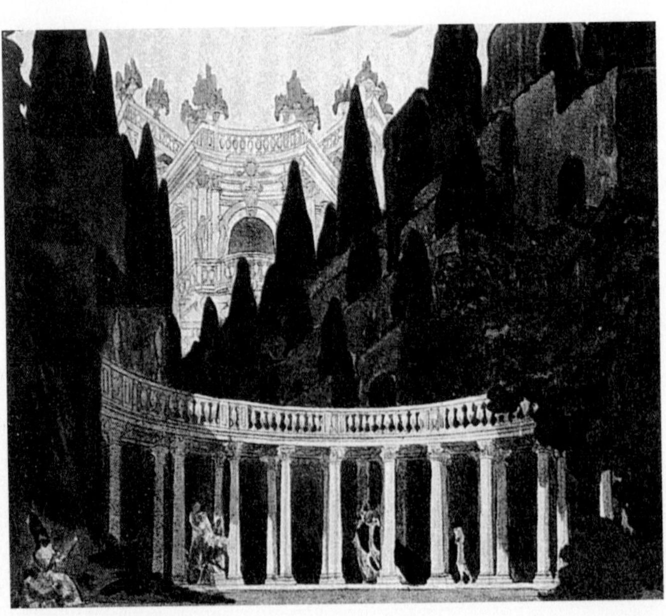

《睡美人》的布景圖之一。

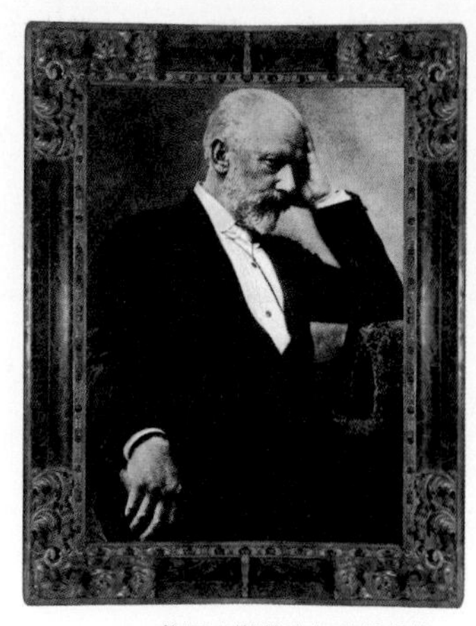
柴可夫斯基晚年時的肖像。

劇獲得的好評已經比《天鵝湖》多了許多，但是俄國以外地區接受此劇的時間較晚，以致1893年去世的柴可夫斯基，終究無法親睹該劇在世界各國受歡迎的盛況。

由於這齣劇演出時間太長，而柴可夫斯基也沒有改寫成音樂會組曲版本，所以一般劇院推出時幾乎都會刪除某些段落，將演出時間控制在三小時以內。1922年俄國芭蕾舞團的總監戴亞基列夫推出了僅演出第三幕劇情的四十五分鐘版並命名為《奧蘿拉的婚禮》，這版本的音樂引用了全劇三幕中的主要音樂，一般指揮家想演出《睡美人》組曲時都會參考這個版本。這段著名的圓舞曲，在完整《睡美人》的第二幕《戴西赫王子的狩獵》」（La chasse du Prince Desire）第一景出現，原名為《水仙的圓舞曲》」（Valse des nymphes），有些刪節的版本則放在第一幕詛咒場面的第二曲。值得一提的是，在整套《睡美人》芭蕾舞劇中，只出現了一首圓舞曲，這對向來喜愛圓舞曲的柴可夫斯基而言，是極為罕見的情形。

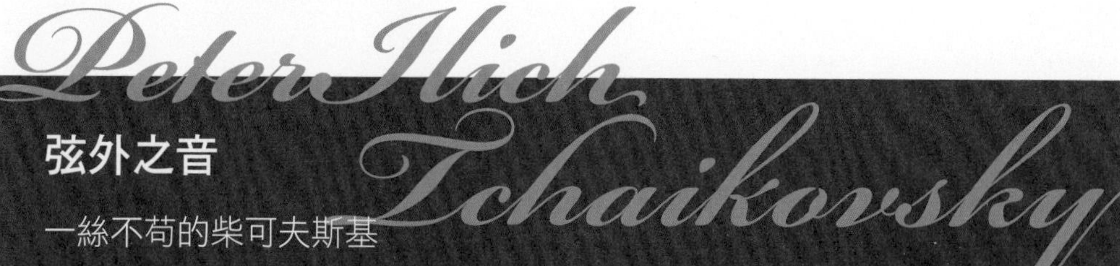

弦外之音

一絲不苟的柴可夫斯基

柴可夫斯基具有強迫性精神病的傾向，極度缺乏安全感，到國外旅行時，一定要求旅館依照他的家中擺設布置房間。他每天的作息嚴格、一絲不苟到令人生懼的地步，可以說是分秒不差。柴可夫斯基死前罹患霍亂而飽受折磨，當時治霍亂的特效藥尚未問世，霍亂患者只能接受宛如煉獄般酷刑的治療，洗木炭肥皂、以硫磺消毒、一再浸泡熱水澡，但最後終究不免一死。

歌劇《羅密歐與茱莉葉》

Romeo & Juliet

柴可夫斯基（Peterllich Tchaikovsky , 1840 - 1893）

長度：約18分

樂器編制：管弦樂團

曲式：管弦樂曲/歌劇

出現於：電影《反斗智多星》

柴可夫斯基與安東尼雅的合影，攝於1877年。兩人曾擁有短暫僅只九週的婚姻，這段婚姻對柴可夫斯基而言，猶如惡夢一場。

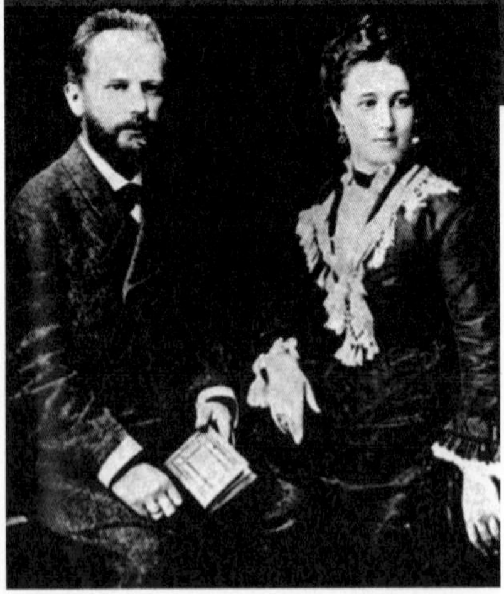

柴可夫斯基曾經以莎士比亞劇作《暴風雨》、《哈姆雷特》與《羅密歐與茱莉葉》為題材創作配樂或序曲，其中《羅密歐與茱莉葉》更是廣受好評。柴可夫斯基捨棄以按圖索驥方式追循原作脈絡，而是依隨著浮光掠影抒發內心感受，因此曲中極力鋪陳主角的愛情，全作在1870年以奏鳴曲式寫成，歷經十年又重新修訂並正式更名為《幻想序曲》。在音樂史上，以「羅密歐與茱莉葉」為標題創作的名曲眾多，除了俄國作曲家普羅高菲夫的同名芭蕾舞劇外，法國作曲家白遼士也編寫一套長篇樂劇。

柴可夫斯基二十八歲時剛完成第一號交響曲和一部歌劇，當時他將一部名為「命運」的交響詩，獻給俄國國民樂派「五人組」領袖巴拉基雷夫首演，兩人因此結為好友。巴拉基雷夫知道柴可夫斯基和比利時女高音阿爾朵（Desiree Artot）剛結束戀情，於是鼓勵他以羅密歐與茱莉葉為題材創作。

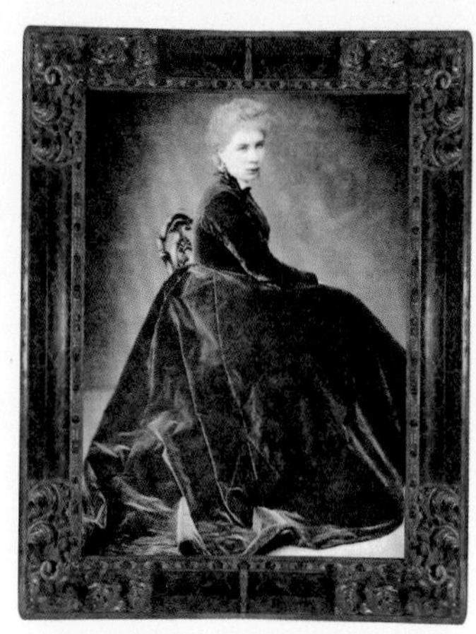

女歌手黛西莉・阿爾朵的倩影。她是柴可夫斯基唯一一次與女性談戀愛的對象。

阿爾朵送給柴可夫斯基照片，上有給柴可夫斯基的題辭。

這段戀情是柴可夫斯基生平唯一一次真正對異性動情，甚至還向她求過婚，只是她隨著歌劇團前往波蘭公演時，在柴可夫斯基毫不知情的情況下，嫁給了一位西班牙男中音，事後柴可夫斯基才從老師尼可萊・魯賓斯坦口中聽到這消息。巴拉基雷夫深知柴可夫斯基當時的心情，希望柴可夫斯基藉著創作平復失戀心情，何況失戀的人譜寫愛情音樂總是分外貼切、深入，這也是巴拉基雷夫的深意。

巴拉基雷夫不僅提供全曲架構給柴可夫斯基，連每一段劇情適合的音樂類型都詳細載明，甚至連該採用何種調性都清楚註記了，柴可夫斯基就依據這份建議去撰寫。創作完成後，柴可夫斯基將它獻給巴拉基雷夫，卻被巴拉基雷夫要求大幅修改全曲，最後柴可夫斯基堅持己見只修改了一部分。即使巴拉基雷夫對全曲並非十分滿意，卻仍深愛曲中愛的主題，他曾對柴可夫斯基說：「我經常演奏這段主題，每次聽到都會很想擁抱你。」

首演時並不順利，柴可夫斯基在失望之餘終於按照巴拉基雷夫的建議大幅修改，並於1870年出版，但是巴拉基雷夫依然不滿意最後的終場部分，柴可夫斯基在擱置作品十年後，終於決定遵照巴拉基雷夫之意修改終景，至此巴拉基雷夫終於滿意。這是第三個版本，也是最後的版本，更是現今最常演奏的版本。

雖然曲子最後版本被稱為《幻想序曲》，事實上是以奏鳴曲式加上序奏和後奏的交響詩，曲中三個主要樂段依循莎翁原劇的三個重要場景：第一段描寫對這對小戀人關愛有家的羅倫斯神父，第二段則出現了最知名的愛的主題，最後則是兩大家族的決鬥，以及小戀人的殉情場面。其實，在第一段音樂中就交待了兩個家族的角力和鬥劍場景，含蓄暗示著這是一部以悲劇收場的作品。

Peter Ilich Tchaikovsky

弦外之音

柴可夫斯基的婚姻

柴可夫斯基和自己的學生安東妮雅結婚，然而他和安東妮雅的故事，從一開始就註定是悲劇。安東妮雅明知道柴可夫斯基愛的是男人，卻自信她的美貌可以贏得先生的愛，可是結婚不到七天，柴可夫斯基就在信中寫道：她的肉體完全無法吸引我。婚後不到一個月，柴可夫斯基逃到他妹妹夏莎的鄉下別墅，甚至企圖以自殺來逃避這樁婚姻和安東妮雅給他的壓力。柴可夫斯基對安東妮雅亦造成極大的傷害，甚至使她成了嚴重的性倒錯患者，1917年精神早已異常的安東尼雅病逝於一家精神病院。

降b小調第一號鋼琴協奏曲

Piano Concerto No.1 in b-flat Minor

柴可夫斯基（Peterllich Tchaikovsky , 1840 - 1893）

創作年代：1875年

樂器編制：管弦樂團/鋼琴

曲式：協奏曲

出現於：流行歌曲《Tonight We Love》

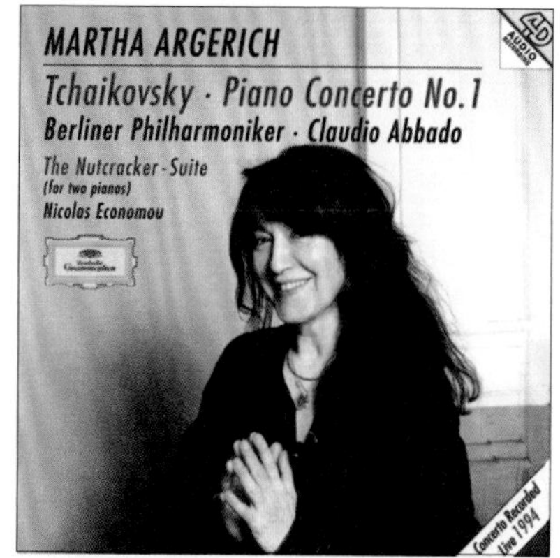

推薦專輯：Tchaikovsky : Piano Concerto No.1 / The Nutcracker-Suite

演奏／指揮：Martha Argerich / Claudio Abbado

專輯編號：449816-2 DG 環球

你想知道柴可夫斯基如何用鋼琴展現神乎其技的作曲才華嗎？聽聽這首降b小調《第一號鋼琴協奏曲》就對了。尤其第一樂章開頭序奏的部分，雷霆萬鈞氣勢奔騰，時常出現在大排場的廣告或電影配樂中，像一位雍容華貴的帝王，一出場就吸引了眾人的目光。相信很多人認識柴可夫斯基，就是從這一段宏偉、華麗、戲劇化的開場白開始的，而寫作此曲的當時，柴可夫斯基還只是個三十四歲的樂壇新秀呢！也難怪《第一號鋼琴協奏曲》裡有那麼強烈的音符帶著燦爛的情緒傾巢而出了。

柴可夫斯基共寫過三首鋼琴協奏曲，其中這首《第一號鋼琴協奏曲》是最成功也最大眾化的一首。此曲共含有三個樂章，第一樂章開頭以四隻法國號吹奏出帶有交響曲氣勢的莊嚴信號，就像鋪排了一條星光大道般迎接鋼琴在第六小節的出場。此曲的第一主角鋼琴以富麗堂皇之姿加入了管弦樂團的合奏，氣勢磅礡的不斷往前推進，但這一段主題只不過是整首樂曲的主導主題部分，告一段落之後隨即消失，並發展出真正的第一主題與往後的第二、第三主題。

為了緩和第一樂章熱烈的氣氛，第二樂章以行板呈現舒緩的夜曲風格，恬靜的長笛引出鋼琴傾訴一段心事，在中間部並有一段鋼琴活潑急速的裝飾奏，而小提琴與大提琴則奏出古老的法國民謠「快樂、跳舞、笑」，整個樂章有如籠罩在晨霧裡的森林，縹緲夢幻、靈氣四溢。第三樂章用一段熾熱的快板來展現斯拉夫民族的舞蹈，高昂的氣息與節慶氛圍是這個樂章的主題，鋼琴則在高潮處展現了精湛的裝飾奏，深具浪漫派的華麗又兼容了豪放的民族性格，一股強韌的生命力為這個終樂章也為整首協奏曲帶來自由奔放的氣勢，更顯得無比的暢快淋漓。

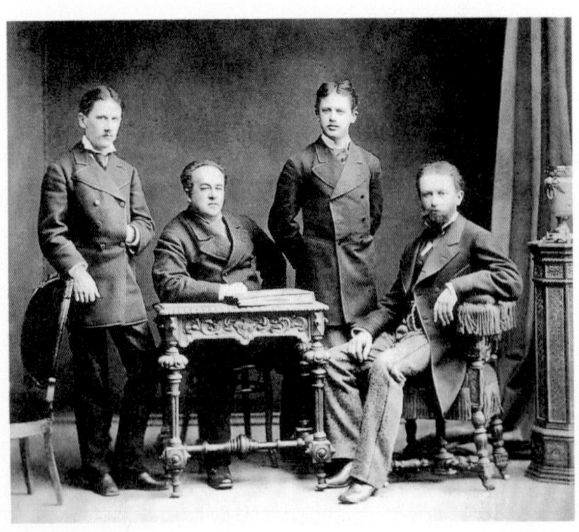

柴可夫斯基與雙胞胎兄弟及友人的合影，1875年攝於莫斯科。最右是柴可夫斯基，站立者最左為感情最親密、小他十歲的弟弟莫德斯特，另一為弟弟阿那托利。

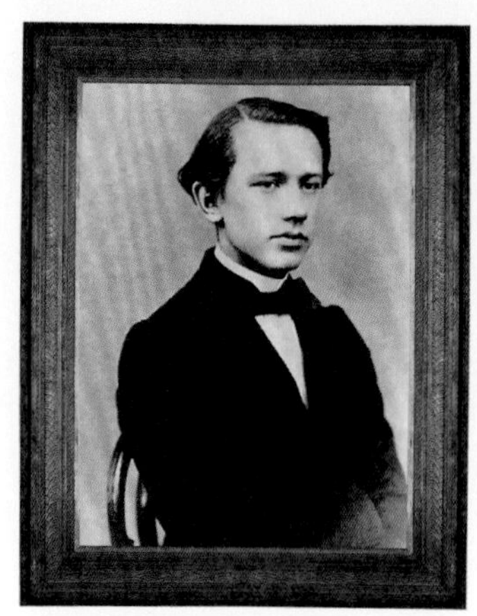

柴可夫斯基1863年的相片，年約23歲。當時他正辭去司法院的工作。

這首鋼琴協奏曲與貝多芬的第五號鋼琴協奏曲《皇帝》齊名樂界，都是膾炙人口的傑作，尤其《第一號鋼琴協奏曲》具有燦爛的戲劇性與高度的音樂性，聽起來十分的有「效果」。但這首「效果十足」的音樂，可是鋼琴演奏家的一大挑戰呢！因為這首樂曲的彈奏技巧十分華美而困難，要征服這三個樂章就像攀登三座性格迴異的高山，不只要有驚人的體力、高超的演奏技巧，更要有寬闊的胸襟與超人般的毅力，如此才能與整個管弦樂團作完美的搭配，並展現鋼琴的力與美。

柴可夫斯基完成了這部句句斟酌的作品後，興奮的獻給好友尼可拉．魯賓斯坦（著名鋼琴教師與演奏家），但不料魯賓斯坦卻當場潑了他一桶冷水，刻薄地表示這個作品「華而不實、低劣笨拙，根本無法演出」。委屈的柴可夫斯基憤而將它轉獻給德國著名鋼琴兼指揮家馮．畢羅（還記得嗎？他就是那位把自己的妻子讓給華格納的大好人）。畢羅先生在1875年與波士頓交響樂團合作演出此曲，擔任鋼琴獨奏的部分，這場演出順利將《第一號鋼琴協奏曲》推向世界舞台，證明了畢羅的好眼光與柴可夫斯基不容質疑的才華。而魯賓斯坦後來也承認是自己看走了眼，他與柴可夫斯基重修舊好，在莫斯科的首演中擔任獨奏，當時他深具大師風範的華麗演出，讓柴可夫斯基滿意得不得了呢！

柴可夫斯基的妹妹夏莎。夏莎雖然年紀比他小，但心智感情都非常成熟，在母親過世後，猶如長姐一般照顧柴可夫斯基。

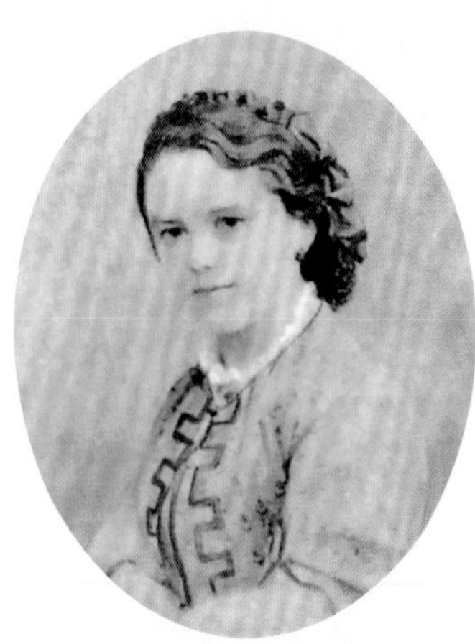

Peter Ilich Tchaikovsky

弦外之音

悲愴不是故意的

柴可夫斯基是一個脆弱敏感的人，這種內向的性格與卓越的天賦加在一起，造就他成為一個不可多得的音樂家。但是他天性中的致命傷——同性戀傾向，卻讓他時時刻刻得與自己的良心及社會道德規範相抵抗。

在他的音樂中，我們可以聽見他極力忍受感情之苦的聲音，一開始他想要忽略這種不見容於社會的性向，甚至娶了一位相識不深的女性樂迷。但這段婚姻只維持了九週，而且根本就是「一場浩劫」！柴可夫斯基痛苦得差點自殺，最後求助於精神科醫師才慢慢回歸正常生活。

悲愴的命運之力究竟要將他領向何方？無處可逃的柴可夫斯基只好用音樂來宣洩壓抑的痛苦，於是在《悲愴交響曲》中，我們聽見一種徹底的絕望、孤單、墜入深淵的恐懼，最後並走向絕滅來終止這一切。

柴可夫斯基的音樂很大眾，但真正懂他的人卻很少，當我們知道他是以自己悲劇的一生來換取創作的能量；他孤獨的心靈渴望的就是感情上的依託，那麼對於他的作品中縈繞不去的破碎感，或許就更能理解與同情了。

《一八一二》序曲

1812 Festival Overture in E-flat Major

柴可夫斯基（Peterllich Tchaikovsky , 1840 - 1893）

創作年代：1880年

出現於：「Life Cereal」廣告片、電影《瘋狂高爾夫》

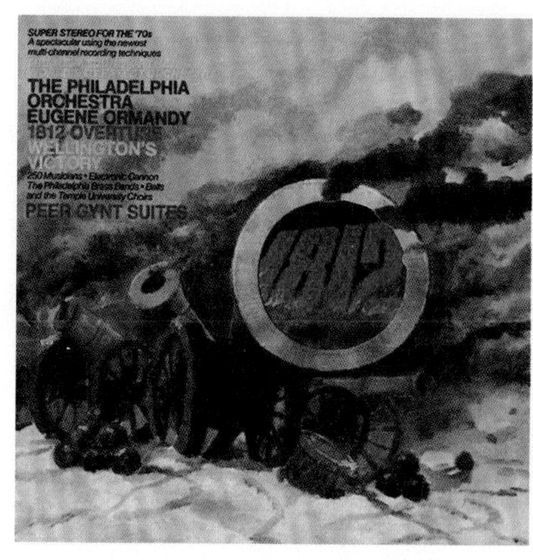

推薦專輯：Tchaikovsky : 1812 Overture / Peer Gynt Suites

演奏／指揮：Various artists

專輯編號：BVCC 38126 Sony Music 新力音樂

許多熱衷於收購昂貴音響設備的「發燒友」一定會有《一八一二》序曲這一張唱片，這是因為柴可夫斯基所作的這首曲子不但輝煌壯麗、層次分明，而且還有如假包換的加農砲轟聲連連，以及從教堂傳出的立體鐘聲呢！震耳欲聾的效果當然是「發燒友」心目中最佳的音響測試片，你可以想像管弦樂大軍強大的火力從三百瓦的喇叭中發射出來，那氣勢是多麼令人血脈賁張了。也難怪這張唱片除了附有「音響測試片」的小標題之外，唱片公司還會貼心的印上「警告」字樣，告訴我們小心鄰居的抗議並留意一下房間的隔音效果呢！

1812年，拿破崙率領六十萬大軍攻入俄國境內，雖然法軍驍勇善戰，但俄國酷寒的氣候以及堅壁清野的戰略，拿破崙軍隊在冰天雪地裡傷亡慘重，不戰自敗。1880年柴可夫斯基應莫斯科音樂院院長之邀，以此歷史題材為背景寫了這首壯盛的序曲，並於1882年在莫斯科大教堂廣場舉辦公演，當年參與演出的管弦樂團規模盛大，音響效果也是空前絕後。

第一段序奏由中提琴與大提琴拉出讚美詩「神佑吾民」的旋律，厚重緩慢的弦樂刻畫人民祈求和平的渴望，但真正面臨大戰時，第二段進行曲的節奏則代表了俄國人民充滿自信的決心。第三段的樂曲出現了法軍進攻的「馬賽曲」旋律，法國號與小喇叭快速的演奏描寫戰爭之慘烈，法軍此時略占上風，但旋即到來的第四樂段中，再次展開劇烈的戰況，強有力的鼓鈸以及整齊劃一的俄國國歌讓法軍節節敗退，伴隨著驚心動魄的隆隆大砲聲，樂曲的氣勢不斷翻升、凝聚，直至傳來教堂宏偉鐘聲，在歡欣鼓舞的場面中宣示俄軍光榮的勝利。

《一八一二》序曲今日已成為演奏會的熱門曲目，但是當年剛問世時，毀譽參半評價不一，柴可夫斯基在演奏會現場使用真正的大砲來壯大聲勢，正當他為這個創舉感到洋洋得意時，想不到卻招來「不倫不類」、「耍猴戲」的不堪評語呢！真是此一時彼一時啊！

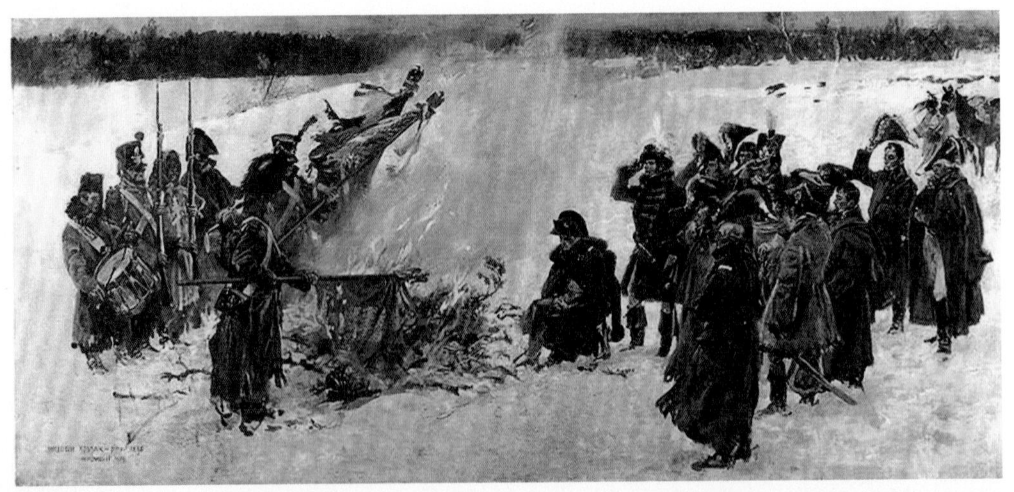

拿破崙率五十萬大軍攻俄，卻困於冰天雪地中，死傷慘重。在雪地中，法軍不得不把一些已不存在的部隊旗幟燒掉。中坐者為拿破崙，木然地望著焚燒中的軍旗。

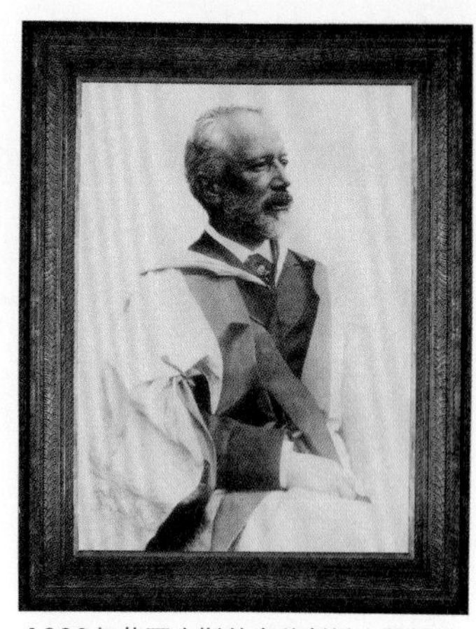

1893年柴可夫斯基穿著劍橋大學博士服的照片。

Peter Tchaikovsky

弦外之音

品味柴可夫斯基

柴可夫斯基最迷人的音樂才華，便是他創造優美旋律的偉大天賦了。他的作品帶有俄羅斯民族風味，但並非純粹的俄國國民樂派風格，而是一種在天寒地凍的環境下特產的憂鬱情懷；他的音樂在感傷中盪漾著甜美與安慰，曲中華麗優雅的風味頗受德國樂派之影響。

推薦曲目：

交響曲：b小調第六號交響曲《悲愴》
協奏曲：降b小調《鋼琴協奏曲》第1號
管弦樂曲：《一八一二》序曲、《義大利隨想曲》、
　　　　　《羅密歐與茱麗葉》序曲
三大芭蕾組曲：《天鵝湖》、《睡美人》、《胡桃鉗》

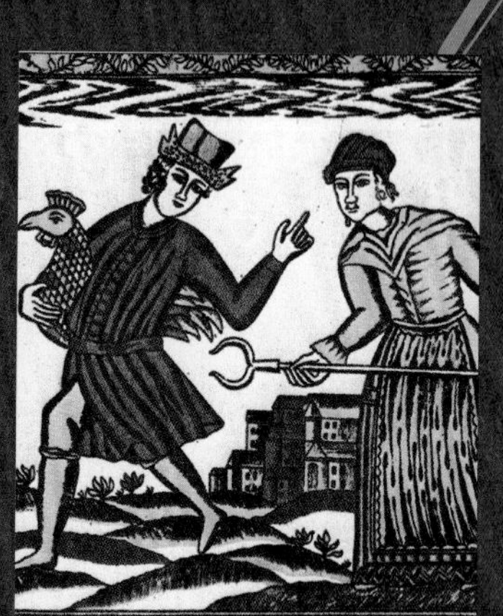

俄羅斯民間刊物中的一頁。柴可夫斯基將俄羅斯的民族音樂注入他的作品之中。

《綠袖子幻想曲》

Fantasia on Greensleeves

馮威廉斯（Vaughan Williams , 1872 - 1958）

創作年代：1928年（完成）

出現於：電影《寡婦嶺》、聖誕頌歌《What Childe is This？》

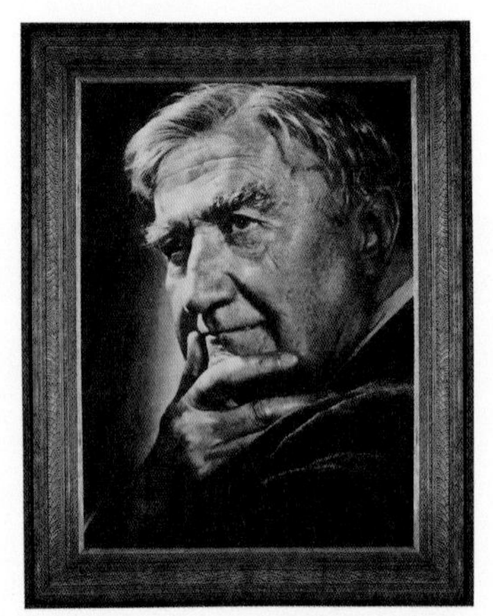

馮威廉斯肖像。

「綠袖子」（Greensleeves）這個曲名取得真好，雖然這首曲子和綠色的衣服一點關係都沒有，但是我們卻從中可以聯想到一片綠意與薄紗般飄逸朦朧之美的意境。

《綠袖子》原是十六世紀的蘇格蘭民謠，馮威廉斯將這首迷人的歌謠編入他的歌劇《戀愛中的約翰爵士》裡，成為《綠袖子幻想曲》；曲子中間有一段明顯的對比樂段，這個對比樂段則是來自另一首民謠：《可愛的瓊安》。蘇格蘭地區有許多優美動聽的民謠，這些歌謠有的帶著悲傷的色彩，但卻都是馥郁馨香，一點也不過於激動或浮濫，溫潤的特質讓這些歌謠受到人們的喜愛，因此一代一代的傳唱下去。

馮威廉斯從英國皇家音樂學院畢業後，便致力於蒐集、整理英國各地民謠，他甚至加入了「英國民歌研究會」鑽研古英國的民間歌謠。由於實在太喜歡這些風味濃郁的民謠，加上一股傳承的責任感，馮威廉斯在許多作品中都融入了民謠的旋律，他把這些民謠加以改編後介紹給聽眾，讓大家都能更熟悉並重新認識這些珍貴的文化遺產。

《綠袖子幻想曲》是一首大家耳熟能詳的曲子，它在英國就像空氣一般深深融入英國民眾的生活，在世界各地也都是家喻戶曉的名曲。音樂跨越了語言的藩籬，優美的旋律不需翻譯，就這麼親切的、柔和的、平靜的打動愛樂者的心。或許因為經過時間的淬鍊，《綠袖子幻想曲》有一種悠遠、古意盎然的風味；每當這一段熟悉的旋律響起，心情就顯得特別寧靜安詳。現今聽到的編曲是由豎琴、長笛與弦樂合奏，這些美麗的樂器幾乎能製造出地球上最動人的聲音，這麼迷人的黃金組合讓聽眾在《綠袖子幻想曲》裡能夠嗅到清新的草原氣息、見到遼闊的藍天綠地、甚至還有幾隻羊兒無憂無慮的在湖邊吃草。

綠袖子的幻想如此清新可愛，遠遠從天國似的地方來到你的耳際，如夢似幻，讓人忘卻一切煩憂，是一曲安定神經的上乘之作。

Vaughan Williams

弦外之音

幻想曲（Fantasy）

根據我們的猜測，熱衷幻想曲的作曲家應該都滿喜歡作白日夢的；他們也熱愛自由、喜歡無拘無束的創作、盡情表達自己的情感。

沒錯，「幻想曲」是一種自由的創作曲式，常常是作曲家們根據瞬間的靈感即興寫來的，不過由於形式自由、情感真摯，許多幻想曲作品都非常的細膩動人、耐於咀嚼的。貝多芬曾經說他的《月光奏鳴曲》是一種「近似幻想曲式的奏鳴曲」，果然十分迷人吧！

歌劇《阿伊達》之《凱旋進行曲》

GrandMarch – Aida

威爾第（Giuseppe Verdi , 1813 - 1901）

創作年代：1871年

長度：約4分32秒

威爾第的經典之作《阿伊達》，描寫衣索比亞國王與公主率兵攻打古埃及，戰敗後兩人淪為戰俘。屈就於埃及皇室為奴的公主阿伊達，情不自禁愛上埃及大將領拉達梅斯，陷入兒女私情的小愛與國仇家恨的大愛之間掙扎，最後以賠上性命為收場。威爾第為這部戲寫入眾多美好唱段和旋律，像《聖潔阿伊達》、《凱旋進行曲》等，同時將充滿埃及異國風味的豪華布景與場面搬上舞台，因此在歌劇院中這部戲向來無往不利、叫好又叫座。曾經在美國大都會歌劇院的盛大演出中，讓真正的駱駝、大象等巨獸登上舞台。

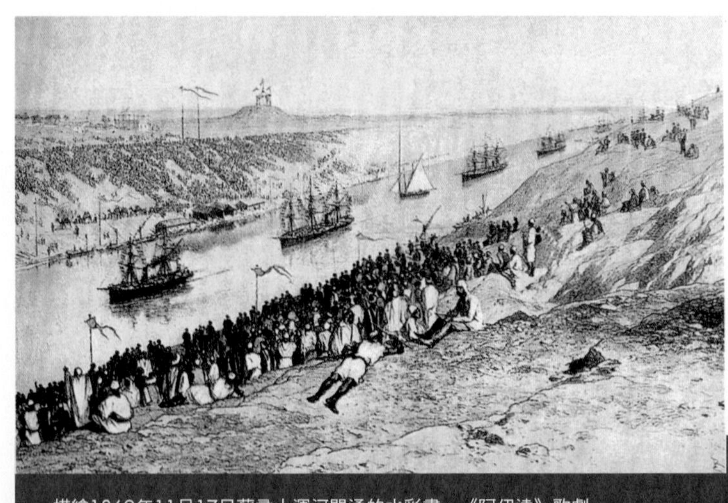

描繪1869年11月17日蘇彝士運河開通的水彩畫。《阿伊達》歌劇就是埃及總督為了慶祝蘇彝士運河開通，而託請威爾第創作的。

在《阿伊達》第二幕第二景中，拉達梅斯率軍征討伊索比亞大軍告捷後，凱旋歸來，在底比斯城的城門下接受埃及國王歡迎的壯盛場面，埃及國王為了嘉勉拉達

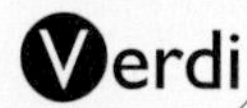

威爾第的肖像。

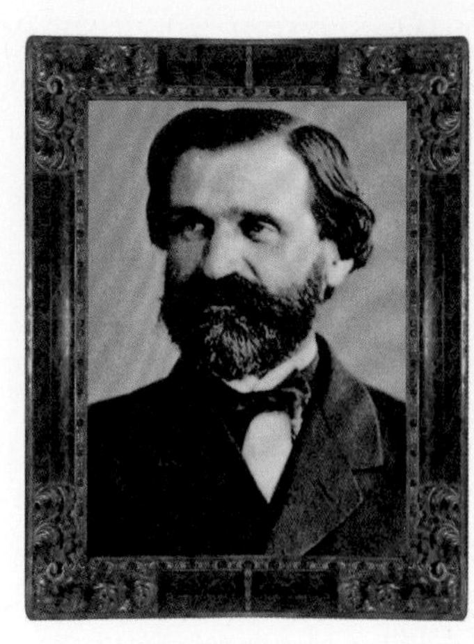

梅斯大獲全勝，宣布將為他達成願望，於是拉達梅斯請國王傳喚伊索比亞戰俘，在這場戲中阿伊達在戰俘中認出了爸爸。當埃及國王下令處死所有戰俘時，拉達梅斯説出他的希望，希望國王赦免所有伊索比亞戰俘並釋放他們，最後埃及國王答允這項要求並將女兒許配給他，承諾未來讓他繼承王位成為埃及的國王。

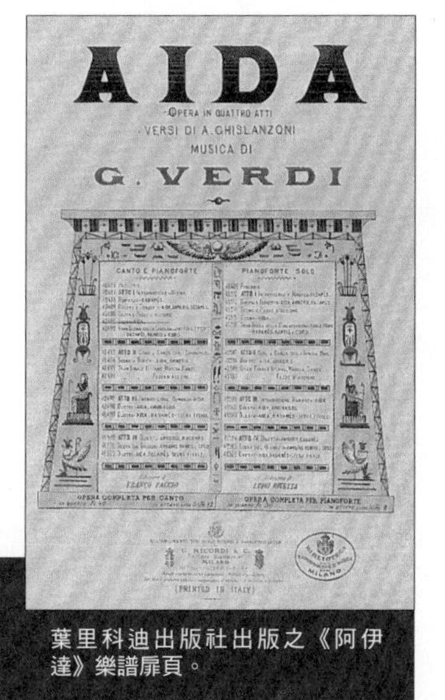

葉里科迪出版社出版之《阿伊達》樂譜扉頁。

威爾第是一位非常擅於人聲演唱安排的的作曲家，在激昂的《凱旋進行曲》中，他將混聲四部合唱拆開運用，以達到他欲營造的歌詞意境，先是熱烈歡迎遠征軍隊入場的混聲四部大合唱，氣勢磅礴唱著「榮耀歸於埃及，向愛西斯神致上最高的敬意」，為了激奮人心合唱團連唱「光榮啊、光榮啊」。接著進入細膩情緒的捕捉時，轉成女聲合唱團單獨演唱，而揭示軍人英勇時則先由男低音部轉入男高音部，再繼續進入混聲兩部、混聲三部、用盡對位手法讓主題一再疊進增強。最後出現光榮的大合唱，歌詠埃及帝國的壯麗偉大，隨後以軍號吹出莊嚴輝煌的信號曲作結。這段高亢明亮的小號演奏是膾炙人口的樂段，後來還譜上中文歌詞，成為我們熟悉的音樂。

A B C D E F G H I J K L M N O P Q R S T U V W X Y Z

Giuseppe Verdi

弦外之音

《阿伊達》的誕生

1869年蘇彝士運河竣工啟用在即，加上開羅的義大利歌劇院即將落成，埃及總督赫迪夫計畫委製一部歌劇慶賀雙囍之日。赫迪夫希望這部歌劇場面大型豪華、形制獨特空前，超越以往所有類似的大製作，也期盼這部歌劇綜合當代各家精髓，擷取法語、義語和德語大型歌劇所長，兼得梅耶貝爾、威爾第和華格納之要。

在赫迪夫的構想中，這部歌劇一定以古埃及為背景，讓十九世紀人熟悉的紀元前古埃及遺跡，像金字塔、人面獅身像和方尖碑等都能融入舞台，藉此增添異國的風情，引起國外觀光客的好奇和興趣並願意前來觀賞。如此，獲選的作曲家也能創造出繁麗的音樂場面，一方面滿足埃及方面出資者的要求，一方面顧及作曲家的藝術層次。因此他從德、義、法分別選定一位具代表性的作曲家，義大利是威爾第獨占鰲頭、德國為華格納一人勝出，至於法國作曲家中白遼士剛過世、梅耶貝爾辭世多年，唯一得當大任的就古諾一人。最後，威爾第勝選。

起初威爾第對這個計畫毫無興趣，但隨著蘇彝士運河正式開通，威爾第終於首肯。劇本由地位崇高的古埃及學家馬里葉（Auguste Mariette）所撰寫，故事背景設在真實的歷史事件中。馬里葉的來頭不小，他是當時羅浮宮古埃及學的助理會長，還是名聞遐邇的開羅埃及博物館（Egyptian Museum）館長，連在埃及孟斐斯的塞拉皮斯神廟（Serapis）都是他發現的。

全劇前後創作過程不過短短四個月，在音樂成就上卻遠遠超過威爾第任何一部作品，在這部作品中威爾第背離自己風格、改採華格納樂風，造成負面批評和正面讚揚接踵而至。其實，威爾第在《阿伊達》中創造一個與華格納德國式「綜合藝術作品」（Gesamtkunstwerk）完全對立的音樂世界，他揚棄了十九世紀歌劇傳統，將在《馬克白》一劇中試圖跳脫的歌劇手法再往前推進一步，最後更在《奧泰羅》和《法斯塔夫》兩劇中將這開拓手法推上頂點。

德國大文豪湯瑪斯曼（Thomas Mann）對華格納非常著迷，甚至在自己小說中運用華格納這引導動機的技巧，在他最偉大的一部小說《魔山》（The Mysterious Mountain）中，更有一段文字揭露他對《阿伊達》一劇的激賞，他尤其喜歡最後阿伊達和拉達梅斯的那段二重唱，視其為義大利歌劇的最高境界。他欣賞的不只是威爾第處理死亡的神祕態度，同時也喜歡劇中從壯觀的群眾場面、旖旎的尼羅河畔風光洩流而出的戲劇張力，以及拉達梅斯在面對蘭姆菲斯權勢威逼與安奈莉絲引誘迷惑時的英勇態度。而阿伊達在第一幕詠嘆調裡的掙扎心緒，乃至她在尼羅河畔思念祖國的痛苦心境，還有安奈莉絲在第二幕和第四幕中受思念之情所苦的宣洩，以及第二幕終場宏偉壯觀的場面，在在都讓這位德國文豪讚不絕口。

在1871年12月24日，《阿伊達》終於在開羅首演，不但埃及總督赫迪夫非常滿意，從這一天起，這齣劇更成為結合歐洲歌劇發展史最佳元素的代表作。

歌劇《遊唱詩人》之《鐵砧大合唱》

Il Trovatore – Anvil Chorus

威爾第（Giuseppe Verdi , 1813 - 1901）

創作年代：1853年

長度：約3分15秒

樂器編制：管弦樂團

曲式：管弦樂曲（歌劇）

出現於：馬克斯兄弟《歌聲儷影》

《遊唱詩人》樂譜的封面。

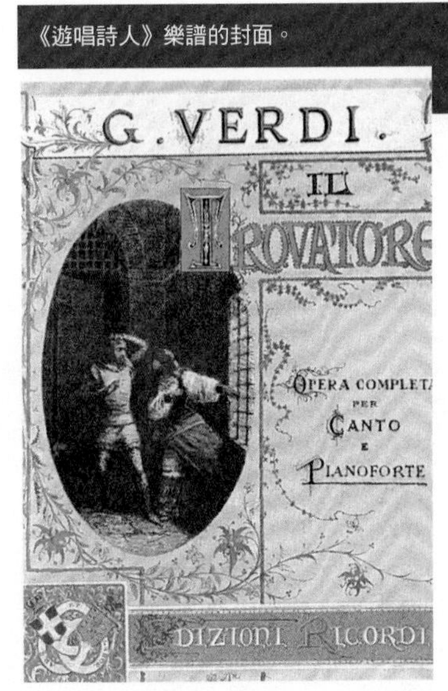

威爾第生平最暢銷的三大名作《弄臣》、《遊唱詩人》和《茶花女》，曾經被譽為「暢銷三聯作」，這三部歌劇跳脫了義大利美聲歌劇傳統，奠定了威爾第在義大利歌劇史的地位。《遊唱詩人》迥異於《弄臣》和《茶花女》中的兒女私情，劇情著重在國仇家恨與私人情感的交纏，劇中最搶眼的角色莫過於由次女高音扮演的阿朱妾娜，她終其一生都活在憤恨之中，含莘撫養仇敵的兒子，意圖讓他為自己復仇，最後卻陷入報仇與親情的兩難。這齣劇中管弦樂深具厚度，一般歌手的音量難以穿透，而且此劇唱腔繁複艱難，唯有唱功出眾的歌手才能淋漓盡致呈現，因此歷來就不易推出全劇，世紀男高音卡羅素曾經説過，此劇非得四位卓越的歌唱家齊聚才能演出。

這齣劇以十五世紀西班牙亞拉岡為背景，故事主角是遊唱詩人曼里可，從小就被吉普賽人阿朱妾娜收養，為了爭奪蕾奧諾拉公主的愛，他和魯納公爵相互仇視敵對。兩個人決鬥時，曼里可原本有機會刺殺魯納公爵卻下不了手，為了一舉擊敗魯納公爵，他準備攻陷公爵的城堡，不料母親阿朱妾娜卻被魯納俘虜成為人質，而急欲營救母親的曼里可也失敗被俘。一心想解救曼里可的蕾奧諾拉，最後答應將自己身體獻給魯納公爵，在公爵下令釋放曼里可後，她立刻吞服毒藥以求清白。氣急敗壞的魯納公爵馬上命令處死曼里可，直到曼里可垂死前，阿朱妾娜才告訴魯納公爵，他殺的是自己失散多年的親弟弟，並說自己終於為母親報了仇，然後痛苦地死去。

這首《鐵砧大合唱》是全劇中最知名的樂段，出現在第二幕第一景簾幕揭開的時候，一群吉普賽人聚集在山坳處唱歌迎接日出，曼里可站在母親阿朱妾娜身旁，聽著眾人邊用鐵鎚敲打節奏、邊唱著這首歌，隨後阿朱妾娜就會透露身世，提到自己為了報殺母之仇的過程。其實，在義大利這首曲子不叫《鐵砧大合唱》，而是叫做《吉普賽人合唱》（Coro di zingari），但是因為劇情是描寫吉普賽人在黎明時群聚敲打鐵砧合唱，因此英語國家習慣稱此曲為《鐵砧大合唱》，中文翻譯時就延用了。

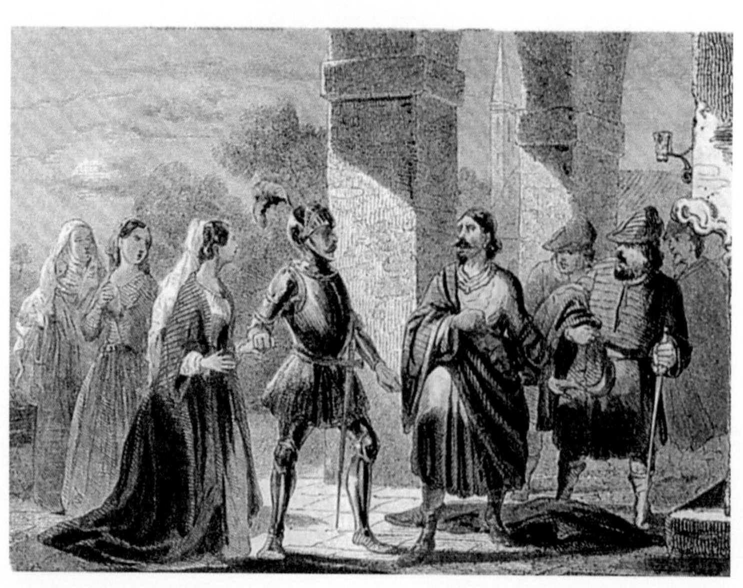

《遊唱詩人》樂譜的插畫。

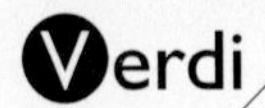

整首歌的歌詞大意是說：辛勤的工作，才能換來美酒和佳人。但如果在歌劇院中聆賞這齣《遊唱詩人》，在劇本上肯定找不到「鐵砧大合唱」的字眼，只會找到《瞧！那雲朵散去》（Veri！Le fosche notturne），全曲的歌詞如下：

瞧那雲朵散去
從天空的臉龐裡太陽照耀著
那光亮閃爍著
如同窗戶
揭開黑色的簾幕
展現燦爛光彩的美貌
要開工了
舉起鐵鎚
是誰讓吉普賽人從黑暗走向明亮的陽光？
是可愛的吉普賽姑娘
斟滿酒杯
體力與勇氣都充沛
豐美的酒流進身體與靈魂
瞧那太陽光芒閃耀
賜我們的酒愉悅的光彩
開工了
是誰讓吉普賽人的日子從黑暗轉為明亮的陽光？
是可愛的吉普賽姑娘

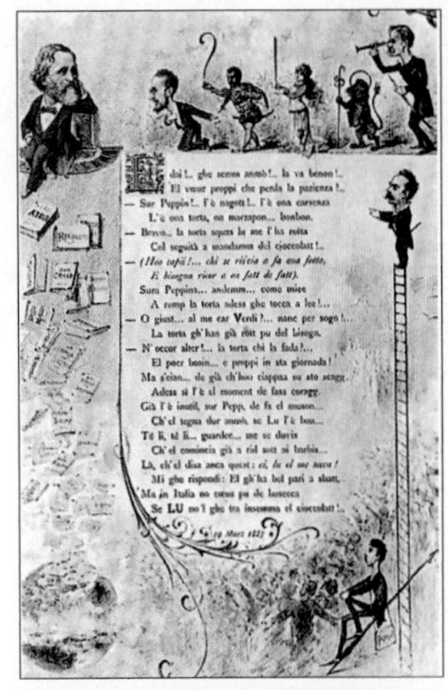

1883年諷刺威爾第歌劇的漫畫。威爾第越受大眾歡迎，批評家的譏刺就越厲害。但時至今日，他的歌劇已有不可動搖的地位。

歌劇《茶花女》之《飲酒歌》

La Traviata - Brindisi

威爾第（Giuseppe Verdi , 1813 - 1901）

樂器編制：管弦樂團

曲式：管弦樂曲（歌劇）

創作年代：1853年

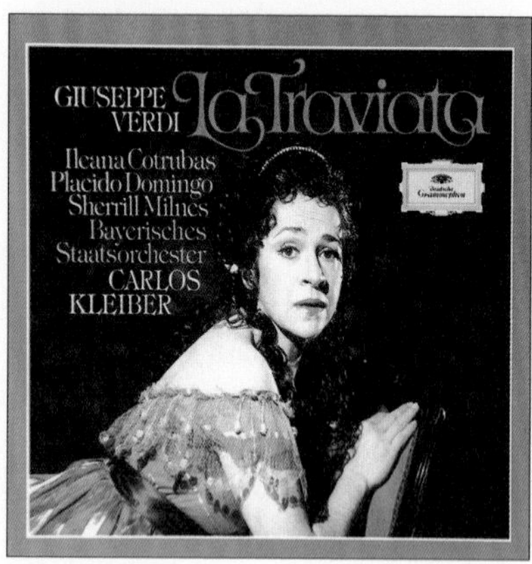

推薦專輯：Verdi : La Traviata

演奏／指揮：Carlos Kleiber

專輯編號：15132 DG 環球

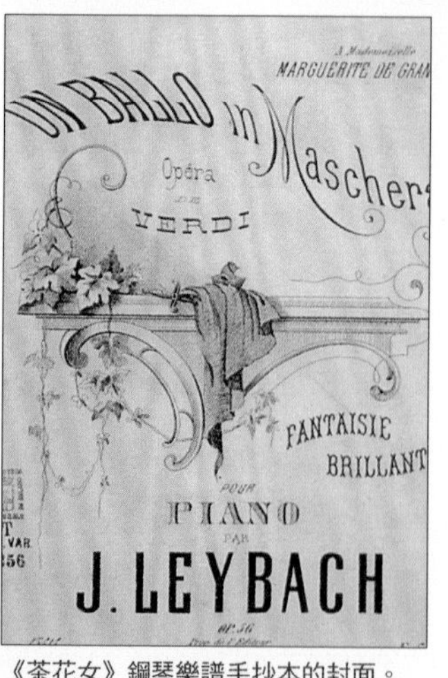

《茶花女》鋼琴樂譜手抄本的封面。

義大利作曲家威爾第在他的著名歌劇《茶花女》中，寫了一首家喻戶曉的《飲酒歌》，全曲洋溢歡樂滿堂的氣氛。想必在飯館酒廊裡，威爾第是拿著酒瓶到處吆喝著乾杯的海量男子。

歌劇《茶花女》的第一幕中，女主角薇奧麗塔正設宴款待嘉賓，大廳裡觥籌交錯，眾人皆沉浸於歡樂的氣氛中。愛慕薇奧麗塔的阿爾費多在朋友的起鬨下即席創作了這首飲酒詩，隨後男女主角帶出著名的二重唱，賓客們也隨聲附和，大家一同歌誦愛情、吟唱美好的歡樂時光。

《飲酒歌》最能將宴會的氣氛引領至高潮，但不同於一般酒館歌的粗放豪情，《飲酒歌》的青春浪漫吐露著女性高雅的氣質。我們不難想見巴黎上流社會晚宴的豪華盛況，男高音與女高音的歌聲詮釋了所謂的「歌舞昇華」。一直到今天，這首曲子不但是音樂會上常見的曲目，更是款待賓客、宴會飲酒時最佳的助興曲，只要樂聲響起，歡樂隨之到來：盡情享樂吧！煩悶已被拋去，大家乾杯吧！

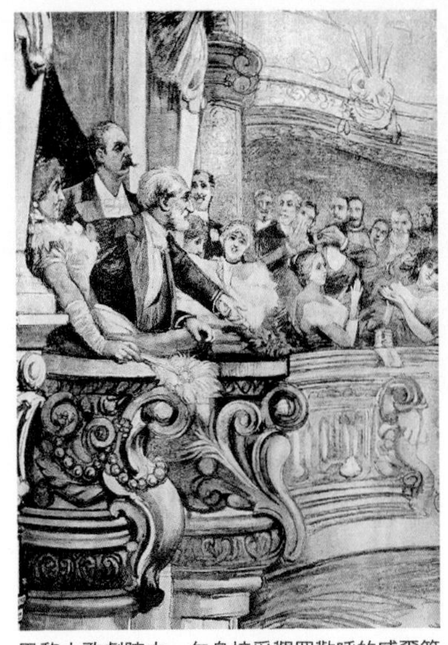

巴黎大歌劇院中，欠身接受觀眾歡呼的威爾第。

Giuseppe Verdi

弦外之音

需要減肥的茶花女

《茶花女》是根據小仲馬原著改編而成的愛情悲劇，但在威尼斯初演時卻一點也不淒婉動人，更正確的說法應是：當天簡直就是女主角的災難之夜。

原來劇中女主角薇奧麗塔是患有肺病的巴黎名交際花，照理應似林黛玉般是個病美人，但當天飾演薇奧麗塔的歌手卻體壯如牛，這個不合常理的安排惹火了戲院三樓的聽眾，他們一下子噓聲四起，一下子大喊「像臘腸一樣肥！」於是在賺人熱淚的劇情與氣氛中，爆出了哄堂大笑。

自此以後，劇院經理人便在演出合約上加了兩條規定：1. 凡飾演薇奧麗塔的女歌手不得超過四十五公斤。2. 在演出前兩天只能吃劇院提供的水果餐。

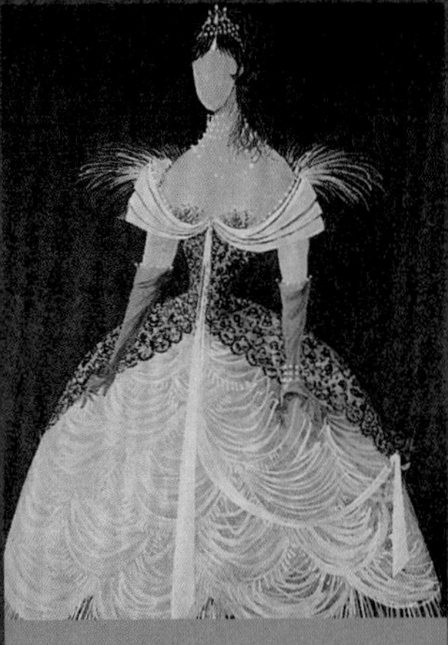

《茶花女》女主角薇奧麗塔的服裝設計，現實於慕尼黑國家劇院。

《安魂彌撒曲》之《末日經》

Requiem - Dies Irae

威爾第（Giuseppe Verdi , 1813 - 1901）

創作年代：1873年

長度：約1分57秒

樂器編制：管弦樂團

曲式：管弦樂曲（聖歌）

這段男高音獨唱的歌詞大意如下：「我呻吟，就如被控有罪的人，罪行讓我的臉頰泛紅，請饒恕懇求您的人，上帝」。這段歌詞取自安魂曲的繼敘詠（Sequentia）段裡末日經的經文「神怒之日」（Dies Irae）。其實一般作曲家在寫作安魂曲時，這段經文往往是寫成大合唱，並以大量的銅管伴奏以強調上帝發怒時的景像，但在威爾第這部安魂曲中卻將之指定給男高音獨唱，並刻意採用歌劇詠嘆調的風格寫成。

描繪威爾第指揮《安魂彌撒曲》的漫畫。

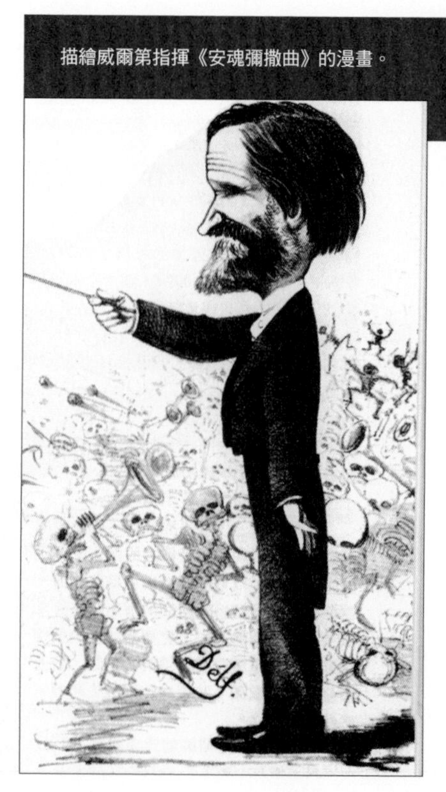

歌詞的內容則是唱道：「憐淚與歎息之日來臨時，所有已成灰燼者盡要重生，所有人類都要接受審判，主啊，求您用仁慈赦免我等，似他們永遠安息。」

威爾第的安魂曲，最早是為了紀念羅西尼逝世而寫了一個「賜我自由」的樂章。當時義大利作曲界發起了為他創作安魂曲的活動，十一位作

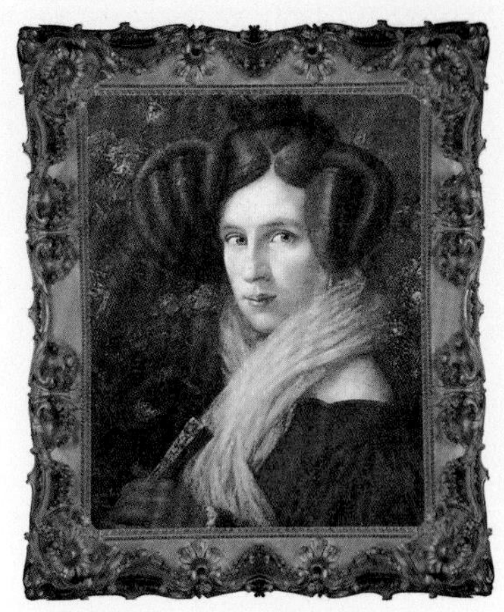

威爾第的第一任妻子瑪格麗塔。

曲家集體創作，每人寫一個樂章，集結成一首組合式的安魂曲。其中威爾第寫的是「賜我自由」這段經文，他採用非常繁複的賦格，寫成一段由女高音獨唱的大合唱段。

義大利文豪曼佐尼在1873年5月22日過世後，威爾第決定獨力創作一部大型作品，來悼念這位文豪。他取回「釋放我」這個樂章，作為新安魂曲的終樂章，再加寫六個龐大的樂章，組成這部帶有濃厚歌劇院色彩的安魂曲。威爾第刻意採取歌劇風格創作的，因為他希望表達對於曼佐尼之死最強烈的熱情和絕望，來傳達他內心的感受。在這首安魂曲中，威爾第將自己以往歌劇《唐卡洛》第四幕中描寫葬禮的二重唱重新用在「垂淚經」（Lachrymosa）這個樂章中。

A
B
C
D
E
F
G
H
I
J
K
L
M
N
O
P
Q
R
S
T
U
V
W
X
Y
Z

作曲家小傳

威爾第（Giuseppe Verdi）
1813年10月10日出生於雷隆科爾（Le Roncole），
1901年1月27日逝世於米蘭。

威爾第是義大利歷史上最偉大、影響力最深的作曲家，即使在他過世一百年後的今天，義大利人還是以曾經有過威爾第這樣一位作曲家為榮。威爾第很小就展露出音樂天分，並被送到教堂去接受訓練，之後他的表現一直非常傑出，十三歲就開始為當地的軍樂隊寫作進行曲。十九歲時，他前往米蘭，打算投考米蘭音樂院，卻因為已經超過入學年齡四歲之多而被拒門外。於是他只好跟隨史卡拉歌劇院的指揮家拉維涅（Lavigna）私下學習。

後來威爾第一度試圖重返家鄉接任教堂管風琴師的位置，卻被教廷所拒，結果反而為這位義大利明日之星開闢了另一條路。在一位記者的引導下，威爾第開始創作他生平第一齣歌劇《奧伯托》（Oberto），並因此被史卡拉劇院相中，由該院製作此劇，演出也獲得好評。之後因為妻子和兩個小孩相繼過世，傷心欲絕的威爾第又想回去當教堂風琴師，但是劇院經理不斷鼓勵他留在米蘭，終於完成了他的第三部歌劇《納布果》（Nabucco）。這部以聖經史詩寫成的華麗歌劇在史卡拉上演後大為轟動，義大利人民於是知道，期盼已久的貝里尼、羅西尼和董尼采第繼承人終於出現了。而威爾第也從這一天開始，在往後的五十年間，以平均每兩年一部歌劇的速度，報答疼愛他的義大利人。為他瘋狂的義大利人甚至把他作品中這些鼓吹人性、自由和英雄主義的歌劇，視為鼓舞義大利脫離普魯士帝國統治的人民之聲，威爾第不只是作曲家，還是義大利的人民英雄。

1851到1853年間，威爾第寫下了《弄臣》、《遊唱詩人》、《茶花女》三劇，成為他中期最傑出的代表作。這三劇中動人的詠嘆調和管弦音樂也成為威爾第最為後世喜愛的名作。在這三部作品的最後，威爾第向義大利前一世代的美聲歌劇（bel canto operas）告別，帶領義大利歌劇走進寫實的領域。而在茶花女一劇中，威爾第的戲劇感、音樂性等最好的特質則全部發揮在其中。之後威爾第又陸續完成了《西西里晚禱》（I vespers sSiciliennes）、《父女情深》（Simon Boccanegra）、《化妝舞會》（Un ballo un maschera）、等劇作，並於1962年，在俄羅斯推出《命運之力》(La forza del destino)、《路易莎米勒》（Luisa Miller）等劇，最後更在巴黎推出《唐卡洛》（Don Carlos）這部傑作。

1869年，威爾第接受埃及總督的邀請，將一位法國埃及學學者的小說《阿伊達》改編成歌劇。原本這齣戲預計於11月在開羅演出，以慶祝蘇彝士運河落成，不過卻因為威爾第無法如期完成，來不及在運河落成時上演，而改在兩年後才首演。在此之後，威爾第又陸續完成了

Giuseppe Verdi

《安魂彌撒曲》、《奧泰羅》。八十歲那年，威爾第推出了《法斯泰夫》（Falstaff）這齣取材自莎士比亞喜劇的豪華歌劇。這齣劇裡融合了威爾第在拜魯特音樂節聆聽華格納音樂的時代感和威爾第一生對生命的樂觀、完美的戲劇感和音樂性，成為他最後的傑作。1900年，威爾第在聖誕節前往米蘭探視收養的女兒，不幸中風倒地，隔年1月，這位義大利最偉大的作曲家以八十七高齡辭世。

威爾第小故事

1.威爾第被米蘭音樂院拒於門外的事，是音樂史上最大的荒謬！這位被視為義大利最偉大的作曲家竟不是出身於義大利任何音樂院，帶給義大利音樂界很大的恥辱，結果米蘭音樂院後來卻改名為威爾第音樂院，更是讓人感到無比的諷刺。

2.很少人知道威爾第曾擔任過國會議員吧！1860年，義大利獨立並擁有自己的國會，威爾第在眾人推舉之下成為首屆義大利國會的議員。在這個職位上他待了五年。同時間他也不斷創作歌劇，不過這時的威爾第已經過了盛產的高峰期。

3.《阿伊達》是威爾第晚年歌劇的另一高峰之作！當初預定為蘇彝士運河開演未成，替代演出的是《弄臣》一劇。後來《阿伊達》演出時，威爾第是在米蘭負責訓練歌手，再讓他們赴埃及首演。有趣的是，威爾第雖然把全劇寫得那麼生動，卻終生未踏上埃及的土地，連此劇的世界首演他也未曾到場。

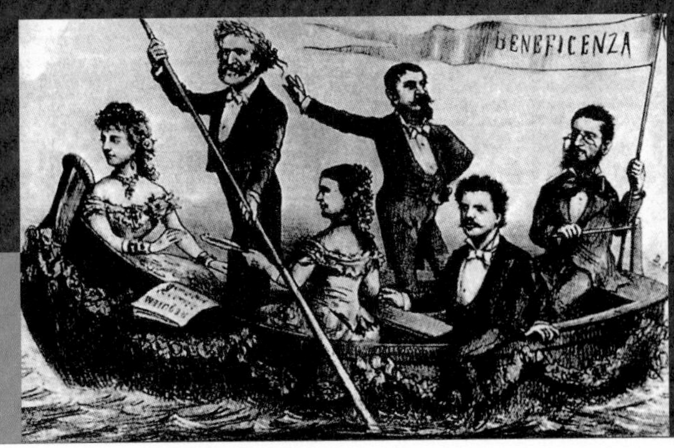

嘲弄《安魂彌撒曲》的漫畫，圖為威爾第與演出者。當時的批評家認為《安魂彌撒曲》太戲劇化，這些戲劇元素應出現在歌劇而非彌撒曲中。

歌劇《弄臣》之《善變的女人》

Rigoletto - La donna èmobile

威爾第（Giuseppe Verdi , 1813 - 1901）

創作年代：1850年

樂器編制：管弦樂團

曲式：管弦樂曲（歌劇）

出現於：電影《賭城蜜月》

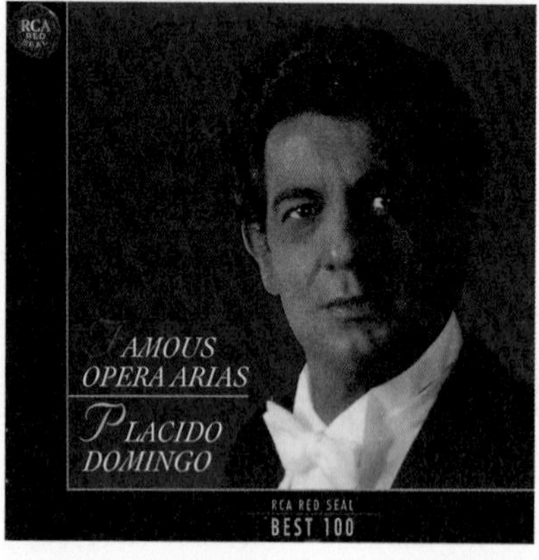

推薦專輯：Famous Opera Arias

演奏／指揮：Placido Domingo

專輯編號：BVCC 37299 Sony Music 新力音樂

法國小説家雨果曾寫了一齣十分傑出的戲劇《國王的娛樂》（Le Roi S'Amuse），但只上演了一次就被禁演了；後來威爾第以此為題材，將之改寫為歌劇《弄臣》。威爾第本人對這部歌劇深具信心，他十分清楚此劇的優點：簡潔、緊密、動聽，劇情瀰漫著不安，卻又幽默寫實。

歌劇中最著名的第三幕詠嘆調《善變的女人》，由飾演花心公爵的男高音唱出公爵的女人觀。歌詞中描述女人的虛偽善變，並以此為藉口掩飾自己的薄倖：「女人善變的心如風中飛舞的羽毛，不斷地改變主意，不停地變換腔調。那美麗的臉龐，一會兒笑，一會兒哭，只不過是偽裝而已。……要是相信她們，你就是傻瓜，和她們在一起不能説真話，但這愛情

《弄臣》第一幕第一場的舞台布景：曼圖亞公爵的宮廷，由貝諾伊斯（Nicola Benoís）與夏佩隆（Philippe Chaperon）繪製。

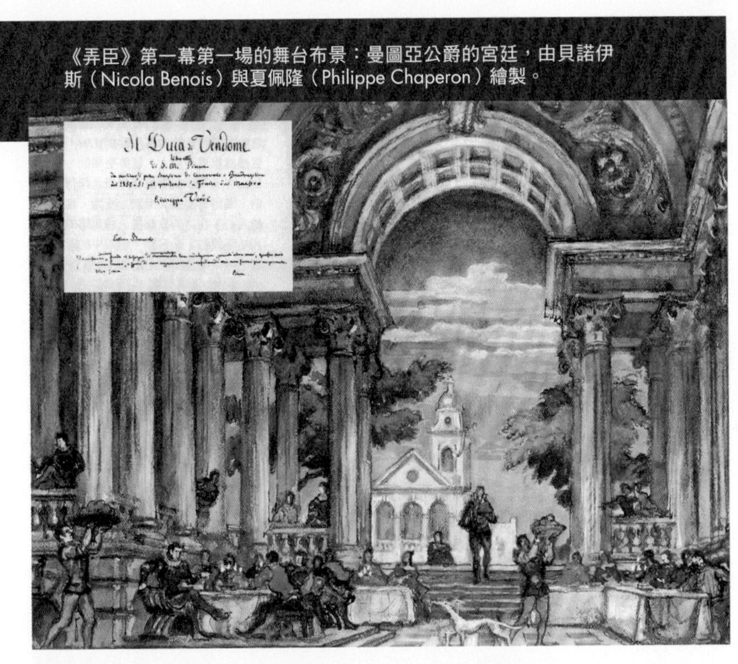

那麼的醉人，若是不愛她們，又辜負了青春……。」

據說這部歌劇尚在排演階段時，所有的人都覺得這將會是一齣前所未見的成功歌劇，於是連威爾第本人也興致勃勃地搞起神祕來，他將劇中最精采的曲譜藏了起來，說是重要機密，不可外洩。原來威爾第怕這些歌曲一旦曝光，馬上會傳唱到大街小巷，所以在演出前一天才神祕兮兮地拿出來讓演員們練唱呢！（威爾第真是徹底了解並實踐商業機密的道理！）果然，《弄臣》在威尼斯首演之後，轟動了整個城市，尤其《善變的女人》一曲，更是叫好又叫座，馬上成為人人爭相傳唱的流行歌曲，這首詠嘆調就像空氣一般，迅速蔓延到威尼斯的每個角落，更讓威爾第身價連三漲，從此成為家喻戶曉的歌劇大師呢！

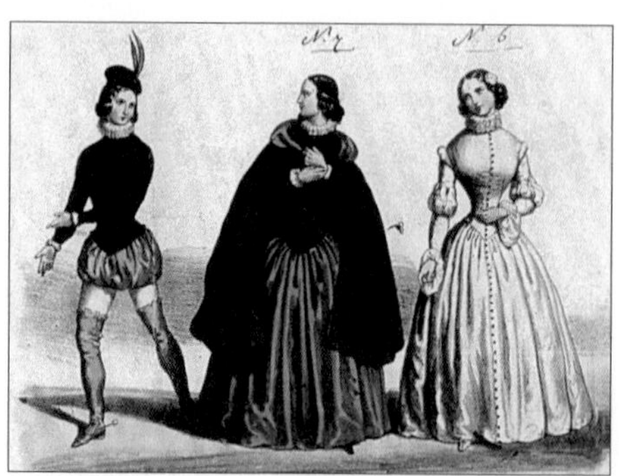

《弄臣》女主角吉兒達的各種造型，此圖現藏於米蘭史卡拉劇院博物館。

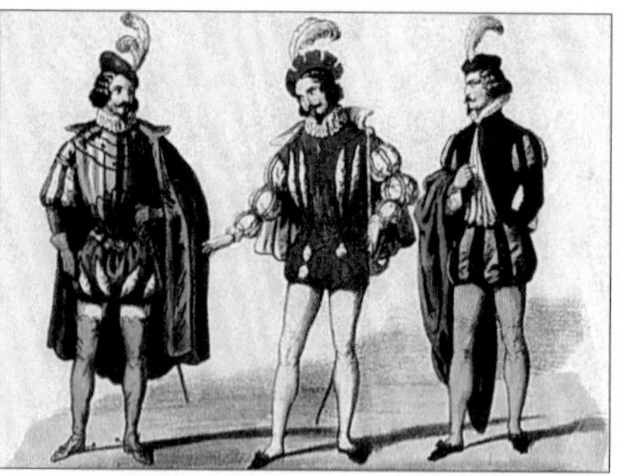

《弄臣》中曼圖亞公爵的各種造型。

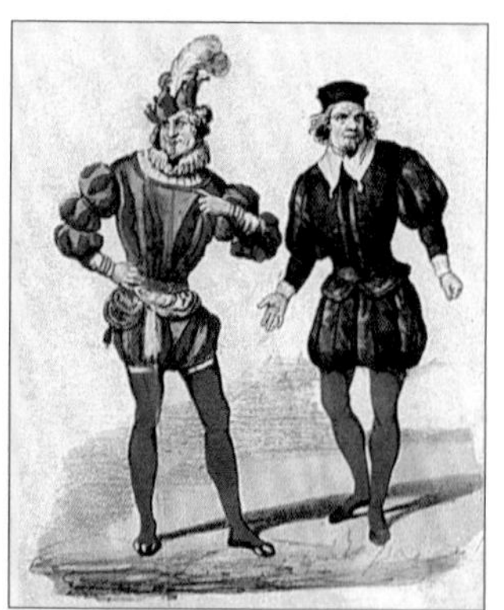

《弄臣》中黎哥萊駝的各種造型。

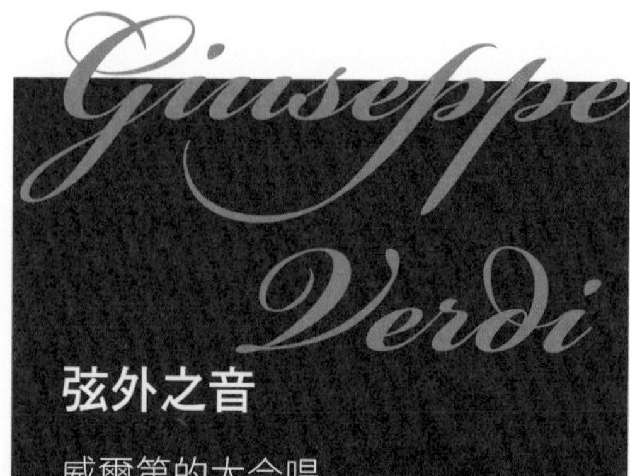

弦外之音

威爾第的大合唱

威爾第早期歌劇作品擅長以澎湃的大合唱、團結愛國的主題來撼動人心，例如《遊唱詩人》的《鐵砧大合唱》，以及《納布果》的《希伯來奴隸合唱曲》，均是歌劇作品中極具鼓舞力量的合唱曲。他的音樂讓人明白：只要勇氣不死、希望不滅，思想和感情將永遠自由，不受統治。

威爾第是整個義大利的一部分，他是義大利革命運動的忠實擁護者，擁有很大的影響力。就在義大利統一的萌芽階段，他的名字甚至成為一個象徵團結的街頭口號呢！只見滿街情緒高漲的群眾大喊著「威爾第萬歲！」（VIVA V.E.R.D.I！）原來該句正是：「Viva Vittorio Emanuele Re D'Italia」的縮寫。

1860年威爾第當選國會議員，雖然他對這個職位並不在意，還是做了好幾年，至今在他誕生地附近的布塞托（Busseto）市議會裡，還掛著一幅他的側面像呢！

《四季協奏曲》之《春》與《夏》

The Four Seasons - Spring、Summer

韋瓦第（Antonio Vivaldi , 1675 - 1741）

創作年代：1725年

首演時地：波希米亞

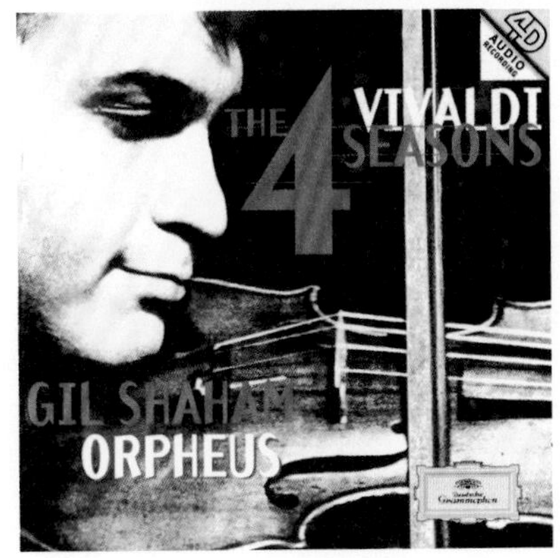

推薦專輯：Vivaldi : The Four Seasons

演奏家：Gil Shaham

韋瓦第是巴洛克時期著名的作曲家，他擁有得天獨厚的創意與驚人的產量（一生共寫過五十齣歌劇、一百多首管弦樂曲與五百多首協奏曲），這些作品對未來的音樂發展史有很大的影響，例如：音樂之父巴哈就對他崇拜得不得了，還把他的協奏曲拿來改編呢！韋瓦第確立了「協奏曲」三個樂章的標準形式，因而被譽為「協奏曲之父」，他的作品中最有名的《四季》協奏曲現今已成了家喻戶曉的名曲。

1717年，韋瓦第來到曼圖亞，成為菲利普郡主專屬的宮廷教師，從水都威尼斯來到了景色怡人的鄉間，心情瞬間充盈了詩情畫意的鄉村情調。他把音樂融合到詩的意境裡，極力藉著音樂刻畫出大自然與四季不同的景象，《四季》中的《春》、《夏》、《秋》、《冬》像是從古代版畫中跳出來，帶著一股純樸淳厚的動人氣息！

1725年，韋瓦第出版《合聲與創意的嘗試》（Il Cimento,dell'Armonia e

dell'Invenzione,Op.8）十二首小提琴協奏曲集，其中的第一至第四首便是《四季》協奏曲，分別以快、慢、快三個樂章來表現春夏秋冬四季不同的風景，每一首皆附有十四行詩來描寫威尼斯田野四季之景，詩與音樂互為印證，是一種音樂、藝術與大自然完美的融合，高尚不失親切。《四季》以簡淺的方式讓大自然原味重現；如此古典，卻一點也不晦澀模糊，十分適合作為古典音樂入門曲。

有人說，《四季協奏曲》的標題，是為了創作歌劇而產生的，這是來自於韋瓦第從1713年即身兼作曲家和歌劇製作人二職，當時，他構想著該如何將交響化的管弦樂曲，運用到有劇情的舞台上，如此將管弦樂劇情化以致產生了標題音樂。在《四季協奏曲》出版之前，韋瓦第便已安排《春》的管弦樂曲，作為烘托歌劇《朱斯提諾》的氣氛。

另外，也有人指出，是基於商業理由。韋瓦第在皮耶塔時期的創作，是教務職責之所在，所以許多創作均沒有出版；但到了曼圖亞期間，他開始為王公貴族作曲，於是他嘗試將數首樂曲合併，加上一個吸引人的標題，於是《四季協奏曲》由四首小提琴協奏曲合併孕育而成。

《春》、《夏》、《秋》、《冬》每一首協奏曲，均由「快、慢、快」三樂章組成，各曲均附有14行短詩，韋瓦第用音樂描繪出詩中的意境。

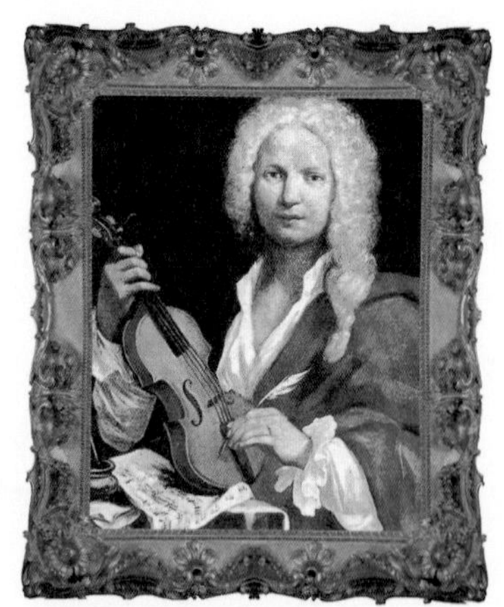

手拿提琴的韋瓦第肖像畫。

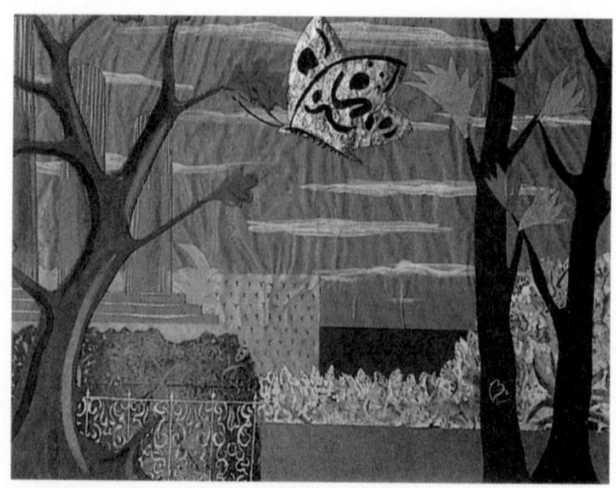

里奇・鮑佛列提為《四季》設計的舞台布景第二幕。

《春》

滿懷喜悅的春天來了

鳥兒們用快樂的歌聲來歡迎

小溪在和風的微息中

帶著甜蜜的呢喃輕快地移動

《春》的第一樂章：大地迎春，小提琴奏出鳥兒的歡唱聲，泉水潺潺流動，低音合奏是春雷隆隆；高音獨奏則是一道閃電劃過天際，春雨過後鳥兒們再度雀躍合唱。第二樂章：二部小提琴合奏樹葉婆娑沙沙聲，舒緩的獨奏則代表牧羊人在暖和的陽光下打盹，中提琴奏出狗吠聲，田園間一派悠閒與世無爭。第三樂章：水仙子隨著牧羊人歡樂的笛聲翩翩起舞，共同讚頌明媚春日。

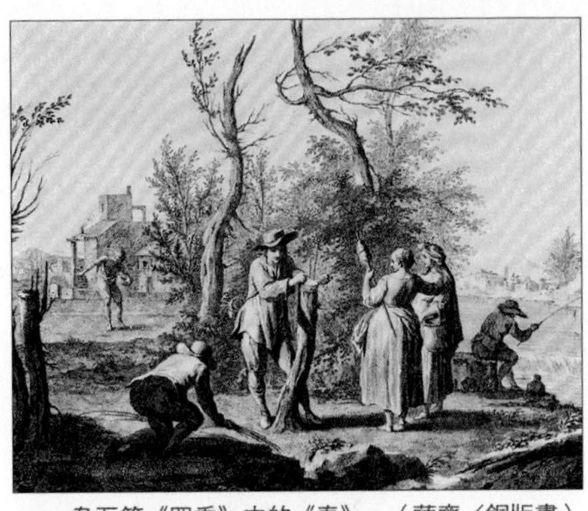

韋瓦第《四季》中的《春》。（薩齊／銅版畫）

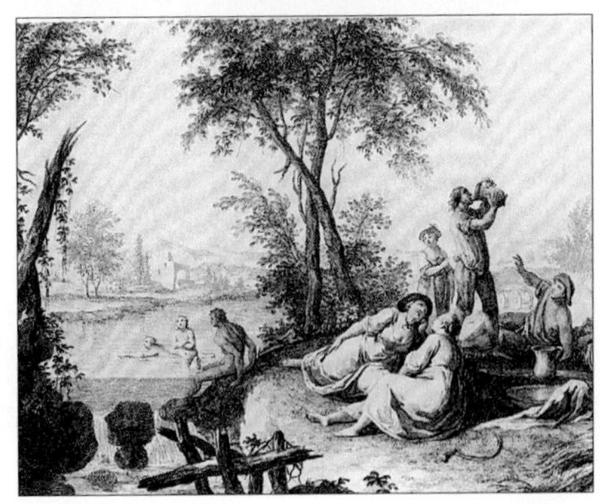

韋瓦第《四季》中的《夏》。（薩齊／銅版畫）

《夏》

夏日燄陽燒焦了這個粗糙的季節

人們與走獸都憔悴了

連松樹也凋萎了

杜鵑鳥提著嗓子輕唱著

緊接著

斑鳩和雀鳥也加入歌唱的行列！

《夏》的第一樂章：一段暮氣沉沉的合奏代表牧羊人與羊群懶洋洋躺在草地上，小提琴獨奏則模擬了布穀鳥、杜鵑與斑鳩的啼聲；突然間一陣強烈的北風吹過，哀傷的獨奏預言著即將到來的不安，最後果然一陣狂風暴雨來襲，以激烈的合奏進入第二樂章。第二樂章中有細微縹緲的旋律，那是四處飛舞的蚊蠅；激動的十六分音符則描述暴雨前的閃電與雷鳴，令人窒息的悶熱籠罩大地。第三樂章：該來的終於來了，猛烈的夏日風暴辣手摧花，將農作物欺負得東倒西歪，四處飛揚的音符像豆大的雨滴橫掃田野，痛快的第三樂章全無冷場，刺激緊湊暢快淋漓。

A B C D E F G H I J K L M N O P Q R S T U V W X Y Z

《四季協奏曲》之《秋》與《冬》

The Four Seasons - Autumn、Winter

韋瓦第（Antonio Vivaldi , 1675 - 1741）

創作年代：1725年

首演時地：波希米亞

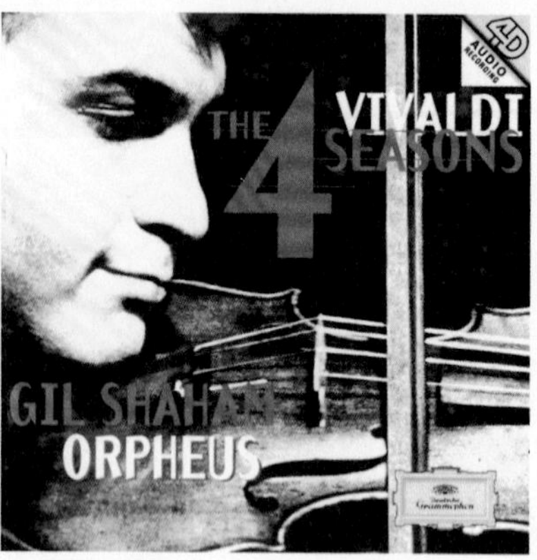

推薦專輯：Vivaldi : The Four Seasons

演奏家：Gil Shaham

《秋》

秋天溫柔、宜人地帶來了喜樂

使大家漸漸地停止跳舞和歌唱

是啊

就是這樣的一個季節

邀請每一個人到那可愛甜蜜的夢鄉

《秋》的第一樂章：村民們唱歌喝酒歡慶豐收，這是一段飲酒作樂之田園詩歌。第二樂章：秋高氣爽，醉酒的村民在微風中酣睡，安詳的秋夜一片寂靜舒暢。第三樂章：天亮後，第一段合奏代表獵人們吹著號角，昂揚地出發打獵，但小提琴獨奏則奏出了動物們驚恐地逃竄，一陣戰慄之後，終於免不了成為獵人手下的戰利品。

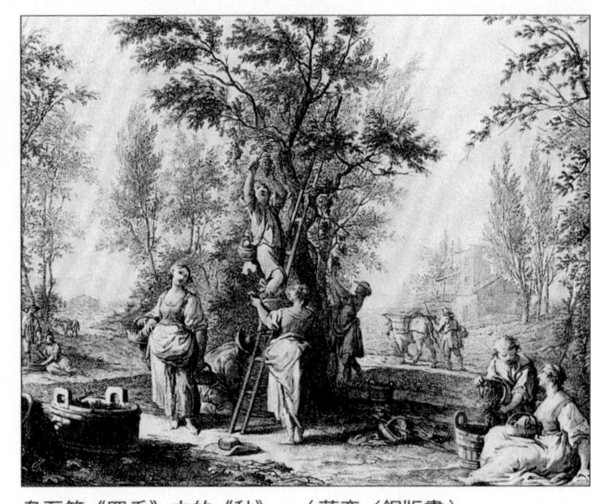

韋瓦第《四季》中的《秋》。（薩齊／銅版畫）

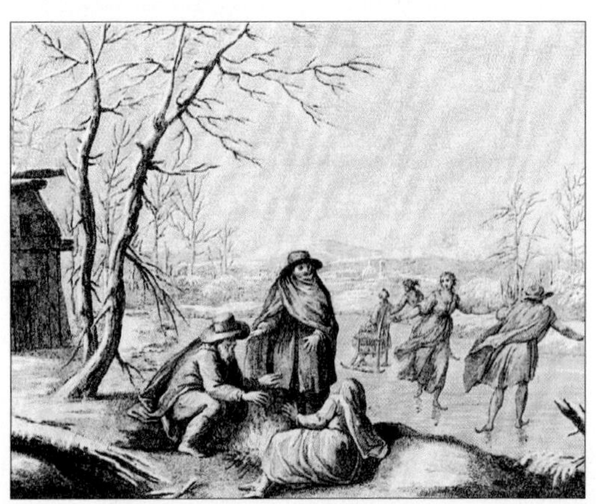

韋瓦第《四季》中的《冬》。（薩齊／銅版畫）

《冬》

人們在冰冷的風雪中戰慄著

刺人的寒風無情的吹進了牙縫

就算終日不停地踩腳取暖

卻仍然凍得牙齒大打哆嗦

開始為暴風雨及他的命運憂心起來

《冬》的第一樂章：大地一片雪白，人們在寒風中受凍顫抖，不斷跺著腳取暖，但牙齒仍忍不住的頻頻打顫。第二樂章：第一與第二小提琴模仿屋外雨聲淅瀝淅瀝下個不停，但屋中有小提琴獨奏唱出溫暖的曲調，熊熊爐火讓冬夜分外靜謐。第三樂章：一個趕路的夜歸人提心吊膽走在冰凍的路上，突然一陣強奏代表謹慎的夜歸人不小心滑個四腳朝天。凜冽的冬天並沒有滯留很久，樂曲的最後隱約有南風吹拂的節奏。最後一段獨奏是南風與北風的爭鬥，小提琴猛烈的快速句與動力十足的合奏十分痛快人心。

一開始，大家並不確定《春》、《夏》、《秋》、《冬》中的十四行短詩，是否為韋瓦第親自附加上去的。一天，羅馬主教奧圖包尼（Cardinal Pietro Ottoboni）發現四季原譜的手稿後，他肯定地說：是的！

奧圖包尼是卡布拉尼卡劇院（Capranica Theatre）的投資人，在1723至1724年狂歡節期間，卡布拉尼劇院卡正是上演著韋瓦第的歌劇。在這之前，他搜集了韋瓦第24首各類協奏曲的手稿。

在這些手稿裡，不僅附有詩句，並且在每一段音樂主題開始的樂譜下面，還加上了關鍵性的字母暗示，説明《四季協奏曲》確實是以旋律來描寫自然的標題音樂，並在手稿中發現到，它是韋瓦第獻給波希米亞郡主摩爾金公爵的作品，所以，我們可以確定的是，《四季協奏曲》在1725年出版之前，就已由摩爾金樂團首演了。

韋瓦第的《四季協奏曲》至今無人不曉，在巴洛克時期的音樂裡，由於時代的趨勢，不管在音樂的調性、節奏上，甚至是和聲變化都不是很大，韋瓦第卻可以在這樣的時代氣圍中，大膽地顛覆傳統，創作出如此表情豐富、內容緊湊的音樂，也無怪乎有古協奏曲之父、標題音樂始祖的美名了！

韋瓦第本身就是非常優異的小提琴手，他的多首小提琴協奏曲，連音樂之父巴哈都奉為經典範本，不斷拿來改寫！詩意盎然的《四季》，也被當作是海頓神劇《四季》的雛型。

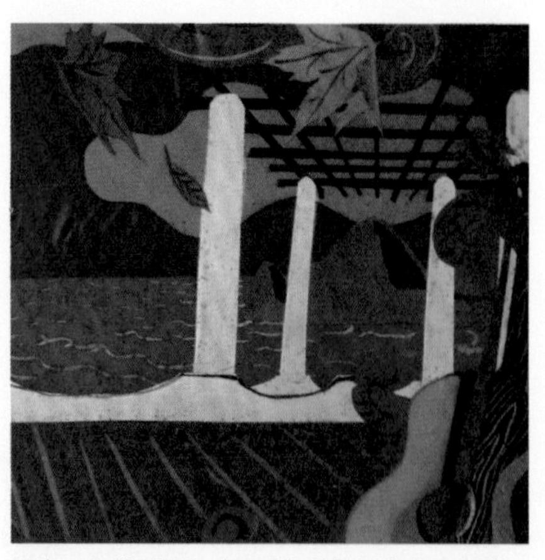

里奇・鮑佛列提為《四季》設計的舞台布景第三幕。

Antonio Vivaldi

弦外之音

韋瓦第和他的女子樂團

韋瓦第的正職是神父，又生了一頭紅髮，因此有「紅髮神父」的稱謂。在他一生之中，大約有四十年的時間，從事音樂教學工作。那時候的西方社會，靠修道院推動社會重整的工作，他任職的那間修道院，即是專門收容那些無家可歸的人、逃學或是受到虐待的少女。

該修道院成立了一個樂團，一個音樂學校——慈光音樂院（Ospedale Della Pietá）給這些有天分的孩子，樂團總監韋瓦第的工作項目之一，就是訓練這些少女發揮其藝術潛能。

韋瓦第不僅當起音樂老師，還得提供新的音樂作品，作為禮拜日或慶典之用，這讓他自由地實驗各種大膽創作。這些為數眾多的協奏曲，很可能大部分都是為這群音樂院的少女而作。

她們演奏起各式樂器，一點也不輸給大師級人物！使該樂團成為當時全威尼斯最受歡迎的第一樂團，韋瓦第更曾帶她們到歐洲巡迴演出，這一首首清晰的曲式、抒情的旋律、創新的曲風，可說風靡了當時整個歐洲大陸。

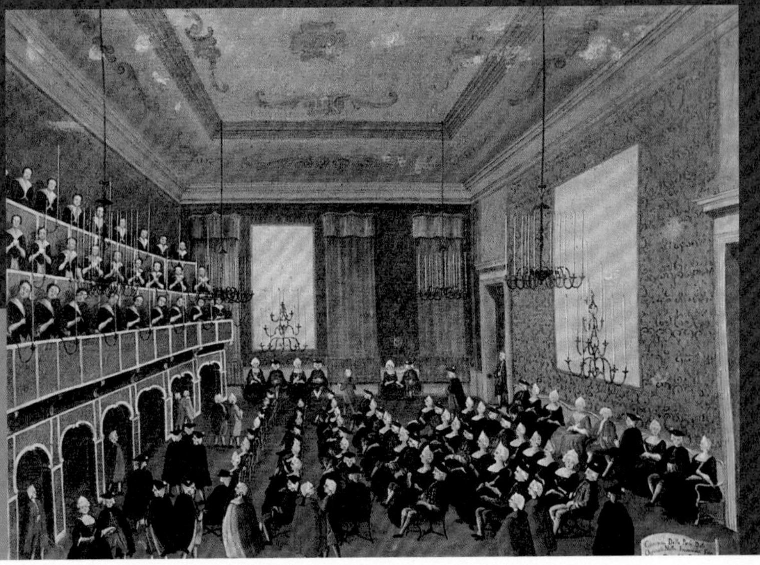

紅髮神父韋瓦第所帶領的慈光音樂院的少女，常像圖中的女孩們到處演奏。圖為加里布埃利・貝拉（Gabriele Bella）所繪的《女孩們在費拉莫里奇公署為北方大公演唱清唱劇》。

歌劇《羅恩格林》之《婚禮大合唱》

Lohengrin – Bridal Chorus

華格納（Richard Wagner , 1813 - 1883）

長度：約5分25秒

樂器編制：管弦樂團

曲式：管弦樂曲（歌劇）

出現於：電影《岳父大人》

華格納引用德國作家沃夫朗改寫的亞瑟王傳奇寫出《羅恩格林》，亞瑟王傳奇是英國中世紀以來長久流傳的居爾特族遠古故事，由於居爾特人是從歐陸移民到英國定居，因此居爾特傳說也流傳在北歐、德國等地，所以亞瑟王傳說都屬居爾特傳說而非英國傳說。在英國的亞瑟王傳說諸多版本中，其實沒有羅恩格林這個角色，這個角色是德國人延續帕西法爾傳說發展而成，主要架構是聖杯騎士帕西法爾終於找到聖杯，他兒子羅恩格林最後接任聖杯騎士繼續守護城堡。

羅恩格林的故事環繞著女主角艾爾莎，她是布拉邦公爵戈夫瑞的姐姐，戈夫瑞神祕失蹤後，攝政王泰拉孟的妻子歐楚質疑艾爾莎惡意謀殺了親弟，逼迫她交出爵位。為了證明問心無愧，艾爾莎打算以決鬥輸贏作為上帝的判決，於是指定一位她在夢中遇見的騎士為自己決鬥，在亨利國王的指示下，攝政王答應與她一戰。在先知的呼喚下，一名騎士乘著天鵝的小船到來並請求為艾爾莎出戰，唯一條件是她不能詢問他的身世來歷。艾爾莎同意讓天鵝騎士代表她與泰拉孟決鬥，天鵝騎士獲得勝利並饒了泰拉孟一命，大聲宣布艾爾莎無罪，甚至進一步向她求婚。

泰拉孟的妻子歐楚是個巫婆，為了重拾丈夫的勇氣，密謀讓艾爾莎觸犯天鵝騎士立下的禁忌：不可問他來歷。當天鵝騎士正準備攜艾爾莎走進教堂成親時，歐楚突然現身並指控天鵝騎士是魔法師，她先生落敗只是因為不知決鬥者的姓名，天鵝騎士卻回應，全天下獨

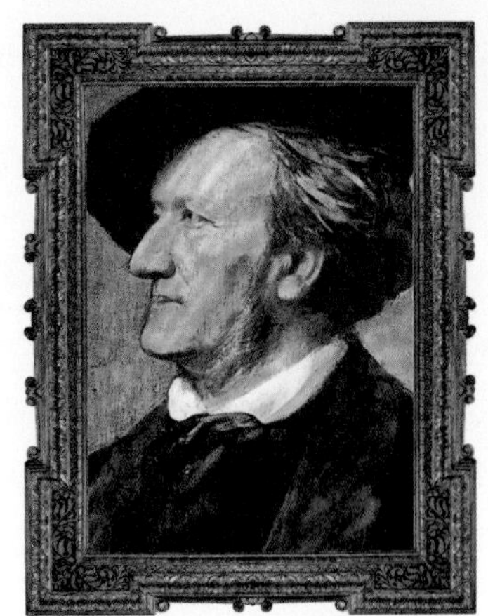

華格納的肖像。

華格納於萊比錫出生的故居，可惜已改建。圖為法蘭茲、斯塔森（Franz Stassen）所繪。

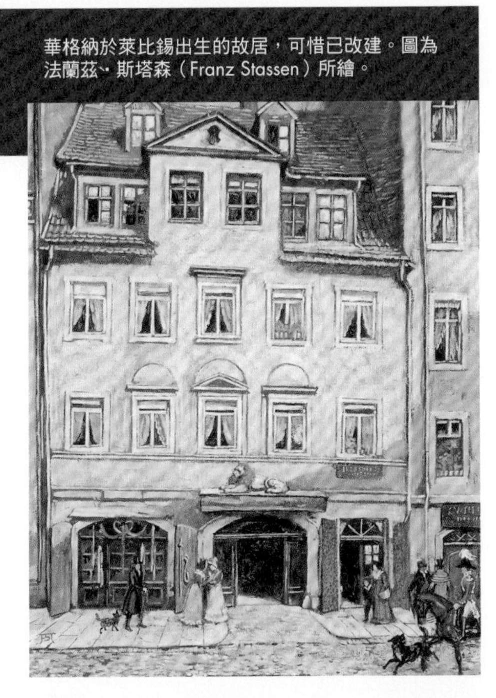

有艾爾莎可以問他的姓名，艾爾莎信心動搖了，但仍在國王面前說自己不在乎這些事，然後兩人在《婚禮大合唱》的伴奏下步入教堂。

歐楚的一席話讓艾爾莎揣測難安，終於在結婚後問了不該問的問題，這時泰拉孟剛好帶著四名武士闖進來，欲行刺天鵝騎士卻被制伏，這時天鵝騎士悲傷萬分帶著艾爾莎到國王面前，將聖杯的故事娓娓道來，並揭露自己正是帕西法爾的兒子，現任的聖杯騎士羅恩格林。這時天鵝拉著小船回到河邊準備接走羅恩格林，臨走前他告訴艾爾莎她的弟弟即將歸來，然後天鵝就沉入河裡，再度浮出水面時則化為她的弟弟戈夫瑞，原來是歐楚施了魔法讓他化成天鵝。最後鴿子從天而降，取帶天鵝的位置拉著天鵝船上的羅恩格林回到聖杯城堡，留下艾爾莎一人心碎而亡。

這部《羅恩格林》歌劇，就是以聖杯之王帕西法爾的兒子羅恩格林為發展主軸，劇中成就了多首華格納名作，像是第一幕和第三幕的前奏曲，以及這首《婚禮大合唱》。這齣歌劇是十九世紀浪漫歌劇中的曠世巨著，因此衍生出許多其他藝術作品，尤其是巴伐利亞國王路德維希（Ludwig II）二世特別著迷這則傳奇歌劇，他生前甚至耗費鉅資興建了一座「新天

A B C D E F G H I J K L M N O P Q R S T U V W X Y Z

鵝堡」（Neuschwanstein），以天鵝騎士的故事為主題，規畫了完整的地下水道，並在地下室建造一艘天鵝船，而被稱為《童話國王》（Der Maerchenkoenig）。正因為路德維希二世對此劇的著迷，華格納才能說動他再出更多的錢，為他後來的《指環聯作》（The Ring of the Nibelung）演出單獨建造一座歌劇院，即盛行百年的「拜魯特音樂節」（Bayreuth Festspiel）所在地——拜魯特節慶劇院。

這首《婚禮大合唱》出現在劇中第三幕一開始，艾爾莎和天鵝騎士婚禮結束後，步出教堂時由女子合唱團所演唱，因為艾爾莎此時要回新娘房，只能由女賓陪伴，所以這段音樂採用女子合唱團演唱。這首曲子以以進行曲的體式寫成，現代西方國家將之引用到正式婚禮上，只是改為婚禮開始時演奏此曲。華格納的這首《婚禮大合唱》和孟德爾頌劇作《仲夏夜之夢》的《婚禮進行曲》，同為史上最常出現在婚禮的音樂（近三十年間巴海貝爾的《卡農》有凌駕之勢），比較難理解的是，其實這段曲目暗喻著破碎的婚姻，因為艾爾莎和羅恩格林很快就分手了，但西方習俗似乎不忌諱劇情的這番暗示。

其實，這首《婚禮大合唱》在劇中並非稱為「婚禮大合唱」，而是取其歌詞的第一句「忠實地引導」為名，整首歌詞如下：

忠實地引導，
前往幸福的愛情所保存的地方。
勝利的勇氣，愛的回報，
都與你倆一同充滿信心地享受幸福。
美德的守護者，前進吧！
青春的寶石，前進吧！
婚禮盛宴的奢華可以退去了，
但喜悅永留你倆心上，
香甜的新房，為愛而裝點。
引你進入，遠離璀璨

由這段歌詞不難理解為什麼天主教和路德教派信徒的婚禮上不使用此曲，因為歌詞中完全沒有宗教色彩，而猶太教徒的婚禮更不願使用此曲，因為華格納生前和作品中都有鮮明的反猶太色彩。

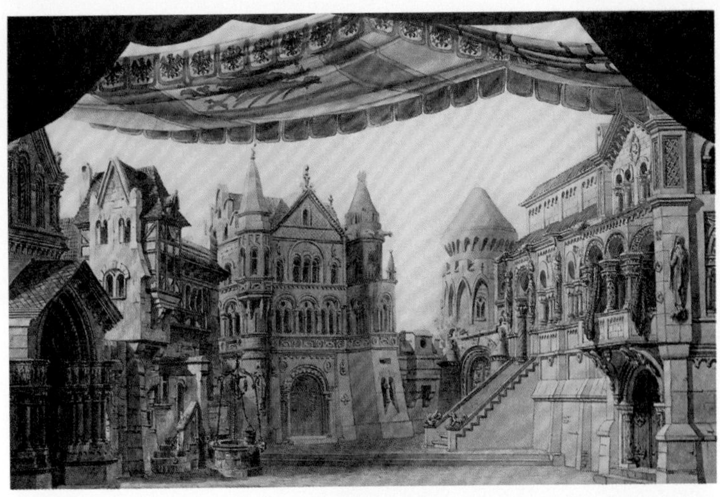

《羅恩格林》1867年在慕尼黑上演時的舞台草圖，為瓜利歐所繪。

Richard Wagner

弦外之音

帕西法爾

帕西法爾（Percival，或Parzival）是英國亞瑟王傳奇中的人物，威爾斯人稱他為Peredur，是著名的圓桌武士之一，也是尋找聖杯（聖杯相傳是耶穌在最後晚餐時飲酒的杯子）的聖杯騎士，他的妹妹則是保護聖杯的使者。帕西法爾從小和媽媽住在與世隔絕的威爾斯森林，完全不知男女之別，後來因為嚮往武士生活加入亞瑟王陣營，成為圓桌武士。

隨後，他遇到腿部受傷而無法行動的漁夫王（Fisher King），漁夫王的城堡受他身體狀況影響，因此他受傷期間城堡跟著凋零，成為草木不生的荒地，他無以為生只能依靠釣魚為食，所以稱為「漁夫王」。漁夫王的故事曾拍成好萊塢電影《奇幻城市》，美國詩人艾略特（Eliot）的長篇詩作《荒原》（The Waste Land）寫的就是他受傷後城堡變成荒地，而在華格納劇作《帕西法爾》中他就叫漁夫王安佛塔（Amfortas），早期還有人將他譯為「費雪王」。

為了醫治受傷的漁夫王，帕西法爾出發前往聖杯城堡尋找聖杯，並見到傳說中行蹤飄忽的聖杯，可惜見到聖杯時，來不及提出問題啟動聖杯的治癒力量，錯失醫治漁夫王的機會，因此他發誓將再次尋找聖杯城堡。帕西法爾的最後結局，因不同版本而異，在華格納所採用的沃夫朗（Wolfram）德文版傳奇中，帕西法爾身後遺有一子，就是文中介紹的天鵝騎士羅恩格林。

歌劇《尼貝龍根的指環》之《女武神》

Der Ring des Nibelungen - Die Walkure

華格納（Richard Wagner , 1813 - 1883）

首演年代：1876年

出現於：電影《現代啟示錄》、《賓尼兔》

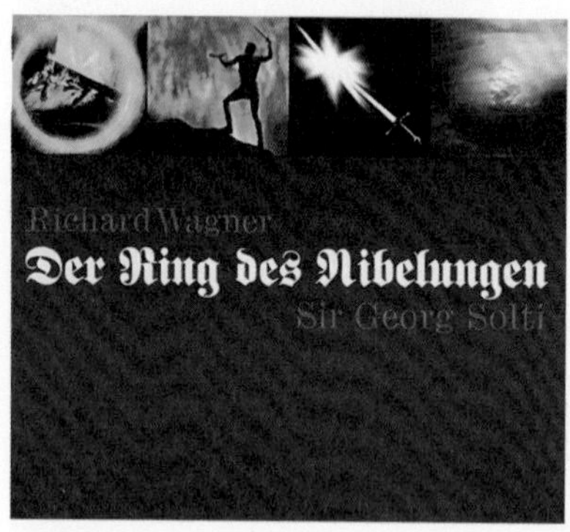

推薦專輯：Richard Wagner : Der Ring des Nibelungen

演奏／指揮：Sir Georg Solti

專輯編號：455555 Decca 福茂

早在奇幻電影《魔戒三部曲》問世之前，德國歌劇巨星華格納就推出了畢生扛鼎之作《指環四部曲》——也就是歌劇《尼貝龍根的指環》。原來華格納不只是歌劇界的巨人，他的指標性更是影響了「奇幻風格」音樂的發展，與電影作品的誕生呢！自1851年起，華格納共花了整整二十六年的時間，才完成全長十五個小時的《尼貝龍根的指環》。這齣名副其實的「巨作」，共包含了四部連續歌劇《萊茵黃金》、《女武神》、《齊格菲》以及《諸神的黃昏》；每次完整的演出共要花掉四個晚上，更神奇的是，華格納為了要求最好的舞台呈現與音響效果，還特地為它蓋了一座專門演出的劇院呢！這樣的排場至今仍是空前絕後，真夠神氣的！

《尼貝龍根的指環》複雜的情節乃根據北歐神話所改編，並融入了日耳曼英雄傳說與華格納個人的幻想，探討的內容觸及了愛與救贖、墮落的神性與命運無常等錯綜深奧的題材。華格納藉著歌劇豐富的內涵，傳達了他對整個世界的觀照，這齣歌劇，音樂語彙之龐大華格納的第一任妻子敏娜・普拉納，大他四歲，是位女演員。雖然華格納婚後緋聞不斷，但她仍然死心塌地地追隨華格納，始終不願離婚。

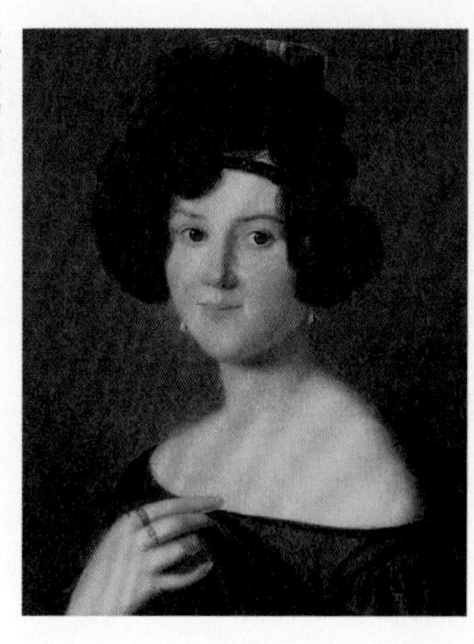

德普勒於1879年所繪的女武神系列畫作。

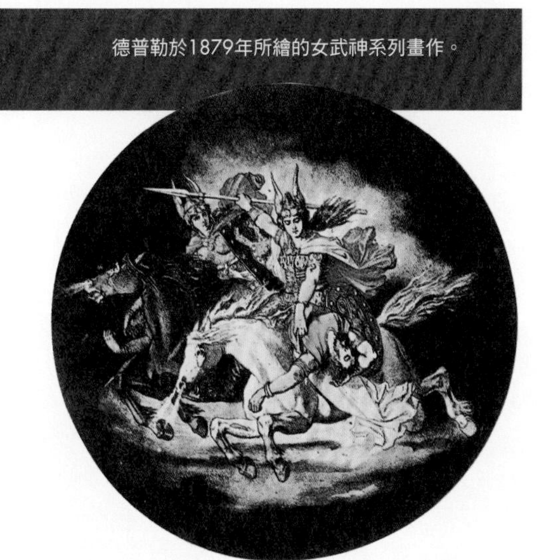

豐富，或許生活中少有機會全面探索，但其中幾個著名的片段仍是十分值得我們細細品味的。

《女武神的騎行》是第二部曲《女武神》之第三幕的序曲，音樂描述威風的女武神騎著帶翼的天馬，鎮日在天空上來回逡巡，她們負責救起在戰場上受傷的武士，並將之運回宮殿療傷。這個任務聽起來可真神氣威武啊！這些勇敢善戰的女武神是身穿黑皮衣的女飛仔，而她們神氣的戰馬簡直就是天界的武裝救護車，一匹匹此起彼落呼嘯而過。

在這段音樂中，我們可以聽到專屬女武神的動機旋律反覆穿梭於整個樂段中，雄壯華麗的風格，生動地勾勒出女武神威風凜凜的模樣，銅管樂吹奏出她們神氣的吆喝聲，堆疊出十分壯麗豪邁的氣氛。在電影《現代啟示錄》之中，導演柯波拉用了《女武神的騎行》作為一場直昇機攻擊的背景音樂，不但刻畫出殺戮戰場緊張的情勢，還營造了一股奇異的詭譎氣氛呢！

A B C D E F G H I J K L M N O P Q R S T U V W X Y Z

Richard Wagner

弦外之音

他們都是超級華格納迷

華格納是十九世紀歌劇界的超級巨星，他的思想前衛，作風大膽，恢弘的手法將音樂和聲與管弦樂法推向一個嶄新的境界。在樂壇上，華格納的確是一個不折不扣的歌劇聖手，但他同時也是一個不折不扣的自大狂、滿肚子傲慢與偏見的偽善之人。自命不凡的華格納，有時候真像個瘋子，但他身邊忠實的樂迷仍不離不棄地跟隨於後，其中有幾個甚至比華格納瘋狂一百倍呢！

華格納的頭號信徒就是同時代的指揮家畢羅先生。畢羅一生力排眾議，致力於推廣華格納的作品，但華格納卻恩將仇報，與畢羅的妻子柯西瑪（也就是李斯特的女兒）談起戀愛，兩人公然同居還非婚生子，大好人畢羅後來主動退出，讓華格納與柯西瑪順利結為連理，而畢羅仍不改其作風，持續地推崇華格納的音樂喔！這段勁爆的情史告訴我們：「不論男女，大家都愛華格納！」

另一個瘋子般的樂迷也同樣令人不敢恭維，他就是巴伐利亞國王路德維希二世。這個瘋狂的國王與華格納相識十九年，期間他浪擲千金全為了資助華格納作品的演出。他至今仍「澤被樂壇」的豐功偉業，就是出資蓋了一座為華格納量身訂製的歌劇院——拜魯特劇院。這座位於德國拜魯特小鎮的劇院，四周環繞著濃密森林，劇院內從燈光、舞台到音響效果，全都依華格納的想法而興建。一百多年來這座劇院只上演華格納的歌劇，每年七月間還舉辦盛大的「華格納音樂節」活動，來自全球各地瘋狂的華格納信徒們，始終前仆後繼，全力捧場呢！

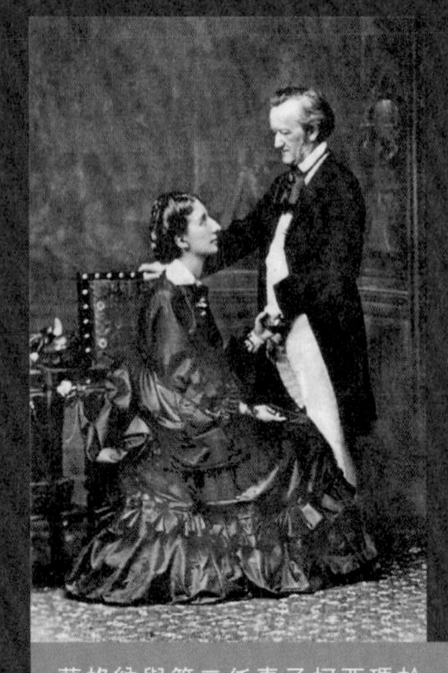

華格納與第二任妻子柯西瑪於1872年的合影，柯西瑪是鋼琴家李斯特之女。兩人相戀時原本都有婚姻，因而遭受許多非議，但最後終於突破萬難，在中年時結為連理。

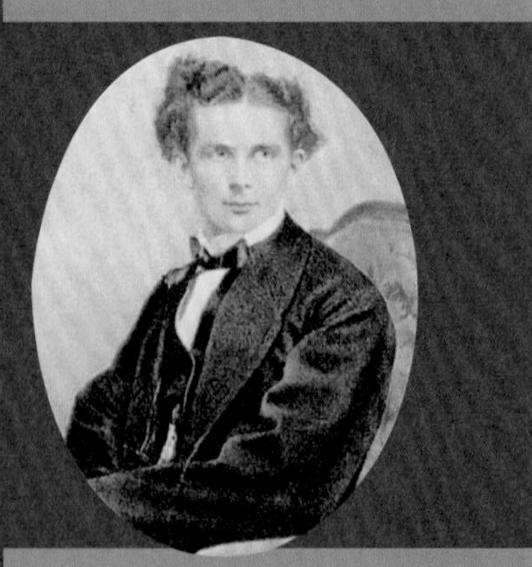

巴伐利亞國王國王路德維希二世可以說是華格納的頭號粉絲，不但重金資助他創作，還為了華格納在慕尼黑興建一個專門演出《尼貝龍根的指環》的歌劇院，但遭到朝臣反對，這個歌劇院遂改演其他作品。

更多最新的高談文化、序曲文化、華滋出版新書與活動訊息請上網查詢
www.cultuspeak.com.tw 網站
www.wretch.cc/blog/cultuspeak 部落格

★藝術館

佩姬．古根漢	佩姬．古根漢	220
你不可不知道的300幅名畫及其畫家與畫派	高談文化編輯部	450
面對面與藝術發生關係	藝術世界編輯部	320
我的美術史	魏尚河	420
梵谷檔案	肯．威基	300
你不可不知道的100位中國畫家及其作品	張桐瑀	480
郵票中的祕密花園	王華南	360
對角藝術	文：董啟章 圖：利志達	160
少女杜拉的故事	佛洛伊德	320
你不可不知道的100位西洋畫家及其創作	高談文化編輯部	450
從郵票中看中歐的景觀與建築	王華南	360
我的第一堂繪畫課	文/烏蘇拉．巴格拿 圖/布萊恩．巴格拿	280
筆記書—這樣的快樂	林慧清	280
看懂歐洲藝術的神話故事	王觀泉	360
向舞者致敬——全球頂尖舞團的過去、現在與未來	歐建平	460
致命的愛情——偉大音樂家的情慾世界	毛昭綱	300
米開朗基羅之山——天才雕刻家與超完美大理石	艾瑞克．西格里安諾	450
圖解西洋史	胡燕欣	420
歐洲的建築設計與藝術風格	許麗雯暨藝術企畫小組	380
打開「阿帕拉契」之夜的時光膠囊——是誰讓瑪莎．葛萊姆的舞鞋踩踏著柯普蘭的神祕音符？	黃均人	300
超簡單！幸福壓克力彩繪	程子潔暨高談策畫小組	280
西洋藝術中的性美學	姚宏翔、蔡強、王群	360
女人。畫家的繆斯或魔咒	許汝紘	360
用不同的觀點，和你一起欣賞世界名畫	許汝紘	320
300種愛情——西洋經典情畫與愛情故事	許麗雯暨藝術企劃小組	450
電影100名人堂	邱華棟、楊少波	400
比亞茲萊的插畫世界	許麗雯	320
西洋藝術便利貼——你不可不知道的藝術家故事與藝術小辭典	許麗雯	320

從古典到後現代：桂冠建築師與世界經典建築	夏紓	380
城記	王軍	500
書・裝幀	南伸坊	350
宮殿魅影——埋藏在華麗宮殿裡的美麗與哀愁	王波	380
用不同的觀點和你一起欣賞世界名畫	許汝紘	320

★音樂館

尼貝龍根的指環	蕭伯納	220
卡拉絲	史戴流士・加拉塔波羅斯	1200
你不可不知道的100部歌劇(精)	高談文化編輯部	350
愛之死	羅基敏、梅樂亙	320
洛伊-韋伯傳	麥可・柯凡尼	280
你不可不知道的音樂大師及其名作 I	高談文化編輯部	200
你不可不知道的音樂大師及其名作II	高談文化編輯部	280
你不可不知道的音樂大師及其名作III	高談文化編輯部	220
文話文化音樂	羅基敏、梅樂亙	320
你不可不知道的100首名曲及其故事	高談文化編輯部	260
剛左搖滾	吉姆・迪洛葛迪斯	450
你不可不知道的100首交響曲與交響詩	高談文化編輯部	380
杜蘭朵的蛻變	羅基敏、梅樂亙	450
你不可不知道的100首鋼琴曲與器樂曲	高談文化編輯部	360
你不可不知道的100首協奏曲及其故事	高談文化編輯部	360
你不可不知道的莫札特100首經典創作及其故事	高談文化編輯部	380
聽音樂家在郵票裡說故事	王華南	320
古典音樂便利貼	陳力嘉撰稿	320
「多美啊！今晚的公主！」——理查・史特勞斯的《莎樂美》	羅基敏、梅樂亙編著	450
音樂家的桃色風暴	毛昭綱	300
華格納・《指環》・拜魯特	羅基敏、梅樂亙著	350
你不可不知道的100首經典歌劇	高談文化編輯部	380
你不可不知道的100部經典名曲	高談文化編輯部	380

你不能不愛上長笛音樂	高談音樂企畫撰稿小組	300
魔鬼的顫音——舒曼的一生	彼得・奧斯華	360
如果，不是舒曼——十九世紀最偉大的女鋼琴家克拉拉・舒曼	南西・瑞區	300
永遠的歌劇皇后：卡拉絲		399
你不可不知道的貝多芬100首經典創作及其故事	高談文化音樂企劃小組	380
你不可不知道的蕭邦100首經典創作及其故事	高談文化音樂企劃小組	320
小古典音樂計畫Ⅰ：巴洛克、古典、浪漫樂派(上)	許麗雯	280
小古典音樂計畫Ⅱ：浪漫(下)、國民樂派篇	許麗雯	300
小古典音樂計畫Ⅲ：現代樂派	許麗雯	300
蕭邦在巴黎	泰德・蕭爾茲	480
舒伯特——畢德麥雅時期的藝術/文化與大師	卡爾・柯巴爾德	350
音樂與文學的對談——小澤征爾vs大江健三郎	小澤征爾、大江健三郎	280
電影夾心爵士派	陳榮彬	250
愛上經典名曲101	許汝紘暨音樂企劃小組	400

★時尚設計館

你不可不知道的101個世界名牌	深井晃子主編	420
品牌魔咒（精）	石靈慧	580
品牌魔咒（全新增訂版）	石靈慧	490
你不可不知道的經典名鞋及其設計師	琳達・歐姬芙	360
我要去英國shopping——英倫時尚小帖	許芷維	280
衣Q達人——打造時尚品味的穿衣學	邱瑾怡	320
螺絲起子與高跟鞋	卡蜜拉・莫頓	300
決戰時裝伸展台	伊茉琴・愛德華・瓊斯及一群匿名者	280
床單下的秘密——奢華五星級飯店的醜聞與謊言	伊茉琴・愛德華・瓊斯	300
金屬編織——未來系魅力精工飾品DIY	愛蓮・費雪	320
妳也可以成為美鞋改造達人——40款女鞋大變身，11位美國時尚設計師聯手出擊實錄	喬・派克漢、莎拉・托利佛	320
潘朵拉的魔幻香水	香娜	450
鐵路的迷你世界——鐵路模型	王華南	300

時尚關鍵字	中野香織	280
時尚經濟	妮可拉・懷特、伊恩・葛里菲斯	420
日本文具設計大揭密	「シリーズ知・靜・遊・具」編集部 編	320

★人文思潮館

文人的飲食生活（上）	嵐山光三郎	250
文人的飲食生活（下）	嵐山光三郎	240
愛上英格蘭	蘇珊・艾倫・透斯	220
千萬別來上海	張路亞	260
東京・豐饒之海・奧多摩	董啟章	250
數字與玫瑰	蔡天新	420
穿梭米蘭昆	張釗維	320
體育時期(上學期)	董啟章	280
體育時期(下學期)	董啟章	240
體育時期(套裝)	董啟章	450
十個人的北京城	田茜、張學軍	280
N個隱祕之地	稅曉潔	350
我這人長得彆扭	王正方	280
流離	黃宜君	200
千萬別去埃及	邱竟竟	300
柬埔寨：微笑盛開的國度	李昱宏	350
冬季的法國小鎮不寂寞	邱竟竟	320
泰國、寮國：質樸瑰麗的萬象之邦	李昱宏	260
越南：風姿綽約的東方巴黎	李昱宏	240
不是朋友，就是食物	殳俏	280
帶我去巴黎	邊芹	350
親愛的，我們婚遊去	曉瑋	350
騷客・狂客・泡湯客	嵐山光三郎	380
左手數學.右手詩	蔡天新	420
天生愛流浪	稅曉潔	350

折翼の蝶	馬汀・弗利茲、小林世子	280
不必說抱歉——圖書館的祕境	瀨尾麻衣子	240
改變的秘密：以三個60天的週期和自己親密對話	鮑昕昀	300
書店魂——日本第一家個性化書店LIBRO的今與昔	田口久美子	320
橋藝主打技巧	威廉・魯特	420
新時代思維的偉大搖籃——百年北大的遞嬗與風華	龐洵	260
一場中西合璧的美麗邂逅——百年清華的理性與浪漫	龐洵	250
夢想旅行的計畫書	克里斯・李 Chris Li	280

★環保心靈館

我買了一座森林	C. W. 尼可（C.W. Nicol）	250
狸貓的報恩	C. W. 尼可（C.W. Nicol）	330
TREE	C. W. 尼可（C.W. Nicol）	260
森林裡的特別教室	C. W. 尼可（C.W. Nicol）	360
野蠻王子	C. W. 尼可（C.W. Nicol）	300
森林的四季散步	C. W. 尼可（C.W. Nicol）	350
獵殺白色雄鹿	C. W. 尼可（C.W. Nicol）	360
威士忌貓咪	C.W.尼可（C.W. Nicol）、森山徹	320
看得見風的男孩	C.W.尼可（C.W. Nicol）	360
北極烏鴉的故事	C.W.尼可（C.W. Nicol）	360
吃出年輕的健康筆記	蘇茲・葛蘭	280
製造，有機的幸福生活	文/駱亭伶 攝影/何忠誠	350
排酸療法	許麗雯	300
你不可不知道的現代靈媒啟示錄	蔡君如口述・許汝紘執筆	280

★古典智慧館

愛說台語五千年——台語聲韻之美	王華南	320
講台語過好節——台灣古早節慶與傳統美食	王華南	320
教你看懂史記故事及其成語(上)	高談文化編輯部	260
教你看懂史記故事及其成語(下)	高談文化編輯部	260

教你看懂唐宋的傳奇故事	高談文化編輯部	220
教你看懂關漢卿雜劇	高談文化編輯部	220
教你看懂夢溪筆談	高談文化編輯部	220
教你看懂紀曉嵐與閱微草堂筆記	高談文化編輯部	180
教你看懂唐太宗與貞觀政要	高談文化編輯部	260
教你看懂六朝志怪小說	高談文化編輯部	220
教你看懂宋代筆記小說	高談文化編輯部	220
教你看懂今古奇觀(上)	高談文化編輯部	340
教你看懂今古奇觀(下)	高談文化編輯部	320
教你看懂今古奇觀(套裝)	高談文化編輯部	490
教你看懂世說新語	高談文化編輯部	280
教你看懂天工開物	高談文化編輯部	350
教你看懂莊子及其寓言故事	高談文化編輯部	320
教你看懂荀子	高談文化編輯部	260
教你學會101招人情義理	吳蜀魏	320
教你學會101招待人接物	吳蜀魏	320
我的道德課本	郝勇 主編	320
我的修身課本	郝勇 主編	300
我的人生課本	郝勇 主編	280
教你看懂菜根譚	高談文化編輯部	320
范仲淹經營學	師晟、鄧民軒	320
王者之石——和氏璧的故事	王紹璽	299

★未來智慧館

贏家勝經——台商行業狀元成功秘訣	陳明璋	280
吉星法則——掌握改變人生、狂賺財富的好機會	李察・柯克	300
吻青蛙的理財金鑰——童話森林的19堂投資入門課	米杜頓兄弟	299
人蔘經濟	大衛・泰勒	330
植物帝國：七大經濟綠寶石與世界權力史	馬斯格雷夫、馬斯格雷夫	360